Giuseppe Ungaretti

GIUSEPPE UNGARETTI

VITA D'UN UOMO
EIN MENSCHENLEBEN

Werke in 6 Bänden
Band 4

Herausgegeben von
Angelika Baader und Michael von Killisch-Horn

GIUSEPPE UNGARETTI

DIE WÜSTE UND WEITER REISE NACH ETRURIEN

Reiseprosa 1923–1969

Herausgegeben von Angelika Baader
unter Mitarbeit
von Michael von Killisch-Horn
Übersetzt von Angelika Baader
und Michael von Killisch-Horn

P. Kirchheim

Dieser Band mit der Reiseprosa Giuseppe Ungarettis basiert auf der Ausgabe *Giuseppe Ungaretti, Vita d'un uomo II: Prose di Viaggi e Saggi I. Il deserto e
dopo 1931–1946* Arnoldo Mondadori Editore 1961 und 1969.
Die Übersetzung der Kapitel Ägypten, Mezzogiorno und des Anhangs sowie die Anmerkungen und das Nachwort sind von Angelika Baader, alle
anderen Übersetzungen sind von Michael von Killisch-Horn.
Die Herausgeber und Übersetzer und der Verlag danken Leone Piccioni für
die freundliche Hilfsbereitschaft, mit der er die Ausgabe begleitet, und dem
Deutschen Literaturfonds e.V. für einen Projektzuschuß zu diesem Band.

Der 4. Band der Ausgabe der Werke Giuseppe Ungarettis
wurde von Frese · Werkstatt für Grafik, München
in der Berthold Baskerville gesetzt.
Umschlaggestaltung: Klaus Detjen
Druck und Bindung bei Friedrich Pustet, Regensburg

PROSA BAND I

DIE WÜSTE UND WEITER

ÄGYPTISCHES NOTIZHEFT

1931

DURCHS INNERE MEER

Ich reise nach Ägypten! Hier bin ich geboren, in einer, wie man mir sagte, stürmischen Nacht. Ich glaube, daß das Wetter nie und nimmer gewillt sein wird, meinetwegen gut zu werden. Ich habe die ersten zwanzig Jahre meines Lebens in Ägypten verbracht, und sie sind für mich, aus einer Entfernung von über zwanzig Jahren, zu einer Seifenblase geworden, ein schillerndes Wölkchen mit der inneren Unentschiedenheit von Orten und Personen im verhaltenen Sich-Auflösen eines Spiels. Ein letzter Gnadenakt des Gedächtnisses!

Übermorgen fahre ich nach Ägypten, und: »Hast du daran gedacht,« sagt man zu mir, »daß man im Reisepaß den Stempel des ägyptischen Konsulats braucht?«

Noch so ein Ding? Ich finde das Konsulat so verschlossen vor wie ein Kloster. Ich wage mich vor in den Hof. Ich muß so aussehen, als führte ich nichts Gutes im Schilde, denn mit lautem Krach öffnet sich ein Fenster, ein verschlafenes Gesicht schaut heraus, und ein barscher Schrei hält mich an:

»He!«

»Entschuldigen Sie, *jâ efendi*, ich brauche den Stempel in meinem Reisepaß.«

»Lesen Sie keine Zeitung? Es wurde dort bekanntgemacht, mein Herr, es ist *Kurban Beiram*! Acht Feiertage.«

Mir wird klar: ihr Osterfest. Aber übermorgen früh muß ich zur Einschiffung in Syrakus sein.

»Hören Sie, mein Herr, dringen Sie nicht weiter darauf, der Sekretär ist nach Genua gefahren, um die Feiertage dort zu verbringen.«

»Und es gibt keinen anderen Beamten in Rom?«

»Er hat die Stempel mitgenommen.«

»Dann werde ich ohne Stempel abreisen!«

»Hören Sie, mein Herr, weil man den Reisenden entgegenkommen will, wird morgen das Konsulat von Neapel geöffnet sein.«

»Ich fahre nicht von Neapel ab. Ich mache die Überfahrt von Syrakus aus. Sehen Sie sich den Zugfahrplan an. Ich kann nicht in Neapel haltmachen, wenn ich das Schiff nicht verpassen will.«

»*Mâlesch*, mein Herr. Sie werden eine Woche später abreisen.«

Oh! Oh! Die *mâlesch*-Klippe hat sich erhoben. Das ist, als würde man sagen: »Was immer geschehen ist, es stand geschrieben. Mach dir keine Sorgen.«

Oh! Oh! Und schon platzt, allein auf das Gewicht eines Wortes hin, die schöne umschattete Seifenblase. Auf ein Wort aus dem Volk hin, ein religiöses Wort, das eher ein Wort von Starrsinnigen als von Schicksalsergebenen ist.

Da die Vorsehung auch bei den Träumern ihren Dienst tut, manifestiert sie sich dieses Mal – nachdem viele vergebliche Anstrengungen, das *mâlesch* rückgängig zu machen, von einflußreicheren Leuten als mir unternommen worden waren – im raschen Eingreifen eines sardischen jungen Herrn, eines Mathematikers und somit eines Freundes der Dichtung, die, wie man weiß, Beseelerin der Zahl ist; und es wird mir gestattet, mich in Neapel einzuschiffen.

In Syrakus geht ein Zeitungs-, Ansichtskarten- und Andenkenverkäufer an Bord, mit einem Flachsschnurrbart, der sich dreimal um die Ohren drehen läßt; ein Schnurrbart, mit dem man vor 1900 sämtliche Herzen hätte rauben können. Unwillkürlich folge ich ihm. Eine Frau, die so breite Flanken hat, daß sie keinen Oberkörper zu besitzen scheint, und deren Arme aus den Flanken herauswachsen, kommt uns mit nackten Füßen in ausgelatschten Schuhen und lieblichem, halslosem Kopf entgegen, gefolgt von zwei Mädchen, die genauso gebaut sind wie sie. An der Art, wie sie reden, höre ich, daß sie aus Syrien sind. Sie kehren aus Brasilien zurück. Es begleitet sie, gekleidet wie ein Löwenbändiger, mit neuen, dottergelben Stiefeln, die über den Fesseln auf und ab wippen, ein Familienvater, groß und dürr; er redet wie ein Brummkreisel und gestattet keine Widerrede. Mit einem Mal läßt er die Glucke stehen und macht sich dran, im Stechschritt auf dem Schiff die Runde zu drehen.

Ich folge weiterhin dem Verkäufer und befinde mich inmitten junger apulischer Steinmetze, die nach Assuan gehen, um dort zu arbeiten. Sie kaufen ihm alle Ansichtskarten ab,

schreiben sie sofort und stützen sich dabei aufs Knie, so gut es
geht, wie im Krieg. Und fragen ihn, ob er sie wohl abschicken
kann, wenn er wieder an Land geht. Sie geben ihm das Geld
für die Briefmarken, und einer wagt zu fragen:

»Und du vergißt auch nicht, sie abzuschicken?«

»Willst du, daß ich mir das Geschäft verderbe?«

Nun werden sie von Melancholie ergriffen. Man hört die
Sirene. Sie haben keine Worte mehr. Man legt ab. Sie verharren bewegungslos, als hätten sie die Seele verloren.

Ich reise auf der *Esperia*, einem Luxusdampfer, der zusammen mit der wenig später vom Stapel gelaufenen *Ausonia* derselben Gesellschaft auf diesen Linien des »Inneren Meeres«
die glanzvollen Traditionen der italienischen Handelsmarine
wiederaufgenommen hat. Zu sechst oder siebt machen wir die
Reisenden aller Klassen aus. Und daran ist nicht allein die Jahreszeit schuld. Bei so wenig Leuten und einer ebenfalls durch
die Krise reduzierten Ladung legt die Gesellschaft einen net-
ten Batzen drauf. Auch in diesem Fall muß ich einsehen, daß
sich die wirtschaftlichen Verhältnisse auf der Welt in paradoxer
Weise entwickeln. Dieses Jahr sind 15 000 Touristen weniger in
Ägypten gewesen, und es ist vorauszusehen, daß der sommer-
liche Exodus der Ägypter nach Europa eher kümmerlich sein
wird. Unter solchen Umständen hätten sich die verschiedenen
Gesellschaften, die solche Überfahrten machen, wenn sie nur
einen Funken Logik im Hirn hätten, abstimmen müssen, um
die Ausgaben einzudämmen: Stattdessen machte die französische Gesellschaft ausgerechnet dann, als die Krise sich zu
verschärfen begann, mit neuen Schiffen von Marseille aus
ernsthafte Konkurrenz, und von der Adria her kündigt sich mit
einem äußerst schnellen und geradezu sagenhaft prächtigen
Schiff nun auch der bevorstehende Wettkampf der anderen italienischen Gesellschaft an. Wo schon alle vierzehn Tage ein
Schiff genügen würde, erhöhen sich die Abfahrten pro Woche
von einer auf drei! Über eines hat man sich allerdings ver-
ständigt: unerschwingliche Preise beizubehalten. Das Ticket
von Genua oder Marseille nach Alexandria kostet fast genauso viel wie das von Genua nach Buenos Aires.

Der Dampfer fährt mit seltener Verhaltenheit. Er ist ein
Wunder an Gleichgewicht. Allenfalls wenn man sich schlafen
legt, macht sich ein leichtes Vibrieren bemerkbar, verdrieß-
lich für jemanden wie mich, der kaputte Nerven hat.

Seine Bauweise ist überall da, wo die Notwendigkeit den Stil bestimmt, von seltener Eleganz. Die drei weißen, im Zentrum wie ein Taubenschlag hochgebauten Stockwerke, hingestellt auf das schwarze Hauptdeck, ein Kasten aus unbeweglichen und allzu feinen Brettchen, auf einer Linie, die vom Heck bis zum Bug behende ist wie ein Peitschenhieb; das Mondlabyrinth der emaillierten Zellen und, in den Untergeschossen des Dampfers, vor den entflammten Augen der Naphthaöfen, die frische Luft der Ventilatoren, die der Maschinist atmet, sind wahre Schönheit. Leider haben sie es bei der Ausstattung der Salons darauf angelegt, sie »schön zu machen«. Es sind dabei Musterexemplare jenes parnassischen Geschmacks herausgekommen, der Coppedè Berühmtheit beschert hat. Des »parnassischen« sage ich, um anzumerken, daß die plastische Sprache der literarischen immer um mindestens fünfzig Jahre hinterherhinkt. »Gaudianisch« ohne Gaudís Genialität, hätte ich sagen müssen, nachdem der »Jugendstil« schon früh in der Stilisierung der Chrysantheme alle »Neo-Stile« vermengt hat: neoromanisch, neomaurisch, neokambodschanisch und so fort.

Und als Kontrast hierzu kommt mir Borromini in den Sinn, der Architekt, der den Namen eines Schiffsbaumeisters verdienen würde wegen der schmerzlichen Trennung, des Schwindels, der Verstörung befremdlicher Formen, die wie im Vorbeigehen überrascht wurden. Mich überrascht in der Ecke, in die ich mich zurückziehe, ein Kloß in der Kehle mit einer Beklemmung, die ich vor seinen phantastischen Gleichungen schon so oft verspürt habe.

So schiffsähnlich, wie sie letztlich doch bleibt, läßt diese Architektur auch an einen jener unmöglichen Gegenstände denken – an ein Segelschiff in einer Flasche –, die in den Häfen in Regalen ihr Leben fristen, zwischen Spinnweben und Likören, während im Lied der letzten Venus Kallipygos das 19. Jahrhundert im Schuppenröckchen auf den Knien eines Seemanns stirbt.

Es ist eine Architektur, die begierig ist nach Bildern, die wahnsinnige Tochter des dürren Gedächtnisses. Sie ist Quelle reiner Vergehen, jener entsetzlichen Freiheit, die wir uns den unfaßbaren Personen des Traums gegenüber herausnehmen.

Während ich so vor mich hin träume, wechselt man vom

Speisesaal zum Festsaal hinüber, wo laut Speisekarte der Kaffee serviert werden soll. So wenige wie wir sind, verlieren wir uns in dem reich ausgestatteten, häßlichen Saal. Wir setzen uns alle an denselben Tisch. Bei uns sitzt eine schwedische Dame, und ich sehe, wie unser aller Augen sie aus Langeweile ausziehen. Sie ist ein Cranach, stelle ich bei mir fest, das Ideal eines Cranach. Was für lange Beine! Was für ein Oval von den Knien an aufwärts! Und dabei läßt sie sich von allen bei der Hand nehmen. Ich höre, wie der amerikanische Orthopäde aus Poggibonsi mit dem Admiralsbarett und dem um den Hals gehängten Fernglas sich dazu hinreißen läßt, ihr zuzumurmeln:

»Wollä wu konschugar awe moa werb amar?«

Und während ich mich entferne, um die Nacht zu betrachten, beharrt er:

»Kor moa brul pur wu komm Wesuf!«

Die Nacht ist sehr heiter. Ein in seinen Zeichnungen klarer Himmel. Ich sehe sehr wohl, wie der nächtliche Himmel, wie es die Nacht und nicht der Tag, wie es die Sternennacht war, die dem Menschen die Straßen der Menschheit gezeigt hat. O algebraischer Führer der Unruhe, der Räuber und der Apostel, der Propheten und der Zauberer, Himmel, wie übel hast du die Erde zugerichtet! Für den Menschen ist sie nun bereits weniger als ein Klümpchen.

Wie verschlossen das Meer ist, heute nacht. Nicht einmal einen klitzekleinen Fisch sieht man, nicht einmal das Aufblitzen eines Schwanzes. Und hier unten gibt es Millionen davon. Nur Geduld! Sie erfinden gerade eine Linse, und beim nächsten Mal wirst du es genießen unter diesem wüsten Film, das wimmelnde Schauspiel der Abgründe. Ach! Mensch, immerzu Kind! Du wirst gesehen haben, wie ein weiteres Spielzeug drinnen gemacht ist, wirst einen weiteren Zauber gebrochen haben. Ein seltsames Lebewesen ist der Mensch. Er sucht die Einsamkeit, und er flieht sie.

Durch eine Wirkung vielleicht der Nacht teilt eine Linie, lotrecht zum Dampfer, nun das Wasser in zwei Gebiete, dumpf und schwer wie geschmolzenes Eisen auf der einen Seite, wie eine grau-grüne Haut aus Glimmer auf der anderen.

Es ist Tag. Schon erahnt man Alexandria, tiefliegend, wie eingesunken im Meer. Der Barmann sagt mir im Vertrauen:

»In Ägypten geht's drunter und drüber.«

»Ach!«

»Vor ein paar Tagen wollten das Oberhaupt der Aufständischen, Nahhas, und seine Freunde eine Predigt gegen die
Wahlen halten und hatten sich einen Eisenbahnwaggon gemietet; aber als sie oben saßen, ließ das Regierungsoberhaupt
Sidky den Waggon an eine andere Lokomotive hängen und
befahl, sie in der Wüste stehenzulassen.«

»Ein Oberspaßvogel und eine Predigt an die Wüste.«

Man geht von Bord.

Wenn irgendein Hafen den Eindruck von Winkelmaß und
Senkblei und von einem zur Wanne reduzierten Meer vermittelt, dann dieser. Außerdem der Eindruck von Stahl und
Anthrazit. Der Tempel eines unmenschlichen Gottes, auf
dem, überaus menschlich, der Staub und das Salz des Windes
und die Schatten der Sonne spielen.

Ich fliehe vor den Schuppen, vor Fässern und Kisten, Ballen und Säcken und vor dem Geruch von roher Zwiebel und
geräuchertem Hering.

Ich steige in ein Taxi. Es ist mit erdbeerfarbenem Velours
ausgekleidet. Hier lieben sie das Rot wie die Truthähne und
die Stiere. Das Taxi hat einen katarrhalischen Motor, aber die
asphaltierten Straßen sind gut. Es fährt schnell, ohne mich zu
sehr zu malträtieren. Schnell fahren ist nicht leicht. Mitten auf
der Straße laufen fast rennend, unachtsam, Leute aus dem
Volk. Sie tragen noch die *gallâbîja*. Aber sie ist jetzt wie eines
unserer Hemden geschnitten, das bis zu den Füßen geht. Ein
erbärmlicher japanischer Stoff aus indischer Baumwolle,
weiß mit Streifen. Dreckig. Und darüber wie wir eine Jacke
oder ein Mantel. Auch ein paar Frauen sind mitten auf der
Straße. Sie verwestlichen ebenfalls. Einige tragen nicht mehr
den vornehmen traditionellen Umhang mit dem schwarzen
Schleier vor der unteren Gesichtshälfte, gehalten von dem
vergoldeten Kupferrohr, das die Nase bis zur Stirn hinauf verlängert. Diese modernen Frauen sind eine Art Dreckige-Wäsche-Bündel. Und sie haben eine Vorliebe für zarte Farben:
bananenfarben, pistazienfarben, lavendelfarben, himbeerfarben, rosafarben! Und die Schuhe, wer hat ihnen bloß die
Idee in den Kopf gesetzt, diese Schuhe zu tragen? Wo sie so
trampeln! Auch die Beine, die von den kurzen Kleidern zur
Schau gestellt werden, sind nicht schön; sie sind am Knie abgeknickt, vielleicht wegen der Gewohnheit, auf den Knien zu

sitzen. Die alte Art, sich zu kleiden, war von einer durchtriebenen Koketterie diktiert worden. Schön sind an ihnen nur die Augen: wunderschön! Nur sie waren zu sehen. Selbst das Kupferrohr war dazu da, sie noch schöner zu machen.

Wie unordentlich diese Stadt ist! All die Sprachen, die sich überlagern; die Ladenschilder: italienisch, französisch, arabisch, griechisch, armenisch; die Architektur; der Geschmack! Welcher Merlin Cocai hat sich einen Spaß daraus gemacht, sie zu erfinden? Ich weiß nicht, was für ein Groll mich beschleicht, daß ich sie liebe, diese meine Geburtsstadt!

EIN GROSSES ABENTEUER

Duft von Algen

Nun habe ich einen Traum, denn ich habe den Duft der Algen dieses Meeres wieder gerochen. Ein auf der Welt einzigartiger Duft. Seine stechende Frische ist außergewöhnlich hier, wie die Übelkeit, die mit ihm verbunden ist.

Alexander der Große

»Warum graben die Menschen wie Ameisen dort unter der Moschee und unter den Gräbern der Volksheiligen und der Paschas all diese Gänge?«

»Man sucht das *sema*, wo Alexander der Große seine Grabstatt und Ehrungen wie ein Gott erhielt.«

Womöglich kehrt er gar nicht ans Licht zurück, der einbalsamierte Körper des abenteuerfreudigen Monarchen in seinem Sarg aus Kristall; die Stadt aber, die er auf dem Sand errichtete, war durch neun Jahrhunderte hindurch der Schmelztiegel, in dem die Träume von Okzident und Orient sich verzehrten und verschmolzen. Sie ans Licht gebracht zu haben, ist ein Zeichen, das jegliche Verehrung durch die Jahrhunderte verdient.

Alexander, voll umdüsterter Anmut auf dem Ungestüm des Pferdes, wie er auf antiken Darstellungen zu sehen ist, vollbrachte vom zwanzigsten bis zum dreiunddreißigsten Jahr seines dahineilenden Lebens Wundertaten, und ich habe ihn immer als ein Muster der Jugendlichkeit bestaunt.

Geboren, als sich der Gedanke verbreitete, nicht vom Blut hänge es ab, ob man Grieche sei, sondern von der Erziehung; als Stimmen laut wurden, daß nur der würdig sei, sich Grieche zu nennen, der sich als solcher fühle und im Überschwang dieses Gefühls als wahrer Mann gezeigt und die eigene Würde in die Fülle des Menschseins gestellt habe; geboren, als der Hellenismus aufkam, jene Bewegung von

Ideen, die den Griechen dazu brachte, seine Mission nicht mehr nur als der eigenen Stadt verpflichtet, sondern als universal zu empfinden – war der Schüler von Aristoteles auch Sproß eines archaischen Landes.

Mit zwanzig Jahren trat er das Erbe seines Vaters Philipp an. Dieser schuldete der bäuerlichen Ordnung Makedoniens, dessen König er war, jene hellsichtige Energie, die ihn zum Heerführer der anderen griechischen Staaten bestimmte, in denen nun Zwietracht herrschte zwischen den Städten. Olympia, seine Mutter, war von rasendem Blut: Sie trug eine lebendige Schlange als Halsgeschmeide. So war es nur natürlich, daß Alexander der Idee des Hellenismus, die ihn gleichwohl antrieb, nur dank einer homerischen Phantasie Gestalt geben konnte.

Es genügt, einen Blick auf die Karte zu werfen, um die Weite seines Abenteuers zu ermessen, welches das erste große Abenteuer des Abendlandes war. Grob gesagt erstreckt es sich, wenn man sich heutiger Namen bedient, bis zur Kyrenaika und nach Ägypten, Kleinasien, Syrien, Palästina, Armenien, Kurdistan, Mesopotamien, Persien, Buchara, Afghanistan, Belutschistan und führt über den Indus.

Mit dem Tod Alexanders zerfällt das Imperium; aber die hellenische Vorherrschaft über weite Gebiete kommt nicht zum Erliegen, und ebenfalls nicht zum Erliegen kommt das, was denkwürdigere Konsequenzen haben wird, und zwar bis nach Indien hinein: die geistige Fortsetzung des Abenteuers. Ein langes Zusammenleben der europäischen Kultur mit verschiedenen orientalischen Welten nimmt Gestalt an, eine langsame Zersetzung von Gedanken und Formen, welche die Welt erneuern wird.

Wie schon gesagt, war Alexandria der Schmelztiegel, in dem die vielschichtige Qual der Antike zur Auflösung gelangte. Und zwar aus mehreren Gründen. Hauptsächlich deshalb, so scheint mir, weil Alexandria zum Hafen der Welt geworden war; denn da es an der Schwelle zu Ägypten entstanden war, gehörte Alexandria in gewissem Sinne nicht zu Ägypten. Eine fremde Stadt, weit vom Nil entfernt. Ägypten ist eine geschlossene Oase. Seine Kultur, die eine einzigartige Kultur war, hatte alle Vorkehrungen von der Natur erhalten und von der Kunst sich ausbedungen, rings um seinen Fluß uneinnehmbar zu bleiben.

Verteidigung des griechischen Geistes

Schon unter Ptolemäus Soter, dem ersten der Lagiden, die nach Alexanders Tod in Ägypten an die Macht kamen, siedelt sich der griechische Geist mit all seinen Waffen in Alexandria an. Ein schon im Niedergang befindlicher Geist, aber mit all jenen Ressourcen versehen, auf die der Geist zurückgreift, wenn der Instinkt am Erlöschen ist. Man kann noch mehr sagen: daß sich in Alexandria zum ersten Mal ein Geist organisiert, um sich nicht von der Armseligkeit des Bluts überwältigen zu lassen. Hier wagt man es sogar, das religiöse Gefühl herauszufordern, man führt die Praxis der Anatomie und sogar die der Vivisektion ein, man läßt die Wissenschaften zu ihrer ersten positiven Entwicklung finden. Alexandria sah den kritischen Geist zur Welt kommen. Es war die Stadt der Protoprofessoren. Die Astronomen, die Dichter, die Grammatiker, die Philosophen, die Historiker, die im Museion – im »Musenkäfig«, wie man dann sarkastischerweise sagen sollte – ein gemeinsames Leben auf Kosten des Herrschenden führen, bilden die erste weltliche Universität, von der man Kunde hat. Sie geben die erste gelehrte Edition von Homers Werken heraus, sammeln in systematischer Weise die Texte der griechischen Literatur, kompilieren in 120 Büchern den Gesamtkatalog der vom Dichter Kallimachos geleiteten Bibliothek, wobei sie die darin enthaltenen 700 000 Werke nach Gattungen und, nicht gerade bescheiden, nach Verdienst geordnet klassifizieren. Der griechische Geist hat seine Verteidigung gut organisiert.

Doch es sind kaum dreißig Jahre seit Alexanders Tod verstrichen, als Theokrit, Dichter am Hof des Philadelphus, Dichter jenes Augenblicks, den dorischen Hauch seines Syrakus zu prickelnden und frivolen Darstellungen herabwürdigt. Und das Sizilien der Sonnenochsen, der heiteren Homerischen Vision, der natürlichen Wahrheit nach den Täuschungen der Natur ist für Theokrit ein eben noch nostalgisches, bukolisches Sizilien. Ist inmitten von soviel Syntax und Metrik die Kunst nur mehr reines Spiel?

Euklid, der hier, von Soter berufen, seine Schule hat, zeigt, daß von der Gestalt der Dinge nur soviel übrigbleibt, daß man Argumente aus ihr gewinnen kann, um das Gesetz der

Verhältnisse festzulegen. Probleme und Spiele der Logik? Ist die Philosophie nur Redekunst von Geometern?

Höhnischer Jupiter

Dieser preziöse Geist, ein eleganter Ziseleur, der sich reizen läßt von der eigenen Leichtigkeit und Pedanterie und der Kurzlebigkeit der Welten, die er in seiner Ungeduld alle fünf Minuten wandelt, und der ein Schiedsrichter des weltlichen Geschmacks ist: für den Schnitt der Kleider und für die Salben und für den Krimskrams, für die Gefräßigkeit, für die Würze amouröser Freuden, die intellektuellen Nachforschungen, die Gestalten der Phantasie, für das Neue; dieser so sehr am Leben hängende Geist – und in ganz Ägypten werden durch die Griechen Gymnasien und Stadien errichtet, und auch ihre Frauen haben einen ephebischen Körper, wie man an den Terrakottafigürchen des griechisch-römischen Museums dieser Stadt sieht – dieser Geist ist schon nahe daran, den Tod zu preisen.

Die ägyptische Priesterschaft mag den Lagiden ergeben sein, die Lagiden mögen sich zu Pharaonen weihen lassen und sich nach ägyptischem Brauch mit engsten Blutsverwandten verheiraten, um die Kaste rein zu halten – das ägyptische Volk wird in sich abgeschlossen bleiben; es wird sich erheben, wann und wie es nur kann.

Die Lagiden sollten noch mehr tun können: einen Gott für Ägypten erfinden, ihn zum Haupt des ägyptischen Pantheons erheben. Und Serapis, dieser Gott, wird dem Osor-Apis ähneln wollen, der reinen, kollektiven Idee der heiligen Stiere, der toten Apis im Reich des Osiris, welcher die Ewigkeit des Todes ist. Oh! Serapis, wie man ihn in den Museen sieht, hat einen blühenden Bart, fleischige Lippen, die schon einiges hinter sich haben, eine Stirn, die weise erscheint und die Hölle verbirgt; er ist ein höhnischer Jupiter, ein sinnlicher Mensch, ein Narr seiner Zeit. Das neue Götzenbild personifiziert Dionysos, das tosende Leben, und den allmächtigen Zeus, aber gleichzeitig mit ihnen auch den Hades und eine Art von heilendem Äsculap, dem es gelungen ist, barmherzig gegenüber der Krankheit Leben und Tod mit dem Ewigen zu verschmelzen. Der Glaubenswandel auf griechischer Seite beginnt demnach offensichtlich zu werden. Schon sinnt der Grieche über den Tod nach, und das Leben und die Krankheit vereinigen sich in seiner Unruhe. Beinahe schon besingt er die Schwäche und das Elend des Lebens; er, der es in der Kraft und in der Schönheit beschaute.

Tod und Ewigkeit

Die Sage will, daß Ägypten vor der Gründung Alexandrias sowohl Moses als auch den Etruskern und Pythagoras und Platon die mystischen Weihen gegeben hat. Kann sein. Doch bei den Etruskern manifestiert sich das Gefühl des Todes unter Grauen: Sie hatten von Geburt an, mit grausigem Vergnügen, einen Vorgeschmack von der Ankunft der Würmer. Ein anderes Gefühl dagegen steckt in der geschlossenen Faust, im absoluten Gesichtsausdruck, in der Schwere der Nacktheit, im entschlossenen Schritt der Pharaonen, der nicht zurückweicht. Kann sein, daß der Anblick der Tempel, die mit äußerster Regelmäßigkeit errichtet wurden, auf daß sie niemals enden sollten, kann sein, daß jene definitive Vollkommenheit und Harmonie den Griechen die Idee der Zahl nahegelegt hat, und auch die Mystik der Zahl: die ergreifende Vollkommenheit, die Ästhetik. Doch wenn sich beim Bearbeiten der Flächen des harten Wüstengesteins, in einer jahrtausendelangen Lehrzeit, vom Vater zum Sohn, über Generationen hinweg in derselben Kunst eingeschlossen, eine Präzision des Stils, bestehend aus der Achtung vor dem Tausendstel eines Millimeters, erhalten hat, die niemals mehr erreicht werden kann, dann sucht all diese Anstrengung der Ägypter die Ewigkeit des Grabs zu sichern. Und so hat auch ihr Nominalismus, von dem Platon womöglich tief beeindruckt war und durch den die griechische Metaphysik ihre Ausrichtung erfuhr, gewiß nichts anderes als den Tod, Schwelle des Ewigen, im Blick, wenn er alle Sorgfalt in die Widerstandsfähigkeit eines gemeißelten Namens und in seine evokatorische Dauer unter den Lebenden legt. In ihrem Nominalismus mußten sie denken: Eine Person, eine Sache verkörpert, materialisiert eine ewige Idee, ist ein besonderer Name, das momentane Symbol einer ewigen Idee; wenn man nun diesen besonderen Namen unvergänglich werden

läßt, kann eine Person, eine Sache für immer, auf ewig lebendig, heraufbeschworen werden. Eine immense Geltung, die
der Macht, der Magie des Wortes beigemessen wird. Wenn
die Griechen nun Vollkommenheit und Harmonie aus der
Zahl zogen, so geschah es, um Vollkommenheit und Harmonie im Leben zu erlangen; nicht ohne Bitterkeit gegenüber
der Jugend, die ein kurzer Augenblick ist. Sie hatten ein
tragisches Lebensgefühl, legten aber alle Sorgfalt, alle Furcht
vor sommerlicher Maßlosigkeit in den lebenden Körper.
Wenn das Mysterium bei Platon gestreift wird und, nach dem
wenigen, was man darüber weiß, auch bei Pythagoras, dann
ist dies so, um unsere Lebensreise heiterer und weniger
trügerisch zu gestalten, oder um die Sinneseindrücke in der
Kontemplation intensiver werden und stärker widerhallen zu
lassen.

Der letzte Schritt hin zum Christentum

Schließlich kann es sein, daß Moses die Eingebung einer
Theologie und einer Sittenlehre in Ägypten hatte. Vor der
Gerechtigkeit, im Reich des Todes, erklärt der Ägypter Osiris, dem Herrn des Todes, daß er sich stets enthalten habe,
Missetaten zu begehen, die den im Dekalog aufgeführten
ähneln. Demnach ist die Idee, jene Gebote des Gewissens zu
kodifizieren, auch eine ägyptische Idee. Und Jehova ähnelt
möglicherweise Osiris. Und womöglich ist auch die Idee des
auserwählten Volkes eine Eingebung, die man in Ägypten
gehabt hat. Doch der jüdische Gott ist nicht vorstellbar. Mit
seinem furchtbaren Atem hat er aus sich ganz und gar Ödnis
gemacht für den Menschen, einer Urschuld wegen, die gesühnt werden wird. Die Sühne wird die lange Abwesenheit
des Ewigen sein, das unvorstellbare Ewige. Und wenn sie
dereinst gesühnt sein wird, wird das auserwählte Volk die
Glückseligkeit zurückerlangen, und das Paradies wird wieder
auf Erden sein. Irdische Glückseligkeit ist das Begehren des
Juden; der Ägypter begehrt die Ewigkeit auf dem Wege des
Grabes, und er kennt ihre Gestalten.
    Die Juden waren zahlreich in Alexandria, und sie nahmen
einen weiten Bezirk davon ein. Viele von ihnen waren der
Muttersprache nicht kundig und konnten nur griechisch spre-

chen. Für sie wurde von den Siebzig die Bibel übersetzt. Viele von ihnen waren Schriftgelehrte. Höchst feinsinnige Neuplatoniker. Zwischen den Geheimlehren am Nil und dem rationalen griechischen Geist kamen die jüdischen Sekten auf, die der letzte Schritt hin zum Christentum sind. Das »transcende te ipsum« kündigt sich an. Der Mensch ist dabei, sich in sich selbst zu überwinden.

Als wolle man das Christentum vorwegnehmen, wurde die Idee des Osiris aufgegriffen, der lebendig war, durch das Werk eines Bruders als Märtyrer verschied und durch das Erbarmen der mysteriösen Natur, der unzählbar verschleierten Schwester und Gemahlin Isis wiederauferstand. Aber er ist in Ewigkeit wiederauferstanden, König des Todes, des wahren Lebens, des ewigen. Und er hatte von Isis einen Sohn, Horus, Sonne und Falke, der ewige Geist.

DIE RÖMISCHE SÄULE

Julius Cäsar und die einbalsamierten Krokodile

Das im Städtischen Museum aufbewahrte Antlitz des Julius Cäsar läuft spitz zu: Die Stirn weitet sich ihm zu rasch in der übermäßigen Anstrengung des Traums. Cäsar vermischt sich dort mit dem dramatischsten und tragischsten Ereignis dieser Stadt.

Rom war, und zwar schon seit dem ersten Ausbruch seines Zweikampfs mit Karthago, auf Alexandria aufmerksam geworden. Das Rote Meer war in jenen Zeiten mit dem Mittelmeer durch einen Kanal vereint, der durch die Bitterseen, den von Necho ausgehobenen Kanal und durch den Nil hindurch bis nach Arsinoë ging, das sich fast an der Stelle erhob, wo heute Suez liegt. In diesem Kanal lief, als sie sich ins Rote Meer zu retten versuchte, Kleopatras Flotte nach der Schlacht bei Actium auf Sand. Zu dem beidseitig von der Wüste bedrängten Ägypten hin führten die Sterne aller Karawanen. Hinzuzufügen wäre noch die unvergleichliche Handelsausstattung Alexandrias. In Alexandria fanden die Waren Asiens, Afrikas und Europas den Hafen, von dem aus sie am leichtesten in Umlauf zu bringen waren.

Und wir sehen schon bald, wie der junge Staat sich in die ägyptischen Angelegenheiten einmischt. Er interveniert mit jener harten Geradlinigkeit, die den Notwendigkeiten seiner Entwicklung – in klaren Verträgen, mit Sanktionen – die Achtung der Völker zu verbünden sucht. Wir sehen den römischen Senat als Schiedsrichter im Streit zwischen Epiphanes und Antiochus dem Großen von Syrien intervenieren; wir sehen ihn Philometor wieder auf den Thron heben. Unter der Protektion des römischen Senats besteigen die Kinder von Auletes, Kleopatra und Ptolemäus XIV., den Thron. Cäsar ist es, der Kleopatra erneut auf den Thron hebt, indem er den Aufstand ihres Bruders, der sie verstoßen hatte, niederzwingt und ihn in den Nil werfen läßt.

Ich weiß nicht, wie noch wann in Kleopatra das Streben

nach Größe aufgekeimt ist. Sie ist nicht die einzige Frau in der Geschichte, die, um ihr Ziel zu erreichen, auf ihre weibliche Anziehungskraft vertraut hat. Cäsars Sympathie mußte ihr ebenso schmeicheln wie die Tatsache, daß sie von ihm einen Sohn gehabt hat, den armen Cäsarion. Cäsar mochte ein Techtelmechtel haben; ein Mann, der wegen einer Frau den Kopf verliert, war er gewiß nicht. Im übrigen war er nach Ägypten gekommen, um eine genau umrissene Pflicht als Römer zu erfüllen.

Man weiß, wie bodenlos Kleopatras Wahnsinn war. Man weiß, wie sie in den Wollüsten des »unnachahmlichen Lebens« – die Definition ist von ihr – entschieden hatte, daß der Arm des Antonius die Gründung eines alexandrinischen Imperiums versuchen solle. Man weiß, wie der römische Senat dagegen einschritt und des Antonius und ihre Bestrafung beschloß. Man weiß auch, wie sie sich, nachdem Octavianus den Antonius bei Actium geschlagen und Alexandria eingenommen hatte, die Wache überrumpelnd, von der Aspisviper beißen ließ; denn sie wollte nicht dafür herhalten, den Triumph ihres Feindes auszuschmücken. Und war diese außergewöhnliche Frau nicht groß in ihrer untröstlichen Zärtlichkeit gegenüber dem Andenken des Antonius? Wie sie gebeten hatte, wurde sie an der Seite des Geliebten bestattet. Octavianus jedoch war erbarmungslos gegenüber Cäsarion und ließ ihn niedermetzeln. Von jenem Moment an hingen Alexandria und Ägypten direkt von Rom ab.

Auch unter Rom sollte Ägypten seine staatliche Autonomie bewahren. Die Herrscher werden sich hier Pharaonen nennen lassen. Und im ägyptischen Museum von Kairo werde ich einen als Pharao gestalteten Caracalla sehen. Angesichts der Monumente der echten Pharaonen wirkt dieses melancholische Machwerk so kraftlos, daß es zum Hohn wird. Wo ist die unglaubliche Geschicklichkeit von Auge und Hand der Ägypter geblieben?

Den Römern werden die ägyptischen Belange immer wie Extravaganzen erscheinen. Sie werden zulassen, daß diese abergläubischen Leute, Tieranbeter, uneinträchtig und wechselhaft, ohne die Rechtssicherheit und ohne die Standhaftigkeit von Magistraten ihre verwickelten Angelegenheiten selbst entwirren werden. Das, was ihnen gerade recht kommt, ist der fette Boden. Man erntet das Korn dort zweimal und an bestimmten Punkten sogar dreimal im Jahr. Und die schwarze Erde braucht kaum bearbeitet zu werden. Ist der Same ausgeworfen, schickt man Eselsherden hin, um die Erde festzustampfen. Und bis zur Ernte kümmert man sich nicht mehr darum.

Ein General, der über diese Kornkammer verfügen würde, könnte die Herrschaft über das Reich anstreben.

Was man nicht weiß ist, daß Rom hier eine seiner großen Arbeiten von öffentlichem Nutzen ausgeführt hat, die es an vielen Punkten des Imperiums durch die Jahrhunderte hindurch auszeichnen und die genauso unzerstörbar sind wie ein ägyptisches Grab. Man hat sich darauf beschränkt, hin und wieder das Augenmerk darauf zu richten, daß die von den Ptolemäern hinterlassenen Werke nicht zu sehr verfielen.

Vor allem anderen war Ägypten für die Römer ein militärischer Stützpunkt. Die Legionen hier kamen und gingen. Sie kamen, um sich für die Verteidigung der orientalischen Stellungen bereitzuhalten, und sie gingen, um den Erlaß eines Herrschers durchzusetzen.

Ägypten wurde bereits seit 160 Jahren im Namen Roms regiert, als Hadrian, nachdem er es im Jahre 130 unseres Zeitalters besucht hatte, in einem Brief bezeugt, daß die Kontakte zwar nun vielleicht nicht mehr wie einst zu Scherzen Anlaß gaben und auch nicht immer nur flüchtig waren, sich aber auch noch nicht wirklich vertieft hatten: »Ich habe jenes Ägypten besucht, mein lieber Servianus, das Du mir so lobtest, und ich habe es frivol gefunden, unstet, das Ohr jeder beliebigen Stimme geneigt.«

Die Römer, hierin den Engländern nicht unähnlich, zuckten die Achseln, befahlen nicht ohne Großzügigkeit und stopften sich die Ohren zu, um »ihr Geschwätz« nicht zu hören.

Unter Festivitäten und Turbulenzen, zwischen Luxus und einträglichen Gewinnen fuhr das alexandrinische Denken währenddessen im Gedränge der Völker fort, sich selbst wiederzukäuen. Immerzu Pythagoras und Platon! Doch dank dieses Starrsinns und seiner Vorbedingungen konnte Alexandria im dritten Jahrhundert durch das Werk des Heiligen Klemens und des Origenes die Katechetenschule gründen und dem Christentum das System einer konzeptionell ausgearbeiteten Dogmatik geben. Und es hatte, dank Plotin, in Abhebung zum Denken der Katecheten, gleichzeitig aber auch als dessen Nahrung, schon kurz davor der religiösen Tendenz der Philosophie auf ausschließlich hellenistischem Terrain eine systematische Darlegung reiner Philosophie geben können; und diese wird zum Ölflämmchen einer Erdenlampe werden und doch die exquisiteste Frucht sein, die Alexandria mit der Geschichte verbinden wird. Auf diese Weise bewahrte Alexandria seine akademische Überlegenheit.

Schön und gut, was die Akademie betrifft. Das Christentum war dagegen ein schlimmerer Faktor. Es verletzt Interessen, entfacht Leidenschaften, Rasereien. Noch in seinem eigenen Busen wütet das Drama. Ein Priester von Alexandria, Arius, initiiert die Häresien über die göttliche und menschliche Natur Jesu.

Vom verfallenen Kastell von Thebaïs aus, wo er Buße tut, auf du und du mit den Teufeln, platzt hier ein großes Oberhaupt herein, um die Dinge wieder in Ordnung zu bringen. Dieser Mann der Krise, Bauernsohn, hat einen stählernen Puls. Er ist ein Anachoret, Sankt Antonius, aber auch ein Organisator, ein Mann, der die Menschen in der Disziplin zu halten versteht. Er hat die Wüste mit Klöstern bevölkert, und Zehntausende von Mönchen gehorchen ihm freudigen Sinnes. Dieser General der Asketen hat im Christentum die antike Gestalt des ägyptischen Geistes wiedergefunden. Bei ihm endlich ist das Christentum ein striktes heiliges Verbinden der Willenskräfte, in der Faust gehalten von einem, der ausschließlich bestrebt ist, das ewige Leben zu bekräftigen.

Dann wird mit Theodosius dem Großen im Jahre 395, neununddreißig Jahre nach dem Tod des heiligen Antonius, das Christentum zur Staatsreligion erklärt und die Ausübung der heidnischen Kulte verboten.

Im Städtischen Museum befindet sich die verschlossene Tür eines in jenem Moment aufgegebenen Tempels. Wieder ausgegraben, präsentierte er sich so, wie er damals nach der Flucht der Priester verblieben war, mit der Mumie eines heiligen Krokodils auf einer Prozessionstragbahre und dem lebendig zurückgelassenen, im Wasserbecken vor Hunger gestorbenen heiligen Krokodil. Auf dem angrenzenden Friedhof der heiligen Krokodile wurden auf einigen Mumien, nachdem man die Binden entfernt hatte, zerknitterte Aufzeichnungen der lagidischen Administration gefunden; womöglich waren sie dort hingelegt worden, um das Umwickeln zu vereinfachen. Die Mumien wurden als Düngemittel preisgegeben; die Aufzeichnungen, von den Gelehrten andächtig zusammengetragen, gehütet und veröffentlicht, erhellen heute einige Punkte der ptolemäischen Geschichte. Wenn mein Wesen, in sich uneins und widersprüchlich, wählen könnte, stünde ich auf der Seite der Krokodilsanbeter, und als Düngemittel würde ich die Schriftrollen abtreten.

Akzente erloschenen Goldes

Danach kommt die byzantinische Periode. Die Kunst hat nun einen Kanon gefunden, in dem, wie es scheint, alle Stile des Orients und des Abendlandes wie auch das untergründige Gestammel der Barbaren einander begegnet und verschmolzen sind. Es ist eine Kunst, die wie die antike ägyptische – oh, diese Annäherung nehme man bitte *cum grano salis* – die Augen vor der Zukunft verschlossen zu haben scheint, um das Ewige zu schauen.

Es gibt zwei Exemplare der byzantinischen Kunst in Ägypten – oder besser gesagt handelt es sich hier einfach um eine volkstümliche Kunst – im Städtischen Museum, die mich besonders berührt haben. Eine Statuette von Sankt Menas, die aus den Ruinen seiner Basilika in der Wüste hierher gelangt ist, zwischen Alexandria und Wâdi Natrûn. Sankt Menas ist ein Märtyrer-Legionär, der von selbst den Ort fand, an dem er ruhen und verehrt werden wollte. Die übliche Legende: An einem bestimmten Punkt hielten die Kamele, die seine sterbliche Hülle transportierten, an, knieten nieder und wollten nicht mehr weitergehen. Dort quoll ein noch heute wundertätiges Wasser heraus. Sankt Menas ist der Schutzpatron der Libyschen Wüste. Die Statuette stellt ihn in der Mitte zwischen zwei knienden Kamelen dar. Sie ist grob ausgearbeitet. Der Kanon ist bereits vollständig in realistischer und kindlicher Weise umgestaltet.

Von ebenso grober Ausarbeitung ist die andere Statuette des Guten Hirten. Noch mehr verunstaltet allerdings, echter, kindlicher; rührend. Wo sind Auge und Hand der Ägypter geblieben? Zwischen der Wange des Manns und dem Kopf des Lamms gibt es eine Bewegung von wahrhaft christlicher

Brüderlichkeit, einen wahrhaft frommen Sinn für die menschliche Schwäche. Die Statuette ist aus Marmor, und das lange Verweilen im Sand hat sie wie von Salz werden lassen, hat in die Vertiefungen Fäden von hellem Rost gelegt. Sie ist süß, ganz voll von Akzenten erloschenen Goldes.

Die den Gestank des Todes essen

Im Jahre 451 wird die Ägyptische Kirche für autonom erklärt. Infolge einer der üblichen Häresien über die menschliche und göttliche Natur Jesu. Diese schismatische Kirche ist die Koptische Kirche. Es ist auch die Kirche der Abessinier. Und vielleicht ist ein Teil der Kopten, die mehrheitlich Oberägypten bewohnen, äthiopischen Ursprungs und hat sich während der Einwanderungen des ersten Jahrhunderts in Ägypten niedergelassen. Die anderen sind vielleicht die reinsten noch übriggebliebenen Ägypter. Seit der Entdeckung des Hieroglyphen-Schlüssels zu Beginn des 19. Jahrhunderts kann man das Altägyptische mit Hilfe ihrer liturgischen Sprache lesen.

Reden wir also über diese Kopten. Die 800 000, die heute in Ägypten leben, sind die Kinder der wenigen, die in einem vollständig christianisierten Ägypten auch nach der arabischen Invasion in ihrem Glauben fest blieben.

Von der Hellenisation des Orients, vom alexandrinischen Geist bleibt nichts Lebendiges übrig außer diesen Kopten, diesen anämischen, schwachbrüstigen Menschen mit den kleinen Knochen. Anspruchslos, knausrig, durchtrieben, lieben sie den Geschmack gewisser Fische, der *fesih*, die an den Mündungen des Nils gefischt und im Schlamm vergoren werden. Über Kilometer hinweg haftet in der Luft ein Überbleibsel von diesem Zeug. Vielleicht mochten es auch die Pharaonen.

Vom ersten großen Abenteuer des Abendlandes bleiben nur diese Totengestankesser an Lebendigem übrig.

Ist nichts aufrecht stehengeblieben?

Mit dem Einfall der Araber im Jahre 641 stirbt Alexandria.

Und vom antiken Alexandria, von neun Jahrhunderten

dieser Stadt ist nichts über dem Erdboden aufrecht stehengeblieben?

Von den Beschreibungen her scheint mir Alexandria eine vielleicht ein wenig zu pompöse Stadt gewesen zu sein, eine Stadt vom Typus der Weltausstellung zu Ende des 19. Jahrhunderts. Und eine großartige Patina wird sie trotz ihrer neun Jahrhunderte wohl nicht gehabt haben. Hier zerstört die Zeit die Dinge, ohne sie altern zu lassen; die Dauer läßt hier der Farbe nur wenig Aussichten.

Nichts ist aufrecht über dem Erdboden stehengeblieben außer einer römischen Säule. Hoch über einem Hügel, inmitten eines volkstümlichen Stadtteils, ragt noch heute gebieterisch die nach Pompeius benannte Säule empor, die aber möglicherweise, nachdem man sie vom Serapistempel entfernt hatte, von Theodosius im Gedenken an den Sieg des Christentums errichtet worden war.

Die Pioniere der neuen Verwestlichung Ägyptens, gutgelaunte Spinner des frühen 19. Jahrhunderts, Italiener und Franzosen, stiegen, wie man auf alten Drucken sieht, auf die rings von Strickleitern umgebene Säule, um dort ab und zu ein Picknick zu machen.

WEINEN IN DER NACHT

Das Taxi

Ich soll den Abend mit einem Freund verbringen. Er wohnt nur einen Katzensprung von hier entfernt. Aber wenn ich zu Fuß hinginge, würde ich die Straße vielleicht nicht gleich wiederfinden. Ich steige in ein Taxi:

»Zur Soundso-Straße. Weißt du, wo das ist?

»Weiß ich.«

Nach einer Viertelstunde:

»Wohin bringst du mich?«

»Wir sind gleich da.«

Nach einer halben Stunde:

»Jetzt frag ich. *Jâ osta! Jâ sîdi! Jâ ʿamm!*«

Der herbeigerufene Meister, der Freund, der Onkel sind eine ganze Schar und umlagern das Taxi.

»Wo ist die Soundso-Straße?«

Jeder gibt eine andere Strecke an. Es ist ungeheuerlich: Hier wissen sie nie etwas Präzises. Ich verlasse das Taxi, bin außer mir:

»Wenn du's nicht gewußt hast, du Halunke, dann hättest du mir das sagen müssen!«

Er senkt den Kopf.

»Nicht einen Pfennig wirst du bekommen.«

Und damit gehe ich auf ein anderes Taxi zu. Wir sind mitten im Getümmel, in einem volkstümlichen Viertel. Als ich etwas weiter weg bin, drehe ich mich um und betrachte den Halunken. Er läßt den Kopf noch immer hängen. Dieses Gerechtigkeitsgefühl, das, ganz gleich in welchem Land, in der Seele des Volkes immer lebendig ist, rührt mich. Ich steige wieder ins Taxi.

»*Jâ osta*, bring mich nach Hause zurück.«

Von zu Hause aus rufe ich den Freund an.

Wir gehen zur Schâriʿ Sulîmân. Man muß wissen, daß Kairo, und zwar seit Ismails Zeiten, seit mehr als fünfzig Jahren, eine Stadtplanung hat, die einer großen Hauptstadt

würdig ist. Gewiß kann man vielen verschwundenen Farb-
tupfern nachweinen. Herausgekommen sind diese Straßen,
die wegen ihrer Breite und der nicht sehr hohen Häuser einen
quadratischen Eindruck machen.

Der Leprakranke und die Lupinenverkäuferin

Ich mache einen Moment lang vor einem Schaufenster halt,
um Fotografien anzuschauen, einen Moment lang, sage ich,
und drehe mich um und sehe einen Schwarzen vor mir auf
den Fersen hocken, den Kopf auf die Brust gestutzt. Er
ist von einer furchterregenden Unbeweglichkeit. Oje! Wo
kommt der auf einmal her? Sein Rücken ist unbedeckt, und
er hat Wunden darauf, die alle von einer Art runzliger, pul-
riger Eihaut eingekreist sind. An der ausgestreckten rechten
Hand sind die Glieder des kleinen Fingers und des Zeige-
fingers verschwunden. Ich habe (und dies füge ich 1959 bei
der Korrektur der Druckfahnen hinzu) sein Katzen- und
Käuzchengesicht gestern wiedergesehen, in einer dämonischen japanischen Tonstatuette der Jomon-Periode.
     Mein Freund sagt zu mir:
     »Das ist ein Leprakranker.«
     Weiter drüben hingekauert, in einer so luxuriösen Straße,
sitzt eine Frau mit einem alten Nachttopf aus emailliertem Eisen, in dem noch ein paar Lupinen stehen. Seit heute morgen
ist sie da. Wann wird sie wohl alle verkauft haben?
     Noch ein Stück weiter an einer Ecke bietet ein vollendeter
Kellner mit seinem roten und gelben um die Flanken ge-
wickelten Schurz Sorbet an. Auf der Hand hält er ein Tablett
mit vier Gläsern. Zwei sind schon ausgetrunken. Auch er hat
keine Eile.
     Zum Teufel mit den Fliegen! Die von hier sind winzig, aber
es gibt keine, die schlimmer sticht. Und die Straßen sind voll
davon.
     Wir gehen in ein Lokal, wo man eine *pochade* aufführt, auf
arabisch. Unsere Plätze sind besetzt.
     »*Jâ efendi*, das sind unsere Plätze. Schauen Sie auf die
Nummern.«
     »Ich bleibe hier! Ich bezahle das Doppelte, das Dreifache,
ich bleibe!«

Bleib du nur, mein Lieber. Wir können uns auch woanders hinsetzen, es gibt genug freie Plätze. Mein Freund erklärt mir: »Das ist ein Charakterzug von uns. Einer von uns geht in ein Geschäft und verlangt einen Gegenstand. Man zeigt ihm zwei verschiedene. Er fragt den Händler, welcher von beiden nach seinem Geschmack ist. Und kauft immer den anderen. Überzeugt davon, daß man ihn übers Ohr hauen wollte.«

Die Schauspieler sind gut. Sie stehen den Italienern und den Franzosen, die sie zum Vorbild nehmen, in nichts nach. An einem bestimmten Punkt ruft Cassar, der Theaterdirektor in der Rolle des alten Ehemanns, der seiner streitsüchtigen Frau überdrüssig ist:

»*Dahjâ el-hurrija!*«

Der Saal ist wie von Sinnen:

»*Vive! Vive! Vive!*«

»Was soll das?«

»Nichts«, erklärt mir der Freund. »Es ist eine politische Manifestation. Sie rufen: Es lebe die Freiheit!«

Ein kleiner Junge vor mir steht mit den Füßen auf dem Sitz. Ein elektrisierter Frosch.

Die Freiheit? Welche Freiheit? Ihre Traditionen zu bewahren? Aber wenn doch jeder Tag ein neuer Verzicht ist. Diese *pochade* und die Art und Weise, sie aufzuführen, ist das Tradition? Die kleinen Handbücher, die sie kompilieren, in denen sie die Welt zu entdecken glauben, indem sie Spencer, den Ökonomen Charles Gide und Lombroso auf Pillengröße reduzieren, ist das Tradition? Die Romane von Dostojewskij, die sie übersetzen, ist das Tradition? Die Malerei nach Seurat und Tiepolo, ist das ihre Tradition? Und ich sage nicht, daß es hier an begabten Malern fehlt. Ein Maler wie Naghi zum Beispiel wäre überall unter den ersten von heute. Die Dichtung, die sie machen, zwischen Byron und Lamartine, ist das Tradition? Tradition die feministischen Clubs? Sie haben sogar feministische Clubs! Tradition der Wunsch, anstelle des *tarbûsch* eine Melone zu tragen? Und dieses Parlament, das sie lieber so als anders haben wollen, ist das Tradition? Und dieses *vive!* Dieses französische *vive!* Ist das Tradition? In Wahrheit ist der Mensch niemals frei. Es gibt etwas, das größer und stärker ist als er und das ihn einer Utopie der Einheit entgegentreibt. Wir sind einer gegen den anderen gewappnet und sind dennoch, die einen wie die anderen, der Mühsal des unablässigen

Sich-Umgestaltens dieser Welt unterworfen. Glücklich das
Volk, das sich dessen bewußt wird und das ohne sich zu ver-
leugnen in der Lage ist, die Zukunft mit Klugheit zu entfachen. Und mir wird bewußt, wie in sich gespannt und
unausgewogen und kindlich das Urteilsvermögen in einem
Volk wie diesem sein muß, das so verschieden ist von dem
Geist, dem es sich anzupassen sucht. Was für eine Art von
Überlegungen hat man in diesem Land anzustellen, wenn
man sich eine *pochade* anhört!

Unreife Ballerinen

Wir gehen woanders hin. Es ist ein Raum mit etwa zwanzig
Tischen vor einer Bühne, auf der im Hintergrund mit dem
Rücken zur Wand fünf oder sechs Lauten- und Zitherspieler
sitzen. Eine Varietévorstellung. Die Künstlerinnen kommen
hinter einem Paravent aus Packleinen hervor und gehen die
kleine Treppe hinauf. Wir setzen uns. Ein Araber nähert sich.
Ein Stiernacken; der Vertrauensmann des Lokals. Bei Bedarf
schlägt er mit seinen Würgerhänden das Tambourin. Er zieht
eine Handvoll Pistazien aus der einen Tasche und schüttet sie
auf einen kleinen Teller, den er aus der anderen herausholt
und auf unseren Tisch stellt. Ich habe nicht mehr den Mut, die
Augen zum Tisch zu wenden, wo er die Pistazien gelassen hat.
Stiernacken geht an einen anderen Tisch, und während die
Hand in der Tasche zu dem kleinen Teller hinuntertaucht, sagt
ihm der Kunde ein paar vertrauliche Worte. Ein Mädchen
kommt an den Tisch. Stiernacken ist es, der nach dem griechischen Kellner: »*Janniii!*«, ruft, als der *schêch* mit dem Turban
oder der rosige alte ägyptische Beamte türkischen Ursprungs
dem Mädchen einen Cognac anbietet.

Bei dem Türken ist ein Mädchen, das etwa fünfzehn Jahre
alt sein wird. So gegen zwölf sind die Mädchen hier heirats-
fähig. Ein Schnütchen wie ein Zicklein beim kindlichen Lachen und die Augen, die großen schwarzen Augen, abwesend.
Der Körper eines melancholischen Kätzchens. Sie trinkt den
Cognac in kleinen Schlucken; ein Gläschen nach dem anderen. Nun ist sie an der Reihe, auf die Bühne zu gehen. Eine
girls-Nummer. Sie sind ein Dutzend; khakifarbene Offiziere
und weiße Seeleute. Sie, elegantes ägyptisches Offizierchen

mit der Reitpeitsche in der Hand, ist die, die am meisten mitgerissen wird. Sie tanzen und singen dabei ein patriotisches Lied, einen ihrer endlosen Gesänge mit forcierter Stimme; begleitet von den raschen Zuckungen und vom Gesumme der Saiten. Ein Tanz zwischen Bauchtanz und Foxtrott. Ab und zu rufen auch sie: *Dahjâ el-hurrija*; aber die *efendis* und die *schêchs*, die hier sind, haben andere Flausen im Kopf. Sie führt den Tanz an. Ob sie wohl die Tochter einer jener tausendjährigen Erhabenen mit den am Knie abgeknickten Beinen ist? Auf dem engen Raum, im schummrigen Licht, umgeben von den anderen und untermalt von den Klängen der atemlosen Musiker, windet sich ihr Terrakottakörper wie der einer Schlange. Das Einladende, die fortwährende Provokation der ganzen Mimik, die Flucht und die stampfende Rückkehr, die Ironie, die, so sehr ist das Mädchen in den Proportionen jeder ihrer Gebärden unreif geblieben, an die Größe eines Sakrilegs grenzt – die Unschuld ihrer Obszönität ruft Unbehagen hervor. Als sie sich wieder zu dem Türken setzte und ganz langsam ihren Cognac trank, zeigte sie weder Verwirrung noch Müdigkeit.

Klage gegenüber Lebenden und Nänien für die Toten

Draußen müssen wir eine häßliche kleine Straße durchqueren. Die Frauen liegen nicht mehr wie einst, wilde Tiere, hinter einem Fenstergitter, ausgestreckt auf einer Strohmatte oder auf der Matratze. Nicht einmal hier sind sie noch dick, und sie gebrauchen auch den kostbaren Balsam aus Mekka nicht mehr, welcher – das ist eine arabische Vorstellung, eine Illusion – der Haut die Farbe des Mondes verleiht. Fast noch Kinder, enthaart, stolz auf ihren Teint, das ganze Spektrum des Ockers, sitzen sie vor der Tür auf Wiener Kaffeehausstühlen.

Mitten auf der Straße ist eine Menge; Leute laufen zusammen. Wir nähern uns. Es ist einer, der sich im Staub wälzt und mit rauher Stimme knurrt:

»*Jâ mâras! Jâ mâras!*«, also: »Zuhälter! Zuhälter!«.

»Das sind die Auswirkungen des Kokains«, sagt mir mein Freund.

Ich weiß nicht, wieweit man der Diagnose meines Freundes Glauben schenken kann, aber es scheint, daß in den Städten Kokain und Heroin, die unter der Hand ins Land gebracht werden, beim Volk Verheerendes anrichten. Und es scheint so, als wolle die Regierung künftig den Anbau des *haschisch*-Hanfs als das kleinere Übel tolerieren.

Es wird wohl am Klima liegen, aber hier sind die Sinne reißende Bestien. Und bei soviel physischer Sklaverei reden sie von Freiheit! Nicht, daß ich glaube, die Freiheit sei statt dessen Freiheit des Geistes. Ich weiß nur zu gut, daß die blindeste Sklaverei die des Geistes ist. Auch das Gefühl ist hier gewaltsam: eine Mischung aus Wut und Niedergeschlagenheit. Sie haben das Bedürfnis, das sie nicht immer zu zügeln wissen, sich in einen rauschartigen Zustand zu versetzen. Ich will damit nicht auf den Drogengebrauch anspielen, der trotz allem begrenzt ist.

Wir setzen unseren Weg fort. An jeder Biegung sehe ich einen Sudanesen mit einem Holzbein verschwinden. In dem Augenblick, in dem ich ihn sehe, scheint er mich zu fixieren. Dieser verdichtete Schatten scheint eine schwere antike Statue zu sein, aus Ebenholz, und wie drauf und dran, sich auf mich zu stürzen. Er zog aus einer Rohrpfeife einen schmachtenden Ton von jenseits des Gedächtnisses. Was für ein Klima! Man träumt auch ohne *haschisch*. Jener Sudanese existierte, als ich ein Kind war. Man begegnete ihm tatsächlich an den Biegungen, und er verschwand, nicht zuletzt deshalb, weil wir uns aus dem Staub machten. In Wahrheit begegnete man ihm nicht nachts, sondern gegen Mittag. Er war meine größte Angst in jenen Jahren, und ihm verdanke ich eine meiner ersten Ideen vom Mysterium.

Wir gehen in Richtung Nil. Der Mond – es ist die letzte Nacht des abnehmenden Mondes – ist kurz davor unterzugehen. Der Himmel ist lila-blau unterlaufen und, an der Spitze des Goldes, schwefelig und pudrig. Wir hören ein Brüllen, übermenschlich, wie von einer Frau in Geburtswehen. Wir nähern uns. Am Tor des Mauergürtels des Krankenhauses sehen wir die brüllende Frau, aufrecht, über sich hinauswachsend, dort verwurzelt und doch wie gejagt. Neben der Mauer, im Kreis, warten mit ihr, auf der Erde sitzend, andere Frauen auf die Stunde des Geleits; die Arme lose herunterbaumelnd; das Antlitz entblößt, versteinert, und sie antworten ihr:

EINE: Die Würmer, stieß er hervor, ach! die Wangen,
Sie zerfressen mir die Wangen.

ALLE: Ach! die Wangen mit dem Rot der Rose
Sie seien dir bewahrt.

EINE: Die Würmer, stieß er hervor,
Ach! die Augen zerfressen sie mir.

ALLE: Die Augen mit dem Schatten
Ach! der langen Wimpern,
Sie seien dir bewahrt.

EINE: Zu den Würmern, stieß er hervor,
Gemurmelt haben die Würmer:
Wir haben ihm die Wimpern zerfressen
Ach! und die Augen, ach! die schwarzen.

ALLE: Wo bist du, der du mit deinen Antworten
Dem Herzen Ruhe gabst;
Das Haus, ach! erfreutest mit deiner Rückkehr;
Ach! wo bist du, wo,
Mein Auge, du schöner Bursche, o Auge mein.

EINE: Zugemurmelt haben die Würmer den Würmern:
Und die schwarzen Augen und Wimpern,
Ach! haben wir ihm zerfressen.

RIVALITÄT DREIER MÄCHTE

Indien als Ziel

Ägypten war ein ganzes Jahrhundert lang Schauplatz der Rivalität dreier Mächte: Frankreichs, der Pforte und Englands. Hier wurde bekanntlich die englische Feindseligkeit gegenüber Frankreich durch die Expedition General Bonapartes geweckt. Unter den Zielen des Generals mußte Indien den ersten Platz einnehmen, was auch Holland befürchtete; und in Kairo leben noch immer die Nachfahren eines Holländers, der im Auftrag seiner Regierung hierher gekommen war, um die auf den Fernen Osten gerichteten Absichten des Korsen auszuspionieren.

Allzuoft vergißt man, wenn man von der Französischen Revolution spricht, welche Rolle Griechenland und Rom bei den Ideologien innehatten, von denen sie vorbereitet wurde, bei den Männern, die sie entfesselten, sowie bei der militärischen Epopöe, die sie selbst wiederum auslöste. Es ist hier nicht der Ort, die Schwachpunkte jener Bewegung aufzuzeigen. Ein Mann namens Giacomo Leopardi hat dies bereits getan, als jene Geschehnisse fast noch gegenwärtig waren, und zwar in maßgeblichen Urteilen, die von einem Menschen zu stammen scheinen, der die Erfahrung von heute hat und zutiefst verantwortungsbewußt ist. Und es ist nicht angebracht, an der Bourgeoisie, die jene Bewegung in den einzelnen Staaten an die Regierung brachte, Kritik zu üben oder die Vorrangstellung zu beklagen, welche die wirtschaftlichen Verhältnisse und das Geld im Zuge jener Bewegung innerhalb der gesellschaftlichen Leidenschaften einnahmen. Es soll hier auch nicht, was durchaus möglich wäre, der Humanismus für die Französische Revolution verantwortlich gemacht werden.

Große Plutarch-Leser, diese Franzosen. Die Tugend der römischen Republik war im Munde aller Redner auf den Marktplätzen und Versammlungen; sie war der von allen Flugblattschreibern angeführte Vergleich. Vom römischen Recht ließen sich die Juristen Napoleons bei ihrem Kodex leiten; griechisch-römisch war, eher zuviel als zuwenig, die Kunst. Auf jeden Fall tut man gut daran, sich in Erinnerung zu rufen, daß Frankreich aus dem ideellen Erbe Roms neuen Mut schöpfte und so der Welt für mehr als hundert Jahre neue Substanz gab.

Bonapartes Ägypten-Expedition geschah, »weil seine Abwesenheit ihn unersetzlich machen sollte«, wie er selbst schrieb, aber auch, um es mit seiner Gefolgschaft von Literaten und Wissenschaftlern Alexander gleichzutun, und weil von hier aus Augustus zum Sprung ansetzte.

Was Indien betrifft, so ist bekannt, daß es Napoleons beständiges Begehren darstellte: 1802 wurde Oberst Sebastiani in die Levante geschickt, um dort einen neuen Feldzug vorzubereiten; im selben Jahr reiste General Decaen nach Indien in dem Versuch, es aufzuwiegeln; Napoleon bildete sich dann ein, daß man Indien vom Kontinent her erreichen würde; 1807 allerdings reiste General Gardane nach Teheran, um dort den Plan einer Invasion Indiens von Persien aus zu studieren; in einem Brief des Herrschers an Zar Alexander vom 2. Februar 1808 ist von einem Marsch eines französisch-österreichisch-russischen Heeres auf Konstantinopel, nach Asien und Indien die Rede. Und während er auf Moskau marschiert und die Reichskleinodien, Zepter und Schwert, den Purpurmantel und die Reichskrone mit sich führt, träumt Napoleon da nicht, in einer Apotheose von Delhi aus allmächtig der Welt sein Gesetz aufzuerlegen?

Wie konnten sich die Engländer über die Absichten von Bonapartes Einzug in Ägypten täuschen? Wird in dem Dekret des Direktoriums, das ihn beauftragt, sich Ägyptens zu bemächtigen, etwa nicht gesagt, er solle auch »den Isthmus von Suez abtrennen lassen und der französischen Republik die freie und ausschließliche Herrschaft über das Rote Meer sichern«? Und wenn von diesem Dekret nichts durchgesickert ist, so ist es doch nicht möglich, daß man rein gar nichts von all den Berichten wußte, die seit der Zeit Ludwigs XIV. in Frankreich eintreffen und es anspornen, seine Aufmerksamkeit auf jene Gebiete zu richten; und nichts von jenen Erinnerungen der Marseiller Kaufleute bei der Nationalversammlung, deren eine, mit Datum vom 1. September 1790, besagte: »Kairo würde eine vereinfachte Verkehrsverbindung mit Indien bieten und wäre fatal für den Handel der

Engländer. Wenn wir an dem Handel, den sie in den reichen Regionen dort treiben, teilhaben wollen, so müssen wir die Augen nach Süden und zum Roten Meer wenden«.

Ein Analphabet, der Bescheid weiß

Mohammed Ali wurde 1769 zu Kawala in Thrakien geboren, in dem Städtchen, das wie so viele andere ein Indianapolis der Antike war und sich auf dem Gebiet des alten makedonischen Reiches erhebt, das den aufgehenden Stern Alexanders des Großen erst ahlen sah.

Der Freibeuter, der Ägypten in Anarchie, das Volk von den Feudalherren durch Abgaben gepreßt vorfand, brachte dieses Land zu einem solchen Grad an Wohlergehen und Ordnung, daß er als alter Mann sagen konnte: »Es gibt kein Land der Welt, in dem die Sicherheit der Person, ganz gleich ob Ägypter oder Ausländer, mehr respektiert würde als in meinem.«

Er konnte niemals schreiben und erlernte nur mit Mühe im Alter von vierzig Jahren das Lesen, schaffte es jedoch, in seinem Inneren und in seinen Umgangsformen höchst gesittet zu werden. Der lange Umgang mit den Menschen und die bedeutenden Angelegenheiten, mit denen er sich auseinanderzusetzen hatte, brachten ihn, wie der zitierte Satz zeigt, zu der Überzeugung, daß Kühnheit und Standhaftigkeit nicht die Anteilnahme am Leiden der anderen und die Berücksichtigung ihrer Rechte ausschließen; denn beide bilden das soziale Bindeglied einer jeden Gruppe von Menschen, die zum Aufsteigen bestimmt ist.

Er kam im Jahre 1800 als türkischer Befehlshaber nach Ägypten, um die Franzosen zu schlagen.

Als Kléber im Juni 1800 ermordet worden war, konnten die Engländer, seit September jenes Jahres die Herren von Malta und von jenem Moment an auch des Mittelmeers, im September 1801 die Franzosen endlich dazu zwingen, aus Ägypten abzuziehen. In den Kämpfen tat sich der junge Mohammed Ali so sehr hervor, daß der türkische Pascha von Ägypten, Chosrew, ihn zum *bimbaschi* ernannte, das heißt zum Oberst eines Regiments von Albaniern mit dem Auftrag, die zwischen Mamelucken und Türken ausgebrochenen Streitigkeiten zu schlichten. Er verhielt sich so geschickt, daß er sich, nachdem eine gewisse Anzahl von Mamelucken zu Partisanen geworden war und man Chosrew vertrieben hatte, mit ihrer Hilfe und der einiger seiner Albanier 1805 zum Nachfolger Chosrews ausrufen ließ und der Diwan die Wahl bestätigte.

Indem sie von der Übellaunigkeit profitieren, die Mohammed Alis immer weiter ausgedehnte Macht bei den Mamelucken hervorruft, und das Lächeln von einigen jener hinterhältigen und blutrünstigen Beis für aufrichtig halten, legen die Engländer, die 1803 beschlossen hatten, Ägypten zu verlassen, 1807 erneut dort an. Doch das Abenteuer Admiral Frasers dauert nicht lange. Da er sofort zweimal, bei Rosetta und bei Alexandria, geschlagen wird, beeilt er sich, das Weite zu suchen.

Mohammed Ali hatte sich sehr wohl gemerkt, welche Gefahr die Intrigen, das Aufrührerische und die Heimtücke der Mamelucken darstellten. Am 1. März 1811 wird er sie in Kairo zusammenrufen, dann wird er sie zu einem Fest in der Zitadelle einladen, und rasch gezückte Krummsäbel werden ihre Köpfe rollen lassen. Dies ist die orientalische Art, sich der Feinde zu entledigen, und sie verletzt unser Rechtsempfinden. Doch auch Mohammed Ali selbst, der es, wie schon gesagt, niemals versäumte, sich menschlich zu vervollkommnen, sollte eines Tages hierüber in Seelennot geraten. Aber dennoch war ihr Ende eine Befreiung für Ägypten. Diese letzten Zwietracht und Elend säenden Mamelucken haben es verdient, einzig und allein im humoristischen Sinne von Einfaltspinseln, den das italienische Wörterbuch ihrem Namen beigelegt hat, in Erinnerung zu bleiben.

Für alle, die's nicht wissen: Die Mamelucken waren ursprünglich, wie ihr Name sagt, *mamluk*, Sklaven; sie waren Georgier, Tscherkessen und wer weiß, wo sie noch herkamen, dazu erzogen, die Leibgarde der Herren aus Saladins Dynastie und das Rückgrat des Heeres zu werden. Nachdem sie sich gegen ihren Herrn, Turanschâh, erhoben hatten, bestieg 1250 Aibek, ihr Anführer, den ägyptischen Thron. Mamelucken waren die Herren Ägyptens bis zum Jahre 1517, einem Datum, an dem das Land zum osmanischen *paschâlik* wird. Die Mamelucken üben jedoch weiterhin große Macht aus. Die Beis der 24 Provinzen, in die Ägypten aufgeteilt ist, sind Mamelucken. Keine Entscheidung kann vom Pascha getroffen werden, ohne die Zustimmung der 24 Ersten dieser militäri-

schen Kaste. Chosrew, den Mohammed Ali stürzte, war ein
Spielzeug in ihren Händen.

Mohammed Ali träumte den Traum vom Imperium.
Einerseits war er sich der Notwendigkeit eines großen Hafens
für Ägypten bewußt und bemühte sich, Alexandria, das seit
Jahrhunderten zu einem Fünf- oder Sechstausend-Seelen-
Städtchen geschrumpft war, zum Aufblühen zu bringen.
Heute nähert es sich der Million. Er war es, der den Mahmu-
diyekanal graben ließ, der, von Rosetta am Delta aus abzwei-
gend, 78 Kilometer in 30 Metern Breite durchlaufend, das
Wasser nach Alexandria bringt.

Als die Eroberung Nubiens und Kordofans von 1821 bis
1823 abgeschlossen und mit Khartoum die Hauptstadt des
ägyptischen Sudans gegründet worden ist, nimmt er 1831 den
Kampf gegen die Pforte auf. Und folgt Napoleons Spuren. Ein
General von Genie, sein Adoptivsohn Ibrahim, führt den
Krieg an, entreißt den Türken Syrien, vernichtet sie in den
Schluchten des Taurus, dringt in Kleinasien ein, marschiert
auf Konstantinopel und zwingt Sultan Mahmud II., die Hilfe
Europas gegen seinen Vasallen zu erflehen.

Um Frieden zu schließen, wollte Mohammed Ali Syrien
und Mesopotamien: *Er wollte Bagdad, um dem Handel den
Landweg nach Indien zu öffnen.*

Mit dem Frieden von Kütahya (5. Mai 1833) erhält er von
der Pforte die Regierungsmacht über ganz Syrien und die Gegend von Adana. Vom Taurus bis nach Khartoum ist er bereits
Herr über ein weites Reich.

Doch er möchte, daß ihm für diese Besitztümer das Recht
auf die Erblichkeit der Herrschaft zugestanden wird.

England ist aufs höchste beunruhigt. Es erblickt in Mohammed Alis Erfolgen den napoleonischen Plan, sein Ansehen zu beschädigen. Tatsächlich werden sie von der französischen Diplomatie auch dahingehend gedeutet. England hat
bereits alle präventiven Maßnahmen auf dem indischen See-
weg getroffen. Es wollte im Wiener Abkommen formal die
Herrschaft über den Mittelmeerraum mit Gibraltar, Malta
und dem Protektorat der Ionischen Inseln zugesprochen haben. Das Kap der Guten Hoffnung gehört ihm, und es hat
Aden besetzt. Aber das genügt noch nicht, es zu beruhigen.
Also bedrängt es Mahmud, erneut die Feindseligkeiten zu
eröffnen. Ibrahim schlägt die Türken in Nisibin nieder, und

dieses Mal wäre er in Konstantinopel einmarschiert. Mahmud stirbt. Der Diwan ist bereit zu verhandeln und würde große Konzessionen machen.

Doch Lord Palmerston war auf der Hut: Am 15. Juli 1840 unterzeichnet er, ohne Wissen Frankreichs, zusammen mit den Vertretern Österreichs, Preußens und Rußlands den Vertrag von London, in dem die vier Großmächte sich verpflichteten, die Unabhängigkeit und Integrität des osmanischen Reiches zu wahren. Es war ein schöner diplomatischer Coup: Frankreich war, was die orientalische Frage betrifft, aus dem europäischen Konzert ausgeschlossen.

In Frankreich spricht man von Krieg. Mohammed Ali hat vor, Widerstand zu leisten. Doch nichts läßt sich leichter ins Gegenteil verkehren als die Gesinnung des Orientalen. Es sollte genügen, eine schleichende Unzufriedenheit in Syrien geschickt von englischer Seite zu nutzen, und schon hatte man sie dazu gebracht, sich gegen den Pascha von Ägypten zu erheben. Bald schon, im November, sind Ibrahim und seine Truppen gezwungen, sich zurückzuziehen, und Mohammed Ali muß sich mit dem *hatt-i-scherif* des 1. Juni 1841 begnügen, mit dem ihm die Pforte nur das Recht auf Erblichkeit der Herrschaft über Ägypten einräumte, mit der Auflage, einen jährlichen Tribut zu zahlen, auf die Flotte zu verzichten und das Heer auf 18 000 Mann zu begrenzen.

So entstand die derzeitige ägyptische Dynastie.

Mohammed Ali war nicht nur ein großer Heerführer. Ihm ist die Einrichtung von Schulen aller Stufen zu verdanken, man verdankt ihm die Einführung des Baumwollanbaus in Ägypten, und auf seine Initiative hin wurden im Delta und in El-Faijum die ersten Kanalisationen ausgeführt, so daß in diesem Land die Landwirtschaft wiederauflebte. Unter seiner Herrschaft erblickte die Ägyptologie das Licht, und sein Feldzug in den Sudan, der sich der genialen Einsicht verdankte, daß man nur durch den Besitz des ganzen Niltals Ägypten die Unabhängigkeit seiner Gewässer sichern kann, öffnete den Weg für die Erkundungsreisen durch den schwarzen Kontinent.

Er war ein Schutzherr des Wissens. Und Ismail stand ihm hierin in nichts nach und übertraf ihn sogar. Dieser bestieg 1863 den Thron und hatte als erster den erblichen Titel eines Khediven, eines Vizekönigs also, der ihm von der Pforte 1867

überlassen worden war. Und nicht nur was das Wissen anlangt, sondern auf allen Gebieten tat er sich mit einer unglaublichen Prachtentfaltung hervor. Er wollte, daß Kairo das
Aussehen einer großen Hauptstadt erhielt. Er ließ ein Eisen-
bahnnetz, Paläste, Gärten anlegen und das Opernhaus
erbauen, zu dessen Einweihung Verdi die *Aida* komponierte.

Diese seine Vorliebe für das Prunkvolle ist, wie man gleich
sehen wird, an ein außergewöhnliches politisches Faktum gebunden. Wie alle wissen, wurde 1869 der Suez-Kanal einge-
weiht. Die 400000 Aktien jener *Compagnie universelle* waren
fast alle in den Händen französischer Kapitalisten oder des
Khediven. Frankreich ist endlich Besitzer des indischen See-
wegs. Doch gemach! Eben seine Vorliebe für das Prunkvolle
hatte Ismail in die Enge getrieben. Er ließ der französischen
Regierung die 177000 Aktien, die Ägypten besaß, zum Kauf
anbieten und erhielt eine Ablehnung. Ein Journalist, der es
wert ist, daß man sich an seinen Namen erinnert, Frederick
Greenwood, setzt im Foreign Office Lord Derby davon in
Kenntnis. Lord Derby zögert. Doch Disraeli hat Feuer gefangen. Das Parlament ist geschlossen. Wie also soll man ohne
Kredit vorab über die hierfür notwendigen 4 Millionen
Pfund Sterling aus dem Haushalt verfügen? Rothschild leiht
sie, und Disraeli kann Königin Viktoria das Aktienpaket
überreichen. 1885 wird er seiner Königin den Titel einer
Herrscherin von Indien antragen.

Trotz allem bleibt der Suez-Kanal England ein Dorn im
Auge. 1882 besetzt es Ägypten. Und Frankreich hört erst mit
dem englisch-französischen Abkommen vom 8. April 1904
auf, sich dieser Situation zu widersetzen.

Infolge des Vertrags von Sèvres und dem von Lausanne,
der ihn ersetzt, hat auch die Türkei hier nichts mehr zu
melden.

In jenen Jahren, vor fünfzig Jahren etwa, wurden die
gemischten Gerichtshöfe eingesetzt. Auch zu Zeiten der Pto-
lemäer gab es hier gemischte Gerichtshöfe. Die gemischten
Gerichtshöfe sind eine Einrichtung, die das Regelwerk der
Kapitulationen großzügig modifiziert. Man darf nicht glauben, daß die Kapitulationen ein Machtmißbrauch seien, eine
dem Schwächeren vom Stärkeren aufgezwungene Einrichtung. Sie gehen im Gegenteil vom Prinzip der Wahrung des
Rechts des Schwächeren aus und setzen fest, daß der Kläger

die Richter des Angeklagten um Rechtsprechung ersuchen muß. Die gemischten Gerichtshöfe werden angerufen, damit sie bei zivil- und wirtschaftsrechtlichen Streitigkeiten zwischen Ägyptern und Ausländern sowie zwischen Ausländern verschiedener Nationalitäten Urteile fällen. Zum gemischten Gerichtshof gehören ägyptische Richter und Richter aus allen europäischen Nationen, die hier ihre Interessen haben. Es handelt sich um leicht zu durchschauende Interessen. Wenn ich nicht irre, hat allein schon Italien hier ein Kapital von 5 Milliarden investiert. Zudem haben die gemischten Gerichtshöfe eine höchst erzieherische Funktion. Tatsächlich ist es noch heute, ein halbes Jahrhundert nach ihrer Gründung, nicht immer leicht, ein Urteil im Landesinnern zu vollstrecken; und zwar entweder, weil beispielsweise die arabischen Namen dem Irrtum Tür und Tor öffnen: Im selben Dorf kann es ein Dutzend Ahmed Mohammeds geben, und das Einwohnermeldeamt hat hier noch ein wenig von einem Mythos; oder weil es, um ein anderes Beispiel zu geben, geschehen kann – und auch schon geschehen ist –, daß sich der Verurteilte die Ware beschlagnahmen läßt, der Lastwagen aber nach einem kurzen Stück Straße listenreich umkippt und der Verurteilte Schadensersatz für die verlorengegangene Ware haben will, die er aber zu seinem Vorteil wieder an sich genommen und versteckt hat. Es gibt noch viel zu tun, um diesem Land den Rechtsbegriff klarzumachen. Vom Großen bis zum Niedriggestellten sind sie beispielsweise begierig nach Besitz; doch sie wollen nicht einsehen, daß das Eigentum, das Mein und das Dein, eine unveränderliche Rechtsbasis haben kann, daß das Recht allein durch einen Konsens modifiziert werden kann oder sofern es der Gerechtigkeit Abbruch tut. Dein ist ihnen zufolge alles, was du aus Liebe oder mit Gewalt zu nehmen und zu behalten verstehst. Und deshalb werfen sie auch mit dem, was sie haben, um sich, ohne nachzurechnen. Voraussicht ist nicht die Stärke dieses Volkes.

Es scheint, als habe sich die französische Kammer der Gründung dieser Gerichtshöfe widersetzt. Es gab hier damals eine Art französisch-englische Teilhaberschaft an der Macht. Die beiden Mächte sahen einander scheel an; Frankreich hatte jedoch auch nicht die Absicht, all die anderen hier engagierten europäischen Nationen irgendein Vorrecht für sich erobern zu lassen, und sei es nur innerhalb der Grenzen ihrer

juristischen Interessen. Und wirklich kann hier kein Gesetz
und keine Steuer, die nicht von der Versammlung des gemischten Appellationsgerichtes gebilligt worden sind, auf die
Ausländer angewandt werden. Es scheint, als habe der Khedive, um die Dinge zu beschleunigen, die Gerichtshöfe eingesetzt, bevor ihm die Meinung der Franzosen zu Ohren
kommen konnte.

Heute hat das Oberhaupt von Ägypten den Titel eines
Malek: König. Seine Lage ist äußerst delikat. Im Augenblick
regiert, wie man weiß, der kluge Fuad I., Sohn von Ismail.
Während des neapolitanischen Exils seines Vaters in Italien
herangewachsen, hat er die Kriegsschule in Turin besucht, wo
er die Jugend verbracht hat. Wenn er jemanden findet, mit
dem er zwei, drei Worte auf piemontesisch wechseln kann, ist
er glücklich.

Er hat eine Leidenschaft für das Wissen, und noch als
Prinz hatte er sich 1908 mit der Gründung der ägyptischen
Universität zum Initiator des Koordinierungsvorhabens der
höheren Studiengänge in diesem Land gemacht. An großen
akademischen Einrichtungen fehlt es hier nicht: die geo-
graphische Gesellschaft, das ägyptische Institut, das von
Napoleon gegründet worden ist und das berühmte Wissen-
schaftler aus allen Ländern vereinigt und eine überaus reiche
Bibliothek besitzt; verschiedene archäologische Institute, eine
Gesellschaft für Landwirtschaft; König Fuad aber ist das har-
monische Zusammenspiel der verschiedenen Akademien zu
verdanken. Ebenfalls ihm zu verdanken ist die Gründung der
Gesellschaft für Wirtschaft, Politik, Statistik und Gesetz-
gebung, die eine der bestinformierten Zeitschriften der Welt
veröffentlicht; man verdankt dem König die Gründung von
Instituten für das Studium der orientalischen Archäologie, für
das Studium und die Erhaltung der arabischen Monumente
sowie für das Studium der orientalischen Musik; die Gründung der Institute der schönen Künste, neue Impulse bei den
Ausgrabungen und die Weiterentwicklung der Bibliotheken.

Den Gaben eines Gelehrten fügt er eine weitere hinzu, indem er die politischen Ereignisse mit seltenem Mut zu beherrschen weiß.

Er hat sich vorgenommen, die intellektuelle Erziehung der
herrschenden Klasse dieses Landes zu vervollkommnen. Er
hat sich vorgenommen, sein Volk in geistiger und materieller

Hinsicht zu erheben. Und er muß diese Werke vorantreiben und dabei einen jener von der Demagogie genährten Volksaufstände zu verhindern suchen, die 1882 zur Besetzung Ägyptens seitens der Engländer führten und in jüngster Zeit zum faktischen Verlust, für den Augenblick zumindest, des Sudans und, da sich die Schlüssel des Nils in den Händen der Engländer befinden, für Ägypten damit auch zu einem Verlust seiner wirtschaftlichen Unabhängigkeit.

DIE ARBEIT DER ITALIENER

Mein Vater kam zusammen mit einem seiner Brüder wegen der Arbeiten am Suez-Kanal nach Ägypten. Er holte sich hier die Krankheit, die ihn 1890 – ich war damals zwei Jahre alt – ins Grab brachte. In San Concordio, in der Nahe von Lucca, lebt, auf sich gestellt, fast neunzigjährig, sein Bruder noch. Diesen meinen Onkel sah ich vor ein paar Jahren wieder, und nachdem ich ihm gesagt hatte, er solle auf sich achtgeben, antwortete er mir:

»Am Morgen: tschu, tschu, tschu, tschu, tschu – die Vögel! Wie willst du da im Bett bleiben? Also arbeitet man.«

Ich sage diese Dinge nicht, um von mir zu reden, sondern um zu sagen, wie die Verbindung zwischen Italien und Ägypten aufzufassen wäre. Ägypten ist in erster Linie ein Land, dem die Italiener, ohne große Gewinne daraus zu ziehen, viel von ihrer Arbeitskraft gegeben haben, manchmal unter Aufopferung ihres Lebens. Ich möchte außerdem – heute, da man die Emigration der Arbeiter nach Ägypten für nahezu abgeschlossen halten kann und die Ägypter von den Italienern gelernt haben, das Eisen, das Holz und den Stein so zu bearbeiten, wie man es bei uns zu tun pflegt, zu mauern, zu gießen, eine Straße zu ziehen, eine Maschine zu handhaben – hinzufügen, daß das italienische Volk, das aus Sizilien oder Apulien, aus Kalabrien oder der Toskana hierher kam, seiner vorbildlichen Arbeit Liebe entgegenbrachte. Ich weiß nicht, ob einer, der emigriert, zu der Sorte von Menschen gehört, die aktiver sind als die anderen. Tatsache ist, daß die unteren Gesellschaftsschichten in Ägypten den Italienern dank der Arbeit der einfachen Leute eine Gefühlsregung entgegenbringen, die uns in diesem Land einen echten Vorteil verschafft.

Und neben der handwerklichen Arbeit braucht die von unseren Leuten vermittelte intellektuelle Arbeit ebenfalls keinen Vergleich zu scheuen. Und wenn sie auch nicht wie die andere ausschließlich italienisch ist, verleiht sie uns sogar fast eine Überlegenheit über die Franzosen, die hier große Dinge vollbracht haben.

Da wir in den Beziehungen zu Mohammed Ali keine politischen Ziele zu verfolgen hatten und zu jener Zeit noch nicht zur Nation aufgestiegen waren, nahm die Tätigkeit unserer Intellektuellen seit der ersten Aufwärtsentwicklung dieses Landes den Charakter großzügiger Beratung an, den sie sich noch immer bewahrt hat.

Ansonsten waren zu jener Zeit die einzigen, die ernsthaft etwas über das Land wußten, Italiener. Von 1736 bis 1820 sind die einzigen diplomatischen Vertreter hier zwei Italiener: B. Drovetti und Carlo de Rossetti. Befristet oder ständig, gleichzeitig oder hintereinander vertraut man ihnen die Interessen Englands, Österreichs, Frankreichs, Preußens, Venedigs usw. an.

Der *Égypte contemporaine*, der Zeitschrift der Königlichen Gesellschaft für Volkswirtschaftslehre, entnehme ich das folgende schmeichelhafte Urteil über einen dieser beiden Vertreter, über Rossetti.

»Ungefähr ein halbes Jahrhundert lang – von der Zeit der Mamelucken bis zum Feldzug Bonapartes und den ersten Unabhängigkeitserklärungen Mohammed Alis – nahm Rossetti aktiv an den ägyptischen Angelegenheiten teil. Die beiden Mamelucken-Beis Ali und Murad, Bonaparte, Kléber, die türkischen Paschas und Mohammed Ali gebrauchten ihn wechselweise, gegebenenfalls auch gleichzeitig als Ratgeber und Vermittler oder als Botschafter. Derartige Aufträge führte er nicht, wie einige glauben möchten, mit machiavellistischer Geschicklichkeit aus, sondern, wie aus seinen Schriften hervorgeht, mit Geistesschärfe, Takt, Intelligenz und Geradlinigkeit.«

Auch später, während der ganzen Herrschaft Mohammed Alis, werden die auswärtigen Angelegenheiten dieses Landes zum Großteil über italienische Mittelsmänner verhandelt.

Und auch auf anderen Gebieten, dem der Ägyptologie beispielsweise, haben unsere Initiativen noch nicht die verdiente Anerkennung gefunden. Die erste archäologische Gesandtschaft, die hier Ausgrabungen machte, ist eine französisch-toskanische, die Champollion-Rosellini-Gesandtschaft, wobei nach Aussage von Kennern Rosellini, was Intuition und Wissen betrifft, Champollion in nichts nachstand. Angelo

Sammarco gibt in einem Aufsatz in der *Nuova Antologia* vom 16. Februar 1925 eine Vorstellung von unseren Verdiensten auf diesem Gebiet und bemerkt unter anderem: »Die Grundlage jeder chronologischen Untersuchung über das alte Ägypten bilden der sogenannte Königliche Papyrus von Turin und der Stein von Palermo. Die getreueste Konstruktion eines phantastisch erhaltenen ägyptischen Grabmals mit allen Beigaben außerhalb von Ägypten ist die, die sich im Museum von Turin befindet. Nicht wenige Sammlungen, die in Europa verkauft und dann zum Kern der wichtigsten ägyptischen Museen gemacht worden sind, waren italienischer Herkunft.«

Auch hörten die italienischen Forschungen auf diesem Gebiet nicht etwa mit Beginn des 19. Jahrhunderts auf. Jedes Jahr kommt eine italienische archäologische Gesandtschaft hierher, um Ausgrabungen zu leiten. Und hätten sie im Bereich griechisch-römischer Kulturstudien etwa unterbleiben können? Das Städtische Museum von Alexandria gründete ein Italiener, Botti, der auch sein erster Konservator war. Auch der jetzige Konservator, Evaristo Breccia, ist ein Italiener, dessen umfassende Gelehrsamkeit seiner Liebenswürdigkeit in nichts nachsteht. Und die Person, die am besten über die Geschichte Alexandrias Bescheid wußte, war Lumbroso.

Ein heute wenig bekannter Vorreiter ägyptologischer Studien und verwegener Reisender ist Giovanni Battista Belzoni. Er war auch der erste Europäer, der bis nach Timbuktu vordringen wollte. Von der Küste aus machte er sich am Niger entlang auf den Weg, starb unterwegs, wurde in Gato begraben, erhielt von den englischen Besatzungstruppen die Ehrenbezeugungen und ruht unter einem großen Baum. Die Werke Belzonis, die seinerzeit in England und Frankreich so berühmt waren wie in Italien, werden demnächst, von besagtem Sammarco herausgegeben, wiederveröffentlicht. Er wird es auch sein, der in einer im Auftrag von König Fuad herausgegebenen Sammlung diplomatischer Schriftstücke den Nachweis erbringen wird, welchen Beitrag zur Ausbildung des modernen Ägyptens die Konsuln italienischer Herkunft geleistet haben, denen die *Égypte contemporaine* Lob zollte.

Und was wäre zu den öffentlichen Arbeiten zu sagen? Man kann sagen, daß die Städte dieses Landes allesamt von den

Italienern errichtet wurden. Wenn die Maurer auch heute keine Italiener mehr sind, so sind doch fast immer die Vorarbeiter und die Architekten Italiener. Brücken, Straßen, Eisenbahnen, Gärten, Häfen, Kanäle, der Staudamm von Assuan: Wo fänden sich hier nicht die Spuren unseres Schweißes und unseres Erfindungsgeistes? Wie viele Großprojekte, die unter nicht-ägyptischen, aber nicht zu den unseren gehörigen Namen bekannt bleiben werden, waren nichtsdestoweniger die Frucht von Untersuchungen italienischer Ingenieure, bescheidener Untergebener!

Die erste wissenschaftliche Studie über die Nilführung verdankt sich einem Italiener, dem Ingenieur Elia Lombardini, und ist von 1864. Die Gesellschaft für Geographie, die von Ismail in Kairo mit der Absicht gegründet wurde, Begleittrupps und jegliche praktische Hilfe für die europäischen Expeditionen vorzubereiten, welche die Quellen des Nils und den schwarzen Kontinent erkunden wollten, wurde von Italienern ersonnen und erfuhr von ihnen die größten Impulse. Einer der Forscher, die damals durch Ägypten zogen, war Piaggia. Auch dieser unser tollkühner Landsmann starb auf der Reise, in Sennar, und ihn erinnere ich ganz besonders gerne, denn da er aus Lucca kam, hielt er sich bei uns zu Hause auf – ich war damals noch nicht auf der Welt – und ist, soviel Sagenhaftes habe ich während meiner Kindheit von ihm gehört, eine weitere meiner frühkindlichen Phantasiegestalten.

Und haben nicht auch die sanitären Dienstleistungen, die schwierige Aufsicht über die Reisegruppen, die Verbreitung einer gewissen Einhaltung hygienischer Vorschriften der Energie und der Selbstaufopferung der italienischen Ärzte einiges zu verdanken? Dieses Land wurde regelmäßig von der Cholera und der Pest heimgesucht und stellte eine ständige Bedrohung dar für Europa. Die italienischen Ärzte hier, deren Zahl noch heute groß ist und ständig wächst, haben eine immer bessere Reputation. Selbst die Erste-Hilfe-Einrichtungen wurden hier von Italienern gegründet: von toskanischen Arbeitern, nach dem Modell der Misericordia-Bruderschaften ihrer Dörfer.

Bei der von Ismail verordneten Einrichtung einer geregelten Verwaltung sollten italienische Beamte zu den vornehmlichsten Aufgaben hinzugezogen werden. Noch vor vierzig

Jahren trugen die Ämter italienische Namen: l'Anagrafe – ›das Einwohnermeldeamt‹, la Statistica – ›das Amt für Statistik‹, il Catasto – ›das Katasteramt‹, l'Ornato – ›das Stadtverschönerungsamt‹, le Dogane – ›das Zollamt‹, le Poste – ›das Postamt‹ usw.; noch heute trägt ihr Aufbau unseren Stempel. Auf den ersten Briefmarken dieses Landes ist zu lesen: »Poste Egiziane« – ›Ägyptische Post‹. Die italienische Sprache nahm eine konkurrenzlose Stellung ein. Alle offiziellen Bekanntmachungen während der Regierungszeit Mohammed Alis, die in europäischer Sprache abgefaßt sind, sind dies auf italienisch. In der von diesem großen Pascha gegründeten Kadettenschule sind viele der Unterrichtenden Italiener, und die unterrichteten Sprachen sind das Arabische, das Persische und das Türkische und eben das Italienische. Mohammed Alis Flotte, die eine gute Flotte war, wurde von Italienern aus dem Nichts gezogen, und Italienisch war die unter den Seeleuten geläufige Sprache. Wieviel verlorener Boden!

Das Italienische war und ist noch eine der vier offiziellen Sprachen der gemischten Gerichtshöfe: Italienisch, Französisch, Englisch und Arabisch. Aber auch wenn die wichtigsten Anwälte hier Italiener sind, wenn die Gerichtskanzlei von Italienern organisiert worden und ihr Funktionieren größtenteils noch immer Verdienst der Italiener ist, wenn die Rechtsprechung dieser Tribunale in ihren Grundlagen in der Schuld des verstorbenen Präsidenten des gemischten Appellationsgerichts, Moriondo, steht, wenn Ägypten dem Mitglied des gemischten Appellationsgerichts Messina den ersten Vertrag des gemischten Rechts verdanken sollte – so ist doch bei den Verhandlungen einzig und allein das Französische in Gebrauch.

Das ist die Arbeit der Italiener in Ägypten. Unsere politischen Probleme hier sind einfach. Sie rühren von den Grenzen her, die wir mit Ägypten in der Libyschen Wüste gemeinsam haben, und von den Vorrechten – die wir im übrigen mit vierzehn weiteren Staaten teilen –, die uns in den Kapitulationen zuerkannt werden. Es gibt hier keine Anlässe zum Antagonismus zwischen uns und den anderen Staaten, und es könnte auch gar keine geben. Unsere Interessen hier sind vor allem kultureller und wirtschaftlicher Art. Und aufgrund der Anerkennung, die das moderne Ägypten uns schuldet, und wegen des Drangs nach einer weitergehenden

Entwicklung, von dem es beseelt wird, verlangen es diese Interessen, daß sie von seiten Ägyptens vorausblickend gewahrt werden.

MONDSCHEIN

Als mein Vater starb, kam eine Alte aus der Bucht von Kotor zu uns, um mit uns zusammenzuleben. Ihr Cousin war Mohammed Alis Arzt gewesen, und so war sie als kleines Mädchen im Harem des Paschas zugelassen.

Der geliebten Dalmatinerin verdanke ich viele sagenhafte Einfälle. Durch sie hörte ich zum ersten Mal von Mohammed Ali; und noch bevor ich etwas von Feen und vom schwarzen Mann erfuhr, wußte ich von präparierten Kaffees, die der Sultan von Istanbul dem vorsetzen ließ, der ihm nicht mehr genehm war; und sie wollte auch nicht gelten lassen, daß der Khedive Ismail eines natürlichen Todes gestorben war. Sie erzählte von weißhäutigen Frauen unter der Bewachung furchtbarer Schwarzer. Mit ihren Geschichten fanden die Seidenkissen und Teppiche und geheimen Vorhänge Einlaß in die Armseligkeit unseres Hauses, das in einer unwirtlichen Gegend vor den Toren der Stadt lag; eine Baracke mit Hof und Hühnern, Gemüsegarten und drei Feigenbäumen, die man aus der Campagna von Lucca hatte kommen lassen. Es gelang meiner Neugierde, dem Getuschel (wenn sie sich an meine Mutter wandte) zu entnehmen, daß all jene wundersamen Begebenheiten eine Weise waren, mich über irgend etwas im dunkeln zu lassen.

Wenn sie von den *maschrabijen* aus bezaubernden Schauspielen beiwohnten (inmitten von Fontänen, die Feuer warfen wie tausendfarbige Schleier, die aus Kordofan angereisten Artisten; nur das Hörner-Band um die Flanken gegürtet, machte es zur Begleitung einer dämonischen Harfe – sie selbst mit den Beinen in der Luft wie galoppierende Pferde – das Geräusch der Zähne beim Schüttelfrost), schienen die weichen Frauen glückliche Odalisken, wogegen ein dumpfer Schmerz an ihrem Herz feilte, wenn sie den lieben langen Tag ausgestreckt Samen und Zuckerwerk knabberten und rauchten. Sah dieser schwarze Samt großer Augen die Spiele gar

nicht? Sondern einen Abwesenden? Und wen? Eifersucht?
Verbotene Lieben, unbezähmbar und gefährlich? Warteten
sie, Träumereien hingegeben, auf die nächtlichen, zwischen
den Blättern umherstreichenden Kupplerinnen? Ach! Ich war
ein Kind, und ich bin auch jetzt kein Romancier.

Ein anderer Zauber meiner Kindheit war der Machmu-
diye. Am Saum des Wassers stand Schilfrohr, das von Frö-
schen wimmelt, und darüber, auf der Straße, große Bäume:
der Gemmez oder die Sykomore oder Pharaonenfeige, ganz
wie ihr wollt, und der Banyan – man hat mir gesagt, er sei der
hiesige Affenbrotbaum, aber darauf ist kein Verlaß –, und der
wirft von den Zweigen so etwas wie Kordeln herunter, die
Wurzeln schlagen und die sie »Struwwelhaar« nennen. Es waren große Bäume, und sie bedeckten die Straße mit Schatten;
ihr Stamm wird im Innern hohl, tief wie eine Grotte, und es
gab immer jemanden dort drinnen, der entweder auf seiner
Matte die Verneigungen zum Gebet machte oder zum Trick-
track-Spielen hingekauert war: das Spielbrett ein Sandquadrat
mit Löchern, die mit dem Finger hineingebohrt waren, die
Spielfiguren kleine Kieselsteine. In dem Baum weiter drüben
schnarchte jemand selig, den Mund gerundet, und die Jungen
nahmen ihn sich zum Ziel für ihre Kieselsteinchen, worauf er
mit vollem Mund eine Geste machte, als wolle er die Fliegen
verscheuchen; im selben Schlupfwinkel entlauste sich ein bis
zum Bauch nackter Alter und fixierte dich mit gewissen Torquemada-Blicken. Mit den großen Bäumen wechselten sich
Akazien ab, die eine ganz und gar behaarte Goldblüte hervorbringen, und wir Kinder nannten sie »Bart des Pascha«; sie
hat den Duft der Mandarinenblüte.

Diese schattige und duftende Straße hatte auf der gegenüberliegenden Seite unermeßlich große Gärten. Einer davon,
der Garten Nr. 3, der, glaube ich, eine der Residenzen des
Khediven Ismail war, ist heute der Nuscha-Stadtpark; einen
anderen, den von Nubar Pascha, dem armenischen Juristen,
der die gemischten Gerichtshöfe erfunden hat, haben sie in
Parzellen zerstückelt, und so endet er in häßlichen Häusern;
anderswo in dieser Gegend sind Fabriken entstanden und fül-
len die Straße mit Rauch. Mit meiner Mutter bin ich früher
hierhergekommen, um die Familie eines gewissen Puccetti
aufzusuchen, der aus unserer Gegend stammt. Er hatte im
Laufe von vierzig Jahren den Antoniadis-Garten instand ge-

setzt, den schönsten dieser Gärten, den heitersten Ort, den auf süßeste Weise geheimnisvollsten Ort der Welt.

Als Alexandria noch eine Stadt des Orients war, als die Engländer hier noch nicht das Tennisspielen und das Ferienhaus am Meer verbreitet hatten, als weder der Lido von Ramle im Osten Alexandrias das Licht der Welt erblickt hatte noch der Nudismus noch jene Operettenatmosphäre, die jedem Strand anhaftet, der etwas auf sich hält, da herrschte hier der große arabische Traum des immerwährenden Abends.

Es gab eine Zeit, in welcher der Mondschein mit seinem frischen Atem erwartet wurde wie eine Belohnung. Man sah damals Seeleute irgendeines hier vor Anker gegangenen Schiffes mit großer Geschwindigkeit auf Eseln vorbeiziehen, die auf den Mahmudije zuhielten. Die Eseltreiber folgten ihnen auf dem Fuß und trieben, schnell wie Meerkatzen, die Tiere mit Pfefferprisen unter dem Schwanz an. Der biegsame Körper dieser Eseltreiber mußte Mohammed Ali, als er eine Mannschaft für seine improvisierte Flotte benötigte, geradezu auf die Idee bringen – die er dann auch sofort in die Praxis umsetzte –, einige von ihnen einzufangen und gewaltsam an Bord zu befördern.

Der Schatten und das Wasser, das ist das Motiv der arabischen Dichtung. Völker, die immer unterwegs sind, vom Durst und von der Sonne gepeinigt, für sie ist die Liebe, zwischen Oleanderbüschen, eine abendliche Kehle voll girrendem Quellwasser. Oh! wie brennend und brüllend nach einem Tropfen Vergessen. Omajjaden oder Abassiden ersannen, als sie seßhaft wurden, die tiefen Gärten entlang der Flüsse, verwandelten den Zorn der Sonne in mondene Liebkosungen, den unverbrämten Biß des Sandes in finstere Filter. Und auch die zuletzt angekommenen Herren fanden, obgleich sie aus dem Abendland kamen, diese Raffinessen von Träumern anfänglich nach ihrem Geschmack.

Vor den Toren dieser Gärten des Mahmudije sah man zu meiner Zeit Schwarze auf der Bank sitzen. Sie hatten nicht die Kraft, die Fliegen zu verscheuchen, und hielten ihre toten Fischaugen halb geschlossen. Es waren die furchtbaren Schwarzen unserer Dalmatinerin, es waren in der Tat die letzten Eunuchen. Gekleidet wie englische Priester hielten sie sich die Knie mit ihren großen skelettartigen Händen, bewegten die Lippen zu ihren altersschwachen Kinderworten (und jenes

Miauen schien nicht das ihre zu sein, sondern das der Mauer oder der Baumrinde), zeigten dabei ihr grau-violettes Zahnfleisch und wirkten schaudererregend.

Einer dieser unglückseligen Bartlosen, nachgerade der Herausragendste, der Eunuche schlechthin, der Oberaufseher des Harems des Khediven Abbas Hilmi, der am Strand von Ramle ein Grundstück besaß, hatte erfahren, daß dort der Schatz vergraben war. Er hatte die Archäologische Gesellschaft deswegen ersucht, dort Ausgrabungen zu machen. So geschah es auch. Und was wohl war der erste Gegenstand, den man fand? Ein Phallus aus Stein, groß wie ein Mann; man kann ihn im Geheimkabinett des Städtischen Museums sehen. Ironie des Schicksals, aber auch ein Zeichen dafür, daß eine gewisse Facette des Orients unrettbar verlorengegangen war.

Von einem der verzauberten Gärten her sah ich in den weit geöffneten Torflügeln eine Kutsche auftauchen, gezogen von einem ungestümen Dreigespann. Meine Herren, eine treffliche Equipage, ein orientalischer Troß! Es umrahmten den Wagen kräftige Reiter, diese kaukasischen Gesichter breiter hellhäutiger Buben, vergoldet durch die Schatten der astrachanischen Fellmützen. Ihm voraus gingen *sais*, Vorläufer, die keine Nerven zu haben schienen, von der Sorte der Eseltreiber, mit fliegenden nackten Füßen und mit dem Geschrei des *jemínak* und des *schimálak* oder: he da! nach rechts! he da! nach links! – Schreie, welche die Kutscher hier, wenn sie sich Platz schaffen wollen, unermüdlich wiederholen müssen, und ebenso die Autofahrer, denn auf die Hupe hören sie hier nicht.

Im Wagen war der osmanische Oberkommissar, der Ghasi Muchtar Pascha, der Krim-Sieger. Vor dreißig Jahren genoß die Türkei noch beträchtliches Ansehen in Ägypten, und das Vorbeifahren des Marschalls wurde mit zustimmendem Geschrei begrüßt. Unsere Alte bildete hier eine Ausnahme. Für sie war der Türke der Widersacher des großen Mohammed Ali gewesen, und sie muß überdies einen ererbten Haß auf den Türken gehabt haben, bei all den Geschichten, die sie uns erzählte und die ich nicht ganz begriff, von Montenegrinern, mit denen sie verwandt war, und von Albanern und von Ermordungen und Racheakten, endlose Schauermärchen, die bis in uralte Zeiten zurückgingen. Als der Wagen an uns vorbeifuhr, zischte ihr zahnloser Mund: »Verfluchter Hund!«,

während mir für einen Augenaufschlag der Siegreiche erschien, der unablässig die Bernsteinperlen seiner Kette durch
die Finger gleiten ließ.

Zu jener Zeit bekam ich das Sumpffieber, und der Arzt riet
meiner Mutter, mich ans Meer zu schicken.

Ein paar toskanische Arbeiter- und Angestelltenfamilien
wollten den Sommer in El-Meks verbringen, und eine von ihnen nahm mich mit. El-Meks ist der westliche Strand. Nicht
weniger schön als der andere, liegt er jedoch gleich hinter
dem Hafen; von dort aus erstrecken sich die Holz-, Baumwoll-
und Öldepots: der Schlachthof und Gerbereien mit dem
strengen Geruch von Blut, Tannin und Fäulnis durchtränken
ihn und locken die Haifische herbei. Woran man sieht, daß
der Hai ein armes verleumdetes Tier ist: Nicht zuletzt ist es
sein Verdienst, wenn es hier einen Teil der Welt gibt, in dem
man noch in Frieden atmen kann.

Damals waren dort ein paar Häuschen verstreut, deren
Zahl seither nicht gewachsen ist. Die Landschaft: Wüste!

Hier und dort im Sand Salzwassertümpel, rund, lichtlose
Augen, nicht breiter als ein Paar ausgestreckter Arme, von
weißlich-flaschengrüner Farbe. Und hin und wieder tauchten
noch Windmühlen aus dem Sand auf, mit zerfledderten Flügeln voller Fledermäuse. Es gab und gibt in der Gegend dort
eine antike Nekropole, die von der Archäologie noch nicht er-
schlossen worden war; und manchmal konnte ich sehen, wie
sich die einheimischen kleinen Jungs statt mit Steinen mit
Schienbeinen und Schädeln bewarfen.

Mit El-Meks verbinden mich auch die letzten Jahre, die ich
in Ägypten verbracht habe, bevor ich 1912 von hier wegging.
Das einsamste Haus von El-Meks, das letzte, wurde von zwei
jungen Ingenieuren der Hafen- und Leuchtturmanlagen bewohnt, den Brüdern Thuile. Ingenieure und Schriftsteller. Sie
kamen uns am Hoftor entgegen und schienen siamesische
Zwillinge zu sein: der größere, Henri, ganz in Schwarz, im
tight, der andere, Jean, im Pyjama, und alle beide in Filz-
pantoffeln. Henri hatte eine Sammlung von Elegien veröffentlicht, auf die Francis Jammes große Stücke hielt, Jean zwei
Romane, den *Eudémoniste* und *Trio des Damnés*, die ich heute
zu den schönsten der letzten vierzig Jahre zählen würde.
Henri war ein feinsinniger Kenner der arabischen Literatur,
Jean ein gewissenhafter Landvermesser. Ihr Haus schien ein

Geisterhaus zu sein. Ein Haus à la Ibsen in Afrika. Ihr Vater, der Chefingenieur der Hafen- und Leuchtturmanlagen gewesen war, starb, kurz nachdem er zum Direktor von Creusot ernannt worden war, bei der Explosion einer Maschine, die er selbst erfunden hatte und die er gerade ausprobieren wollte. Auch er ein Sammler von Büchern, welche die beiden von ihm geerbt hatten. Sie besaßen die bedeutendsten und erlesensten Veröffentlichungen des ganzen 19. Jahrhunderts wie auch die neuesten, so aufwendig eingebunden, daß es schon fast etwas Manisches hatte, aneinandergereiht in einem riesigen Zimmer. Die Entdeckung dieses Mekkas der Bücher war eine Freude für mich, die sich nur vorstellen kann, wer, unter dem Zwang der Umstände weit weg von dem intellektuellen Zentrum aufgewachsen, das er für das seine hält, sich daran gewöhnt hat, es als Luftspiegelung zu betrachten. Ich war oft ihr Gast. Diese Trunkenheit, die einem das Lesen einflößte, auf den lautlosen Teppichen, begleitet vom Flügelschlag des Windes auf den Wellen, werde ich sie jemals wieder verspüren? Seltsames Haus, wo sich die Strenge dieser protestantischen Provenzalen mit einem lieblichen arabischen Dunst verbündete und die Luft tragisch war. Und wißt ihr auch, daß ich in diesem Haus zum ersten Mal vom Begrabenen Hafen reden hörte? Jean half Gaston Jondet bei der Erforschung des antiken verschütteten Hafens von Pharos. Ein Becken im Meer von Alexandria, das einer ganzen Flotte Aufnahme gewähren kann. Die Anlage dieser Dämme, die Jondet zufolge durch die Senkung und das Abrutschen der Nilablagerungen auf dem festen Untergrund begraben wurden, sollen als Idee der Ingenieurskunst selbst die Pyramiden übertreffen. Sollte sie noch vor den Ptolemäern realisiert worden sein? »Die grandiose Idee«, so Jondet weiter in seiner Gedenkschrift des Kairoer Instituts, »geradliniger Wellenbrecher von zwei Kilometern Länge legt den Vergleich mit der majestätisch schnurgeraden Linienführung von Theben und Karnak nahe.«

In El-Meks sind meine Freunde nun nicht mehr. Jean ist einer der ersten Bauunternehmer für öffentliche Arbeiten in Frankreich, und Henri hat sich, nachdem er Chef des europäischen Kabinetts von König Fuad gewesen war, auf ein altes Schloß bei Montpellier zurückgezogen. Der Freund, der mich begleitet (überglücklich, mich nach so vielen Jahren wiederzutreffen, schüttelt er mir orientalisch-überschwenglich das

Handgelenk, renkt mir fast eine Schulter aus und fällt mir um
den Hals, so daß ich schweißgebadet versuche, ein wenig Abstand zwischen uns zu schaffen), sagt zu mir:

»Und wer weiß, was du wohl für ein großes Tier bist?«

»Ich? Ich bin«, antworte ich ihm ohne Bitterkeit, »ich bin
ein Dichter.«

Still, still, mein Freund, der Abend kommt. Von dieser Wüste und ihren unterschiedlichen Volksstämmen werden wir,
wenn du möchtest, ein anderes Mal sprechen.

Still jetzt! Die Höhen von Agmì mit ihren Feigenbäumen
verhüllen sich, und es verhüllt sich der Dattelhain unten von
Duchele. Die Wägelchen der Salzgruben dort unten stehen
still, und eine Trauerfarbe bewegt sich auf der großen Salz-
tasse und füllt die Augen wie mit Spinnweben. Und wie es
hier stöhnt, das fühllose Meer. Ein Zirpen von Grillen hat sich
erhoben. Die *dscherboa* steckt ihr Schnäuzchen aus dem Loch
und hüpft, Königin des Mondlichts.

DIE WÜSTE

Inmitten jenes Knäuels von Völkern, die von Zentralasien zum saharianischen Atlantik reichen, vergegenwärtigt Ägypten eine Geschichte, und zwar die längste, die man von einem seßhaften Volk kennt. Es ist nichts als eine Oase. Eine Oase von großer Fruchtbarkeit, mit fünfzehn Millionen Seelen, aber nicht breit: Auf einer Länge von mehr als tausend Kilometern hat sein bewohntes und kultivierbares Territorium – zwei schmale Streifen und ein paar libysche Oasen – mehr oder weniger die Oberfläche von Belgien.

Kemi: Land des schwarzen Erdbodens nannten es die Alten.

Es ist ein Geschenk des Nils: Bei demjenigen, der Stilisierungen liebt, erweckt er in jenem letzten Abschnitt seines Laufs inmitten des fetten Schattens seiner Lider auf der platten Wüstenfläche den Eindruck, daß der Stiel des azurblauen Lotus der Isis das Delta trägt und dabei die feine Zeichnung der Adern seines eigenen spektralen Kelches verzweigt und enthüllt. An keinem anderen Ort – hier jedoch über Jahrtausende hinweg – gab man mit der gleichen Inbrunst Schlaf, Traum und dem Tod, den Namen, den Symbolen, den irdischen Gütern, der Materie, dem Unvergänglichen den Vorzug.

Wie entsprach das, was man sich so fruchtbar dahinschlängeln sah, dem, was sich im Geheimen verzweigte? Wie entspricht das Leben sich selbst?

Einzigartiger Nil! Er schwillt an mit dem Sommer, wenn die anderen Flüsse ihre Gebeine zu zeigen beginnen. Beim Anschwellen lädt er auf beiden Seiten seinen nahrhaften Schlamm ab, und da er ihn seit Jahrtausenden so zur Seite kippt, hat er auf dem Wüstenfelsen Ägypten aufgehäuft: eine schwarze, zehn, zwölf und an manchen Punkten des Deltas sogar dreißig Meter hohe Erde.

Wenn er anschwillt, nimmt er die Farbe des Blutes an – durch den Schlamm der abessinischen Hochebenen, den ihm

der reißende Blaue Nil beschafft –, und wenn er mit den grünen Wassern in Kairo ankommt, gibt er zu verstehen, daß das
Wachstum beendet ist und alle pflanzlichen Ablagerungen in
den Sümpfen des Weißen Nils eingesammelt sind.

Als einziger der afrikanischen Flüsse vollbringt er, fünf-
tausend Kilometer zurücklegend, das Wunder, die Sahara in
ihrer ganzen Länge zu durchqueren und die klatschenden
Regenfälle des Gebiets um den Victoria- und den Nyasa-See
zum Mittelmeer und die tropischen Fische – den Haifisch mit
dem Schlamm – zum Delta zu bringen. Dank seiner könnte
man, wenn der Mensch sie nur dulden würde, in diesen
Gegenden noch das Nilpferd und das Krokodil sich im
Schlamm einbuddeln sehen.

Wo die Zeit unberechenbar ist und alles von sagenhafter
Austrocknung zeugt und eine Wasserlache Überbleibsel eines
immensen Sees ist – in einer Wasserlache von Tibesti hat Tilho ein lebendes Krokodil gefunden: ein aus dem Tropischen
gekommener Same, der sich auch dann weiter reproduziert
hat, als die Wege, die ihn hergebracht hatten, seit vielen Jahrtausenden verdunstet, auf das Gefängnis eines Lochs reduziert
waren –, wo man beklommen ein Rinnsal sucht – und einst
gab es dort einen gewaltigen Fluß –, wo die Erde auf die eigene Geschichte hält und sich nicht dazu hergibt, der Menschheitsgeschichte als Namensgeberin zu dienen: In der Wüste
autorisierte der Nil den Menschen, die längste Abfolge staatlicher Organismen durch die Jahrhunderte hindurch herzustellen, die man kennt. Sie sollten in sich isoliert überdauern,
wie standhafte und schreckenerregende Burgen.

Nicht weniger fruchtbar als die ägyptische ist die mesopotamische Oase; aber Chaldäa ist ein Nest, von dem aus Abenteuer vorangetrieben werden, und so gefestigt und in sich
zurückgezogen Ägypten war, so unruhig war es selbst, von
Nomaden beherrscht, das Ohr in ängstlicher Erwartung irgendeines Geräusches, das es an einen anderen Ort hätte
rufen können, stets dazu geneigt weiterzuziehen, bereit zum
Kommen und Gehen: raumträchtig war es immer bereit, her-
beizueilen und zu kämpfen.

Vom Kaspischen Meer über den Hindus zum Mittelmeer
schnellte tatsächlich, Alexander den Weg weisend, von jenem
Trampolin aus der Perser empor, um sich der westlichen Wüste zuzuwenden, fünfhundert Jahre vor Christi Geburt; und es

verschlug den Islam hierher, der sich später einen noch weiteren Horizont erschließen konnte, tausend Jahre danach, als auch Ägypten die Bestimmung der arabischen Volksstämme teilen sollte: eine Bestimmung, so turbulent wie der Wind über dem Sand.

Nun müßte man erklären, warum Ägypten sich über so lange Zeit wie ein Grab innerhalb der Grenzen seines Bodens verschlossen halten konnte, mit den unbegrenzten Reihen seiner Männer und Frauen, im Begriff, den gebräunten Rücken zu beugen, ihn über ein und dieselbe Erdscholle zu halten, gebeugt in Ewigkeit.

Würde ich, von diesem Punkt meines Alexandrias aus, der Küste nach Westen folgen, so käme ich zum Golf von Solum und zum Meer der Kyrenaika. Stellen wir uns in dieser horizontalen Richtung, von Osten nach Westen, vom Meer begrenzt, ein Rechteck vor, fünfhundert Kilometer lang, zweihundertfünfzig Kilometer breit: Von diesem Sandmeer im Hintergrund, zwischen der Küste und der Oase von Siwa, würden wir in den Gharb hinausgehen: ins Abendland: die gähnende Ödnis. Auch für die Pharaonen war Siwa, heute Knoten der westlichen Wüstenstraßen, das Ende des Orients: Wegen dieser seiner Lage hatten sie ihm heiligen Charakter zugesprochen und kamen hierher, um die Würden der Macht zu empfangen. Auch Alexander kam, als der Hafen seiner Stadt angelegt war, mit seinem Heer dorthin, um sich für ewig erklären zu lassen. Tatsächlich war Siwa ein Einfallstor, eines von zwei Toren, von denen aus man die »Ewigkeit« Ägyptens bedrohen konnte.

Wenn wir dem sandenen Rechteck, das wir den Korridor von Siwa nennen werden, den Rücken kehren und vor uns hinuntergehen, werden wir, genau unter dem Korridor, auf ein immenses Bett stoßen, ein *serir* beweglicher Steine: die libysche Festung, welche die Natur zur Verteidigung Siwas aufgestellt hat. Der *erg*, der Dünenkomplex, der den libyschen *erg* bildet, endet gegen Darfur hin. Ägypten wird also im Westen in seiner ganzen Länge von einem unüberwindlichen Hindernis verschlossen. Im Osten hat es das Rote Meer als Schützengraben. Auch wenn es mitten in der Wüste liegt – schwarze Erde inmitten von roter Erde, sagten die Alten –, hat Ägypten demnach keinen Raum, hat es nur zwei Tore: Siwa und den Isthmus von Suez nach Asien hin.

Zwischen der Steinwüste und dem Niltal gibt es verschiedene Oasen, die zwischen hundert und zweihundert Kilometer vom Tal entfernt verteilt sind: Baharija, Farafra, Dachla,
Charga und, auf dem Weg nach unten abbiegend, Audschila,
Dschalo, El-Jaghbub, Siwa. Quer durch dieses Gebiet drang
während des Krieges der senussitische Angriff gegen Ägypten, wobei man in Dachla gegen Charga die Front hielt, wo
die englische Sondereinheit stand. Von Charga aus führt die
historische Straße ins Tal und nach Theben, denn in Theben
treffen die großen historischen Straßen der arabischen Wüste
aufeinander. Von Charga aus versuchten die Perser, als sie
sich zu Herren Ägyptens machten, in die westliche Wüste hinauszuzlehen. Diese Straßen erklären die Ansiedlung libyscher und semitischer Zellen auf ägyptischem Boden von den
entlegensten Zeiten her.

Auch aus einem anderen Grund sind es bedeutsame Oasen: Sie zeigen, wie wertvoll das Wasser wird, kaum daß der
Nil fehlt. In ihnen mußten sich die Römer, die den intensiven
Ackerbau unter den Palmen dort eingeführt hatten, mit Maurerarbeiten behelfen, die noch die heutigen Installateure in
Erstaunen versetzen. Mit der wahren Geschicklichkeit höherer Chirurgenkunst sperrten sie die vereinzelten Quellen, die
sich dort finden, in Maulwurfslabyrinthe ein und kanalisierten
sie; Quellen, die sich Infiltrationen von Regenwasser verdanken, die an bestimmten Punkten Dutzende von Metern tief
sind. Im übrigen ist bekannt, wieviel Sorgfalt Rom für die
ganze Sahararegion aufbrachte. In seinem ganzen Territorium
dort hat es Werke der Ingenieurskunst hinterlassen, die fortdauern. Welchen Impuls Septimius Severus, der übrigens aus
Leptis Magna war, den transsaharianischen Verkehrsverbindungen gegeben hat, ist bekannt. Die Römer führten im westlichen Afrika das Kamel ein, wie sie es auch hier im libyschen
Territorium Ägyptens einführten. Vorher wurden die Kamele
in Ägypten nur für den Verkehr zwischen Nil und Rotem
Meer verwendet, und ihr erstes Auftreten geht auf die persische Eroberung im Jahre 525 vor Christi Geburt zurück:
Tatsächlich sieht man auf den vorhergehenden ägyptischen
Monumenten, die voller Tiergestalten sind, niemals das Kamel. Außerdem weiß man, daß für den Zusammenbruch des
byzantinischen Reiches von Nordafrika der Einsatz tausender
und abertausender Kamele seitens der Araber nicht unerheb

lich war – ihre Höcker sahen aus wie ein immenses Sich-Bewegen von Dünen. Und wenn ich die Araber sehe, die den Wert des Raums zu schätzen wissen – und ich spreche insbesondere von den Arabern der orientalischen Staaten, die aus dem Vertrag von Lausanne hervorgegangen sind –, wenn ich sie begierig ein Automobil betrachten und vom Flugzeug träumen sehe – all ihre Legenden sind voll von fliegenden Menschen –, komme ich, weil ich weiß, daß ihr Land die Wiege von Königreichen ist, nicht umhin, mich zu fragen, ob diese Mittel nicht eines Tages gegen den gekehrt werden, der ihnen beigebracht hat, damit umzugehen. Wir sollten auf keinen Fall vergessen, daß dem Islam in der schwarzen und fernöstlichen Welt eine Kraft zum Proselytentum innewohnt, die Tag für Tag wächst.

Apropos Proselytentum, ich bin im Haus eines ägyptischen Freundes einem Senussi begegnet. In der Herrlichkeit seiner patriarchalischen Gewänder, in der groben Gesichtshaut, die man von den Farben und Verdickungen her mit der Schale einer alten Nuß vergleichen könnte, brennen zwei durchbohrende Äuglein, sofern sie nicht – fast immer – abwesend zu sein scheinen. Er trinkt sein Täßchen Kaffee aus und geht. Mit dem Ägypter sind wir seit der Kindheit befreundet und unterhalten uns, ohne einander unsere Gedanken zu verhehlen. Er sagt zu mir:

»Mit der Einnahme von Kufra habt ihr einen Nerv des Islam durchschnitten. Sie ist ein großer Schlag für die ganze mohammedanische Welt gewesen.«

Man muß wissen, was Kufra ist: Dieser Oasenkranz liegt im furchterregenden Herzen der libyschen Wüste; von jedem beliebigen bewohnten Punkt aus muß man vier-, fünfhundert Kilometer Einsamkeit überwinden, um dort anzukommen; wer die Wüste kennt, der weiß, daß unsere Heere ein Wunder vollbracht haben, als sie es eroberten, und er weiß auch, von welch ruhestiftender Wirkung auf die Wüste diese Eroberung ist, weil sie die Überwachung der Wege der Zentralsahara, die Italien obliegt, einfacher gestaltet. Nachdem die Tibbu, die alten Besitzer und die einzigen unabhängig gebliebenen Schwarzen der Sahara verjagt worden waren, machten die Senussi ein Nest wilder Unternehmungen daraus, das ihnen uneinnehmbar schien, und das Zentrum der Verbreitung des Islam unter den Tibbu selbst.

Ich gebe die Rede des Ägypters hier wieder, weil sie ein
paar von den Gedanken ergänzt, die bereits in diesen Aufzeichnungen geäußert wurden. Ich sage:

»Ich begreife nicht, warum euch diese Eroberung beunruhigt. Ihr seid kein kriegerisches Volk. Als Kind habe ich Alte
und Junge mit abgeschnittenem Daumen und Zeigefinger
oder mit herausgebohrtem Auge gesehen. Sie hatten sich
selbst verstümmelt, um die Aushebung für die Feldzüge von
Ismail und von Kitchener in Schwarzafrika zu umgehen. Und
wenn mich nicht alles täuscht, habt ihr auch zur Zeit der Pharaonen nicht durch militärische Tugenden geglänzt, und eure
Truppen wurden von schwarzen oder libyschen Söldnern
gebildet. Und haben euch die Senussi nicht einigen Ärger verursacht? Waren nicht sie es, die im Sudan einen Mahdi gegen
euch aufgebracht haben? Eine nette Arbeit, diese Allianz von
Sklavenhändlern und Asketen! Wieviel Blutvergießen und
wieviel Geld hat euch dieser Aufstand von 1881 bis 1898 ge-
kostet?«

»Was die militärischen Tugenden betrifft, sage ich dir, daß
sie ein Zeichen menschlicher Würde sind; und du weißt, daß
der Fellache immer in der Erniedrigung gehalten wurde. Es ist
keine Frage der Rasse: Es ist eine Frage der Erziehung. Was
unsere Sympathie für die Senussi betrifft, so weißt du, daß es
uns noch nicht ganz gelingt, zwischen Religion und Nation zu
unterscheiden. Für uns läßt sich die Vorstellung des Krieges
nicht vollständig von der des heiligen Krieges unterscheiden.
Noch empfinden wir mehr Solidarität gegenüber einem chinesischen Moslem als gegenüber unserem christlichen Mitbürger gleicher Nationalität. Ich behaupte nicht, wir würden
keine Gefühls- und Denkkrise durchmachen. Der Fall des Kalifats der Osmanen hat das religiöse Band sicher geschwächt.
Die moslemischen Länder befinden sich in gewissem Sinne in
der Lage des Abendlands nach den Kreuzzügen, als in Europa der Prozeß der nationalen Autonomie begann, der unter
anderem zum Schisma der Reformation führte. In der Türkei
bildete sich durch das Verdienst Kemal Paschas ein nationa-
les Bewußtsein aus. Auch bei uns arbeiten wir daran, eins aus-
zubilden. Aber unsere Bedingungen sind nicht die der Türkei:
Wir sind nicht unabhängig. Und es handelt sich um ein anderes Volk. Es wird lange Jahre dauern. Und man kann keine
Wunder vollbringen.«

»Und wenn euch dies gelingen soll, werden es vor allem lange Jahre geistiger Arbeit sein: Mit Agitationen werdet ihr nichts erreichen, außer, daß ihr alles aufs Spiel setzt. Ich glaube an eine große Zukunft eures Landes, sofern ihr seine Aufgabe begreifen werdet. Ihr müßt euch darauf vorbereiten, in der arabischen Welt eine mäßigende und erzieherische Funktion innezuhaben. Die Araber Asiens stellen eine Phalanx dar, die euch in einer mehr oder weniger fernen Zukunft erneut unterwerfen könnte, wenn ihr euch nicht vor allem in geistiger Hinsicht dafür bereitzuhalten wißt, sie einzudämmen.«

Das sind die Probleme der Wüste, wenn man so will, praktische Probleme, aber für den, der Dichtung nicht nach dem Gehör macht, sondern sie im Leben entdeckt, auch in höchster Weise poetische Probleme. Nichts ist dem Dichter gleichgültig, weil am Ende alles, wie es die beständige Tradition der guten italienischen Dichtung ist, zusammenwirkt, ihm das Wort zu beschaffen, wo sich das Geheimnis der verschiedenen Erfahrungen erleuchten wird.

DAS LACHEN DES DSCHINN RULL

Die Sonne fällt schon wie ein Lot; alles ist nun in der Schwebe und aufgewühlt; jede Bewegung ist verdeckt, jedes Geräusch erstickt. Es ist nicht die Stunde des Schattens noch die Stunde des Lichts. Es ist die Stunde der äußersten Monotonie. Dies ist die blinde Stunde; dies ist die Stunde der Wüstennacht. Die wurmstichigen Felsen, weißlicher Grind zwischen dem Sand, lassen sich nicht mehr unterscheiden. Die feinen Wellenlinien des Sandes, auch sie sind untergegangen im dichten Netz der Strahlen, die von allen Seiten gleichmäßig einfallen. Es gibt keinen Himmel mehr und keine Erde. Alles hat eine glühende und gleichbleibend graugelbe Farbe, in der ihr euch mühsam und doch wie in einem Wolkenschleier fortbewegt. Ah! wäre da nicht dieser Peitschenhieb, der euch das Blut von den Fußsohlen her löst in einem Lied, rauh, melancholisch, verflucht, so würdet ihr sagen, daß dies das Nichts ist. Er geht ins Blut wie die Erfahrung dieses absoluten Lichts, das sich an der Trockenheit abwetzt. Und vom Geheimnis der Erde nehmt ihr, wie ein Echo von soviel Leid, gleichsam ein erwürgtes Zerbersten wahr im Blut. Es gibt nicht eine Heuschrecke zu dieser Stunde, nicht eine jener Heuschrecken, nach denen der Nomade begierig ist wie die Katzen. (Erinnert ihr euch, im Levitikus, an die schönen Namen dieser kleinen Bestien, »die Sprunggelenke über den Füßen haben, um damit auf der Erde zu springen«? »Ihr könnt von allen Arten der *Zugheuschrecke* essen, allen Arten der *Solhamheuschrecke*, allen Arten der *Hargolheuschrecke* und von allen Arten der *Hagabheuschrecke*.«) Es gibt nicht eine Heuschrecke zu dieser Stunde, nicht ein Chamäleon, nicht einen Igel, nicht eine Eidechse, nicht einen Skorpion; es gibt keine Wachtel und keinen Schakal und keinen Skarabäus und keine gehörnte Schlange; ich stolpere aber über das Skelett eines Mehari, der heute nacht, wenn ihm der Meereswind durch die Rippen streicht, Musik machen wird; zu jener Stunde wird er wie eine Egge des Mondes sein; dann wird Walad-Ali, um mich zu überraschen, mit seinem Stock den Sand aushöhlen und mit einer Verbeugung den Kopf des Mehari, der sich mumifiziert hat, zeigen; danach wird er ihn, ohne ihn zu berühren, sorgfältig wieder zudecken, indem er den Sand mit dem Fuß hinuntergleiten läßt.

Wenn die Strahlen schräg zu werden beginnen, ist die Stunde nicht weniger schwarz; aber sie blendet in anderer Weise. An einem zerfransten Punkt des Absturzes entsteht eine Schattenmaske. Wer den Vorkehrungen beim Herannahen eines dieser Schatten beigewohnt hat, wird das Adjektiv, das er mir nahelegt, nicht befremdlich finden: diebischer Schatten. Er scheint zu nichts zu gehören, von nichts abzuhängen, er ist losgelöst, und wer Wortspiele liebt, der könnte auch sagen: freier Schatten. Und nun ist die Reihe an mir, das zu wiederholen, was euch bereits die vielen Maler gesagt haben, die sich vom Beginn des 19. Jahrhunderts an vergeblich bemüht haben, diese Wirkungen wiederzugeben. Wenn ich jenen Schatten fixiere, konzentriert er sich nach und nach, ist Kern des Bildes zwischen großen schwirrenden Lichtfransen; und wenn ich dabei bleibe, ihn zu fixieren, nimmt er, gläsern und metallisch, die Transparenz eines stehenden Gewässers an. Aber aufblitzend von einer inneren Trockenheit, aufgezehrt wie ein Kalk und wie eine Asche, ist es ein Wasser ohne Feuchtigkeit, ein grausames Wasser: Es ist nicht das Wasser, das, auch wenn es krank ist, auch wenn es verdorben ist, den Durst stillen kann: Es ist ein sadistischer Scherz des Lichts. Dort, wo der Schatten sich geschluckt hat, sehe ich zwei Männer; sie ruhen sich aus mit den Tieren, und ihre verbrannten Gesichter wallen stoßweise auf, ohne daß es möglich wäre, eine Entfernung zwischen ihnen und dem Betrachter und dem rotgelben Sand und den Wollmänteln festzulegen; da – alles wird zum blaßblonden Wallen, mit ein paar flüchtigen Flecken wie aus Tamarindensaft; und alles – jeder gesichtete Gegenstand – wird eingesäumt von einer gelben, in Violett ersterbenden Brandwunde. Die Entfernungen, die sich nun messen lassen, sind alle Frucht des Irrtums: Es ist die Stunde der Irrtümer der Entfernungen. Der Erdboden ist dermaßen gemartert worden, daß über ihm eine Luftflut taumelt. Ein Mensch bekommt kalte Schweißausbrüche, wenn er nicht mehr kann; die Wüste bekommt diese fiebrige Luftschicht. So viele verschiedene Schichten, so viele verschiedene Klimate überlagern sich nun in der Luft. Die Luftverdünnungen ändern sich aufsteigend; unten ist die Temperatur am höchsten und die Schicht am flüssigsten. Und nun kann es geschehen, daß ein erhöhter Punkt der Ebene, wo ein Baum oder ein Nest und ein Brunnen ist, oder wo nichts ist als Ödnis, immerhin aber das Trugbild von Schatten – nun geschieht es, daß das Bild jenes Punktes sich von seiner opaksten Platte ablöst, um sich zu einer unbestimmteren Platte zu erheben und sich darin zu spiegeln, all unsere Vorstellungen von Entfernung noch weiter zum Narren haltend. Die Luftspiegelung … Und wem verdanken sich unsere geheimsten Verrücktheiten, wenn nicht einer verfälschenden Absonderung des Bildes vom Objekt?

Und auch als die Strahlen schon sehr schräg sind und ihre Brechung weniger vollständig geschieht, auch nun werde ich die Augen schließen müssen. Und weshalb dieser Rauch, den ich unter den Lidern spüre, in einem blutunterlaufenen Ring? Nun, da der Blick vorsichtig wieder geöffnet ist, werde ich ohnehin den Himmel sehen; doch man kann nicht sagen, daß er klar ist: Auf dem erbleichenden Azur ist ein rotes Sich-Zerbröseln und das gewohnte Brandmal des Saums, in Violett ersterbendes Gelb. Und nun weiß ich, daß mich Meilen umgeben; ich weiß es, doch auf eine merkwürdige Art: Wenige Schritte von mir entfernt durchqueren die Personen einen Schwarm von glühenden Mückenflügeln; und ich werde wissen, daß Leute mir von jener Aureole her, die sie verbirgt und die sich mit ihnen vorwärtsbewegt, vorangehen, und ich werde den Raum nach der unterschiedlichen Intensität der verschiedenen Aureolen messen, und wenn das Loch nahe beim Himmel erreicht ist, dann endlich werden mir die Personen – spektral – erscheinen.

Man sagt, daß der Wind das einzige Element der Bewegung und des Lebens an diesen Orten ist, welche Orte der Unbeweglichkeit und des Todes genannt werden. Nein, das Lebenselement und zugleich das tragische Element in der Wüste ist das Licht.

Nicht daß der Wüstenwind nicht etwas Entsetzliches wäre. Hier ist es der *chamsîn*, und ich kenne ihn von klein auf. Es ist der Wind, den sie woanders *samûm*, Schirokko, *scheheli* nennen; es ist ein scheußlicher Wind, der hier in Böen und Wirbeln aus Südwesten ankommt. Ich habe ihn in den letzten beiden Tagen gespürt. Wie es der primitive Wüstenglaube will, sind jene roten rotierenden Säulen aus Staub, die sich betrunken über uns hermachen und einen gepfefferten Geruch haben, der euch schwindlig macht und deprimiert; die euch in die Nasenlöcher eindringen, und in den Mund und in die Augen und in die Poren der Haut, und die euch in den ganzen Körper, in die geheimsten Winkel eures Wesens einen Verdruß und eine Last legen, als wenn man euch mit Blei anfüllte und euer Fleisch eine Rostschicht hätte, die man mit Schleifpapier entfernen muß – wie es die alte Religion der Sahara will, sind die Sandkörnchen *Dschinn*-Tänzer, und auch heute tragen die Tuareg ihr Gesicht in einen Schleier gehüllt, den *lifam*, damit diese kleinen Geister, diese bösen Seelen: damit ihnen nicht durch den Mund und durch die Nasenlöcher der Dämon in den Körper eindringt.

Ich frage Walad-Ali:

»Fordert der Wind viele Opfer?«

Er lacht. Am Wind stirbt man nicht. Man stirbt an Durst.

Wenn einer durch die unkenntlichen Straßen geht, umherirrende Aureole, und keine andere Sicherheit hat als das Sprichwort: »Nimm dir mit dem rechten Auge den Polarstern vor und folge ihm so lange, bis der Abendstern kommen wird«, bis Venus kommen wird, um Täuschungen zu verwandeln und den Himmel wieder heiter zu machen – wenn einer hinter dem Stern hergeht, mit halblauter Stimme ausstoßend: »*Wên, wên, schêch El-'Arab, wên?*«, über Wochen und Monate dahingeht und endlos diesen Singsang ausstößt, mit seiner vom Licht ermatteten Stimme: »Wo bist du, wo, Schêch El-Arab, wo?« – falls er seine Straße um einen Schritt verfehlt –, erwartet ihn der Durst und verschlingt ihn. In jenem Augenblick wird er die letzten Blendungen kennen. Wie Memnon werden die Felsen klingen, wenn abrupt der Tag auf die Nacht fällt. Du tauchst einen Fuß in den Sand, und Milliarden von Sandkörnchen, eins aufs andere schlagend, werden wie ein Trommelwirbel sein. Rull? Es ist der schwarze Engel! Der Tod durch Verdursten! Das Lachen des Dschinn Rull! »*Wên, wên, schêch El-'Arab, wên?*«

Wenn der Araber aus der Wüste zurückkehrt, ah! dann jaulen die Bluthunde in seinen Adern. Hier also der Grund, weshalb der Nomade unheilbar ist: Die Wüste ist ein Wein, und sie ist eine Droge, und sie entzündet einen Zorn, der sich nur im Blut entlädt oder in den gemächlichsten Lieben.

Von all den Sinneseindrücken des Todes, die ihm sein jahrtausendealtes Leben in die Adern geleimt hat, hat der Ägypter vom Araber den traurigsten erhalten: daß die Sehnsucht nach Lust ein extremer Durst sei; das Leiden, das niemals zur Ruhe kommt außer im Verrücktsein. Dieser Sinn: daß das Verrücktsein wie ein Wachstum der Seele sei, daß der Preis für die Seele die Befreiung sei in der tödlichen Lust der Sinne.

DER ARME IN DER STADT

Die Person, die auf diesen Straßen sofort eure Aufmerksamkeit hervorruft, ist der Fakir. Er ist nicht der Feuerschlucker, der Schwertverschlinger oder derjenige, der sich mit den Zehen an Baumzweigen festhält und mit dem Kopf nach unten über den Flammen hin und her schaukelt; auch nicht der, der ohne mit der Wimper zu zucken für immer aufrecht auf einer Säule sitzt; oder der, der sein Fleisch von Schwertern durchbohren läßt, ohne Blut zu vergießen; oder der, der sich auf der Dornenhecke hin und her wälzt, oder der, der sich in einem Sarg einsperren läßt und ein Jahr später lebendiger denn je herausspringt; oder derjenige, der die Schlangen beschwört. Mein Fakir ist, wie das arabische Wort besagt, einfach nur ein Armer. Und mögen die anderen auch die Kunst, arm zu sein, erlernt haben und sich mit Recht ebenfalls Fakir nennen lassen, so ist doch der Sinn, den ich dem Wort heute abend beilegen möchte, ein solcher, der von der Wüste herkommt und die Armut will: Ursprung des Lebens, und der in der Armut eine mystische, aber unfreiwillige Fähigkeit erkennt und darüber hinaus auch von einem Buch herrührt, das alles über das Erstehen, die Berufung und die Bestimmung jener Völker weiß, die vom Hindus über den Nil bis zum Atlantik eine breite Menschheitswiege einnehmen.

Ich habe mich viel auf den Straßen meines Ägyptens herumgetrieben. Im Kopf des Arabers entsprechen der Verrückte und der Arme ein klein wenig der nämlichen Vorstellung: dem Wehrlosen; besser: einem Menschen, der nicht berechnend und an nichts gebunden ist, der mit einer blinden Kraft gewappnet ist, der von maßloser Schwäche und maßloser Kraft beherrscht wird; einem Menschen, der so schwach ist wie einer am Anfang und am Ende des menschlichen Abenteuers: wenn man geboren wird und zwangsläufig nackt ist; und danach, wenn der unermeßliche Reichtum, der das Leben ist, sich binnen weniger oder vieler Jahre verausgabt hat.

Der Fakir ist auch der Mann, der stark ist, der Mann, der bezeugt, daß allein der lebt, der den Engel sieht: Man weiß nicht, was seine Gesten und seine Worte bedeuten sollen, und es könnte sein, daß sie einfach nur manisch sind. Aber die Araber befinden sich immer in Erwartung eines Wunders, dessen Vorhersage sich in jenen obskuren, anormalen Gesten und Worten verbergen könnte. Mir ist kein Volk begegnet, das fester an die Hellsichtigkeit glaubt, an das Hellsehen des Unsichtbaren. Den Fakir erinnert es demnach an den Ursprung, an das Los, an die Wechselfälle seiner Geschichte: kurze Glanzzeiten in langen Phasen des Elends; aber vor allem ist der Fakir für sie das lebendige Zeichen des Heiligen, einer, der frei ist, weil er von befremdlichen, unbegreiflichen Gesten und Worten beschützt wird; mehr noch: einer, der zum Symbol der Freiheit aufgestiegen ist.

Es erzählt das *Alte Testament*, daß »der Hagar« – als sie von der Herrin Sara unterdrückt wurde, die wegen ihrer nicht zu brechenden Unfruchtbarkeit von der Sklavin, die stolz war, schwanger zu sein, geringgeschätzt worden war – »der Hagar der Engel erschien: ›Kehr zurück‹ – sprach er zu ihr – ›zu deiner Herrin und sei ihr untertan. Schwanger bist du, und du wirst einen Sohn haben: du wirst ihn Ismael nennen.‹« Auf hebräisch bedeutet Ismael *Gott erhört.* »›Ismael‹ – fügte der Engel hinzu – ›wird ein wilder Mensch sein: gegen alle: und er wird alle gegen sich haben.‹« Der *Gott der Erscheinung* wurde der Herr von Hagar genannt, der sich ihr in der Gestalt des Engels offenbart hatte, und da sie der erschienenen Gottheit Anblick und Wort entgegen allem, wessen man ein irdisches Geschöpf für fähig hält, standgehalten hatte, ohne vom Feuer verzehrt zu werden, nannte Hagar den Brunnen dort *Es lebt, wer mich sieht.*

»Später, als auch Sara, wenngleich neunzigjährig, von Abraham einen Sohn hatte und ihn, so unwahrscheinlich schien ihr die Sache, Isaak« – oder auch: *ein Scherz* – »nannte, wollte sie, daß man Hagar und Ismael verjage. Der Engel überzeugte Abraham, sie zufriedenzustellen, und versicherte ihm, daß auch der Sohn der Sklavin, da er ja sein Nachkomme war, ein Volk hervorbringen würde. Und Gott war mit dem Knaben, der groß wurde und in der Wüste wohnte, gewandt im Bogenschießen.«

Gleich im Anschluß unterbreitet mir die *Genesis* eine zweite Geschichte, die hinsichtlich der Bedeutungen, nach denen wir forschen, ebenso nützlich ist, nämlich die von Esau. Dieser war nicht der Sohn einer Sklavin – und selbst wenn er es gewesen wäre, würde ich nichts Schlechtes daran finden –, sondern der Erstgeborene von Rebekka und Isaak: er, der nach dem Erstgeburtsrecht der Erbe Abrahams hätte sein sollen, der dazu bestimmt war, dem erwählten Volk unbegrenzte Nachkommenschaft zu geben.

»Er kam stark behaart und rothaarig auf die Welt, wie der Name Esau und sein Spitzname Edom sagen; wie ein wilder und feuriger Bär war er zur Welt gekommen, während ihm der Zwillingsbruder beim Austritt aus dem Mutterleib folgte und ihm dabei die Ferse festhielt. Der Klammernde wurde Jakob genannt: *Fersenhalter.*« Er war häuslich, und er war gutmütig und schlau. Er muß Plattfüße gehabt haben; und er war einer von denen, die einen Pflock immer zur rechten Zeit zu packen wissen, auch – falls sie einen Vorteil darin sehen –, um den Bruder kopfüber purzeln zu lassen.

»Esau wurde ein erfahrener Jäger. Jakob hatte sich ein Mahl gekocht, als Esau erschöpft im Lager erschien. Da sagte Esau zu Jakob: ›Laß mich diese rote Speise da hinunterschlingen: Ich bin erschöpft.‹« So kam er zu dem Spitznamen Edom. Er bekam ihn auch, wie schon gesagt, wegen seiner Behaarung und seiner Hautfarbe, und so wurde er dreifach als *Der Rote* bezeichnet.»Jakob antwortete: ›Überlasse mir auf der Stelle dein Erstgeburtsrecht.‹ Esau sagte: ›Ich bin dem Tode nahe; was soll mir das Erstgeburtsrecht nützen?‹ Jakob hakte nach: ›Schwöre es mir auf der Stelle.‹ Esau schwor und verkaufte so sein Erstgeburtsrecht an Jakob.

›Siehe!‹ – sollte da der Vater segnend ausrufen – ›siehe! ohne die fetten Böden wird dein Wohnsitz sein und ohne den Tau des Himmels von oben. Von deinem Schwert wirst du leben und deinem Bruder wirst du dienen. Doch wenn du rüttelst, wirst du sein Joch abschütteln.‹«

Von ihm stammen die Idumäer ab, die Bewohner des Peträischen Arabien und des östlichen Nedjd, die Bewohner der blattlosen Berge.

Wenn Ismael der Stammvater der Araber ist, dann ist es auch Esau; wenn ismaelitisches Blut in den arabischen Adern fließt, so fließt dort auch idumäisches Blut, ein womöglich noch feurigeres Blut, ein insofern verrückteres Blut, als es fähig ist, einen dazu zu bringen, freiwillig den Verstand, freiwillig das Recht der Erstgeburt einer Laune wegen zu opfern: plötzlich, aus einem Verlangen, aus einem Traum heraus; oder vielleicht auch um einer Illusion willen; – ein glühenderes, verrückteres Blut als das ismaelitische, da es ja die Armut – Heroismus, Wahnsinn – durch eigene freie Wahl erhielt.

Wenn es euch so wie mir widerfahren wäre, an der Schwelle zur Wüste anzuhalten, und ihr hättet beispielsweise dem *muled* des Marabut beiwohnen können, so hättet ihr in einem bestimmten Augenblick zwischen den zum Fest herbeigeeilten Reitern, dem einfachen Volk und den Standarten ein abruptes Umschwenken der Welle bemerken kön nen. Ein Männlein kam an, und alle machten ihm Platz. Eingewickelt in eine abgewetzte Ziegenfelldecke, die ihm zur langen Schleppe wird, trägt er einen Sack über der Schulter, den er öffnet, um die aufgelesenen Streichhölzer hineinzuwerfen – eine ganze Schachtel! –, mit denen ich vergeblich versucht habe – bei dem Wind! – meine Zigarre anzuzünden ... Ich sehe, daß der Sack voll von gebrauchten Streichhölzern ist und daß obendrein, und das Männlein hat nicht einen Zahn im Mund, eine alte Zahnbürste darin liegt. Er nähert sich den Zelten, und hier, ganz Herr, taucht er unter Segenswünschen die Hand in den gekochten Reis und wirft ihn, Bällchen für Bällchen, in die Luft: Im zahnlosen Mund fängt er ihn wiehernd im Flug, und mit den Nüstern wittert er den Wind wie eine brünstige Mähre ... Dort hat er dem Gast die Schale mit dem gepfefferten Tee aus der Hand genommen und trinkt sie, kochend heiß, mit einem Schluck aus. Und immer hat er dabei ein Grinsen im Mundwinkel.

Er war der König des Festes, von allen verehrt, und hatte Grund zu glauben und glaubte auch, in seinem Quersack den Blitz herumzutragen – die armseligen gebrauchten Streichhölzer –, mit dem er, wenn ihn die Lust anwandeln würde, die ganze Menschenschar und ihre blöde Welt in Asche legen, zu weniger als einer Erinnerung schrumpfen lassen könnte.

Geht man weiter hinauf, erstreckt sich, den Nil im Westen, zur Rechten begrenzt von der Arabischen Wüste, über die ganze Länge Kairos dessen arabische Stadt. Seit Mohammed Ali und insbesondere seit Ismael hat man hier einiges abgerissen. Hygieniker, Archäologen und Geodäten wetteifern seit hundert Jahren miteinander, ihr das saubere Aussehen ei-

ner südamerikanischen Stadt zu geben. (Jener Baum, der im
Sommer zum Flammenball wird, die Poinciana pulcherrima,
und die Jacaranda, die sich mit Blüten im reizvollsten Türkischblau bedeckt, die wie gemalt sind auf einem Lack von
vollendeter Reinheit, blicken sie nicht von der anderen He-
misphäre her auf diese Straßen herunter?) Doch haben Spitz-
hacke und Schaufel zum Glück für uns noch viel zu tun.

In den Straßen, die sich ihren Charakter am besten bewahrt haben, eng, voll von Geschäften; mit den Schildern, die
von einer horizontalen Stange aus über dem Kopf des Vor-
beigehenden baumeln, mit ihren Schriftschnörkeln, mit all
den Stoffen, die in der Luft flattern, mit der vermummten
Frau auf dem Bürgersteig, vor einem Berg von Orangen, mit
dem Mann, der in dem schwarzen Tongefäß herumrührt, in
dem seit vierundzwanzig Stunden Bohnen kochen; mit den
brutzelnden *ta'mijen*, Bouletten aus Knoblauch, Pfefferminz
und Bohnen; mit dem *kebab*, geschnittenem Lammfleisch, das
sich am Spieß dreht; mit dem Gurkenkorb, mit der Kokos-
nuß-Karre; mit dem jammernden Singsang aller Verkäufer;
mit den Glaspokalen, in denen die Essigrüben eingelegt sind,
die die *schêchs* zum Rülpsen bringen; mit den *baijad*, Nilmera-
nen, die auf dem Grill geröstet werden; mit dem Malvenma-
zerat; mit dem Mann, der einen Absud aus Bockshornklee zu
sich genommen hat, um sich das Blut zu reinigen, und der einen faulig stinkenden Schweiß hat; mit all den Kräuterhänd-
lern und Parfümverkäufern; mit dem Geruch von Rose, Zimt,
Leder, Jasmin, Messing, Amber, Taubendreck, Moschus, Madapolam; und um all die Düfte zu verbinden, kommt der
Fakir an, mit einer weißen Bartkrone wie eine Wolle, unter
dem Kinn geschoren, kommt daher mit seinem Weihrauchfaß
und beräuchert das Frittierte und das Gekochte, die Seide und
das Metall, den ausgepreßten Zuckerrohrsaft, Rosenkränze,
Halsketten und Tabak.

Doch es gibt noch einen anderen Geruch, der in Konkurrenz tritt zum Zimt, zum Weihrauch und zum Moschus, welche die nachhaltigsten Düfte sind: ein Geruch von etwas, das
sich in Staub auflöst: Stein, Holz …

Nun läßt sich der ephemere Sinn, den der Araber den Dingen gibt, besser erklären: Das Zeichen der Beständigkeit, des
Widerstands gegen die Zeit – in einem Land, in dem die Alten
diesem Zeichen durch die Härte des von ihnen ausgewählten

Materials und durch ihren Glauben sogar die Bedeutung von
Ewigkeit gegeben hatten –, dieses Zeichen schlechthin: eine
Stadt ist für den Araber nicht mehr als ein Zelt. Denn Fostat,
die erste arabische, 642 von Amru gleich nach dem Einmarsch in Kairo gegründete Stadt, bedeutet eben genau Zelt.
Einige meinen, Fostat komme von *fossatum*. Das mag sein,
und wenn schon: die phonetische Umformung von *fossatum*
zu *fostat*, Zelt, würde meiner Idee Glaubwürdigkeit verleihen.

Wenn eine Stadt vom Verfall bedroht war, wurde sie verlassen, man gründete eine andere, was fast immer auch Zeichen eines Machtwechsels war; und so wurden, in nicht viel
mehr als dreihundert Jahren, eine nach der anderen, mehr
oder weniger von Süden nach Norden drei weitere Städte gegründet: El-Katai, El-Askar und im Jahre 970 El-Kahira – in
etwas mehr als dreihundert Jahren wurde das Zelt viermal an
einen anderen Ort gebracht. Die vier Städte bilden das, was
ich der Bequemlichkeit halber die arabische Stadt von Kairo
nenne. In diesem Bereich erheben sich einige der grundle-
genden Monumente der arabischen Kunst. Sie zeigen, daß die
arabische Kunst und die arabische Kultur in ihrer Blütezeit
ein Zusammenfluß der äußersten Grenzen waren, welche die
Hellenisation erreicht hatte: Persien und Byzanz, oder besser
gesagt, daß sie von diesem Zusammenfluß ihren Ausgang
nahmen. Dieser leistete sich, wie jeder sehen kann, den Luxus, bis zur absoluten Dürre der reinen Kalligraphie zu gehen
– den Koran in Schönschrift schreiben, welch ein Traum –, bis
zu den akrobatischen Feinheiten der numerischen Symbole,
bis zur Ödnis einer von Sophismen genährten Emphase, bis
zu den Unerbittlichkeiten einer halluzinatorischen Gramma-
tik, ganz Sklavin der Ausnahmen von der Regel.

In der von Gerüchen überfüllten Straße, wo kein Platz ist
zum Vorbeigehen oder um sich bemerkbar zu machen, wie es
auch keinen Platz zum Atmen gibt, werdet ihr einige dieser
Monumente sehen können: Sie sind aus geschmeidigem
Stein oder aus Alabaster, zerbrechlichem Stein, oder mit tür-
kischblauen Keramikfliesen bedeckt; es sind schlanke Säulen,
fein bearbeiteter Stein; zwischen einem Säulchen und dem
nächsten: Holz, von metaphorischen Verzierungen durchbro-
chen; es sind Hohlräume, wo das Licht und der Schatten sich
unterhalten und einander friedvolle Dinge sagen. Und wenn
ihr die Augen hebt, zu den Fenstern der Häuser mit ihren

vom Alter aufgeblähten und leer gewordenen Mauern, werdet ihr manchmal noch die *maschrabijen* sehen, das Holz braun geworden von den heimlichen Blicken. Und betrachtet nur alles vom Ende der Straße her: Es wird euch scheinen, als würdet ihr ein langgezogenes Hin- und Herschlängeln von Abfall sehen, und dieses ganze Chaos wird sich beim Aufprall der Sonnenstrahlen sofort in einen harmonischen Teppich verwandeln.

Ich weiß nicht, wie es ein Toter schafft vorbeizukommen, auf dieser vollen Straße. Hinter ihm geht, sich an der Hand haltend oder Arm in Arm, in Vierer- oder Fünferreihen, eine Gruppe von Blinden. Die Blinden sind die Fakire der Toten.

Wenn man eine weitere Probe vom Sinn für das Vorläufige und Nichtige haben will, den die arabische Bauweise vermittelt, genügt es, unterhalb Fostats vorbeizuschauen. Hier werdet ihr das antike Kairo finden, das die Griechen Babylon nannten. Dort, wo sich eine der drei römischen Legionen Ägyptens aufhielt, steht die Zitadelle; nach dem Einfall der Araber wurde sie so etwas wie ein Ghetto der Kopten und ist auch jetzt noch von Kopten bewohnt. Ihr werdet dort Mauern finden, die von tausendjährigem Schmutz beschmiert sind und doch die Zeit herausfordern. Man geht hinunter, und dabei könnt ihr euch das Genick brechen, und endlich werdet ihr Krypten entdecken, die alte christliche Kirchen sind. Der Kunsthistoriker könnte an diesen Holz-, Marmor- oder Elfenbeinarbeiten merkwürdige Beobachtungen machen: Er könnte sehen, wie der alte ägyptische Instinkt in den Figuren, ohne es zu merken, in volkstümlicher Weise den byzantinischen Kanon durchbricht. Er würde sehen, wie sehr die arabische Kunst sich in diesem Land im Exil befindet, und wie sie die Bewegung eines Geistes, der dabei war, sich wiederzufinden, zu ganz anderen Ausrichtungen hin unterbrochen hat.

In dieser Zitadelle sieht man überall einen ausgestreckten Finger, unter dem geschrieben steht: »Besucht die antike Synagoge von Ben Esdra!« Besuchen wir sie! Es ist ein vor wenigen Jahren fertiggestelltes Haus; endlich bin ich an einem sauberen, vorbildlich gepflegten Ort; endlich atme ich auf! Ich frage den Wächter: »Und das Antike?« Er geht zum Tabernakel, zieht eine Schriftrolle hervor und sagt: »Auf Gazellenhaut geschrieben, es ist viele Jahrhunderte her.« Ich schaue hin:

Auf dem Pergament ist so etwas wie ein Milchkaffeefleck. Ach! ich vergaß: Er sagt mir auch, daß Moses dort, bevor er aufbrach, einen Stein zurückgelassen hatte.

Die koptischen Kinder: Als sie von weitem sehen, daß ich Anstalten mache herauszukommen, laufen sie zum Tor der Zitadelle, einem schönen romanischen Bogen, versperren es und laufen mir mit ausgestreckten Händen entgegen: »Wenn du heraus willst ... «. Ich werde den Obolus entrichten, ich werde den Obolus entrichten, ihr armen Kinder, ihr, die vielleicht wahrsten Fakire.

DIE BAUMWOLLE UND DIE KRISE

Eine berühmte Persönlichkeit, ein Wirtschaftswissenschaftler, will mir ein wenig von seiner Zeit widmen – jeder weiß, daß die Wirtschaftswissenschaft eine jener zahlreichen Erfindungen des 18. Jahrhunderts ist, welche die Gesellschaft regulieren möchten wie ein Uhrwerk, und dabei scheinen sie es amüsant zu finden, sie völlig aus dem Konzept zu bringen – doch die Person, von der die Rede ist, ist auch ein Mensch mit Herz.

Unser Gespräch verlief mehr oder weniger wie folgt:

»Während der Soldat dort unten ...«

»?«

»Tja, es gab den Baumwollkrieg genauso, wie es den Ölkrieg, den Eisenkrieg, den Frachtkrieg, den Getreidekrieg, den Goldkrieg gab ...«

»Es ist ein Krieg, der noch nicht beendet ist, scheint mir.«

»Nein, aber bis jetzt war es ein Überraschungskrieg, und heute scheint es, als wolle man auf ein lähmendes Manöver zurückgreifen. Aber lassen Sie mich weiterreden. Es kam die, oftmals falsche, Nachricht einer von den Deutschen torpedierten Baumwolladung, und die Börsenhaie schrien sich die Kehle aus dem Leib. Das war für die Baumwolle und für alles übrige der Auftakt jenes Tanzes von Millionen und Milliarden, der allein deshalb nicht mehr andauert, weil Milliarden und Millionen sich endlich davongemacht haben; und jener Schatten von Panik, der heute auf die Welt fällt, ist das Geld, das vor sich selbst Angst hat. Haben Sie niemals von Plate reden hören?«

»?«

»Sie haben einmal über die französisch-englische Rivalität in diesem Land geschrieben. Dieses Land war Zeuge der Entwicklung einer anderen Rivalität: der englisch-deutschen. Das sind Dinge, die heute so alt scheinen wie Methusalem. Sie werden sich daran erinnern, mit welcher Verwegenheit

Deutschland sich in den ersten Jahren des 20. Jahrhunderts zum Orient hin bewegt hat; dabei brachte es sein großes Ansehen, von dem es nach '70 in diesen Ländern mit einem Mal umgeben war, zu einem Höhepunkt. Nachdem es die Eisenbahn von Bagdad erhalten und Agrarsiedlungen in Palästina verbreitet hatte und sich anschickte, einen Plan zur Kanalisation des mesopotamischen Tals mit Blick auf dessen Besiedelung umzusetzen, übernahm Deutschland in der islamischen Welt obendrein die Rolle dessen, der Fehler geradebiegt. Sie werden sich daran erinnern, wieviel Hoffnung unsere Nationalistische Partei, die in jenen Jahren von der großen Seele Mustafa Kamil gegründet worden war, in die Deutschen legte.«

»Sie erinnern mich an einen der dramatischsten Augenblicke meiner Jugend. Wie viele andere meines Alters schwor ich damals auf den Namen Stirner. Nachdem ich in einer Versammlung Mustafa Kamil gehört hatte, kamen mir Zweifel, daß es für das Individuum möglich ist, außerhalb seiner Werke zu bestehen. Es war euer verstorbener Tribun, der in meinem Innern jene Auseinandersetzung wachrief, aus der ich die Überzeugung zog, daß das Leben allein in der Solidarität einer Gruppe Bedeutung erlangt. Auch die Anachoreten, die ihre Werke um der Heiligkeit willen, auch die Dichter, die ihre Werke um der Schönheit willen tun, ja diejenigen ganz besonders, die nichts anderes im Blick haben als nur die höchsten Zusammenhänge, gerade sie sind für die menschliche Höherentwicklung einer Gruppe tätig, mag sie sich nun christlich oder italienisch nennen. Niemals hat die Welt so sehr wie heute Dichter und Heilige gebraucht. Ich hatte auch das Glück, einige Male mit Mustafa Kamil zu sprechen. Ich habe ihn vor mir, vom Glauben durchdrungen. Er war ein großes Beispiel für mich, und wenn Sie in den verschiedenen Jahrgängen der *Leua*, der starken, von ihm ins Leben gerufenen Zeitung, danach suchen würden, dann würden Sie sehen, daß ich nicht bis zum heutigen Tag gewartet habe, um der Anerkennung, die ich ihm schulde, Ausdruck zu verleihen.«

»In jenen Jahren war Plate die Seele des Norddeutschen Lloyd. So wie Hamburg Ballin hatte, hatte Bremen Plate. Bremen, Liverpool: fällt Ihnen nichts auf, wenn die beiden Namen nebeneinandergestellt werden? Bremen entwickelte sich zu einem immer stärkeren Konkurrenten von Liverpool.

Eine rasche Entwicklung. Erhielt es um '70 316 000 Baum-
wollballen, so war es nur zwanzig Jahre später bei über einer
Million angelangt. Gewiß, Liverpool erhielt noch immer vier
Millionen, doch schon mußte es sich Sorgen machen, den
Markt nicht zu verlieren. 1902 entstand in Bremen auf dem
Marktplatz der monumentale Sitz der Baumwollbörse, und
Plate wiederholte ohne Unterlaß: ›Auf dem Meer müssen wir
unsere Börse unterstützen; dann wird sie die erste in der Welt
sein‹. Und er sagte noch etwas anderes: ›Künftig wird das
Kapital seinen Wert ausschließlich nach Maßgabe der Arbeit
haben, zu der es den Anreiz gegeben haben wird.‹ Und so
entstanden Finanzinstitute, die Bremens Atem verlängern
sollten, unter anderem jene Deutsche Orientbank, die ihre
Niederlassungen auch hier in Ägypten hatte und wieder
haben wird. Aus politischer Sicht war Bremens Handeln
gegenüber England nicht wenig hinterhältig. Ägypten stellte
die Baumwolle her, England kaufte sie ihm ab, schickte ihm
seine Pfund Sterling – damals wird es hier das Gold gesehen
haben: das klingende Gold!, das man nur so scheffeln konnte –, England schickte einen Teil der gewirkten Baumwolle
nach Ägypten zurück, und so fort; alles in allem ein vollstän-
diges und enges System von Beziehungen zwischen beiden
Ländern: Auf der einen Seite der Bankier, der Reeder, der Industrielle, der Händler; auf der anderen der Landwirt. Es
waren Beziehungen, die England zu einem Gutteil der Welt
hatte. Diese Art Monopol zum eigenen Nutzen zu zerstören,
war auch in politischer Hinsicht eine Idee, die einem durchaus in den Sinn kommen konnte. Ich weiß nicht, ob dies einer
der unendlichen Gründe für den Krieg war; ich weiß nur, daß
jede lebendige Idee gefährlich ist.«
   »Da die Alliierten die Sieger waren, mußte sich England
bezüglich der Baumwolle sicher fühlen.«
   »Das war, zumindest dem Anschein nach, in den ersten
Jahren nach '18 wirklich so. Der durchschnittliche Preis der
ägyptischen Baumwolle bewegte sich vor dem Krieg zwischen
15 und 20 Talern pro Cantaro (bei einem Cantaro von ca. 45
Kilo und einem Taler, dem ca. 20 Lire entsprechen). 1914 hatte man den äußerst niedrigen Preis von 7 Talern; dann erneut
ein Anstieg bis zu 200 Talern, ich meine die zweihundert Taler von 1920. Ist Ihnen klar, daß das ein Wahnsinn war? Man
sagt, der Ruin der englischen Baumwollindustrie sei darauf

zurückzuführen, daß es weltweit eine Überproduktion von Webwaren gibt, daß die eigenen Herstellungsmittel nicht erneuert wurden und daß man all seine Kräfte dafür verausgabt hat, die finanzielle Überlegenheit zu bewahren, ohne zu bemerken, daß diese Überlegenheit auf der Vorrangstellung im Handel beruhte. Sie werden auch gelesen haben, daß Rußland, 1914 Liverpools Kunde für mehr als 700000 Cantari, nun fieberhaft die Anpflanzung von Baumwolle in seinen neuen Ländereien im tropischen Asien ausweitet. Man sagt, der Niedergang von Liverpool und Manchester sei auf die Konkurrenz von Chicago und New York zurückzuführen. An all diesen Begründungen ist etwas Wahres. Doch verantwortlich für alles Ungleichgewicht der Nachkriegszeit ist die Kurstreiberei, die Epidemie, die mit dem Krieg ausgebrochen ist. Alles war nur Vorwand für das Spiel, nichts hatte mehr einen realen Wert, weder das Geld, noch ein Gemälde, noch die Wertpapiere einer Bank, einer Kohlengrube oder einer Wollspinnerei. Die Dinge waren keine Dinge mehr, sie waren Ideen, konnten auch gar nicht existieren, waren Mythen, konnten erscheinen und verschwinden, waren Phantasiegebilde, konnten in die Höhe steigen wie ein Gebirge, krach, zusammenfallen wie eine Handvoll Asche. Mit Ausnahme von Italien und Rußland war die ganze Welt frenetisch damit beschäftigt, die Scheingründe für diese Abenteuer zu vermehren. Englands Irrtum war, nicht zu merken, daß inmitten von soviel Kopflosigkeit keine Zeit war für Konferenzen, an deren Erfolglosigkeit jemand anderes, der zu ihren beredtesten Befürwortern zu gehören schien, Interesse haben konnte. Es war nicht die Zeit der Juristen, sondern der Hellseher. Womöglich war diese Phase der Agiotage, wie irgendwer zu bedenken gibt, ein Verzweiflungsschlag, der die ehernen Gesetze der Arbeit in Stücke hauen sollte. Die italienischen Baumwoll-Industriellen, die nach dem Krieg mit solch kraftvollem Schwung an die Arbeit gegangen waren, werden Ihnen sagen können, daß sie durch diese phantastischen Preissprünge einigen Schaden zu erleiden hatten.

Kommen wir zu einem anderen Punkt. Hier ist man am Verzweifeln, weil die Baumwolle zuletzt auf 11 Taler gefallen ist. Vor dem Krieg, 1914, war sie auf 7 Taler gefallen, und die Welt ist nicht untergegangen. Bei 10 Talern wirft der ägyptische Boden, der fruchtbarste der Welt, der mühelos fast drei-

mal soviel wie der Georgias hervorbringt, ungefähr 40%
Gewinn ab. Beim selben Verkaufspreis hätte Amerika einen
Verlust von 35%. Es stimmt, daß da noch die Steuern sind.
Aber lassen wir für heute das Abgabensystem dieses Landes
in Frieden. Die Kurstreiberei jedoch, die unrealistische, un-
gerechtfertigte Gewinne hervorbrachte, hat zum phantastischen Anstieg der Grundstücke geführt und infolgedessen zu
außerordentlich hohen Mieten; sie hat zu einem überzogenen
Lebenstenor geführt; und oftmals bedeutet die Krise nichts
anderes als Anpassungsschwierigkeiten bei der Rückkehr zu
normalen Grenzsetzungen.

Es gibt noch einen weiteren Punkt. Sie werden in den Zeitungen gelesen haben, daß wir dieses Jahr 11 649 Quintale
Baumwollstoffe aus Italien eingeführt haben gegenüber
21 555 im vergangenen Jahr. Das ist ein starker Rückgang. Sie
werden auch gelesen haben, daß eine Baumwollweberei aus
Lancashire seit vierzehn Tagen zehn statt acht Stunden pro
Tag arbeitet, um der italienischen Konkurrenz zu begegnen.
Das Schlimme für England ist nicht die italienische Konkurrenz. Begünstigt durch den Krieg und die Kurstreiberei und
die Krisen, hat sich eine Konkurrenz entwickelt, die nicht
allein England, sondern ganz Europa trifft. Auf den Märkten
Südamerikas mag Italien ein wenig mehr Baumwollstoffe
verkaufen als früher; aber Italien nimmt England keineswegs
die Märkte Südamerikas, des Fernen Ostens und der Levante weg. Haben Sie nicht in Kairo das Handelsbüro mit einer
Heerschar von Beamten gesehen, das Japan eröffnet hat? Japan webt die indische Baumwolle, imitiert die italienischen
Muster und bietet seine Ware fast für nichts an. Die Einfuhr
italienischer Baumwollstoffe hier ist infolge der Krise, infolge
der Verbreitung von Stoffen aus Kunstseide zurückgegangen.
Vor allem jedoch infolge dieser japanischen Konkurrenz. Sicher kann die Krise nicht mit Scherzen geheilt werden, wie
sie, zwischen vernünftigen Vorschlägen, die kürzlich nach
Ägypten geschickte britische Gesandtschaft für Wirtschafts-
angelegenheiten zu machen scheint, wenn sie in ihrem Bericht
sagt: »Um den britischen Absatz in Ägypten zu steigern, richten wir unser Augenmerk auf den Fellachen. Er kann nicht
lesen und nicht schreiben. Aber er geht ins Kino. Man müßte demnach auf die Kinowerbung zurückgreifen, um dem
Bauern die englischen Produkte zu zeigen und ihn zum Kauf

anzuregen. Es müßte sich um Tonfilme handeln, und die
Erläuterungen müßten auf arabisch gegeben werden, die einzige Sprache, die vom Fellachen verstanden wird.«

»Wird der Eintritt Japans und Amerikas in den Herstel-
lungs- und Handelswettbewerb als Folge der Ereignisse dieser
Jahre die Situation auf den östlichen Märkten vollständig auf
den Kopf stellen?«

»Darüber muß man sich keine ernsthaften Sorgen machen.
Es könnte für alle auf der Welt Arbeit und Frieden geben.
Und die Welt könnte sich nun auf eine gesunde Regelung zu-
bewegen, wenn das Gold sein Vorhaben der politischen Ein-
schüchterung aufgeben würde. Fährt man fort, die Unfruchtbarkeit in die Quellen der Arbeit hineinzutragen, könnte das
Gold die Menschheit zu neuen unberechenbaren Leiden ver-
dammen, und die ersten Nationen, die davon betroffen
wären, wären genau die, die glauben, es als Waffe benutzen
zu können.«

TAG DER PHANTASMEN

Hoher, frischer Morgen, schaukelnd wie eine Palme.
Und ich fand mich in einer Sackgasse wieder. Angelehnt
an einstürzende Mauern, Schattenanschwellungen auf der
Erde in blinder Reihe, und um sie wachzuhalten, hatte Baal
S'bub, der Gott der Fliegen, einen Schwarm äußerst munte-
rer, winziger und zahlreich erschienener Vasallen geschickt –
die in der Gasse zurückblieben wie Rauch …
Es machte sich, leicht scharrend in sandenen Schachbrettern, ein Rhizom bemerkbar; vom Rheuma gekrümmte
Klauen schnellten strauchelnd empor, um in einem Wanst die
Muscheln aufzustören; Phalangen melomanischer Finger
schüttelten sich, erprobt in der Wahl eines zottigen Krauts, in
ständigem Beben gegen ein Gipsauge gepreßt, das, während
es sich im Sehen übte, nicht mehr aufhören wollte, aus einer
adhäsiven, albinotischen Haut hervorgespritzt zu werden,
analog zu jener der Lider des Ara, der auf seiner Stange stand
und sich lauste – welk jedoch, jene Haut.
»Laß dir das Schicksal sagen, *Saniore*.«
Ich war dem düsteren Ort kaum entkommen und irrte –
über einen kleinen Platz, voll von grünen oder roten Fähnchen an den Fenstern und an den Geschäften, auf den Wagen
und auf den Marsen – umher, als mir mit der Linken … ein
schlohweißer Maler … ein Zeichen gab und – über den Rücken der anderen Hand hinweg, welche die Menge festhielt –
vom blitzblanken Himmel eine Hand – einem Kadaver entrissen? – herunterfiel. Am mädchenhaften kleinen Finger
trug sie ein Messingringlein. Wir hoben die Augen, Geier stiegen in großen Kreisen auf.
»Hier begraben sie einen in einem Leintuch, unter einem
Sandschleier. Ein Fest für die Raubvögel.« »Oder sie werden
den Leichnam« – brabbelte ein anderer vor sich hin – »während der Überführung von der Bahre geraubt haben.«
Im Gehör setzte sich – nie mehr wird es erlöschen – ein

Krächzen fort.

Die Stadt ist flaggengeschmückt, weil heute der Erste des Monats Moharram ist, der Erste des Jahres, der Beginn des Mondes der Amulette.

»War er nicht gestern?«

»Den Berechnungen zufolge glaubten sie, er sei gestern. Sie haben die ganze Nacht über auf den Neumond gewartet. Heute abend wird er kommen. Im übrigen sind es zehn Feiertage. Dieses Jahr werden wir elf haben.«

Es ist der Monat der Amulette und des Verbots – in diesem Monat werden keine Hochzeiten gefeiert. Es ist auch der Monat der Barmherzigkeit. Am zehnten Tag des Moharram fanden Adam und Eva, aus dem Paradies vertrieben, einander wieder; an einem anderen zehnten Tag des Moharram verließ Noah die Arche: Jenen ganzen zehnten Tag über gehen die Mütter jedes Standes mit dem Söhnchen auf den Schultern umher, und die Vorübergehenden legen ihm eine Kupfermünze auf die Mütze. Es ist der Monat des Opfers, und wenn ich weitere zehn Tage hierbleiben könnte, würde ich zur Moschee des Märtyrers Husain hin zwischen zwei Flügeln persischer Krieger, die sich mit dem Säbel große Hiebe ins Gesicht versetzen werden, wieder ein Kind auf dem weißen Pferd vorbeiziehen sehen, den Purpur ihres Blutes auf die weiße Tunika gespritzt.

Schiitische Bräuche, die hier mittlerweile nicht einmal mehr Geschichte im Zustand der Selbstvergessenheit sind: Gewohnheiten, deren Geist nun nur noch ein Phantasma ist: Aberglaube und Märchen: ein Traum, der seine Geschichte nun abgenutzt und aufgezehrt hat und von seinem Fleisch befreit überlebt, um Angst einzujagen und zu verwundern, ohne Motiv und Zweck. Leben, das mit den arabisierten Berbern der Fatimiden-Dynastie hier angelangt ist, über die Karawanenstraßen keuchend vom Westen her, und das zweihundert Jahre lang gedauert hat, von 969 bis 1171, das aber seither womöglich noch viel gespenstischer ist als um einiges weiter zurückliegende Leben. Ein Phantasma, das diesen Dichter verführt, der, wenngleich hier geboren, ein Fremder ist.

Die Fabel von den Ursprüngen und von den Geschlechterfolgen – und die Gedanken, überlege ich, passen sich der Heftigkeit eines Lichts an, das jedes Ding an sich reißt – wur-

de an jenem Tag heraufbeschworen; aber mit welch macht-
vollen patriarchalischen und ritterlichen Gefühlen! Und noch
die Barbarei selbst: Es gab kein wohlmeinendes Gemüt, das
sie nicht eilends gerechtfertigt hätte, wenn sie nicht umhin
kam, sich in der Gebärde zu entfesseln. In jener Gesellschaft
war es glücklicherweise wahrhaftig bekannt, daß das menschliche Los einzig und allein hier unten im Einsatz ist, und
wenngleich von ihnen – als Strafe wohlgemerkt – auch die Eroberung und Rückeroberung der Erde zugestanden wurde: So
priesen sie die göttliche Strafe doch – nach den furchtbaren
Zwischenspielen – als Beweis väterlicher Nachsicht. Durch
diese Strafe betrachtete sich der Mensch als aufs neue seiner
missionarischen Aufgabe innerhalb der Grenzen überantwor-
tet, in denen es ihm jederzeit möglich ist, seine Realität und
seine Musik wiederzufinden – ein Mensch, der sich selbst wiedergegeben ist. Ihm die Erde zu entziehen, ist die größte
Strafe für den Menschen, Barmherzigkeit dagegen, ihm zu ge-
statten, dorthin zurückzukehren, um zu leiden.

Barmherzigkeit! Barmherzigkeit, Süße der Beschwörung,
die dem Naturgesetz wieder freien Lauf läßt; und Eva und
Adam mögen sich, vertrieben, wiederfinden; und sei es um zu
leiden – es wird doch immer eine weniger bittere Qual sein,
als getrennt zu leben.

Langmütig beobachtet Allah sie ungesehen, während sie
damals, wie es hier die verliebten jungen Frauen und Männer
aus dem Volk machen, auf der neuen Erde dahinschlendern
und sich an der Hand halten, jedoch im Abstand, mit ein
wenig ausgestreckten Armen, die hin und her schwingen, um
sich gemeinsam zu wiegen.

Opfer – und man fürchte nicht, das Leben zu verlieren! –,
Opfer, Versprechen zum Edelmut, von den heimgesuchten
Generationen zärtlich gegeben, und – in jenem Klima sanfter
und energischer Empfindungen – mütterlicherseits Darbietung der Söhne ans Volk: Das Volk antwortet, daß die Verteidigung der Kindheit Pflicht der Gemeinschaft ist.

So war ein abstinentes Volk zu Ruhm gekommen.

Sich genügsam von gegrilltem Lammfleisch, Datteln, gekochten Bohnen und von einer Kräuterpaste ernährend, die
dem Schweiß den Geruch nehmen sollte, viermal am Tag sich
waschend, bevor der Teppich zum Beten ausgebreitet wurde
– war es ein Volk, das in der exzessiven Liebe zum Leben den

Tod herauszufordern wußte.

Ein Traum dauert nicht, und schon erhebt sich die Zitadelle Saladins, mit dem Schatten, der die Ecken der Bollwerke und der Wehrtürme sucht und sich wie ein Wurm dort hinaufwindet. Auf der gedrungenen Terrasse hat Mohammed Ali luftige Kuppeln aufgehängt – das eigene Grab. Von hier, bis zum hinteren Teil der Stadt ganz dort unten, bis zur anderen Zitadelle, wo die römische Legion untergebracht war, löst sich ein Pilgerzug von Gräbern, und sie folgen einer Spur von Straßen – die in der arabischen Wüste erlöschen. Fürstliche Gräbertrupps, die verborgenen Spielern einer endlosen Partie Tricktrack zu dienen scheinen. Bescheidene Gräber, mit verfallenen Häusern vermengt. In den Häusern hält man sich an bestimmten Tagen auf, den eigenen Toten nahe. Man kommt außerdem vermummt hierher, um *haschîsch* zu rauchen, und Paare, die sich den Eltern zum Trotz lieben, finden oft keinen freundlicheren Ausweg, als sich hier zu verstecken. Manchmal sind es Gräber in einem Hof zwischen Hühnern und Truthähnen, zusammengekauert wie die Habseligkeiten auf dem Lastwagen, wenn man umzieht.

Es gibt allerdings auch andere Gräber, Stelen, die ganz sacht in die Wüste laufen, wie eine Herde junger Schafe, und sich verlieren. Ich habe gehört, daß eine Welle von ihnen ausgeht, ein farbloses Wehklagen, das auf süße Weise mit den Toten leben läßt.

Vor der Zitadelle Saladins kommt der Mokattam auf mich zu, Ausfluß jenes steinernen Ozeans, märchenhaftes Mausoleum, das Myriaden und Myriaden von Nummuliten in seinem immensen Schoß gesammelt hat, ein Schoß, der sich quer durch Ägypten vom Nordwesten Afrikas bis nach Indien und nach China mit einer Unzahl von Steinen ausgebreitet hat. Er ist ein Grab der Vorgeschichte. Ich steige also hinauf, unter einem Wind, schwül von den Spukgestalten der Kammerschnecken, und auf dem Gipfel begegnet mir eine Moschee, die von unten betrachtet eine Krippe aus Asche zu sein schien: Ich entdecke noch ein Grabmal. Das hatte sich 1205 der Wesir Bakr el-Gamali in dem Wunsch errichten lassen, seine Schönen könnten zu jeder Stunde von jedem beliebigen Punkt der Stadt und der Umgebung aus »die Wärme« – so beschwört das Epitaph – »eines Blicks« dem zuwenden, der sie einst liebte. Auch das Phantasma der Muse Erato.

Ich schlage nun einen Weg ein, der sich zwischen Felsblöcken im Aufruhr dahinschlängelt. Eine nach der anderen begegnen mir mit ihren grauenvollen Mündern die Gruben, die ausgehoben wurden, als einem unbarmherzigen Kosmographen der Bau von Pyramiden in den Sinn kam, und lassen mich innehalten. Die Pyramiden, antonomastische Grabstätten, heben sich vor dem Himmel ab – aus dieser Entfernung gleichen sie drei Wolken; undurchdringlichen allerdings.

Ich biege nach rechts ab, und nach ungefähr einer halben Meile Straße, im dritten Steinbruch, taucht in der Tiefe einer Zisterne – ab und zu, je nach Laune einer Petroleumfunzel, die hier und dort nun die Finsternis durchschneidet – ein Büffel von der Blässe einer Ophelia auf, hinter einem Gatter schwimmend.

Dies war das befremdlichste Phantasma des Tages.

Die letzte Höhle gewährt Omar Ibn Al-Farid das Totenbett, dem Kairoer Dichter des 12. Jahrhunderts, dessen Gesang an seine Laura lehrte:

Die Haarpracht teilend der Nacht
Seh ich die Morgenröte deiner Stirne wieder:
Kehren die Schritte zurück im Gefolge
Des Schattens des Führers.
Wenn die Liebe aus der Welt verschwände,
Fände kein Ende die Welt – nie!
Noch fände ein Ende die Zeit – nie!

Halb zur Küste hinabgestiegen, öffnet sich ein Platz mit sorgfältig gepflegten Pflanzen; sie wirken inmitten von soviel fossiler Dürre wie verblichene Blätter und Blüten und wie aus Blech.

Die Ebene erstreckt sich vor einer weiten Grotte. Ich gehe hinein. Das Übliche, Gräber. Es ist das Kloster der Bektaschi-Mönche. Sie sind Derwische (auf persisch: Arme), aber sie drehen sich nicht um sich selbst, die Hände in der Geste des Flugs, den Rhythmus beschleunigend, bis sie in Ekstase fallen. Sie verbreiten keine Panik, indem sie kreischend mit einem Totenschädel in der Hand in die Lager einfallen. Zwar glauben auch sie, daß sich der Körper darin üben muß, dem Geist zu dienen, aber sie wenden die physische Gewalt durch eine zwischengeschaltete Person an. Möge ein anderer die Gewalt,

die er sich vorstellt, in die Tat umsetzen: Sie werden den
Willen hierfür übertragen. Eigentlich sollte ich in der Vergangenheit sprechen. Hadschi Bektasch, der Gründer des Ordens
– sein Grab liegt in jener dunklen Ecke –, war groß im An-
stiften von Kriegern; seine Schüler hatten den Auftrag, im Gebet und in der Keuschheit, durch politischen Ratschlag und
durch die Dichtung zum Heiligen Krieg zu bewegen. Seine
hagere, geduldige Hand, die in verschnörkelter Schönschrift
dahinflog, reichte den Schülern das Feuer – doch sie loderten
schon: *Im Krieg* – sagt sein Gesang –:

> *Strahlt die Seele dermaßen*
> *Daß der Himmel klein ist, sie zu fassen.*

Unter seinen Auspizien erstand unter dem Sultanat von Murad I. das Korps der Janitscharen (auf türkisch: neue Soldaten). Es ist bekannt, zu welchen Gipfeln diese Prätorianer das
osmanische Reich führten. Es ist bekannt, wie sie rekrutiert
wurden; und das war im Orient keine Neuheit, wenn wir auf
die gleiche Weise die Mamelucken entstehen sehen, die bekanntlich ursprünglich die Leibwache des Kurden Saladin
und seiner Nachkommen waren. Die Janitscharen raubten all-
jährlich eine bestimmte Anzahl ungläubiger Kinder, um sie zu
bekehren, zu fanatisieren, aus ihnen wiederum Janitscharen
und Kindesräuber zu machen.

Im Hintergrund der Höhle, hinter einem Tor, ist ein
Mönch. Ein rundlicher, grauer, träger Kerl; er ist von einer
leichenartigen Blässe, vielleicht, weil er im Dunkeln lebt.
Man sieht aber doch, daß er ein Phantasma ist und nicht einmal einem Hündchen Beine machen würde.

Ich gehe hinaus. Von der Zitadelle kollern riesige Sandgäule zum Fuß des Berges hinunter. Reiterphantasmen mit
einem »Willen, hart wie die Schneide ihrer Krummsäbel«?

Versunken nehme ich meinen Spaziergang wieder auf und
bemerke plötzlich durch ein ohrenbetäubendes Rauschen im
Tal einen Berg aus Müll. Ein Geier taucht auf. Er stürzt sich
hinunter, und als er unten ist, sehe ich, daß er, auf die Seite
gekippt, mit dem Flügel als Messer schabt. Andere Geier waren dort oben, still und mit rudernden Flügeln. Ein Schwarm
von Raben taucht auf. Das war der Krieg. Die Raben, dem
Gewicht nach zu urteilen, Stücke aus Gußeisen; die Geier –

und du hättest schwören können, daß sie selbst bei einer Berührung so auf dich wirken würden – rotglühender Bims. Eine Staubwolke verbarg alles. Dann sah ich die Geier in großen Kreisen aufsteigen. Die Sonne ging unter. Ich sah sie im Blut des Himmels zu kleinen Silberbarken werden; dann, als alles dazu überging, sich in blitzendem Perlenglanz zu entfärben – umherschweifen, Sternfunken.

Horus, Licht und Nächte verschlingender Pfeil, Geier, unduldsamer Tod, du allein vielleicht unter den vielen Phantasmen dieses Tages, du allein, und jener üble phönizische Hehler von Täuschungen in der summenden Gasse, ihr allein seid vielleicht mehr als Phantasmen, hier, anderswo, für immer.

BERGE, KÜSTEN UND LEUTE KORSIKAS

1932

DIE KUH FÄHRT ÜBERS MEER

Das Postschiff fährt erst um halb eins von Livorno ab. Ich bin zu früh an Bord gekommen, während sie noch beladen. Da steht bereits eine untersetzte und dunkle Kuh. Plötzlich ziehen sie sie mit einem Hanfseil hoch. Mit den Beinen in der Luft steigt sie hoch und krümmt ihren Bauch vor Schreck. Während der ganzen Überfahrt wird sie außer sich sein. Was sie nicht daran hindern wird wiederzukäuen. Und gewisse Zeichen, die sie unaufhörlich auf das Parkett des Decks der zweiten Klasse, wo sie sie abgesetzt haben, wird fallen lassen, werden der Beweis sein, wie begründet die Volksmeinung hinsichtlich der abführenden Wirkung der Angst ist. Während sie den Kopf schüttelt, der nichts mit Abenteuern im Sinn hat, wird sie das Meer schief betrachten mit großen Augen, feucht von einer Tinte, die blasser ist und ergreifender denn je. Sie werden dem Fräulein eine Decke über den Rücken legen. Und schon bald werden alle Passagiere sie umringen.

»Schweizer Rasse«, sagt der Maurer aus Parma, und vielleicht irrt er.

»Das sind keine Gegenden für dich, du Närrin. Willst du wetten, daß man in zwei Monaten deine Rippen sieht?« flüstert ihr der Nudelfabrikant aus Arezzo ins Ohr.

»Jetzt haben sie sich auch dort, auf den Bergen, an die Kuhmilch gewöhnt«, erklärt der Kohlenhändler aus Pistoia.

»Idiot! Das ist doch Kuhmilch in Dosen, und sie halten sie für die *Ingresi*«, erwidert ein Stimmchen, aus der Gegend von Lucca, wie mir scheint.

Während man auf diese Weise die Zeit verbringt, kommt aus dem Durchgang der Kabinen ein schmaler junger Mann in seiner sehr abgetragenen Tracht eines bayerischen Bauern: damhirschlederne Hose, Weste aus kastanienbraunem Wollsamt. Er kehrt aus seinem Land nach Korsika zurück; er ist bis Livorno gereist, zu Fuß, unnötig, es zu betonen. Er zählt mir die Berge und die Täler auf, die er erwandert hat. Dieser Bursche steht niemals still; er läuft auf dem Schiff herum wie ein Eichhörnchen im Käfig, weil man auf dem Wasser nicht herumlaufen kann. In der Gegend von Ajaccio hat er mit anderen aus seinem Land ein Stück Land gepachtet, und sie betreiben eine Hühnerzucht. Die *ffrischen* Eier verkaufen sie teuer nach Nizza. Aber wer Nizza dieses Jahr gesehen hat, weiß, daß es auch dort recht langweilig zugeht. Die *Ingresi*, die »Milch in Dosen« und die Eier müssen dieses Jahr zu Hause getrunken werden; und die Welt ist heute so zusammengewachsen – gebe Gott, daß alle Staaten sich endlich danach richten –, daß der Schaden der einen nur der Ruin der anderen sein kann.

Es ist ein trüber Tag. Und als der Abend hereinbricht, verdichtet sich am Himmel das Spiel der Sonnensegel, an deren Rand uns nun rücklings das Wogen eines Traums entgegenkommt: ein Finger, ein Zeigefinger, der immer konkreter wird, der sich endlich, mit der Trägheit seiner Schatten, als festes Land enthüllt: es ist das Cap Corse.

Wir gehen an Land. Der neue Hafen von Bastia macht einen Knick. Er öffnet sich wieder in ein rechteckiges Gartenbecken. Und die Place St. Nicolas, die sich davor ausbreitet, auch sie rechteckig mit ihrem Wechsel von Platanen und Palmen und, in einer Ecke, dort hinten links, Bartolinis Napoleon als römischer Kaiser, voller Anmut in seinen Linien, aber so bleich, sie lassen, aus dem Schlaf des Meeres, gleichsam das Füßchen einer Kameliendame auftauchen und Brüstungen, die, bläulich im Dunst der Stunde, zusammen mit dem Tanzschuh aus Atlasstoff hinabsinken. Ein noch unglaublicherer Anblick: durch eine große quadratische Glasplatte, dort unten, ganz dort unten, gegenüber, ein Musterauto wie in einem Unterwasserzauber: in ihrer elektrischen Machart eine jener metaphysischen Fotografien, derer sich die heutige Kunst so rühmt.

Aus dieser würdevollen Landschaft einer Unterpräfektur mache ich mich eilig nach Süden auf, in die Gegend des Alten Hafens und der Zitadelle. Jene Kraft, die man auf den Drucken des 18. Jahrhunderts aus dem weiten Kreisen von den Erhebungen des Alten Hafens über schroffe Klippen zur Zitadelle hinaufklettern sieht, ist durch Molen, Terrassen und Mauern besänftigt worden. Jener schwarze Fels, den sie den

Löwen nannten – er hatte dessen Majestät – und der, von
Flechten und Moos bedeckt, im Süden die Biegung schloß,
wurde 1860 gesprengt. Der Mughione, wie der Name lautete,
den die Einwohner von Bastia den Ost- und Südostwinden
gaben, weil sie, als hätte der Löwe sie geblasen, schrecklich
in den Grotten unterhalb der Zitadelle dröhnten, ist nur noch
der Name einer Gegend. Aber diese Altstadt hat immer
noch, gestaffelt über dem Meer, hohe Häuser mit schnörkel-
losen Wänden; sie hat immer noch Straßen, die sich empört
schlängeln; sie hat immer noch ihren Knaben aus dem Jahre
1383, und an diesem Punkt öffnet sie das, was Théophile
Gautier in seiner *Voyage en Italie* das Auge einer Stadt nennt:
Die Freitreppe hinunter betrachtet sie die beiden Häfen, Cap
Corse und, wenn es nur halbwegs klar ist, gleichsam abge-
tönt von der Hand eines Leonardo, Capraia, Elba, Monte-
cristo.

Diese ehrlichen Formen haben mir so recht Appetit gemacht, und zu meinem Glück bekomme ich zum Abend-
essen Amseln mit Schweinebacke. Mit Heidelbeeren und
Sandbeeren gefüttert, bringen sie mir den ersten Gruß der
Macchia. Und vom Cap Corse kommt ein etwas salziger und
dunkler Wein: der Geschmack, der zu aromatischem Fleisch
paßt.

Die Klage der Kastanie

Tags darauf, auf dem Weg nach Norden, in die Gegend von
Toga, komme ich zwischen Fässern hindurch, in denen im
Meerwasser Zitronen eingeweicht sind, die kandiert werden
sollen; ein paar Männer, die auf der Erde sitzen, spalten diejenigen, die bereits gesäubert sind: das berühmte Zitronat
vom Cap Corse, das man in allen Auslagen im Frost seines
Zuckers neben Brieföffnern sieht, auf deren Klinge »vendetta corsa« steht. Ich sehe auch Bruyèreholz und Korkeichen-
rinde. Es ist schlicht das Lager für den Export. Ich sehe auch
Fässer mit gallischem Essig.

Mir kommt die Altstadt wieder in den Sinn. Und daß es
keine Gegend gibt, die reicher an Dichtern ist als diese. Eine
andere Kunst haben sie nicht. Sie haben eine Dichtung, die
schreit, voll der fernsten Echos.

Um jenen gallischen Essig herzustellen, holzen sie ganze Kastanienwälder ab. Ein Dichter aus dem Volk, Paolo di Taglio, hat aus diesem Thema den schönsten bodenständigen Gesang gemacht, den ich kenne. Und konnte der Korse, tief in seiner Seele, nicht wie wir das Drama der modernen Zivilisation spüren? Der Kastanienbaum sagt in seiner Klage:

A un suppliziu senza nome,
O Còrsu, m'hai condannatu:
A passà sottu a le seghe
E còce come un dannatu,
E in botte chjrchiate in ferru
So subitu imprigionatu.
　Un sentu in tutte le borghe
Che tintenne e tintinnoni,
Bestemmi di mulatteri,
Lu fischiu di li sigoni,
E di muli carri e trenni
N'è pienu strade e stradoni.
　Un ti ne ricordi più,
Còrsu, di li tempi andati?
Di Sampieru e Sambucucciu
Di tutti li to antenati,
Quando da tanti nemici
Erano sempre assaltati?
　Guarda quante impasculate,
Quanti colpi aghiu paratu!
Da la fame quante volte,
O Còrsu, t'aghiu salvatu;
Ed 'avà da gran nemicu
Verso mè si dichjaratu!
　Ti vindii li miò figliòli,
E impattavi li to affari,
Vistii li to figliòli,
Rigulavi li scarpari,
Ingrassavi lu purcellu,
Tutti l'anni avii danari.
　Cantava lu mulinaru
Ch'avia pienu lu milinu,
Lu cavallu galuppava
Sottu a lu so carruzzinu,

Chi per tutti lu miò fruttu
Era, ò Còrsu, un gran festinu.
Tu facii porte e purtelli,
Solai, cascie e cascioni,
Intempiavi la to casa
In cu travi e cantilloni
Grazia, ò Còrsu, e pur la sai,
A li miò gran figliuloni.
Ancu sin'a la to cascia
Quandu parti all'altru mondu
Ti furniscu e stà sicuru,
O Còrsu, ch'iò nun cunfondu;
Bastardu di Sambucucciu,
Almenu rifletti a fondu!

›Zu namenloser Qual,
O Korse, hast du mich verdammt:
Unter die Sägen zu kommen
Und zu brennen wie ein Verdammter,
Und in eisenbereifte Fässer
Werde ich sofort gesperrt.
    In allen Dörfern höre ich
Nur Geklingel und Gebimmel,
Flüche von Maultiertreibern,
Das Pfeifen der Baumsägen,
Und voller Maulesel, Karren und Züge
Sind Wege und Straßen.
    Erinnerst du dich nicht mehr,
Korse, an die vergangenen Zeiten?
An Sampieru und Sambucucciu,
An all deine Vorfahren,
Als so viele Feinde
Sie ständig überfielen?
    Sieh nur, wie viele Belästigungen,
Wie viele Schläge ich abgewehrt habe!
Wie oft hab ich vor dem Hunger
Dich, o Korse, gerettet;
Und jetzt werde zum großen Feind
Ich erklärt!
    Ich verkaufte dir meine Söhne
Und glich deine Geschäfte aus,

Ich kleidete deine Söhne,
Gab das Maß dem Schuhmacher,
Ich mästete das Schwein,
Das ganze Jahr hattest du Geld.
 Der Müller sang,
Daß voll seine Mühle,
Das Pferd galoppierte
Vor seinem Wägelchen,
Für alle war meine Frucht,
O Korse, ein großes Festessen.
 Du machtest Türen und Fenster,
Sohlen, Kisten und Truhen,
Machtest den Dachstuhl deines Hauses
Mit Balken und Kantholzträgern
Dank, o Korse, und du weißt es gut,
 Meiner großen Söhne.
 Und sogar noch deinen Sarg,
Wenn du in die andere Welt gehst,
Liefere ich dir, und sei sicher,
O Korse, daß ich nichts verwechsle;
Bastard von Sambucucciu,
Denk wenigstens gründlich nach!‹

PASQUALE PAOLI

Eine Bimmelbahn

In Bastia habe ich jenen Zug genommen, der durch alle Beschreibungen Korsikas berühmt geworden ist. Eine Bimmelbahn, eine Spielzeugbahn, die nicht wenig ins Keuchen kommen wird in der Rauhheit der Berge, wird mir ein geschärftes Bewußtsein für das Liliputhafte des Menschen und seiner Mittel geben. Sollte ich mich morgen wieder auf diesen Straßen befinden, was ich hoffe, dann möchte ich sie zu Fuß erwandern oder auf einem jener kleinen Esel, Brüder der Ziegen, die einen dorthin zu führen wissen, wo man, im Schutz einer Kastanie, vollkommene Ruhe findet und wo der Blick die Phantasie wecken kann. Ich könnte dann in aller Muße auf Überlegungen zurückkommen, wie sie viele Italiener im Schützengraben anzustellen gelernt haben. »Es kam Giotto«, würde ich mit Leonardo denken, »der, geboren zwischen einsamen, nur von Ziegen und dergleichen Tieren bewohnten Bergen, begann, oben zwischen den Felsen die Bewegungen der Ziegen, die er hütete, zu zeichnen, und so fing er es mit allen Tieren an, die es in der Gegend gab, so daß er nach langem Studium Fortschritte machte nicht wie die Künstler seiner Epoche, sondern wie all jene aus längst vergangenen Jahrhunderten. Danach verfiel die Kunst, weil alle die existierenden Bilder imitierten, und so verfiel sie von Jahrhundert zu Jahrhundert immer mehr, so sehr, daß Tommaso der Florentiner, genannt Masaccio, mit einem vollkommenen Werk zeigte, daß diejenigen, die sich auf etwas anderes beriefen als die Natur, Lehrmeisterin der Meister, sich vergeblich abmühten.« So würde es mir gefallen, sowohl im angemessenen Theater als auch aus dem Munde von jemandem, der sich für den Intellektuellen par excellence halten kann, zu hören, wie berechtigt die Ansicht sei, daß die Welt heute aus den Fugen ist, nicht weil der Logik immer noch eine gewisse Unreinheit anhaftet, die sie ablegen sollte, sondern weil der Mensch sich einbildet, immer weniger

Emanation und Synthese der Natur zu sein und immer mehr
eine Konstruktion seiner eigenen Hände, eine Maschine, er-
barmungslose Frucht seiner eigenen Logik. Und daher ist der
Mensch heute nicht mehr auf der Höhe der Natur, und ihm
wird zugerufen, er solle zu seiner Würde zurückkehren. Was
nützt es, seine Finger unendlich zu verlängern und zu ver-
vielfachen, sich Flügel anzuhängen, zu sehen und zu hören,
wie die unertastbaren Geister, wenn all die verhängnisvollen
Fortschritte des Wissens vermessen danach streben, uns von
der Seele zu trennen? Und dieses verzweifelte Aufeinander-
prallen von Systemen, dieses Verschlingen und Gebären von
Monstern immer erniedrigenderer Verwirrung, diese Un-
menschlichkeit, hat all dies schon jenen Punkt erreicht, den
Goya gemalt hat? Ist die Menschheit kurz davor, nicht mehr
als ein Grab zu sein? Bevölkert allein von Würmern, dazu
verdammt, seine Platte hochzuheben? Die Liebe, Schrei des
Blutes, kann den Menschen noch erlösen. Der in sich, wenn
er wollte, wie zur Zeit Dantes, Felsblöcke und Flüsse, den
nächtlichen Gesang der Nachtigall, den Donner wiederfände.
Der Mensch fände seine Würde, sein Gleichgewichtsvermö-
gen wieder und würde erneut nach seinen Werken und nicht,
wie es heute der Fall ist, nach der fragwürdigen Entdeckung
seiner Absichten beurteilt.

Legenden

Diese Gedanken gingen mir im Kopf herum, während das
Bähnchen am Tyrrhenischen Meer entlang vor sich hin fuhr.
Und eine Farbe wie von einem großen Aal kam und sah
mich vom Fenster aus, das so träge war in seiner Fahrt; und
so etwas wie eine Plage unsichtbarer Mücken: vielleicht
durch die Nähe des Weihers von Biseglia. Wir sind dort, wo
der Golo sich darauf vorbereitet, sich in ein Delta zu teilen,
und während der Zug, wie eine Ameise mit dem Ungleichgewicht ihrer Vorräte auf dem Rücken, sich windend in die
Landschaft vordringt, die am dahinschnellenden Fluß entlangführt, nehmen die Berge Gestalt an, bekommen Schwere
und äußern sich. Mir ist, als hörte ich Zähne abbrechen, die
an ihnen nagen. Jenes eingangs erwähnte Gefühl einer gewaltigen Natur wird beinahe unerträglich in mir. Es ist, als

führen wir auf dem Grund eines zyklopischen Kiels, zwischen Mauern der Beklemmung. Eine dunkle Landschaft, die vorbeifliegt, obwohl sie sich nicht zu bewegen scheint. Ein Weiblein, das vor mir sitzt (wo habe ich es schon gesehen? in Coreglia? in Viareggio? in der Via Toscanella? im Haus von Soffici? bei Masaccio, bei Giotto?) und mich ansieht, doch so, als spräche es zu sich selbst, dürr und als könne es in der Strenge seines Gesichts keine Regung geben, schwarzgekleidet und mit einem unter dem Kinn zusammengeknoteten schwarzen Taschentuch, erklärt, ohne daß ich es gefragt hätte, während es auf den Golo zeigt, daß das Wasser sich frühmorgens auf die Reise gemacht habe, gleichsam hinauf und hinunter fließend. Der Liamone, nicht so sehr ein Frühaufsteher, habe sich beeilen müssen, um zur Verabredung am Meer zu kommen, und obwohl er apoplektisch sei, habe er sich am Golf von Sagona eingefunden, ohne sich allzusehr abgehetzt zu haben. Doch der Tavignano, der sehr lange geschlafen habe, hätte niemals sein Bad bei Aleria nehmen können, wenn ihm nicht der Teufel erschienen wäre. Sie seien übereingekommen, daß er ihm jedes Jahr drei Seelen geben würde. Und deshalb rolle er sich so ungestüm auf. Und jedes Jahr – das Weiblein reißt die schwarzen Augen auf – ertrinken in seinem Wasser drei Seelen. Diese Gegend hier ist die legendenreichste, und durch die Jahrhunderte hindurch sind ihre besten Literaten ihre Historiker, vielleicht ihre einzigen wirklichen *hommes de lettres*: Die Kultur hat die Historiker gegeben, das Volk die Legenden, die Dichtung. Dichtung, Legenden und Geschichte: ein großer epischer Gesang, Kontemplation und Handlung ineinander verflochten, Qualität eines antik gebliebenen Blutes.

Der Mensch Korsikas

Aber da ist, über den Golo, der Ponte nuovo. Jenes Gefühl von Einsamkeit, das mich seit der Abfahrt begleitet, jenes Gefühl unbewohnter Gegend, jenes Gefühl einer Unmenge Gespenster, die in der Luft singen, nähert sich einem Marmorkreuz und hüllt es ein. Ich höre deutlich süße italienische Worte:

Dio ti salvi, Regina,
  e madre universale,
  pel cui favor si sale
  al Paradiso.
Voi, de' nemici nostri,
  a noi date vittoria;
  e poi l'eterna gloria
  in Paradiso.

›Gott schütze dich, Königin,
  und Mutter der Welt,
  durch deren Gunst man aufsteigt
  ins Paradies.
Über unsere Feinde gebt
  Ihr uns den Sieg;
  und dann ewigen Ruhm
  im Paradies.‹

Seit drei Jahrhunderten ist das der Kriegsgesang der Korsen. Von 1914 bis 1918 wurde er auch auf den Schlachtfeldern Europas gesungen. Er wurde hier gesungen. Unter denen, die ihn singen, gibt es ein erhabeneres Gespenst. »Nennt ihn nicht«, sagt Boswell, »General; auch nicht Herr, was besser wäre und immer noch zu wenig. Er nennt sich nicht König Alexander, sondern Alexander der Makedonier, und dem Namen Judas Makkabäus ist kein Titel hinzuzufügen. Er ist ganz einfach Pasquale Paoli.« »Diese Ufer«, erzählt Valéry, »waren 1769 die Bühne der letzten Anstrengungen der korsischen Unabhängigkeit. Aber wenn die Korsen auch kein Glück hatten, fehlte es ihnen doch nicht an Mut. Besiegt, griffen sie zu einem Ausweg, würdig der Thermopylen: Sie errichteten aus ihren Toten einen Wall, um in seinem Schutz Zeit zu haben, den Angriff vorzubereiten; und die Verwundeten schleppten sich freiwillig zu den Toten, um den blutigen Schützengraben zu verstärken.«
Aus dem Gebirge und von der Insel stammend, aus diesen Bergen, wo man mit einer Handvoll Früchte dieser hundertjährigen Kastanien die Welt herausfordern und ihr trotzen kann, und im Exil aufgewachsen, ist Pasquale Paoli einer der außergewöhnlichsten Männer des 18. Jahrhunderts. Die Korsen, die für Napoleon niemals liebevolle Gefühle hegten und

am Ende lediglich stolz auf ihn waren, haben Pasquale Paoli immer als ihren Helden und ihren Statthalter anerkannt: den Mann Korsikas. Er glaubte an die Träume, und es sind philosophische Dialoge erhalten, in denen er, wie es zu seiner Zeit Brauch war, sophistische und ausgeschmückte und scharfsinnige Gründe für seinen Glauben angibt. Er war franziskanischer Terziar und glaubte an die Aufklärung seines Jahrhunderts. Er war einer jener Italiener, die durch die Jahrhunderte stets versucht haben, ein Gleichgewicht zwischen dem Wissen und der geheimnisvollen Natur zu finden. Ein Mann auf der Höhe der Natur.

Wir fahren auf Merusaglia zu, das nicht fern ist. Hier auf Korsika, wo es keine andere als Prunkarchitektur gibt, Türme, Bastionen, Haupttürme, Burgen, und wo die Klöster entstanden, um Hauptquartiere zu sein, gleicht das Haus bei der Talenge von Merusaglia, wo Paoli am 5. April 1725 geboren wurde, auf seiner Klippe wie alle korsischen Häuser einem leeren Taubenschlag. In diesem Haus hat Valéry das Exemplar des *Timoleone* wiedergefunden, das Alfieri an Paoli mit folgender Widmung geschickt hat:

> *Tu invan col brando, ed io con penna invano,*
> *Paoli, destar l'Italia un dì tentammo.*

> ›Du mit dem Schwert vergeblich, und ich vergeblich mit
> der Feder,
> versuchten wir, Paoli, Italien eines Tages aufzurütteln.‹

Ich nehme wieder die lächerliche Bahn, nach Corte.

Corte

In Corte ist Paoli immer noch gegenwärtig; ja, hier vor allem, in der Hauptstadt seines Reichs, im Herzen der Berge, ist er gegenwärtig. Ich sehe ihn, wie er in seinem Swift und in seinem Locke und in seinem Petrarca blättert, in seinem Pope und in seinem Evangelium und in seinem Rousseau. Ich sehe ihn, wie er die Universität gründet, die später von den Franzosen abgeschafft wurde, wo die Klosterbrüder mit der Gottesfurcht die kühnsten Merkwürdigkeiten des Geistes lehrten.

Ich höre ihn, wie er dort oben, in seinem Nationalpalast, in dem Zimmer mit den Fensterläden, die mit Korkeiche verkleidet sind, um den Verrat eines Flintenschusses zu verhindern, diktiert: »Die Uneinigkeiten und Spaltungen, die bereits die öffentliche und private Ruhe unseres Vaterlandes beeinträchtigt haben, indem sie die alten und persönlichen Feindschaften zwischen denen, die keine Gottesfurcht haben, die kaum am Gemeinwohl interessiert sind und wenig dafür tun, wieder haben aufflammen lassen, haben unsere führenden Köpfe gezwungen, uns zu dieser allgemeinen Ratsversammlung zusammenzurufen, um über die Mittel zu beraten, die am wirksamsten zur Gründung einer allgemeinen Union beitragen können, und die strengsten Strafen, die das Gesetz vorsieht, gegen diejenigen zur Anwendung zu bringen, die sie mit ihren privaten Streitereien oder gesetzeswidrigen Verfügungen zu stören wagen. Um das gewünschte Ziel zu erreichen, hat man es für das Beste erachtet, einen allgemeinen wirtschaftlichen und politischen Führer zu wählen, einen erleuchteten Geist, damit er in diesem Reich mit unumschränkter Macht befehle.«

Wer die Freilassung eines Verräters zu erpressen versuchte, dem antwortete er: »Mein Herr, sobald ich letzte Hand an die Vollendung der Freiheit meines Vaterlandes angelegt und sie fest auf den Fuß gestellt haben werde, der mir am geeignetsten scheint, um sie aufrechtzuerhalten, werde ich die Staaten der Insel zusammenrufen und ihnen den Mann, um den es geht, präsentieren. Ich möchte ihm jene Freiheit, jene Regierungsform und jenes Glück vor Augen führen, die er zu zerstören versucht hat, und danach werde ich ihn für immer von der Insel verbannen.«

Vergebung und Vendetta

Bezüglich eines anderen Verräters erzählt Boswell: »Paoli ließ ihn sich vorführen und sagte zu ihm: ›Korsika macht es sich zum Gesetz, den unwürdigsten seiner Söhne zu verzeihen, wenn sie sich ergeben, selbst gezwungenermaßen, wie es bei Euch der Fall ist. Diesmal seid Ihr noch einmal davongekommen, doch seid auf der Hut. Ich werde Euch streng überwachen lassen, und solltet Ihr jemals versuchen,

Eure verräterischen Tätigkeiten wiederaufzunehmen, so wißt
Ihr, zu welcher Rache ich fähig bin.‹ Er sagte dies«, fährt
Boswell fort, »mit dem Stolz eines Löwen, und an der fürch-
terlichen Dunkelheit seiner Wimper konnte man deutlich
erkennen, daß seine Vorstellungen von Rache schrecklich
waren. Nach dieser Szene nahm er wieder sein normales
Aussehen an und sagte laut: ›Gehen wir!‹ Wir gingen zu
Tisch, und das Essen verlief fröhlich und heiter, als sei nichts
geschehen.«

Andere Erinnerungen brauche ich nicht. Ich verliere mich
in einem Gewirr von Gäßchen, ich steige auf den Felsen hinauf, stelle mich an das Geländer. Ein tiefer Abgrund öffnet
sich, und unten sieht man, um einen Felsen gewickelt, den
Tavignano und Berge und Brücken und Häuser und den Re-
stonica, der wie ein Kaninchen aus einer Schlucht herauskommt. Und im Erlöschen des Himmels meine ich einen
Mufflon zu sehen, der von Fels zu Fels springt und, unbezähmbar, auf der letzten Spitze stehenbleibt. Und von dort
oben einen weiten Sprung macht und mit der Musik der
schattigen Wasser verschwindet.

ES SCHNEIT

Das Naturell der Korsen

Unversehens hat es zu schneien angefangen. Ich habe schlecht geschlafen in einem eiskalten Zimmer, groß wie ein Ballsaal. Die Türen der Schlafräume dieses Hotels in Corte öffnen sich alle zum Speisesaal hin, und dieser wirkt wie eine Bühne für *Personen auf der Suche nach einem Autor*, mit all diesen Türen ringsum, durch die gewöhnliche und sonderbare Leute kommen und gehen: ein zitternder Mann geführt von seiner Antigone, fünf wohlgestaltete Schwestern, die zusammen wohnen wie in einem Bienenkorb, ein Handlungsreisender aus Marseille, der ein Rebhuhn baumeln läßt, vor sich hin schimpft und Grimassen schneidet wegen des ungenießbaren Essens gestern Abend (Zeug wie Eselsohren in süßsaurer Sauce); ein Kellner mit Muskeln wie ein Holzhacker; der schlafwandelnde Hotelbesitzer, der mich für ein Orakel hält und mir Fragen über die Geschicke der Welt stellt; der Unterzeichnete, der mit den Füßen stampft und sich die Hände reibt, um das Blut wieder ein wenig in Schwung zu bringen. Jeder hat so seine Gedanken, und um uns zu zerstreuen, sagen wir andere Dinge; mit Ausnahme jener schönen jungen Mädchen, die wohl immer noch unbeschwert sind und selbst die Finger eines Heiligen verleiten würden zu kneifen…

Ich hätte einen schönen Abstecher zur Scala di Santa Regina gemacht, wenn der Fahrer mich nicht desillusioniert hätte, indem er mir sagte, der Schnee hätte in jener Gegend bereits den Paß versperrt. Ich finde mich also damit ab, nach Vizzavona und Bocognano weiterzufahren.

Die Landschaft ist anfangs wie gesprenkelt. Eine Landschaft voller Widersprüche: bisweilen mit tausend Bächen, die im Frühjahr wie Grillen zirpen und springen müssen, geschaffen, Daphnis und Chloe aufzunehmen; und bisweilen entsetzlich, mit der lauten Stimme eines Minos. Unter dem ausgebluteten Himmel ist sie, wenn sie tragisch wird, auf der Höhe eines Sophokles.

Ich habe bereits eine gewisse Vorstellung vom Naturell der Korsen, daß ihr nämlich hinter anfänglicher Idylle stets eine verzweifelte Blindheit finden werdet. Ihr Gefühl möchte ich vergleichen mit diesen Granitfelsen, die durch Wutausbrüche von Polyphemen entstanden sind; und ihre Zärtlichkeit mit jenen hellen Wassern, die Gräben werden, und mit jenen Wolken, die diesen großen Steinen melancholische Leichtigkeit durch den Stein, den sie durchdringt, verleihen. »Geringsten Ursachen«, sagt Colonna de Cesari Rocca, »entsprechen in diesem Land größte Wirkungen.« Übermaß an Gefühl wird immer in Verbindung gebracht mit einem Übermaß an Ernst. Wenn es ein Volk gibt, dem es durch die eigene Beschaffenheit an Ironie mangelt, das heißt an der Fähigkeit, sich mit Humor Verhältnissen anzupassen, die anders zu sein drohen, als man sie sich voreilig erträumt hat, dann dieses. Es ist darüber hinaus pessimistisch und versteht unter Glück nur, daß man sich in die Lage versetzt, gegen ein widriges Geschick anzutreten. Man hat immer wieder betont, daß es nur geringe Lust zum Arbeiten habe; eigentlich aber müßte man sagen, daß es sich, als geborenes Hirtenvolk, nur schlecht an Beschäftigungen gewöhnt, die nicht Nachdenken, Führen, Befehlen sind. Im Grunde könnte man sagen, daß es, obwohl noch immer patriarchalisch ausgerichtet – und ich habe von Verwandtschaftsbeziehungen gehört, die bis zu einer Vetternschaft siebten und neunten Grades reichen –, noch heute, wie für die Schriftsteller des 18. Jahrhunderts, dazu neigt, sich in »Sippen« aufzuspalten, sich in Zusammenschlüsse aufgrund gemeinsamer Interessen, gefühlsmäßiger Zugehörigkeit, gemeinsamen Grolls und Kampfes um einen »Korporal« herum zu scharen. Ein Justizapparat, wie einst der genuesische und jetzt der französische, der die lange Praxis der Abstraktheit in den gesellschaftlichen Beziehungen voraussetzt, wird von einem Korsen natürlich als ein Trojanisches Pferd gegen die Gerechtigkeit angesehen werden. Le Temps pflegt, nach 150 Jahren französischer Okkupation, der unfähigen Genueser Justiz die Schuld am Banditentum zu geben. Ist es gestattet, sie zu fragen, was denn dann die Franzosen in 150 Jahren gemacht haben? Gute oder schlechte Romane? Und wie viele Banditen werden es wohl sein? Zwölf, zwanzig, fünfzig? Korsika ist kein Land von Verbrechern, sondern von Menschen, die das eigene Leben wie eine Blume wegzuwerfen wissen.

Sind sie etwa Italiener des 16. oder 13. Jahrhunderts, wie die
besten Schriftsteller Frankreichs es wollen? Auf der einen
Seite: ihr spontanes zwischenmenschliches Gerechtigkeits-
empfinden, und hier kommt uns eine weitere Beobachtung
Colonna de Cesari Roccas zu Hilfe:»Kein Korse vermag von
seiten eines anderen Menschen eine unreflektierte Bewegung
oder Geste hinzunehmen«; auch jener Drang nach Herrschaft, der einen dieser Bergbewohner aus Furcht, man
könnte ihm die Hand des Mädchens verweigern, auf das er
ein Auge geworfen hatte, sagen ließ:»Ich will sie, weil ich sie
liebe; meine Stärke ist mein Recht«; und auch jenes Gefähr-
den – durch Eigeninteresse – der oben erwähnten aufrühre-
rischen Gemeinschaft, die durch das Spiel der Ehrungen und
Gefälligkeiten des Wahlsystems brandig geworden ist. Auf
der anderen Seite: jene geschickte Ausbeutung, von Seiten
Frankreichs, der militärischen Qualitäten dieses Volkes von
Hirten, indem es in die Kolonien für die gefährlichsten Posten
und in die Hauptstadt selbst ein autoritäres und ehrgeiziges
Personal in so großer Zahl zog, daß, wenn meine Zahlen
exakt sind, 27% der staatlichen Funktionen in Frankreich und
50% in den Kolonien von Korsen bekleidet werden; die Folge ist, daß die Bevölkerung der Insel immer mehr abnimmt
– heute besteht sie nur noch aus 200 000 Seelen – und daß
dagegen die Zahl der Emigranten immer mehr wächst und
bereits auf 300 000 angestiegen ist. Kurz:»Die Veranlagung
der Männer, die«, sagt Boswell,»wie die der anderen Italiener natürlich ganz menschlich ist, aber äußerst empfindlich
und zur Gewalt neigend«; und daß man jenen aufrühre-
rischen Geist, dem Paoli so viel Energie»zweckmäßiger« Gesetze entgegenstellte, hat dahinvegetieren und sich zersetzen
lassen; daß man die Abwanderung von der Insel gefördert
und sie unvermeidlich gemacht hat, indem man keine der
großen Arbeiten ausführte, welche die wirtschaftlichen Bedingungen im Innern hätten verändern können: all dies führt
dazu, daß es in einem verlassenen Land einsamer Gegenden,
mit unendlich vielen verborgenen Fluchtwegen, noch immer
Banditen gibt; und es erklärt, warum es, trotz spektakulärer
Unternehmungen, auch morgen und darüber hinaus noch
welche wird geben können.

Sulìa, umbrìa

Die Landschaft ist nicht mehr gesprenkelt. Der Schnee fällt jetzt in winzigen, aber äußerst dichten Flocken. Merkwürdig, daß der Schnee auch ein Gefühl von Rauch in den Augen verursachen kann. Wir fahren durch den Wald von Vizzavona, der sehr schön sein muß. Doch im Auto sieht man, das mag auch am Schnee liegen, nur die Stämme der Lärchen. Wir befinden uns in mehr als tausend Metern Höhe und sind im Begriff, auf die andere Seite der Berge zu wechseln; der Fahrer wiederholt immer wieder: »*Sulìa, umbrìa, banda di qua, banda di là* «, Sonnenaufgang, Sonnenuntergang, diese Seite, jene Seite, Seite der Sonne, Seite des Schattens: Das ist ihre Art, sich zurechtzufinden. Ich sage ihm, er solle sich beruhigen; wir fahren, fast schon im Leeren, auf einer Straße, die beinahe weniger breit ist als das Auto, oberhalb einer Schlucht …

Ich war immer der Ansicht, daß man jene große Maler nennen müßte, die es verstehen, das Weiß zu benutzen: Es ist eine Farbe, die alle Stimmen hat; ein Tupfer Weiß läßt ein Bild schreien, ein anderer läßt es lachen wie eines jener Mädchen von Corte; es ist nicht Abwesenheit von Farbe; es ist alle Farben in Bewegung, von denen eine, etwas langsamer oder rascher, eine Aura von Mißklang durchsickern läßt: himmelblau, oder rot, oder gallig, oder schwarz wie die Sonne. Das Weiß ist Farbe, mit der man durch Zurückhaltung gewinnt: Wenn es dem Weiß in einem Bild oder in einem Gedicht gelingt, den tiefen Sinn der Worte zu klären, dann hat man, Dichter oder Maler, nichts mehr zu lernen. Und jetzt wirkt die Schlucht wie eine große Bewegung von Blasebalgen und von Trompeten und von Pfeifen einer ungeheuren Orgel, und auf dem Grund, an dem Punkt, der sich am meisten mit Schwarz verhüllt, bewegt ein Zwerg, so groß wie der Kopf einer Anstecknadel, jedes Ding, verwandelt in Musik: *sulìa – umbrìa* …: vollkommene Stille!

»Signore, wir stecken fest!« Ich steige aus, drücke, scharre den Schnee zusammen und schiebe ihn beiseite, bekomme blauviolette Hände, *krrr, krrr, krrr*, es nützt nichts, *krrr, krrrrr, krr, krrrrrrr*, es nützt alles nichts, es geht weder vorwärts noch rückwärts, *krrr, krrr, kr*, ein anderer Wagen kommt mit Vollgas heran, wir fliegen in die Luft, Marinetti, Hilfe, *kr* …

Aber statt in den Armen des Organisten zu enden, landen wir in Bocognano.

Wir strecken die Beine zum Feuer, und die Schuhe fangen zu qualmen an, während ein zwei Meter großer Gendarm zusammen mit dem Wirt einem weißen Kaninchen das Fell abzieht.

NICHT VERGESSEN!

Langnase

Wenn man vom Golf von Porto herunterkommt, erlebt man ein einzigartiges Schauspiel der Raserei. Die Berge stürzen sich einer nach dem anderen auf das Meer und schleudern ihm ihre Erinnerungen entgegen, und man betritt eine sagenhafte Straße: Pyramiden, Kegel, Blöcke, Nadeln, Drachenburgen, Kainsnester: ein großes Durcheinander blutigen Granits, zerborsten in tausend Figuren, füllt den Küstenstrich, stürzt hinab und erhebt sich im kräftigen Blau des Wassers. Das sind die Calanche von Piana.

Einer dieser Steine wird »Mastino« (Bluthund) genannt; es gibt einen Abel (aber er hat einen Tigerkörper), und er wärmt sich die Wange am Schnäuzchen eines Lamms. Diese apokalyptischen Trümmer scheinen die Stille des Todes herauszufordern, in der Hölle eines Meeres, das ruhig wie ein See ist. Warum wollen die Korsen im Innern der Insel keine Vertraulichkeiten mit dem Meer (und das ihrer Insel ist das schönste, das man sich vorstellen kann); sie halten es für verräterisch; aber wie das Meer wissen sie den Zorn zu verbergen. Dieselben Elemente scheinen an diesen Orten unfähig zu vergessen, gequält, wütend gemacht durch die Vergangenheit, in Beredtheit versteinert: Hier verkörpern auch die Steine Gespenster, nähren Legenden. Für diese Korsen wurde der Handelsverkehr über das Meer von Fremden angeknüpft, und selbst die am Meer gelegenen Städte dieser Insel wurden von Leuten gegründet, die von außerhalb kamen: Ajaccio wurde gegen Ende des 15. Jahrhunderts von der Banco di San Giorgio gegründet, und lange Zeit hatten nur ligurische Familien das Recht, dort ansässig zu werden. Wenn Calvi beansprucht, die Geburtsstadt von Christoph Kolumbus zu sein – jedenfalls lieferte es dem gerade entdeckten Amerika sofort Auswanderer –, wenn die Bewohner von Capocorso erfahrene Bauern und Seeleute sind und die unternehmungslustigsten Pflanzer nach Venezuela und Puerto

Rico schickten, wenn in der Gegend von Bonifacio vortreffliche Fischer geboren werden, dann wird man auch sagen
müssen, daß die Menschen der Gegend von Cinarca, von
Ajaccio und von Orcino die Bewohner von Capocorso und
Bonifacio niemals als echte Korsen ansahen. Im übrigen ist
die Abneigung gegenseitig.

Als ich noch in Bastia war, hatte ich eines Tages die Straße
nach Capocorso genommen und in Erbalunga haltgemacht,
um den Abend zu betrachten, der sich mit dem Meer in unendlichen Liebkosungen vereinte, als jemand neben mir auftauchte und mich fragte:

»Sehen Sie ihn?«

»Wen?«

»Langnase …«

Ich dachte, er wollte sich einen Spaß mit mir machen, und
schaute ihn schief an. Darauf zeigte er mir einen Schatten,
der sich in einer Bucht bewegte. Er erzählte mir, daß es einmal einen Riesen gegeben hatte, der aus seiner Pfarrgemein-
de in den Bergen heruntergekommen war und sich ein Stück
Land in dieser Gegend gekauft hatte; und wie die anderen
hatte er begonnen, Weinstöcke anzupflanzen. Aber er war
ein Herr aus den Bergen! Und eines Tages kam einer auf seinen Hof, und sie fingen Streit an, und der Riese wurde auf
korsische Art »gewarnt«: »Wenn die Sonne dich sieht, trifft
dich mein Blei.« Eines Tages riß ihm ein Gewehrschuß aus
einer Hecke ein Auge weg; dann wurde ihm das Bein gebrochen, die Kehle durchlöchert; er wurde in ein Wrack verwandelt; er wurde verrückt vor Angst. Als er nicht mehr
wußte, wie und wohin er sich retten sollte, nahm er ein Boot
und verschwand im Meer:

»Und jeden Abend merken wir, wie er zurückkehrt. Sehen
Sie nur! Sehen Sie! Es ist das Gesicht dort, in dem nur die riesige Nase heil geblieben ist …«

Punta de la Parata

Diese Gedanken gingen mir an der Punta de la Parata, wo
sich der Golf von Ajaccio schließt, im Kopf herum. Und vielleicht wirkte der blankpolierte Himmel durch die Nähe der
Îles Sanguinaires, auch sie, wie die Calanche, Stücke roten

Granits, wie Marmor aus Verona; und der Sonnenuntergang dauerte eine Ewigkeit.

Wenn man noch bei Helligkeit über das Meer kommt, sieht man den Golf rechts vom Monte Incudine und links vom Monte d'Oro beherrscht. Und von jenen mehr als 2000 Meter hohen schneeglänzenden Gipfeln fällt der Mantel des Panoramas aus Lärchen und Buchen, wie auf Samt gemalt, hügelig ab und umschließt die Stadt in einem Geflecht aus Heidekraut, Mastixbäumen, Myrte, Erdbeerbäumen, Zistrosen: die Macchia, die eine Höhe von bis zu zwei Metern erreichen kann; es war diese Macchia, erfüllt vom Duft von Kräutern und vom Pfeifen der Amselweibchen und von der Vendetta, der Napoleon auf Sankt Helena nachtrauerte.

In diesem Gebiet, von der Punta de la Parata bis Ajaccio, finden sich überall längs der Straße Gräber. Wer hier einen Besitz hat, will als Toter mitten auf seinem Land ruhen, um sicher zu sein, daß man ihn nicht vergißt. Doch hier vergißt man ohnehin nicht, und das Castello della Punta, dort oben, bestätigt es uns. Es wurde zwischen 1886 und 1894 von einem Pozzo di Borgo erbaut, bekanntlich mit dem Material der zerstörten Tuilerien, auf Anordnung der Gemeinde. Es ist bekannt, daß Vendetta zwischen den Familien Pozzo di Borgo und Buonaparte herrschte; und da ein ganzes Jahrhundert für einen Korsen nicht ausreicht, um zu vergessen, wurden zwei Millionen Goldfranken ausgegeben, damit dieser fremdländische Palast zum bleibenden Gedenken an die Erniedrigung der feindlichen Familie entstehen konnte.

Buonaparte und Pozzo di Borgo

Mit solchen Gedanken im Kopf kam ich nach Ajaccio. Es ist keine antike, aber doch eine alte Stadt, mit jenen melancholischen Plätzen am Meer, die von Platanen oder von Platanen und Palmen gesäumt werden. Die Palmen waren das Stückchen Exotik, das die Planer der Küstenstädte des vorigen Jahrhunderts im Kopf hatten und das sich beim Militär in der Gründung von Korps wie dem der Zuaven oder der Bersaglieri äußerte. Beim Militär war es insofern gerechtfertigt, als es den Besitz eines Kolonialreiches oder die Hoffnung darauf bedeutete. Auf diesen Plätzen aber vermitteln die Palmen eine Sanatoriumsatmosphäre, und das sage ich nicht, weil ich einen abgezehrten Holländer sehe, der sich dort am Meer mit einem Thermometer im Mund zeigt. Es ist eine Stadt, die sozusagen seit fünfzig Jahren vor sich hin schläft; und gewiß heitern sie auch all die Trödelläden nicht auf, mit ihrem alten böhmischen Glas und dem Schmuck unserer Großmütter, und jene Kürbisfläschchen der Hirten, denen der Kopf Paolis oder des Mohren mit der Stirnbinde oder des Mufflons einradiert ist. Und nicht einmal die Cafés, voll von Menschen hinter den Glasscheiben, oder die Frauen auf den Klippen, die im Salzwasser die Wäsche waschen, nichts nimmt dieser Stadt jenen Eindruck leise und von ferne gesagter Dinge. Diese Stadt mit ihren Träumen vom touristischen Aufschwung scheint dem Korsen heute mehr denn je zuzuflüstern, daß das verderbenbringende Meer für einen Sohn der Berge der Ort des Exils ist. Und die Stimmen scheinen sogar noch leiser zu werden, damit zwei Stimmen, die aus der Vergangenheit kommen, in ihrer Kraft deutlich vernehmbar bleiben. Da ist Nabulione, der mit den Lausbuben seines Alters herumläuft und spielt; und zu Hause nennen sie ihn, da er keine Zügel erträgt: Ribulione. Dann ist er der Oberleutnant der Kavallerie Buonaparte (ein schöner Name aus Sarzena und aus San Miniato!), zurückgekehrt in seine Stadt 1789, und er beteiligt sich an Paolis Bewegung. Dann in der Via Fesch der Sitz des patriotischen *Clubs*, wo er seine Anklagerede gegen Buttafuoco hält, jenen korsischen Deputierten, der sein Land Choiseul als »*un pistolet braqué au cœur de l'Italie*« angeboten hatte. Dann seine Rivalität mit Matteo Pozzo di Borgo um den Posten des Oberleutnants der korsischen Nationalgarde. Und schließlich die Verfügung des Konvents vom 2. April 1793, die Paoli und Pozzo di Borgo unter Anklage stellt. Es geht das Gerücht, Luciano Buonaparte stecke hinter der Verfügung. Zwischen den Buonaparte und den Pozzo di Borgo herrscht die Vendetta. Die Buonaparte sind gezwungen, von Korsika zu fliehen. Napoleon kommt nach oben; aber Pozzo di Borgo hat nicht vergessen, er läßt ihm keine Ruhe. Er wird Diplomat, begibt sich in russische Dienste, geht nach London, nach Wien, nach Sankt Petersburg, auf die Dardanellen; er bringt die verhängnisvollsten Koalitionen gegen seinen Feind zustande. Er bewegt Bernadotte dazu, den Kaiser im Stich zu lassen; er veranlaßt die Alliierten, auf Paris zu marschieren. Pozzo läßt Napoleon nach Elba und später nach Sankt Helena verbannen. »Seine Armee«, sagt er nach Waterloo zu Talleyrand, »habe ich nicht zerrieben, aber ich habe die letzte Schaufel Erde auf ihn geworfen.«

Wieviel Geschichte ist aus einer Vendetta hervorgegangen!

Und als ich aus der Via Fesch zurückkomme, läßt mich gegenüber dem Jakobinerclub, wo Buttafuoco gebrandmarkt wurde, das Schild der Hebamme Zevaco stehenbleiben. Es ist das einzige fröhliche Bild des Tages. Es wirkt wie das poetischste Bild des Zöllners Rousseau. Es ist mit der Frische von unglaublichen Tönen gemalt. In der Mitte steht, wie beim Fotografen, eine Dame, schwarzgekleidet, wie es 1896 Brauch war. Auf der einen Seite hat sie ein Kind, das aus einem Ei kriecht, und ein anderes, das aus einer Rose kommt; auf der anderen Seite sitzen zwei Neugeborene mitten in einem Kohlkopf.

AUF WACHE MIT TORQUATO TASSO

Sie sagen fole *und* nimo *wie Pea*

Das Bähnchen erreicht Vivario. Viele Reisende steigen aus, um sich in der Bahnhofsgaststätte zu stärken. Das Bähnchen wird ohne Ungeduld auf sie warten. Was mich betrifft, so gehe ich die Valle del Vecchio hinauf mit jener Geduld, welche die Kunst stets von ihren Getreuen verlangt. Die Kunst ist Geduld, wie die Dichtung Kühnheit ist, und ich weiß nun einmal, daß das Leben eine geheimnisvolle Verbindung dieser beiden Veranlagungen ist.

Meine erste Begegnung sind altersschwache Kastanien, und ihre ausgehöhlten Stämme dienen Hühnern als Unterschlupf. Es ist mitten am Vormittag, mild, und die Luft ist wie ein Flaum auf den Steinen. Wenn man Korsika durchstreift, ist es, wie wir gesehen haben, unmöglich, nicht auf den chaotischen und auf den sagenhaften Stein zu stoßen, doch auf meiner unvollständigen Rundreise beschwört der Stein dieses Mal nicht nur das Leben. Es mag von der Farbgebung des Augenblicks herrühren, aber diese Felsrücken unter dem Flaum der Luft sehen wie wirkliche, ungeheure Ochsen aus, hingekauert, keuchend im Schlaf und als hätten sie ein Auge nur halb geschlossen: nicht wie Stein wirkt das, sage ich, sondern wie lebendiges Leder, eisenfarben.

Man sagt mir, ich hätte die Orte der Feen betreten. Manchmal kommen sie aus dem Herzen der härtesten Felsen heraus, und in die Luft strömt das Glück, unerreichbar jetzt. Man sagt mir, diese ungeheuren Steine würden beben durch das verborgene Schlagen ihrer Flügel. Märchen! Ich habe tatsächlich die Orte der Märchen betreten. Verzaubert vom Zauberstab des kindlichen Staunens der Hirten. (Hier sagen sie *fole* ›Märchen‹ wie in Versilia und *nimo* ›kein‹ wie in Montignoso, und so viele andere Wörter, die nur hier und in unseren Bergen nicht tot sind, lieber Pea.)

Das Glück floh eines Morgens, als im Jahre Tausend der

Conte Arrigo Bel Messere hinterrücks ermordet wurde und
eine Stimme auf der ganzen Insel die Luft zerriß:

È morto il conte Arrigo Bel Messere,
Anderai, Corsica, di male in peggio.

›Tot ist der Conte Arrigo Bel Messere,
   Immer schlechter wird es dir, Korsika, gehen.‹

In allen Führern kann man seine Geschichte finden, und da
seine Kinder nach seinem Tod in dem kleinen See ertränkt
wurden, der seit jenem Tag *See der sieben Hühner* heißt – sieht
man den Alten zu Füßen einer zusammengebrochenen
Brücke auf dem Grund einer Schlucht auftauchen, wo er her-
umpoltert. Die Geschichten überliefern uns auch, wie hel-
denhaft seine Witwe war: Nachdem sie sich an die Spitze der
Korsen gestellt und das Kastell von Tralavedo, den Schlupfwinkel der Mörder, belagert und in Brand gesetzt hatte, ließ
sie sie alle in den Tod gehen. Die Unerschrockenheit, die Er-
gebenheit, die Opferbereitschaft der korsischen Frauen ist
gewiß ein Stück unvergleichlicher Poesie. Aufgewachsen in
der Einsamkeit und in der Gefahr, korsische Mütter, Schwestern, Ehefrauen und Töchter, sind sie vom Schlage jener
Mutter, die vor Paoli erschien und zu ihm sagte:
   »General, ich habe meinen erstgeborenen Sohn bei der
Verteidigung des Vaterlandes verloren, und ich bin zwanzig
Meilen gelaufen, um Euch den einzigen Sohn zu bringen, der
mir geblieben ist.«
   Ich verstehe, daß die echteste Dichtung dieses Landes die
der Klageweiber ist. Eine Dichtung, die anläßlich des Todes,
angesichts des Toten hervorbricht; eine harte, machtvolle,
furchtbare, nackte Dichtung; ein Wettstreit von Frauenstim-
men, die von der Inspiration mitgerissen werden:

Vogliu cigne la carchera,
Vogliu armà schioppu e pistola,
Vogliu esse cruda e fiera
Benché abandunata e sola,
Vogliu vindicà lu sangue
Di quellu ch'è stesu in tola!

›Ich will die Patronentasche umschnallen,
Will mich bewaffnen mit Flinte und Pistole,
Ich will grausam sein und stolz,
Wenn auch verlassen und allein,
Ich will rächen das Blut
Dessen, der daliegt auf dem Totenbett!‹

Gastfreundschaft

Bis zur Ankunft in Poggio di Venaco und dann in San Pietro
di Venaco ist die Landschaft allmählich immer sanfter geworden. Die Steine sind jetzt sozusagen gänzlich frei von den zyklopischen Flüchen und von den Bündnissen mit den Sirenen;
sie haben sich endlich ganz aus der Qual des Chaos befreit,
sie sind für den Umherstreifenden in den wohltuenden Frieden eingetreten. Sie sind wieder Steine geworden, mit einem
erdigen Grünspan wie die Patina einer frisch ausgegrabenen
Bronzestatue. Und auf den Bergkämmen das klagende Grün
der Steineichen, und unten das Altgold der Eichen zwischen
Nußbäumen und Pappeln, und die Pappeln recken all ihre
Aststümpfe empor, zwischen welche die hindurchstreichende
Luft gleichsam Fäden von Seidenraupen legt. Durch den Ort
fließt ein Wildbach, und seine grüne Durchsichtigkeit ist wie
getrübt durch eine Milch aus den dicken, blendendweißen,
heftig durcheinandergewirbelten Steinen des Bettes, die Brot-
laiben ähneln. Der glatte hohe Wuchs der Nußbäume und die
runzlige Wucht der Kastanien begleiten mich das ganze letzte
Stück der Straße. Als ich ins Dorf komme, ist da ein Pontre-
moleser, der seine Webwaren auf dem Kirchplatz ausgepackt
und ausgebreitet hat: Bettlaken, Taschentücher, Handtücher,
Brokatdecken, Damastdecken, Decken aus echter ägyptischer
Seide und so weiter! Und die bleiche Sonne hat leichtes Spiel,
bei so vielen ausgebreiteten Farben. Ein Stück weiter stoße ich
auf einen Berg von Lämmchen mit zusammengebundenen
Beinen, und einer trägt sie in einen Hof, zwei unter jeder Ach-
sel, zwei unter dem Kinn, vier in jeder Hand, und er geht mit
Siebenmeilenstiefeln. Auf den Bergen ringsum sind die Dörfchen – vier-, fünfhundert Seelen oder weniger – gestaffelt,
winzige Häufchen, mit Dächern aus roten Ziegeln die neueren Häuser und aus Schiefer die alten.

In dem Haus, wo mir Gastfreundschaft gewährt wird, werde ich aufgenommen wie ein Bruder. Ich weiß nicht, was sie nicht täten, um mir eine Freude zu machen. Sie holen den alten Wein hervor. Sie bereiten Schnepfen für mich zu, sie wollen, daß ich den *brocciu* probiere, eine Art Frischkäse, nach dem sie verrückt sind. Von vier bis acht Uhr abends haben sie mir ich weiß nicht wie oft etwas Neues zum Essen angebracht.

Nach dem Essen sind in das Zimmer, das eine Petroleumlampe und das Holzscheit des großen Feuers erleuchtet, Leute zum abendlichen Beisammensein gekommen. Die Alten rauchten ihre Pfeife, und der dicke Rauch der *erba tabacca*, des Tabakkrauts – ein stinkendes Blatt, das sie hier anbauen –, hat das Zimmer eingenebelt. Der Älteste, Ors'Antone, steht da, den Bart über den Händen, die sich auf den Stock stützen, und ich frage mich, ob ich nach Korsika gekommen bin, um zu lernen, wie man lange lebt. Hier das Rezept:

»Man muß sich reichlich auf den Feldern plagen. Das läutert die Menschen. Reine Luft und Feuer, und geröstete Polenta!«

Wollt ihr es probieren, liebe Leser? Er ist dreiundneunzig, jungfräulich und klettert immer noch auf die Nußbäume, um sie zu schütteln. Er lebt allein, wäscht seine Wäsche selbst und bereitet sich selbst sein Essen. Und er erzählt mir ein Märchen, um mir zu erklären, wie es kam, daß er keine Frau nahm. Er hatte sich, ohne zu wissen, daß es eine Hexe war, in ein wunderschönes Mädchen verliebt, und eines Tages nahm es ihn im Flug mit sich, und seit dem Tag wollte er nichts mehr von den Frauen wissen. Auch die anderen haben der Reihe nach für den jeweils eigenen Fall gewitzt eine phantastische Geschichte parat. Sie sind geborene Erzähler und benutzen eine rhythmische Sprache; sie sprechen beinahe in Oktaven.

In dem Moment packt ein junger Mann mit den Zähnen die *rivergola*, die Maultrommel, jenes Instrument, das sie auch in Versilia benutzen und »scacciapensieri«, ›Gedankenverscheucher‹, nennen und das man spielt, indem man mit dem Daumen eine Feder vibrieren läßt und den Mund als Resonanzboden benutzt. Sie hat einen sehr sanften und fernen Klang. Sie begleitet Ors'Antone, der mit der Stimme einer Mücke die Klage eines Banditen singt:

U iornu avieni
Tra segni d'allegria
Cantanu l'aucelli
Ma chi dolce armunia,
Cunforte della tristizzia,
Mia solita cumpagnia!
Tantu lieta è la sua sorte
Quantu torbida è la mia.

›Der Tag wird kommen,
Da inmitten von Zeichen der Freude
Die Vögel singen
Aber welch süßer Wohlklang
Tröstet über die Traurigkeit,
Meine gewohnte Gefährtin!
Sein Los ist ebenso heiter
Wie das meine düster ist.‹

Ich frage Ors'Antone, ob er lesen kann. Aber sicher! Er hat
es sich selbst beigebracht. »Mit diesem Buch hier!« Und er
zieht eine zerfledderte Billigausgabe der *Gerusalemme liberata*
aus der Tasche. Ein einziges Mal nur hat er sich von ihr getrennt, um sie Ida zu leihen, und die verlor ihm die Hälfte
der Seiten. »Diese Ida!« Das ist der einzige Kummer seines
Lebens. Er blickt mich mit Augen an, die sich in einem leichten Nebel verlieren:

Mentre son questi a le bell'opre intenti …

›Während diese den schönen Werken hingegeben sind …‹

Und jetzt geschieht etwas Bewegendes: Ein anderes altes
Männlein, das zu schlafen schien, und Sgiò Ghiuvanni und
auch der junge Mann, und auch der Unterzeichnete, wir ver-
einen uns im Chor mit Ors'Antone:

Perché debbiano tosto in uso porse,
Il gran nemico dell'umane genti
Contra i Cristiani i lividi occhi torse …

›Weil sie sich zum Einsatz bereit halten müssen,
Rollte der große Feind des Menschengeschlechts
Gegen die Christen die blutunterlaufenen Augen ...‹

Es ist Zeit, ins Bett zu gehen. Aber Sgià Maria Catalì will, daß
wir noch ein weiteres Schlückchen der *acquavita chi sfende i pe-
tri*, des ›Aquavit, der die Steine zerschlägt‹, nehmen:
»Es wird euch schon nicht schaden.«
Und jetzt habe ich den Eindruck – in jenem verräucherten
Zimmer, mit jener Glut und jenen weißen Bärten –, in eine
Szene wie von Caravaggio hineingeraten zu sein.

Ein Sonett von Giubega

Das Bett ist sehr hoch und riesig; man muß auf einen Stuhl
steigen, um hineinzugelangen. Ich schlüpfe zwischen die Laken, die zwei Eisplatten sind. Ich weiß nicht, warum mir – es
könnte nicht unpassender sein –, als ich mich ein wenig auf-
gewärmt habe, ein Sonett eines Dichters des frühen 19. Jahrhunderts im Stil Parinis in den Sinn kommt. Es ist von einem
Korsen, Giubega aus Calvi, und die Fachleute könnten es in
ihre Anthologien aufnehmen:

> *O letticciuol beato, che pur anco*
> *L'ambrosio odor del molle corpo spiri,*
> *E la forma e il tepor del latteo fianco*
> *Serbi, e un sussurro di baci e sospiri;*
> *Fatto per gioia languidetto e bianco*
> *Quel volto io miro ancora, ov'io te miri;*
> *E a voluttade il dolcemente stanco*
> *Petto rinfiammi con nuovi desiri;*
> *E per te vò nel grato error tant'oltre,*
> *Che l'orme del soave venir meno,*
> *E i lini abbraccio, e la turbata coltre.*
> *Deh così sempre, o letticciuol, rimanti*
> *In memoria di lei ch'avesti in seno,*
> *O letticciuol, invidia degli amanti!*

>O glückliches Bett, noch immer gibst du der Luft
Des weichen Körpers ambrosischen Duft,
Bewahrst der milchigen Flanke Gestalt auf den Kissen,
Ihre Wärme, und Flüstern von Seufzern und Küssen;
  Dies Gesicht, freudig schmachtend und weiß,
Betracht' ich noch immer in dir, und möge heiß
Erneut entflammen, süß ermattet, die Brust
Doch mit neuen Begierden die Lust;
  Und du bringst mich so weit zu verfolgen
In willkomm'nem Wahn des süßen Kommens Folgen
Und zu umarmen die Laken und die Decke, zerwühlt.
  Ach, so wirst du auf ewig, o Bett, erfühlt
Im Gedächtnis derer, die du bargst im Schoß,
O Bett, beneidet von den Liebenden bloß!<

Giubega war Richter in Ajaccio, er lebte neununddreißig
Jahre und verbrannte in der Stunde seines Todes aus religiösen Bedenken fast sein ganzes Werk. Schade! Dem zitierten
Sonett nach zu urteilen, müssen so einige der tiefstempfunde-
nen Liebessonette der italienischen Sprache verlorengegangen sein.

MEZZOGIORNO

1932

ELEA UND DER FRÜHLING

Selbst in überfüllten Häfen hält die Gegenwart des Meeres
den Menschen in einem Gefühl von Einsamkeit und von
Größe befangen, und wir haben in den zwei Stunden, seitdem wir unterwegs sind, keine Menschenseele gesehen. Abrupt wird der Wagen gebremst, wir machen einen Satz nach
vorn, und einer jener türkischen Hähne mit dem langen Hals
in den roten Hautlappen – berühmte Kämpfer – überquert,
mit lächerlich ausgebreiteten Flügeln laufend, vollends die
Straße. Ein sehr kurzer Schreck: Schon pickt er eine Schwei-
nerei auf, dreht sich um und schaut uns an wie ein Schwach-
sinniger. Weiter dort drüben, mit dem gleichen Stumpfsinn,
die feuchte Schnauze hocherhoben, foppen uns von einem
Feld her vier Büffelkühe. Man könnte jetzt ein Kapitel einleiten über die Neugierde der Tiere, die größer ist als die Angst,
aber leider fehlt mir hierfür die Kunst des Apologeten Raimondo Sabondo. Mich überkommt das Schaudern, das so
aufdringliches Viehzeug wie Mäuse und diese Büffel bei Barilli und mir immer erzeugen wird. Ich sehe sie schon im
Sommer, diese Büffelkühe, wie sie sich im Schmutz wälzen,
um die Fliegen nicht zu spüren, wie sie mit dieser Kruste, auf
der auch Gras wächst, durch die Gegend laufen und dabei die
Elstern herumtragen, von denen sie für hohe Erdschollen gehalten werden. Brave Viecher im übrigen, Erzeugerinnen der
Milch, die den vorzüglichen Mozzarella-Käse gibt, der Stolz
– warum auch nicht? – dieser Region. Und schon sind die
Berge nicht mehr zu sehen, bedrängen uns statt dessen an der
Seite, während wir hinausfahren, auf die Meeresküste zu. Die
Stille ist nun fast beängstigend, und ebenso die Einsamkeit
und die Größe, in die ich mich abgesondert finde.
  Und was ist die hohe Felsklippe dort, die uns bis zur Spitze
hin mit kleinen Feldern wie mit eleganten geometrischen
Formen bepflastert erscheint? Und warum wechselt das Gras,
das auf der Klippe fast blau ist, ruhelos die Farbe, wie von der

Unterhaut einer Tätowierung zu einer emaillierten Abschürfung? Später werde ich ihre andere Hüfte sehen, nackt und
holprig: Es ist die Punta d'Agropoli, und wie ein Känguruh
trägt sie ihre Stadt auf ihrem Bauch und verbirgt sie so vor
dem Meer: eine einzige Straße, die von den Häusern eingezwängt und unvermittelt fast senkrecht wird; sie gibt uns den
Blick frei auf Leute, die hier und da in Bewegung sind. Einige
Frauen sind rot gekleidet. Ganz oben laufen die Gestalten,
kleiner und kleiner werdend, in einen Schlangenkopf zu, dessen Umrisse sich im Himmel verlieren. Wo habe ich so etwas
schon einmal gesehen? Die ätzende Kalligraphie, die so ge-
schmackvoll die Zwischenstücke des Grases verknüpft; dieses
Rot; die Straße, die wie im Innern eines Burnus verläuft ...
Seht im Reiseführer nach: Diese Küste wurde im 8. Jahrhundert von den Arabern eingenommen; dieser Ort war einer
ihrer Stützpunkte, und er war auch immer das Ziel jener an-
griffswütigen Seeräuber, welche noch vor weniger als einem
Jahrhundert – man bedenke – auf unseren Meeren auftauch-
ten. Die Ebene von Paestum hier, die von den Schlangen-
linien der Berge am Golf wie von einem immensen Dreieck
begrenzt wird – die äußerste Spitze bildet das Vorgebirge von
Agropoli –, diente als Schlachtfeld: Byzantiner, Langobarden,
Sarazenen trafen hier aufeinander; und ich verspüre Einsamkeit (ein trostloser, innerer Trommelschlag betont die Stille)
und Größe in der Gegenwart des Meeres und auch, nun fühle
ich es, infolge jener religiösen Herrlichkeit, die für immer den
Orten eigen ist, durch die der Krieg gezogen ist.

Oh! es ist Frühling. Als wir ins Testene-Becken vorgedrungen sind, ist er vom Gipfel der Berge herabgeeilt, uns
willkommen zu heißen. Dieses Jahr hat er erst spät Lebens-
zeichen von sich gegeben; doch hatte ich ihn noch niemals
alles so hoffnungsfroh behängen sehen. Federleicht ist er, und
noch läßt er das Nackte der Erdscholle durchträufeln; er ist
ein Hauch; und eine leidgeprüfte Sonne, die vom verschleierten Himmel her ihn da und dort befleckt, setzt ihm einen
Schauer von Gold-Transparenzen in die kleinen Blätter. Bald
gleicht er einer Wiege aus bleichem grünem Damast. Sie ist
ganz Frühlingssonne, die Erde, süßes knabenhaftes Bett, und
hat allein, hoch oben, den Himmel bei sich.

Aus einem Halbschatten stoßen wir hinaus zum Meer. Die
Küste schneidet den Berg – wir sind in der Nähe der Punta

Licosa – und unterbricht das Herannahen magerer Pinien, die unten zu unseren Füßen auf dem fast spitzen Abhang wieder in Sichtweite kommen, schwankend im Wind. Später werden die Pinien zu einer im Laufschritt herabeilenden Menge; wir kommen in ein kahles Tal; ab und zu ein Olivenbaum.

Dann weichen die Berge zurück; die Olivenbäume (ihr Blatt ist dunkel, dunkler als in Ligurien oder in der Toskana oder in der Provence, und wenn es an der Luft erzittert, zeigt es ein Silber, das voll ist von einem schon bejahrteren Schatten), die Olivenbäume vereinigen sich, die Bergkämme steigen an bis zum Monte Stella, das Meer kehrt zurück, dehnt sich, unendliches Grau, auf der letzten Stufe dieses Forums aus, und es hebt sich der Vorhang, die Valle dell'Alento kommt uns entgegen, es erscheint Elea.

Das also ist Elea, die von Flüchtlingen gegründete Stadt, das also ist Velia, zu der hin Cicero flüchten wollte, als man ihn ermordete? Ein Hügel mit einer Burg obendrauf wie ein großes Hahnengeripp zwischen zwei Türmen – und nichts weiter? Die Leute haben noch immer auf der anderen Seite der Hänge Zuflucht genommen, und die Burg, die Karl V. dann mit den zwei Türmen bewehrte, ist Castellammare della Bruca, erbaut von kriegerischen Benediktinern, die ebenfalls hinter den Bergen lebten, zwischen Erikasträuchern, im Kloster von San Mauro. Und einst, noch ehe sich das Meer zurückzog, spiegelte sich der Hügel darin, vor tausend Jahren, als es zwischen hier und Palinuro noch die Merkmale einer behaglichen Stadt gab.

Elea, das ist Elea, Stadt der Flüchtlinge, wo schließlich auch die Welt zur Abwesenheit geworden war: das ist Elea, oh, abwesende Stadt!

O du Rhapsode Xenophanes, der du hier, vom besetzten Ionien kommend, anlegtest, von deinem Werk bleiben keine größeren Fragmente als die Terrakottascherben des ersten und des vierten Jahrhunderts, die ich beim Hinaufgehen mit beiden Händen zusammenraffen kann. Doch wie verbittert warst du, Mensch, der du so lange Zeit auf dem Meer zugebracht hast, als du entdecktest, daß allein der Gedanke unsterblich ist. Du suchtest, o Reisender, das Wesen und nicht mehr die Erscheinungen, die Einheit und nicht die Individuen, und als erster in der abendländischen Welt nahmst du, o grausamer Dichter, hier auf dem Boden Italiens den Bildern die Göttlichkeit. Doch konntest du nicht glauben, daß der Gedanke, nicht einmal der ewige Gedanke, ohne Fleisch und Maß ist; und so glaubtest du, wie es noch jetzt die große Weisheit der Unbedarften sieht, daß der wahre Gedanke das Bewußtsein einer vollkommenen Form der geheilten Materie sei, einer Kugel, welche die ganze unkorrumpierbare Materie enthielte: die einzige, die in nicht-illusorischer Weise existierende. Du glaubtest, dein Körper sei – in dem, was nicht Illusion war: Zeit, Bewegung und Raum – Partikel des ewigen Fleisches des Gottes, den du als erster ans Licht brachtest: des Gottes von unveränderlichem und totalem Wesen, von absoluter, reiner, fester Substanz.

Es kann keinen Raum, das heißt keine Leere, geben, wird, ebenso wie du, dein Schüler Parmenides behaupten. Wie ich sollte er einst von dieser Anhöhe schauen und durch die Trübe des Tages den Himmel ohne Horizont mit dem Meer im selben unendlichen Grau verschmelzen sehen und einen neuen Beweis dafür haben, daß das Unendliche, wie das Endliche, Illusion ist. Und wenn es keinen Raum geben kann, wenn es also keine Leere geben kann, wenn die einzig wirkliche Substanz alles einnimmt, ist das Nichtsein eine Sinnestäuschung; auch der Tod ist eine Täuschung, wie das Sich-Bewegen, wie der Wandel.

Und von dir, verzweifelte Stadt, und von euch, ihr ersten geöffneten Augen, o Eleaten, ist nichts von euch übriggeblieben als nur ein bißchen Staub? Eure sterbliche Gestalt war sehr wohl eine Illusion, ganz wie du sagtest, Parmenides; doch eure Stimme, sie höre ich in diesem Schweigen: das, was in euch unsterbliche Materie war, ist unsterblich selbst in diesem meinem hinfälligen Körper.

Und wie dir als Dichter, o Parmenides, ist auch mir der »Irrtum der Sterblichen« lieb, demzufolge die Natur, ihr Licht und ihre Schatten, ihr Rasen, ihre Melancholie und ihr wüster Winter die Erde mit einer mysteriösen und mutigen Schlacht bevölkern.

Beim Hinuntergehen bemerke ich drei Olivenbäume: Sie haben einen kurzen, glatten Stamm und sehr, sehr große in die Höhe gestreckte Arme. So sagenhaft wie einige andere sind sie nicht, diese Olivenbäume, doch gleichen sie, bis zur Gürtellinie noch im Grabe, wiederauferweckten Kraftprot-

zen, die um der Barmherzigkeit willen wieder tot sein möchten. Danach begegne ich obszönen Pflanzen: wilden Spar-
geln, jungen wilden Artischocken, deren gekräuselte Blätter,
wie von Narben besprenkelt, sich an die Erde klammern wie
angesogen von einem Kuß.

Unten angekommen, bemerke ich, daß auf dem Hang
auch die Ginster- und die Goldwurzbüsche in Blüte stehen.
Konnten sie fehlen, zwischen den Ruinen? Und dort unten
steht eine Tafel Rüben in Blüte, gelb wie die Ginsterbüsche,
aber sehr festlich.

DER WUNDERBARE FISCHFANG

Palinuro

Pananti, der sich ausmalte, Seeräubern in die Hände gefallen zu sein, und der einem nicht alltäglichen Abenteuer nicht viel abzugewinnen wußte, versteht sich jedoch darauf, gegen die seinerzeit zahlreichen Berichterstatter müheloser Reisen zu sticheln, und läßt im Anhang seines Buchs das vermeintliche Tagebuch eines von ihnen abdrucken, eines französischen Edelmanns des frühen 19. Jahrhunderts. Bei jeder Reiseetappe die Anweisung zu einem Kapitel, und in Mantua angelangt, schreibt der Edelmann: »Erinnerung an Vergil. Die schönsten Verse des Sängers wiedergeben. Werde diesen Abschnitt von meinem Sekretär abfassen lassen.« Der Glückliche, er hatte einen Sekretär!

Ich befinde mich aber an Orten, die Vergil aufgesucht hat; und so aufmerksam, empfindsam und präzise, wie er war, ist es schwierig, hier nicht mit seinen Augen zu sehen. Man sagt Vergil eine vorbildliche Feinheit des Gehörs nach, was ich selber auch schon getan und damit gemeint haben werde, daß keiner die Musik der Seele besser wiedergab; man sollte dem aber hinzusetzen, daß er ein unnachahmlicher Maler war. Wenn mir also dieses Mal ein guter Blick Beistand leisten wird, dann ist dies ganz das Verdienst des fünften und sechsten Gesangs der *Aeneis*.

*

Von der Anhöhe von Velia aus hatte ich zur Linken Palinuro mit jener Verwunderung betrachtet, die ein außergewöhnlich großer, durch die Entfernung luftig wirkender Stein immer hervorruft. Zur Rechten hatte mir die Mündung des Alento die folgende unglaubliche Kenntnis wieder zu Bewußtsein gebracht: Die Flüsse sind es, die das Salz zum Meer bringen. Und von allen Seiten her war ich von Enzianbüscheln umgeben. Doch noch eine zweite Sache setzte mich in Verwunderung: daß das silbrige Blau der Enziane auch das der dun-

stigen Horizonte von Palinuro und das der Verästelungen des
äußersten Alento war. Drei verschiedene Arten ein und derselben Farbe, und eine letzte Abart war das weit, weit ent-
fernte Grau, eine Asche, die den Himmel mit dem Meer
vermischte. Sollen wir uns ein Enzianblatt ins Knopfloch
stecken? Ist es, bitter und aromatisch, das Zeichen des Tages?

Wir kehren zurück, wie wir hergekommen sind; in Pioppi
angelangt, fragen wir nach, ob man uns eine Fischerbarke mit
Motor, die wir auf dem Trockenen haben liegen sehen, bis
Palinuro vermieten will. Der Besitzer, Signor Pinto, läßt sie
uns sofort kostenlos bereitstellen und besteht darauf, daß wir
eine Tasse Kaffee bei ihm zu Hause trinken. Das sind keine
unbedeutenden Einzelheiten, und es sind auch nicht die einzigen, die mir die Herzlichkeit der Leute hier in der Gegend
bezeugt hat. Ich habe diese Erfahrung auch dann gemacht,
wenn ich auf Personen aus einfachen Verhältnissen zuging:
Sie mischen sich nicht in eure Angelegenheiten und richten
nur selten das Wort an euch, allerdings nicht deshalb, weil sie
schüchtern oder unberedt wären, sondern weil sie in ihre eigenen Gedanken versunken sind. Ihr braucht aber nur einen
Wunsch zu äußern, und schon reißen sie sich in Stücke, um
euch zufriedenzustellen: Sie tun es aus dem Bestreben heraus,
gemocht zu werden, und das scheint mir eine mittlerweile
ziemlich selten gewordene Form des Umgangs zu sein. Gast-
freundliches Land, Land des Asyls!

Sie fischen den Kopf des Apollon heraus

Eine Stunde ohne Atem, einer jener Nachmittage des Früh-
lingsanfangs, wenn alles verhalten und wie staunend erscheint. Und tatsächlich, welches Wunder wäre größer als das
einer Geburt?

Vielleicht war es eine Stunde wie diese, und das Wasser
von einem vollen Türkischblau, wie dies ganz nahe hier, als
auf den ruhigen Wellenlinien Bilder vorüberzogen. Es waren
(so will es die Überlieferung) die vom Hl. Lukas gemalten
Madonnen und Heiligengesichter, die sich (so will es das
Volk) aufmachten, um selbst den Ort auszusuchen, an dem
sie sich verehrt sehen wollten. Sie flohen die Ikonoklasten
und legten, durch eine Fügung, die man tröstlicherweise für

einen Fingerzeig der Vorsehung halten könnte, von denselben Gestaden aus in denselben Häfen an, welche die Segel
des ersten Bilderzerstörers aufnahmen, jenes Rhapsoden
Xenophanes …

Brachten sie die dunkle Blume mit als Vorboten für die italienische Kunst, der, in unseren Breiten herangewachsen,
Giotto die Möglichkeit eröffnen sollte, zu einer größeren Reife zu gelangen?

*

Hin und wieder beobachtet uns der große Wehrturm von Velia; er steht an der Spitze der gekappten Wachtürme, die Karl
V. errichten ließ und die sich bis nach Reggio hinziehen.
Während der Ausgangssperre wanderte die Stimme der
Wachposten von einem Turm zum andern, um sich dort unten zu verlieren, und kehrte zurück: die ganze Nacht! Land
des Asyls und Land, das zur Beute wird! Es ist nur natürlich,
daß dort, wo die Hoffnung am einladendsten ist, der Ruf des
Bösen am lautesten schallt, und es überrascht nicht, daß diese Orte ein begehrtes Ziel von – schwarzen oder blonden –
Plünderern waren.

*

Als Velia verschwindet, geht der Bogen, der sich öffnet, bis
zum Vorgebirge von Pisciotta. Rostrote Felsen beginnen das
Meer einzudämmen. Der erste, der so verrunzelt ist wie eine
unwahrscheinliche Meerestrüffel, hat die Art von Gewalt, die
am meisten Angst macht: Er ist gewaltig bis in seine Kargheit
und Preziosität hinein. Wir fahren zwischen dieser seltsam
wuchtigen Masse und einem Riff hindurch, das sie ihr vom
Leib gerissen haben.

Gleich darauf sehen wir einen Berg, von einer Straße
aufgetrieben wie von einem Pfeil. Eine vergleichbare Gewaltsamkeit habe ich – zur Geburtszeit des Barock, als Michelangelo noch nicht in ferner Vergangenheit lag – sonst nur in
Rom gesehen, auf zwei Gemälden von Caravaggio: dem Hl.
Petrus und dem Hl. Paulus von Santa Maria del Popolo.

Auf dem Berg steht eine Gruppe von Olivenbäumen –
Olivenbäume, immer nur Olivenbäume! –, und ich bin mir
dessen noch nicht recht bewußt geworden, als sich schon ein
Schlund zum Tal hin öffnet, der, soweit das Auge reicht,

Bergrippen, Rundkuppen, Schründe zeigt, in ihren Körpervolumen bestimmt durch den einfachen Kontrast der Grüntöne und von sehr gemächlich vorbeiziehenden bleiernen Wolken.

In der Zwischenzeit erscheint, während wir seitwärts an Pisciotta vorbeifahren, eingedrungen ins Meer, Palinuro vor uns, wie ein überdimensionaler, von Gold durchlöcherter Raubfisch.

Pisciotta zieht sich in drei Streifen an einer Wand hin: Der höchste ist das alte Dorf, mit Häusern, schwer und braun und mit großen Arkaden; in der Mitte stehen, wie Scharen von Schafen, Olivenbäume; den dritten, auf der Höhe des Wassers, bilden neue, leichte Häuser, deren Wände von der Luft zu Peristylien gedrechselt zu sein scheinen.

*

Und nun haben die Olivenbäume einen Lichthof rings um die Blätter, wie die Heiligen.

Nun wandern die Berge zu unseren Seiten vor und zurück, und einige kommen hochaufgerichtet über dem Wasser an, andere recken sich, flach hingeworfen, betend in Richtung Wasser: Gegen Westen hin heben sie sich zu dieser Stunde ganz deutlich in einem feinen Lichtsand ab. In der Masse der Berge gibt, höher als die anderen, der Monte Bulgheria den Ton an, und man könnte ihn als ein Stück Anthrazit bezeichnen, das ein Bröckchen schwerer Asche freisetzt.

Da plötzlich, an einem Punkt des Meeres ein starkes Beben: Es ist ein Schwarm Märzenten, die sich wieder auf die Reise begeben. Sie sind in der Morgendämmerung angekommen, und nun, da es zu dunkeln beginnt, fliegen sie weg. So entfloh der Schlafgott, der herabgekommen war, um Palinurus zu verraten, und ihn, das Steuer in Stücke gehauen, in den Untergang schickte. Und treibt die jählings zornschnaubenden Wellen vielleicht der treue Steuermann des Aeneas durch sein verzweifeltes Schwimmen an?

Kleine Felshöhlen leisten uns nun Gesellschaft. Die Wellenrosse dringen in diese finsteren Augen ein, stören die Steine auf und erzeugen ein Rumpeln wie von uralten Gebeinen.

*

Der Hafen von Palinuro hat weiße Häuschen, und das letzte ist rosa: Auf den ersten Blick gleichen sie zum Trocknen ausgebreiteter Wäsche; dann kleinen Gipsblöcken.

Da unsere Fischerbarke nicht in die Grotte von Palinuro eindringen kann, geben wir einem Fischer Zeichen, mit seinem Nachen heranzukommen, und fahren ihm entgegen.

Niemals habe ich Wasser von gleicher Transparenz wie jener gesehen, die ich entdecke, als ich mich dem Hafen nähere. Wir sehen den Sand des Bettes, wie sanft gekämmt, und sehen die Bänder der Algen die schöne Haarpracht in aufgebrachte Schlangen verwandeln.

Ist diese überaus klare Pupille die der Medusa, die Palinurus in jenem hohen Felsen versteinerte? Ist es die verzweifelte Treue, die ihn zu solcher Höhe trug? Von seinem Leiden legen jene Schrammen Zeugnis ab, die vom Grund bis zur Spitze den übermenschlichen Aufstieg bezeichnen und mir die Finger schmerzen lassen; sie sehen aus wie die Axthiebe eines verrückt gewordenen zyklopischen Holzfällers.

Wir fahren in die Grotte hinein, und als wir etwas weiter vorgedrungen sind, wird das Dunkel von einer Helle unter geschmirgeltem Glas durchlöchert: Es ist das von unten her erleuchtete Wasser, das aufscheint wie ein Mond und einer Hülle aus türkischblauem Zelluloid gleicht. Mit submarinem Auge sehen wir dann – zwischen den bläulichen Wänden der Höhle Purzelbäume schlagend, wie mittendrin im Innern einer Traube – einen versteinerten Delphin aus dem Wasser auftauchen: glitschiges Felsgestein, und doch überrascht es, daß in diesem geschlossenen Wasser nichts Lebendiges ist außer diesem Stein in der Gestalt der hüpfenden Delphine im Golf. Und wieder kommt mir der Schlafgott in den Sinn, der vogelgleich verschwand, und Palinurus fischgleich …

*

Es ist schon fast Nacht, und einer nach dem andern kehren die Sardellenfischer zurück. Als sie eines Abends die Netze einholten, blieb in einer Masche nicht etwa eine kleine Fischkehle, sondern, an einem Haarbüschel, ein Apollo-Kopf hängen. Auf dem Teller einer runzligen Hand sodann emporgehoben, erschien er, wiedergekehrt, dem Licht Leben zu geben, blutend in den Gluten des Sonnenuntergangs – an dem Punkt des Halses, wo man ihn abgeschlagen hatte –, jenem

Fischer wie Johannes der Täufer. Ich habe ihn im Museum
von Salerno gesehen, und ob er nun praxitelisch oder helle-
nistisch ist, ist unwichtig; doch dieses Antlitz, das mehr als
zweitausend Jahre vom Meeresgrund bearbeitet wurde, hat in
seiner Patina all die Farben, die wir heute gesehen haben, es
hat kleine Muscheln in den Ohren und in den Nasenlöchern:
In seinem milden, bebenden Lächeln hat es ich weiß nicht
was für einen Gesang wiederauferstandener Jugend! Oh! du
bist die heitere Kraft und die Schönheit. Welches Vorzeichen
gibt uns wohl dieses Bildnis, das, zwischen Olivenbäumen,
endlich wieder unter uns weilt.

*

Hier gibt es noch – es ist schwer, eine Gewohnheit loszuwer-
den – die Sperrstunde. Die Leute sind, kaum ist es Nacht, in
ihren Häusern verbarrikadiert, und da draußen ist nicht ein
Licht. Der Himmel ist bedeckt, das Meer ist bleiern, und die
Berge schließen es ein wie eine Unmenge gezackter Rauch-
glasstreifen. Dreifache, stille Dunkelheit! Es ist die absolute
Nacht.

DIE ROSE VON PAESTUM

Ein Tag von einem sagenhaften Blau. Ich weiß nicht, ob es mir gelungen ist, euch in den beiden vorangegangenen Kapiteln fühlen zu lassen, wie Lukanien sich in einer Folge von Tälern dahinschlängelt und wie ein Zug, der hinter einem Berg verschwindet, genügt, uns seine große, in uns gärende Einsamkeit fühlen zu lassen. Jener Zug schien diesen Orten so fremd zu sein, und sein Schrei und sein Rauch so menschlich ...

Das Bild des Zuges hat sich mir eingeprägt wie eine Obsession ... Wie weißlichen Rauch eines verschwundenen Zuges von Ungetümen sehen wir – kaum sind, hinter Salerno, die Orangen- und Mandarinengärten von Ponte Cagnano vorüber – ein berninisches Wolkengebilde hinter dem Alburno-Massiv sich zusammenballen, auf das ein phantasiebegabter Maler den Weltenrichter, endlich auf der Straße von Josaphat, setzen könnte. Und der Kreis, der sich hinter Battipaglia nach vorne hin ausbreitet, die Schwefelfarbe, die dem Gras Licht gibt, und die äußerste Anspannung des Himmels von heute morgen könnten den Jüngsten Tag bestens einrahmen.

Zum Glück kommt im Geist des Menschen selbst über den schlimmsten Gedanken immer irgendein Schmetterling angeflattert; und schon lächeln uns von links die Ausläufer des Sottano und des Soprano zu – die beiden Berge, die vereint sind wie eine sich auf dem Blatt erhebende Raupe –, in einem zarten Grün, das eine brüsk aufkommende Brise, die sich mit dem Licht vermischt, haargenau bewegt wie Schmetterlingsflügel.

Und da ein Trost niemals alleine kommt, hier noch ein weiterer, der sich in uns ausbreitet wie ein Erdrutsch: das Schauspiel des menschlichen Willens, hier in Gestalt des Korns, das durch das Werk von Pionieren eine seit Jahrhunderten verwaiste Ebene überzieht und das Gestrüpp ver-

drängt; dort in der Armseligkeit der Tamarisken, die sich, die
Zartheit des Grüns auf den Fersen, ins Maßlose steigert...

Aber die Erde gibt, als wir, etwas weiter weg, das Meer
entdecken, auch mit dem Grün, das nun wieder an ihr nagt
und ihr ein Moment von Unschuld verleiht – ich denke an
das Entsetzen von Adam und Eva, als sie »erkannten, daß sie
nackt waren«, und an das wenngleich auch rein illusorische
Gefühl wiedererlangter Freiheit, so bitter sie auch sein mochte, das sie hatten, als sie sich Kleider anzogen –, die Erde gibt
in dem Licht, das über ihr steht, ein Schillern zu erkennen –
und wir empfinden eine Last. Dieser Fieberwahn, dieser
Überrest Gewissensbiß in der schläfrigen Luft wird uns bis
zum Abend nicht mehr verlassen.

Sind wir demnach noch immer an einem Ort des Todes?
Nein, nicht mehr; aber doch noch immer in einem To-
destraum, der sich nur mit Mühe auflöst. Hier sind keine
Tümpel mehr; aber die altersschwache Hexenkruste wird
sich, wiewohl sie auch weiterhin in ihren Durchrunzelungen
ab und an das jugendliche Lächeln erscheinen läßt, sobald
wir weiter eingedrungen sind, immer seltener entschließen,
die keuchende Scholle nicht mehr zu ersticken.

Ich höre das lange Weinen des Niedergangs eines Welt-
reiches.

Die Leute gehen noch immer hinter den Steilhängen
schlafen wie damals, als sie vor den Barbaren und vor den
Berbern flohen und den breiten Streifen am Meer der
Macchia und dem Gestank überließen.

Doch womöglich haben wir diesem Davonlaufen wie auch
der langen Trauer und dem langen Vergessen die Erhaltung
der außergewöhnlichen Monumente zu verdanken, die genau in diesem Augenblick in Sicht sind: So nichtig, wenn
man sie von weitem sieht; wert, zur Erinnerung an die Flit-
terwochen auf der Kommode zu stehen.

Sie mit Fieber umgürtend, über viele Meilen im Umkreis
die Angst aussäend, hat die Zeit für uns das Wunder der Kraft
dieser Bauwerke gegen den Tod verteidigt. Und wir sehen sie
wachsen, vorherrschen und steril werden, diese Kraft, sehen,
wie sie furchterregend, unmenschlich, nach und nach zur reinen Idee wird, wenn wir näherkommen.

Nun, da wir ganz nah sind, geschieht es, daß ein Schwarm
Krähen vom Poseidontempel her in eine Fuge ausbricht;

kaum in der Luft, stößt die erste Krähe ihr Krächzen hervor; die anderen antworten, indem sie die Weise wieder und wieder nachmachen. Von neuem zerreißt der Chorführer die Luft: Dieses Mal waren es zwei Krächzer, von deutlich schärferem Tonfall; und der Chor wiederholt die Gesänge und beschleunigt den Rhythmus. Danach verschwinden sie in kreischendem Durcheinander ... Es mag daran liegen, daß sie von jeher über viele Generationen hinweg hier ihr Nest gebaut haben, es mag Zufall oder aber die Natur dieser finsteren Vögel sein, jedenfalls ist die Metrik ihres Gesangs die des Tempels.

Ich werde ihn euch nicht erst beschreiben. Ich sage nur soviel, daß uns das Tympanon und die dorischen Säulen von vorne einen Travertin zeigen wie ein flammendes Glas: Im Herzen des Steins brennt das Licht, das nicht zehrt, und seine heilige Indifferenz scheint durch ihn hindurch. An den Seiten dagegen das tragische Gefühl des Dahinsiechens: Säulen, in langen Jahren von Karies-Labyrinthen unterhöhlt; sie sehen aus wie rostfleckige Pilze oder wie Mumien, die aus ihren Binden gewickelt wurden. Und wenn er dann um ihn herumschreitet, erreicht der Mensch die letzte Grenze der Idee seines Nichts, angesichts einer Kunst, die ihn mit ihrem rechten Maß zerschmettert. Die beiden anderen Tempel, von zarterer Farbe, anmutiger gearbeitet, weniger weihevoll, gleichen, da sie nur noch die Säulen des Perimeters aufrecht stehen haben, hingeworfenen alten Käfigen.

In Gedanken kehre ich zurück zu der alterslosen Bestie, dem unergründlichen, im Zentraltempel eingeschlossenen Meer. Naturgemäß denkt man an Pythagoras, an jene wahre Idee der Vollkommenheit, in der die Existenz identisch mit der Essenz ist. Und da wir nichts als die Existenz besitzen, haben wir, damit wir einander verstehen, die Worte Leben und Tod gefunden; aber es existiert nichts als ein kontinuierliches Übergehen von einer Form zur anderen, nicht aus einer Laune heraus, sondern aus ewiger Vorhersehung. Und da uns von der Essenz, unserem Streben nach unerreichbarer Reinheit, allein die Abstraktion ein eitles Schattenbild geben kann, ist die Existenz der Sterblichen immer ein Furor im Feuer gewesen, um in irgendeiner Form zu einer Ordnung zu gelangen. Ich weiß nicht, aber ich meine, all die Dinge, die uns die Seele berühren, all unsere geläuterten Taten sind, wie eine Terzine von Dante, eine in eine Geometrie geworfene und darin eingekerkerte Musik. Unser Ruhm und unsere Verdammnis ist, daß wir uns konventioneller Formen bedienen müssen, um die menschlichen Dinge weniger hinfällig, um sie über das individuelle Los erhaben werden zu lassen. Und es erscheint mir nur natürlich, daß die Idee des Feuers und die Idee des Konstruierens, die Idee des Leidens und die Idee des Handelns und auch die Idee des reinen Gedankens: unmenschlich, furchterregend, Essenz und göttliche Existenz – es erscheint mir natürlich, daß diese Ideen an Orten geboren wurden, an denen die Erde bebt und wo selbst die Steine brennen, wo der Himmel am ungerührtesten ist, wo die nie zu zahmende Natur, hilfreiche Feindin, den Menschen lehrt, wie man kämpft.

Unter diesen Erörterungen gelangen wir zur Porta di Mare der verschwundenen Stadt, und ich bin im Begriff, ein Bohnenfeld zu durchqueren:

»Bleib stehen!«, rufen mir Marzullo und Jannelli einstimmig zu, die mir in diesen lukanischen Tagen in ihrer Liebenswürdigkeit und Gelehrsamkeit unvergleichliche Führer waren.

Mit offenem Mund bleibe ich stehen, und sie erzählen mir von Pythagoras, der, eingeholt von den Feinden, bei Girgenti ermordet wurde, weil er aus religiösen Skrupeln nicht gewagt hatte, ein Bohnenfeld zu durchqueren.

In der Tat erzählt man sich, daß bei den Pythagoräern der Furor der Existenz, der Traum, welcher, unbewußte Form des Gedächtnisses, stets die unreine, aus dem Bauch stammende, obskur-obszöne, wilde Form des Denkens ist – dieses wohlschmeckende Gemüse zum Symbol hat, das in demjenigen, der es verspeist, die verworrensten Träume hervorruft. Die Antike lachte darüber und machte Satiren, Possen und Epigramme darauf, oder sie glaubte in jener doppelsinnigen Weise unserer modernen Theosophen daran.

Wir gehen einen breiten Streifen antiken Pflasters hinauf. Dieses antike Wegstück, zwecklos geworden in der Wüste von heute, macht Eindruck wie ein Skelett mitten auf der Straße. Und zwei wilde Feigenbäume haben in einem Steinhaufen etwas Irreales. Über dem, der in der Mündung des Tors steht, schwebt, federleichtes Wölkchen, ein Mond im letzten Viertel; der andere wird von der letzten Sonne liebkost, die ihn zusammen mit dem Meer aufleuchten läßt.

Diese Ebene wird schon bald ihre vielgepriesenen Rosen wiederkehren sehen; im Augenblick aber hat der Himmel so manche Rose, und heute abend ist ihre Kurzlebigkeit blitzartig.

Mirabar celerem fugitiva aetate rapinam;
Et, dum nascuntur, consenuisse rosas.

›Seltsam fand ich das schnelle Vergehen in flüchtigen
                                        Zeiten;
Und daß, sobald sie entstehen, schon sind verwelkt die
                                        Rosen.‹

Oh, die verführerischen Dinge vergehen, und das Maß, das sie, ohne jedes Erbarmen, wandelbar erscheinen läßt, ist in jenem Tempel von einer Ungerührtheit, die einen erstarren läßt!

Gleichviel, ob sie von der Zahl oder vom Traum her kommt, kann die Schönheit ohne Grauen sein?

Alles übrige, was uns zu rühren vermag, wird nur von der Melancholie her kommen.

DER PAPYRUS DER RUHE

»Wohin gehen Sie?«

Wie konnte dieser Wächter nur wissen, daß ich auf der Suche nach den Altertümern war? Ich wäre nie von selbst darauf gekommen. Es scheint ein Haustor wie jedes andere in Resina zu sein. Ich mache mich daran, die hundert Stufen im Dunkeln hinunterzugehen. Ob sie mich wohl in eine Grotte führen wie die, in denen sie in den Castelli Romani den Wein frisch halten? Dieses Tuffgestein war Schlamm: Schlamm-Lava. Die Leute hier, läßt mich der Vulkanologe Malladra wissen, nennen alles Lava; eine Überschwemmung: Wasser-Lava, eine umwerfende Leidenschaft: Blut-Lava, einen Geistesblitz: Genie-Lava. Doch dieser hart gewordene Schlamm, auf dem Resina sich erhebt, ist tatsächlich eruptives Gestein.

Am Fuß der Treppe angekommen, erscheint das Innere eines Turms vor uns. Wir sind ungefähr 20 Meter tief unter den Häusern und den Gärten. Darüber erhob sich die Villa des Prinzen Emanuel Elbœuf von Lothringen, und als er einen Brunnen ausheben ließ – das Turminnere, in dem ich mich befinde –, geschah es, daß er im Jahre 1711 die ersten Kostbarkeiten von Herculaneum entdeckte und ans Licht beförderte. Karl III. ließ hier eine Brüstung anbringen: Sie ist noch da, zum oberen Rand des Brunnens hin; und von dort oben überwachte er die Arbeiter, die, nachdem sie den Tuff in Stücke gehauen hatten, durch ein Labyrinth von Gängen mit Statuen, Hausgerätschaften und – unglaublich! – mit Nüssen und selbst mit Nähgarn zurückkehrten.

So stark, wie man es zerstückelt hat, ist dieses Theater hier zu einer Art Kerker von der Sorte geworden, in der die Verfasser von Mantel-und-Degen-Stücken die Weltverbesserer auf die Probe stellen würden.

Beim Zerhauen ist etwas Beeindruckendes geschehen. Der Portier des Theaters ließ, vom Schlammstrom erfaßt, seinen Körpersaft in der Masse, und der Schnitt hat uns einen schwarzen Abdruck davon wiedergegeben, den Schatten eines im Schwung fast Niederknienden mit ausgestrecktem Arm und einem Schlüssel in der Hand. Er gleicht einem mit dem Atem an die Mauer gehauchten Schatten. Es ist keine Schreckensvision, sondern das Bild einer korrekten Elastizität. War er einer, der es vorzog zu sterben statt davonzulaufen? War er als Sklave Herr über seine Seele, die dazu erzogen war, seiner schönen Gestalt auch angesichts des Todes eine gemessene Kraft zu übermitteln?

Als wir die Hälfte unserer Erkundungen hinter uns haben, fühlen wir beim Herauskommen aus einem Stollen die Feuchtigkeit stärker auf den Schultern, und auf dem Boden liegt dicker Tau. Die Mauern sind wie mit Schleimstreifen überzogen, und an einigen Punkten gibt es Eruptionen glasiger, rosaroter Bläschen. Es ist das Tröpfeln aus den Gärten oben, das dieses Theater in eine Grotte mit Stalaktiten verwandelt.

Wenn die Natur diese Orte überwältigt, verdoppelt die Erde die Fruchtbarkeit; und in dem Durcheinander und im üppigen Gedeihen steckt eine herausgeschriene Hymne, die Sehnsucht nach einer jungfräulichen Erde. Es leuchtet mir ein, daß die Romantiker für dergleichen Plätze eine solche Vorliebe hatten; sie, die so sehr von der Notwendigkeit einer Verjüngung der menschlichen Gesellschaften umgetrieben wurden. Und es leuchtet mir auch ein, daß sie die Ruinen so sehr liebten; nicht die gerade erst ausgegrabene Ruine, die unfruchtbar ist und noch zu unverhohlen das Zeichen unseres Zivilisationsfiebers trägt, sondern die schon ein wenig gealterten Ruinen, auf denen die Vegetation verwildert ist und die eher einer geologischen Frucht als einer menschlichen Denkstätte gleichen. Denn die Schönheit eines antiken Ortes liegt nicht in seinen Verstümmelungen, sondern verdankt sich der Restauration, welche die Natur an ihnen vornimmt. Mir haben sich schon immer beim Betrachten einer Statue, der die Arme, der Kopf oder die Beine fehlen, die Haare gesträubt, und all meine Anstrengungen gehen dahin, die verlorengegangenen Teile im Geiste zu ersetzen. Ich behaupte nicht, daß es nicht poetisch wäre, sich der Hervorbringung solcher Effekte von Leid zu widmen, wie dies gewisse moderne Bildhauer tun; aber so wird die Ruine, die durch den Ratschluß der Vorsehung immer mit einer Erneuerung der

Fruchtbarkeit im Bunde ist, ganz sicher nur von ihrer sadisti-
schen und beklagenswerten Idee her aufgefaßt und dargestellt. Lauter Gründe, die mich aufs lebhafteste wünschen
lassen, daß dem folgenden Begehren, dem Galanti in seiner
Guida von 1845 Ausdruck gegeben hat, niemals Genüge getan wird: »Möge dieses Theater, das besser erhalten ist als
jedes andere der Antike, bald schon freigelegt werden.« Man
lasse diese Hohlräume sich langsam von mondenem Blut
überkrusten; und dieses Theater mit dem Schatten des Wäch-
ters wird eine einzigartige poetische Tiefe erlangen.

Als wir wieder herausgekommen sind ans Licht – ein mit-
tägliches Licht, aber noch ohne die Wut, die es, nur einen
Augenblick später, zu dieser Stunde erleiden wird –, gehen
wir zu den neuen Ausgrabungen hin. Der Eingang, der mit
seiner flattrigen Rundbogen-Mauer der einer Rennbahn sein
könnte, öffnet sich auf eine schöne Oleanderallee, und die
Ruinen liegen hingestreckt in einem Graben; vom Rand aus,
hoch oben in 19 Metern Höhe, geht man vorne, von der Seite her, zum Meer; ringsum sind jede Menge blütenverschlei-
erte Mandelbäume und Weinreben zu sehen.

Der zweite Wunsch, den Galanti in seiner *Guida* äußerte,
wurde erhört: Heutzutage sucht der Archäologe jedes Haus
den alten Unterteilungen zufolge so wiederherzurichten, daß
die Gegenstände, soweit es möglich ist, erneut an ihrem Platz
sind. Eine viel Geduld erfordernde Arbeit: Aus einem Haufen Staub werden beispielsweise die Fragmente von drei verschiedenen Friesen herausgesucht, die dann dort landen, wo
sie vermutlich einst waren. Man erhält so die Wirkung von
Flicken, vor allem wenn es sich um farbige Teile handelt. Sie
bauen auch die Dächer nach, legen die Ziegel wieder anein-
ander; an den Terrakottaköpfen der Löwen und Hunde bilden sie erneut den geöffneten Mund als Traufe für die Wasserbecken. Gießt man dort Gips aus, wo man beim Graben
spürt, daß ein verbrauchter Gegenstand den Abdruck seiner
Leere hinterlassen hat, begegnet einem der Todeskampf eines
Menschen wieder, eine Tür, ein Schemel, ein Apfel, was weiß
ich. Sicher verlieren die Ausgrabungen auf diese Weise, indem man alles fein säuberlich wiedereinrichtet, viel von der
Großartigkeit, die sie als den Jahreszeiten überantwortete
Zeugen einer Katastrophe hatten; sie haben jenes, ich weiß
nicht, düstere Aussehen eines vergewaltigten Geheimnisses,

eines entweihten Grabs nicht mehr; und die Vorherrschaft der Natur hält sich, soweit irgend möglich, in Grenzen. Fast sind es ordentlich aufgereihte leerstehende Häuser, die auf die Mieter warten und die nichts weiter an Trostlosigkeit haben, als daß sie unbewohnt sind; man könnte darüber schreiben: *Est locanda*, und Herculaneum könnte eine höchst luxuriöse Via Margutta werden. Spaß beiseite, diese Methode liefert wenigstens anerkennenswerte Resultate, indem sie die Erhaltung unbeweglicher Dokumente garantiert; und wäre sie von jeher angewandt worden, wären sehr viele Dinge von unermeßlichem Wert nicht für das Wissen verlorengegangen. In der »Casa del tramezzo«, im ›Haus der Zwischenwand‹, sehe ich verkohlte Balken hinter Glas. Sie müssen für die Zukunft des Wissens hier bleiben und bestimmt nicht, um bei mir die Wirkung zu erzeugen, die sie auf mich haben, nämlich in die Praxis eines Radiologen geraten zu sein.

*

Die Häuser hier – dieses Dutzend herrschaftlicher, ins Freie zurückgekehrter Häuser – haben wie gesagt nichts Schreckliches mehr; die Namen dagegen schon: Sie nennen sie oft so, wie wir die Kriegsschauplätze bezeichnet haben: »Casa dello scheletro« – ›Haus des Skeletts‹, »Casa del tramezzo bruciato« – ›Haus der verbrannten Zwischenwand‹; und hier ist tatsächlich eine ähnlich blinde Kraft wie der Krieg hindurchgezogen.

*

Wenn wir die Linienführung der Architektur: die schmückende Ausgestaltung des Gipses, gewisse Malereien und figürliche Darstellungen, auf bestimmten perspektivischen Ansichten betrachten, deren Halbtöne bis ins Unendliche abgestuft sind, und wenn wir vor allem an gewisse kleine Fresken weiblicher Gestalten denken, die im Zuge der ältesten Ausgrabungen ins Museum von Neapel gebracht wurden, kommt uns in der Tat die Frage, ob hier nicht der Kunsthistoriker einige Punkte einsichtig zu machen hätte. Es ist bekannt, welches Aufsehen die ersten Entdeckungen von Herculaneum überall auf der Welt erregten, und es ist bekannt, daß 1755 die Accademia Ercolanense gegründet wurde, die in neun Foliobänden – die Bände, die den Papyrus-

rollen gewidmet sind, nicht mitgezählt – mit Hilfe stupender
Kupferstiche die wiederaufgefundenen Wandmalereien und
Bronzearbeiten beschrieb. Nun frage ich mich: Welchen
Einfluß hat Herculaneum in dem Zeitabschnitt, der vom Direktorium bis zur Restauration reicht, auf die Mode, auf die
plastischen Künste, auf die Literatur, auf die Lehren der
Ästhetik gehabt? Wenn ich mir die gipsartige Wirkung an-
sehe, die man in der Skulptur dieses Zeitraums dem Marmor
gab, das Sich-Zurückziehen und Sich-Isolieren der Schatten in
den Vertiefungen, um die Blässe der ebenen Flächen zu
steigern; wenn ich die Malereien oder die Drucke betrachte
und die säurehaltigen Farben, die in präzisen geometrischen
Maßeinheiten das Helle vom Dunklen trennen; wenn ich die
Einsamkeit der Konturen betrachte, die vollkommen akademisch ist und doch durch die scharfsinnige erotische Zeichnung bedeutungsvoll wird; wenn ich an die Zeit denke, die
von Paolina Borghese bis zu Mme. de Récamier geht – an
jene Richtung, die Winckelmann zum Vorläufer hat –, dann
frage ich mich nicht nur, welche Anregung bei all dem von
Herculaneum ausging, sondern auch, ob die rühmlichste Inspiration nicht von italienischen Künstlern entdeckt worden
ist, von Foscolo bis zu Canova (und, warum nicht? davor von
Parini).

*

Der Name Herculaneum ist auch mit der modernen Kenntnis
Epikurs verknüpft, die nun anläßlich einer ziemlich lächerlichen Polemik um das Denken Leopardis erneut an Aktualität
gewonnen hat. In der jetzt wieder zugeschütteten Villa der Pi-
sonen wurde von 1760 bis 1762 zwischen auserlesenen Bronzearbeiten eine große Anzahl von Papyrusrollen gefunden.
Man hatte sie zuerst für Kohle gehalten. Unter ihnen das
Fragment einer Schrift von Epikur selbst und ein Teil des bedeutenden Werkes seines Anhängers Philodemus.
    Und während ich durchs letzte Haus gehe, in dem die
Räume zwischen Peristylien, Atrien, einem verglasten Win-
tergarten, Triclinien mit seitlichen Gärten und so fort auf-
einanderfolgen, sehe ich im Licht, das in diesem Haus nicht
nur von den Bogengängen, sondern auch von Fenstern her
kommt und, wenn es Abend wird, sehr milde ist, an einer der
vielen Säulen zum Meer hinausgelehnt, einen Schattenmen-

schen. Er ließ dieses behagliche Haus zu seinem Vergnügen anfertigen. Er wickelt eine jener fragilen Papyrusrollen auf, die zu öffnen, zu entziffern und zu transkribieren im 18. Jahrhundert Jahre mühevoller Arbeit kostete, die aber damals noch biegsam und klar waren; und sein Blick verliert sich im schwarz-weißen Labyrinth des Mosaiks zu seinen Füßen. Er denkt, der Weise müsse wissen, daß das Universum mit seinen Obliegenheiten den Wechselfällen eines Individuums gleichgültig gegenübersteht. Das Individuum hat sich seinerseits vor starken Gefühlen zu hüten, um sich nicht vom Los der anderen abhängig zu machen, und das Vergnügen zu akzeptieren, ein wohldosiertes Vergnügen allerdings, das nicht so weit geht, das Gemüt aufzuwühlen. Mithin: In Ruhe leben, ein wenig abwesend in sich selbst, in harmonischen Gedanken zwischen den Dingen, von denen sie eingegeben werden. Es ist dies sicher keine wahre Philosophie.

VESUV

Ich komme zur Mittagsstunde in Pugliano an. Eine graue Straße, trocken, unordentlich, die – mit ihrem Brunnen und den zum Greifen nahen drei Glocken (in der Leere dreier Mauerachsen über einem Dach, bereit anzuschlagen) – eher der Hinterhof eines Wohnblocks ist. Zwei oder drei Ricotta-verkäufer – sie haben keine großen Mengen davon, es wird vielleicht gerade reichen, eine Scheibe Brot damit zu bestreichen, und so bestrichen bewahren sie sie, strahlend weiß, in gewissen Taschen aus schlaffen Fasern auf, die euch wie Behältnisse für pompeijanische Phalli vorkommen würden – stehen dort herum und warten auf den Sankt-Nimmerleins-Tag, eingehüllt in alte Soldatenmäntel – ist es möglich, daß es noch immer die aus dem Krieg sind?

Ein Geklapper, das näherkommt, lenkt mich ab, und bald ist die ganze Straße ein einziges Verwobensein von Klipp-Klapps. Die Schulkinder mit ihren Holzsandalen sind herbei-gerannt – was nicht einfach ist mit diesen Schuhen – und ha-ben soviel Unbeschwertheit und Lebendigkeit, daß ich – sieh an! sieh an! in meinem Alter! – Lust hätte, mit ihnen zusam-men herumzuspringen.

*

Sie haben die Kabine der Seilbahn hinter uns geschlossen, und wir beginnen hinaufzufahren. Je höher wir hinaufkom-men, um so dichter wird die Vegetation. Die Pflanzen schei-nen nicht in der Erde verankert zu sein; ihr würdet denken (eine solche Gewalt hat der Saft, der ihnen in den Fasern auf-steigt), daß sie drauf und dran sind zu fliegen. Es sind Apri-kosenbäume, blattlos noch und in Blüte stehend; sehr, sehr dichte Blüten, die einem übergroßen, über die Zweige ge-breiteten indischen Schleier gleichen. Zwischen den Apriko-senbäumen ab und zu ein Feigenbaum, nackt, wie ein Kau-tschukkrake, mit Tentakeln, die vergeblich Freiheit suchen.

Und da spaltet sich der Berg, und die im frischen Gras endlos lachende Ebene hat Zeit, uns einen kurzen Gruß zukommen zu lassen; es ist der Platz, den man Belvedere nennt.

Ich frage den Kontrolleur, was diese Stoppelhaare vor uns auf dem Kamm der Erdeinbuchtungen sein sollen. Es sind bis auf den Stumpf heruntergeschnittene Kastanienzweige, aus denen Stützen für die Weinreben gemacht werden. Es ist das letzte Zeichen von Kultur; danach kommt das Aufbegehren des gepeinigten Zeugs, das zwischen dem Schlamm und dem Geifer des Gußeisens dahinvegetiert.

*

Wir steigen um in eine andere Seilbahn; der Anstieg ist sehr steil geworden. Wir sind in der Nähe des Kraters, und es ist eisig. Der Kontrolleur kommt mit einem Berg von Kapuzenmänteln an und verwandelt uns: Frauen, Männer, Kinder, in voluminöse Mönche.

Wir steigen aus, gehen eine kranzförmige Aschenstraße entlang, breit genug für drei Personen; ein Dicker, von zwei Führern geleitet, die ihn jeder an einer Hand festhalten, geht voran. Alle drei schwanken sie, als wären sie betrunken, durch die Trägheitskraft des Dicken; allerdings schwanken wir alle in der Tramontana, die uns einen Rauchschweif entgegenschleudert. Unten, nur mannshoch, schwebt der Berg über einem Meer von Dunkelheit: An Sichtbarem gibt es nichts als – ganz deutlich! – den Hals des Bergs, wie ein großer Korken über dem Nichts, und es gibt den kalten Himmel; dieser rauchende Hals liegt da wie unter einer Glasglocke.

An der Seite gerät eine gekalkte Wand in Bewegung; die Wirkung einer Sonne, die sich wohl damit vergnügt, einen Eierhagel auf sie zu schleudern und auf ihr entzweizuhauen; eine sehr unbeständige Wirkung: das Rostig-Werden des Gelb und ein Glitzern im Holzmehl wie von der Schleimspur einer Schnecke; und das düstere und schrille Schrumpelig-Werden der Wand.

Wir halten für einen Augenblick an. Bei dem Wind müssen wir darauf verzichten, den Krater zu sehen. Doch die Führer haben etwas, das sie uns zeigen wollen. Die Gesellschaft bricht wieder auf. Ich war zunächst damit beschäftigt, ein belgisches Mädchen zu trösten, das weinend bei der Mutter zurückgeblieben war, während der Bruder mit den ande-

ren zum großen Abenteuer loszog. Als ich mich entschließe,
ebenfalls loszugehen, sind die anderen schon weit weg. Ich
biege links ab und mache mich daran, auf den Lapilli die
Steigung hinaufzurennen, was mühsam ist bei dem nun stark
verdichteten Rauch voller Schwefelausdünstungen, die nach
faulen Eiern stinken: dieses Brennen in der Kehle, dieser Geschmack von Blut, der im Mund hochsteigt.

Jetzt sehe ich sie wieder, die Reisegefährten. Sie sind in ei-
nem Talkessel, den man von weitem mit einem knusprigen
Panettone verwechseln würde, und – man scheint einem
Wettkampf im Sackhüpfen beizuwohnen. Sie gehen auf eine
Fumarole zu, und natürlich kommt der Dicke als erster an,
mitgeschleppt von den Führern wie eine durchgedrehte Kuh.

Auch ich steige hinunter. Die Umgebung ist kürbisfarben,
die Materie wie die eines gerösteten Krebses; und nie verläßt
euch die Furcht, die Kruste könnte, krach! in Stücke brechen
und man selbst verschlungen werden; ein Anblick wie ein
Haufen Gedärm.

Ich komme ebenfalls bei der kleinen Fumarole an. Ihre
Mündung sieht aus wie ein Gaumen, eine kristalline An-
schwellung, die vom Blut zum Grünspan übergeht: So ähnlich ist der Mund des schlafenden Krokodils; und der wenige
Rauch, der herauskommt, kitzelt sie wie das Schwirren winziger Fliegen. Der dicke Mann würde nicht durchpassen.
Nach den zuckenden Flecken des Rands kommt die trichter-
förmige Verlorenheit der dunklen Leere des Schlunds.

*

Nachdem wir wieder in die Kabine gestiegen sind, schüttet
mir ein Alter aus Portici, der neben mir sitzt, sein Herz aus:

»Finden Sie ihn gut, unseren kleinen Vulkan? Sie hätten
ihn 1906 sehen sollen, brrrr!«

Und er will mir unendlich viele Dinge zeigen, aber da ist
das gesegnete Leintuch aus Rauch, das dort unten alles bedeckt, und so geben mir seine Arme, die nach rechts und
nach links gehen und dabei ein heftiges Hin- und Herwak-
keln des Hauptes begleiten, nicht den geringsten Hinweis.

»In Neapel liegt noch immer die Asche von damals auf
den Fenster- und Türrahmen der Häuser. Der Wind trug sie
bis nach Deutschland und Frankreich. Bei einem anderen
Ausbruch, vor tausend Jahren, bis nach Konstantinopel.«

Er zeigt mir die alte Seilbahnstation mit ihren völlig ver-
drehten Masten und mit Zeichen von Rauch auf einem Mau-
ergerippe, heimisch wie die Flecken der Herdstelle eines
Landhauses.

»Zuerst fing er an zu rumpeln wie der Bauch, wenn man
ihn sich mit Bohnen vollgeschlagen hat. Ich wache auf und
sage: ›Da ist was am Überkochen.‹ Es folgte ein Rollen und
Poltern, wie wenn sie die Waggons eines Güterzugs festma-
chen; an der Seite öffnet sich ein Mund, und die Lava fängt
an, ganz langsam herunterzufließen. Der Berg heulte, pfiff,
schüttelte sich inbrünstig, litt ...«

»Die Schmerzen eines titanischen Gebärens«, sage ich, um
meinerseits ein nicht weniger barockes Bild beizusteuern.

»Er schien immer mehr in einem inneren, zermalmenden
Räderwerk befangen zu sein. Er war ganz und gar gespalten,
und das rauchende Wasser quoll heraus. Dann explodierte
ein anderer Krater, die Erde zitterte, und sämtliche Scheiben
von Boscotrecase gingen in Stücke. Sie hätten die Lava sehen
sollen: Sie war ein Feuer, weiß wie die Sonne; sie kam in
Boscotrecase an und setzte es in Brand. Unter Donnerhall öffnete sich ein dritter Krater. Aus den Kratern stiegen, einen
halben Kilometer hoch, die Feuerpinien von Plinius dem
Älteren auf ...«

*

Wir sind am Eremo angelangt. Es ist der Ort, wo früher eine
Hütte stand, heute dagegen steht hier ein komfortables Hotel.
Zur Zeit der Krinolinen machten die Gesellschaften hier auf
ein Glas Lacrimae Christi halt, bevor man, wie auf den zeitgenössischen Drucken zu sehen ist, erneut im Tragsessel aufbrach, um vom Gipfel aus den Sonnenaufgang zu genießen.

Professor Malladra hat mir einen Karabiniere entgegen-
geschickt, der mich zum Observatorium begleiten soll. Das
Observatorium befindet sich in einem Haus, das vor rund
hundert Jahren errichtet wurde, im Stil der von Bodoni ge-
druckten Bücher, der die Augen nicht ermüdet. Professor
Malladra mit seiner hageren Gestalt, lang, behend und wie
aus Holz geschnitzt mit seinen Trippelschritten und den ste-
chenden und lachenden Augen, empfängt mich aufs freund-
lichste. Er liebt die Literatur. Und in den lichten, mit Fresken
ausgekleideten Sälen sehe ich noch andere Karabinieri. In

diesem Haus, in dem die Ordnung beispielhaft ist, leisten die
Karabinieri in vielen Dingen Hilfe, etwa wenn die Karteikar-
ten der Bibliothek auf dem laufenden zu halten sind, bei der
Instandhaltung der Apparate und so fort, und sie bringen
dem weisen und beherzten Mann, der es leitet, eine kindliche
Zuneigung entgegen. Im Falle einer Gefahr werden sie die ersten sein, die zu Hilfe eilen.

Malladra zeigt mir die Vitrinen des Museums, die Lava-
bomben, die manchmal die seltsamsten Formen annehmen:
Putte, Glucke, Blumenkohl ... Ich sehe Stücke von Marmor,
aus den tiefgelegenen Hohlräumen herausgerissen in den
Stunden des Paroxysmus: weißen Marmor, roten Marmor;
ich sehe die Lapislazuli, die unendlichen Spielarten von Kri-
stallbildungen und Felsengestein, die dieser wundersame
Hochofen hervorbringt; ich sehe den edlen Sarkolith in der
Farbe der Morgenröte, den Majonith, genannt Hyazinth des
Somma ...

Er erzählt mir von diesem Berg, eine Goldgrube wegen
seiner reichen landwirtschaftlichen und industriellen Ressourcen: der Berg ist eine generöse Bestie – nimmt sich eins
und gibt tausend zurück! Und er erzählt mir von seinen Vorgängern in der Direktion des Observatoriums, Nacheiferern
von Plinius dem Älteren: von Luigi Palmieri, der »während
des Ausbruchs von 1872, als die Lavaströme das Observatorium umschlossen, seelenruhig die elektrischen Phänomene
der Asche untersuchte, die den Himmel verdunkelte«; von
Raffaello Matteucci, dem Helden des Ausbruchs von 1906,
der »beim Beobachten der Fluglinie der Wurfgeschosse von
einem weißglühenden Gesteinsbrocken tödlich am Knie getroffen wurde«; von Giuseppe Mercalli, der, »nachdem er
dreißig Jahre lang den Zorn der Vulkane herausgefordert
hatte, schließlich unterliegen sollte, von einem dummen
Flämmchen zu Asche verbrannt«.

Von sich selbst sagt er mir nichts, von seinen Abstiegen in
den Krater, in der Tiefe an einem dreihundert Meter langen
Seil festgebunden, das um ein Haar Feuer fangen könnte.
Doch ich weiß, mit wieviel heiterer Gelassenheit er, unter
dem unausgesetzten Niederprasseln von Steinen, die der
Wind vom Rand ablöst und die ihn treffen könnten, in die
stickige Atmosphäre des plutonischen Schlunds hinuntergeht,
um ihm ein neues Geheimnis zu entreißen, um die Gase, die

aus den grauenvollen Fontänen herausgeprustet werden, in Glasfläschchen einzufangen. Alles, was er mir sagt, ist: »Der Vesuv ist ein typischer Vertreter des Versuchslabor-Vulkans. Mit Brunnenschächten und Galerien hat sich der Mensch zum Herrn der Erde aufgeschwungen; mit dem Senkblei und der Taucherausrüstung hat er das Wasser unter seine Herrschaft gebracht ... Er hat die Luft erobert ... Es wird ihm auch gelingen, sich des Feuers zu bemächtigen und sich in den extremsten Atmosphären frei zu bewegen und zu handeln.«

Ich werfe einen Blick auf die Instrumente: Eine Papierrolle, die sich vor einer Nadel dreht; im Garten Zylinder und Antennen: winzige Instrumente, die jede kleinste Stimmungsänderung des Monsters überwachen. Und ich sehe, daß die größte Macht des menschlichen Denkens in den fragilsten, aber präzisesten Instrumenten steckt.

IM TRAUM UND NACH DER WIRKLICHKEIT

Als die Nacht herniedergesunken ist, als die Wächter weggegangen sind, und wir mit ihnen, und ich in meinem Hotelbett Ruhe suche, hat das Erstaunen, mich in einer Welt befunden zu haben, wo man, wie ein argloser Schriftsteller sagte, andere Auffassungen von Schicklichkeit hatte als die unseren, nicht länger angehalten. Statt dessen hat sich eine Beklemmung meiner bemächtigt. Sie hat sich in Traum aufgelöst: Diese Häuser und Straßen, die sie wie eine alte Kommode dem Licht geöffnet haben, sind für mich zu Phantasmen geworden, zu immateriellem Leben, den Personen gleich, die sie sich gebaut hatten, um hier zu leben, und die seit zwanzig Jahrhunderten abgereist sind. In der gleichmacherischen Verwirrung des Schlafs, wo die Distanzen abgeschafft sind, verschmolzen die leere Stadt und die abwesenden Einwohner miteinander, die alles in ihr heraufbeschwört, während sie sagen: »Ich bin dort drüben, ich komme gleich zurück«.

Niemand ist jemals zurückgekehrt ...

Das Erstaunen, das man in dieser Stadt empfindet, beruht darauf, daß sie noch warm vom Atem ihrer Leute ist; sie präsentiert sich weder als Gedenkstätte noch als Traum, sondern als Moment der Antike, für den die Zeit erst jetzt abzulaufen beginnt. Und wenn man durch diese Straßen geschlendert ist und sich in diesen Häusern aufgehalten hat, dann ist das Beklemmende daran, daß man nicht um 2000 Jahre verjüngt dorthin zurückkehren kann, um sie wiederzubeleben. Wunder lassen sich leider nur im Traum vollbringen, und wer wird die tausendjährige Trennung, die der Tod für uns zwischen sie und ihre Bevölkerung gesetzt hat, jemals abschaffen?

*

Zu dieser Stunde ist der Mond, wie eine venezianische Laterne, allein, durch bewegte Zweige hindurch, vom Wind gerö-
tet, damit beschäftigt, weiß umgarnte Blicke in all die Höfe zu
werfen, die das architektonische Fundament der feurigen
Stadt bilden. Eine Architektur, die so konzipiert ist, daß sie
sich mit den Lichtern und den Schatten im luftigen Geheimnis des Hauses verändert. Aschgrau, fast unsichtbar, der Marmor des erloschenen Beckens; und eine tiefdunkle Diagonale
schneidet die Säulen und breitet sich aus über dem Mosaik.
Wie haben sie es nur fertiggebracht, in diesen *Cubicula* zu
schlafen? Dem Innern eines Würfels ähnlich, schwarz, gedrungen, ohne einen Luftspalt, in die hintersten Winkel ver-
bannt – wollten diese Bett-Särge mit ihrem engen, lastenden
Frieden Anspielung sein auf das Grab?

Es waren, scheint mir, Leute, deren Gedanken auf den Tod
fixiert waren. Wenn der Mond wie heute nacht auf den Pfla-
stersteinen der Straße aus widerhallender Lava liegt, erwarte
ich dann nicht, daß sich mitten in dieser Wüstenei jenes Skelett aus schwarzen Steinchen auf weißem Feld erhebt, das
eine Wand des Museums in Neapel schmückt und in jeder
seiner nackten Knochenhände einen Trinkbecher hält? »Heh,
heeh!«, wird es zu mir sagen, um mir Angst einzujagen, »nur
das Vergnügen zählt«.

Und ist dies nicht die Stadt, wo sich die Amoretten an den
Gliedern eines Herkules wie an einem Gebirge emporhangelten und sich ihm dann rittlings in den Nacken, auf die
Schultern, auf die Arme setzten, während Omphale, der es
gelungen war, ihm die Keule aus der Hand zu nehmen, diese
wie eine Feder hielt und lachte, weil sie ihn besiegt hatte? Ich
weiß nicht, ob man in Pompeji, was die abwechslungsreiche
Zartheit der Farbgebung und die Feinheit der Zeichnung an-
geht, noch einmal ein solches Gemälde entdecken wird. Es ist
ebenfalls nach Neapel gebracht worden.

*

Im Haus des Menander, dem Haus der Dichter, in dem
Menander sein Medaillon neben dem des Vergil, des Pindar
und des Homer hängen hat und wo der Wünschelrutengän-
ger mit seinem zuckenden Eschenzweig das Versteck des ziselierten Silbergeräts aufzeigen kann, liegen, rücklings in einer
Ecke, die Gebeine des Hausherrn, Grillen in Erwartung der

baldigen Bestattung, deren Augenhöhlen vom unsterblichen
Schatten umschlossen sind und die sich mit knöchernen
Fingern die Blässe der Knie halten. Vor diesem Jäger spielen
sich die beiden Szenen ab, die er hat malen lassen: Felltiere,
am Himmel fliegend; Füchse, Kaninchen, Hasen, Wild-
schweine, mit den Flügeln und dem Körper von Lerchen,
Rebhühnern, Drosseln, Fasanen; in der anderen Szene gefie-
derte Tiere, fliehend zwischen den Hecken; Lerchen, Reb-
hühner, Drosseln, Fasane mit dem Körper und den Pfoten
von Füchsen, Kaninchen, Hasen, Wildschweinen. Szenen einer fabulierenden Phantasie, Verschmelzungen unterschiedlicher Tiere zu einer artigen und seltsamen Erzählung, ohne
anderen Grund und Zweck als den zu erzählen. Nichts von
dem religiösen Impetus, welcher, um das Staunen angesichts
zweier unterschiedlicher natürlicher, in einem Wesen miteinander verschmolzener Kräfte kundzutun, das Übermensch-
liche im Menschen bloßlegte, indem er Kentauren und Sirenen erfand.

Es erzeugt Verwunderung, daß man hier in dieser Gegend
auf diesen höflichen Herrn trifft.

Und wenn ich in der ihm gegenüberliegenden Ecke die
Amphoren sehe, die voll von wohlschmeckenden Weinen
waren, und weiß, daß er der Besitzer des am besten ausgestatteten Weinkellers des Ortes war, warum dann die Verwunderung nicht auf die Spitze treiben und sich vorstellen,
dieses Skelett könnte sich, in jeder Hand einen Trinkbecher,
schnurgerade auf die Zehenspitzen stellen? Mit Hilfe des
Zauberstabs der Nacht würde sich der Schatten erneut mit
Fleisch bekleiden; der gezähmte Herkules, ein nur leicht be-
schwipster jovialer Spötter, würde mit mir gemeinsam den
Ort auskundschaften und ihm das rechte Maß nehmen.

*

Der Kontrast von Tod und Liebe – körperlicher Liebe –, der
in jenem ersten Jahrhundert unserer Zeitrechnung für alle zu-
tage trat und der in Herculaneum (zumindest in dem, was
von Herculaneum freigelegt worden ist) von einer spieleri-
schen Reflexion feinsinnig überwunden zu sein scheint,
nimmt in Pompeji, dem einträglichen See- und Handels-
gebiet, instinktive Züge an, paßt sich bestens überschweng-
lichen, abergläubischen, Feste feiernden Temperamenten an,

wird zur elementaren Auslegung der Natur der Orte, des augenblicklichen Übergangs vom exzessiven Glanz zum Welken. Diese Straßen, die der Traum mir so überlaufen, so überfüllt wie sie waren, wiedergibt, mit den unzähligen Schenken (Essigwasser, Limonaden, Mandelmilchsirup, wie in Neapel?), mit all den Sprüchen, die sich, in alle Mauern geritzt, umeinander winden; mit seiner Liebe zur Farbe, Eitelkeit der Eitelkeiten (wo, in welchem bewohnten Millimeter steckt kein Gemälde?), mit seiner Liebe zu Pflanzen (wer keinen Garten haben kann, läßt ihn sich an die Wand malen), mit seinen bevorzugten Farben: dem Rot (Rot der Sonnenuntergänge, des Feuers, des Purpurs, des dampfenden Bluts abgeschlachteter Tiere), dem Schwarz (Schwarz der Steinmuscheln, der Stürme, des Styx), dem Gelb (wie eine strahlende Nadelspitze verwendet) – all dies könnte sich das Schild zu eigen machen, das sie mir hinter einem kleinen Gatter im Atrium eines Hauses gezeigt haben. Es handelt sich um das Schild eines Sklavenhändlers und liefert auf zwei Waagschalen den Beweis dafür, daß ein guter Phallus mehr wert ist als alles Gold der Welt.

Das, was mich dabei besonders beeindruckt, ist, daß man in all dem nichts Lasterhaftes findet.

*

Wie immer man es dreht und wendet, das Mysterium – und das geben noch die Jahreszeiten selbst vor – liegt womöglich in nichts anderem als in einem Sterben und in einem Wiederauferstehen: einem Wiederauferstehen durch die Nachkommenschaft und einem Wiederauferstehen durch gute Werke.

Nachdem die Via dei Sepolcri vorüber ist, gelangen wir, ein wenig abgelegen, in einem Randgebiet der Stadt – für meinen Traum ist es schon Tag – zur Villa dei Misteri. Ich stelle mir nicht die Frage, ob auf dem großen Fresko hier die Initiation einer Braut in die Bacchanalien dargestellt ist. Aber dieses Mal ist jenes Maß, welches in Herculaneum Frucht einer akademischen Qual ist, im Innern Pompejis dagegen bis zur scherzhaften Unverfrorenheit geht, reine Wahrheit. Die griechischen, orientalischen, italischen Erfahrungen sind dieses Mal in einer so behutsamen Spontaneität verschmolzen, außerhalb jeden Kanons, daß die Malerei, selbst wenn sie

nicht so auserlesen ist wie die des Herkules, doch den Glanz
und das Elend des Lebens tief genug berührt, um euch für
immer melancholisch sein zu lassen. Es ist eine Allegorie darin, wie es sie in der ganzen großen italienischen Malerei gibt,
einer Malerei, die – und diese Beobachtung stammt nicht von
mir – in der Geste stets die Sublimation gesucht hat. Maiuri
täuscht sich nicht, wenn er in dem Maler einen Kampanier
erkennt: In diesem Fresko übertrifft die Natürlichkeit das
Wissen aus Lust und Laune.

*

Die Allegorie ist einfach: sie nimmt ihren Ausgang bei einem
Knaben, der die Liebe lehrt, und landet bei einem Knaben,
der dies noch immer tut. In der Zwischenzeit wird, zwischen
zwei von den herabfallenden Kleidern symmetrisch deko-
rierten Nacktheiten, das ganze Mysterium des Fleisches beschrieben: welches im blaßblauen Schenkel des singenden
Silens den Tod bloßlegt und im straffen Akt der niederge-
knieten, von der Sehnsucht gegeißelten Jungfrau (die Geißel,
die sie trifft, mißhandelt ihre schönen Formen nicht, und an
diesem Punkt wird die Abstraktion zum Hymnus) eine so
verführerische Verzweiflung wie das Leben ist. Welcher Maler hat die Schwäche und die Herrlichkeit des Fleisches besser empfunden und besungen?
    Dies ist das Metrum des Mysteriums von Pompeji.

ALTES NEAPEL

Ich gehe im dicken Staub dieser langen Plattform – unter dem
Eindruck, den die Häfen hinterlassen: muskulöse Arme,
hochgekrempelte Hosen, behaarte Beine, nackte Füße,
Schweiß, eine Mischung aus heulenden mechanischen und
menschlichen Tönen, die einem die Seele rauben, und die un-
gerührte Gewaltsamkeit der geometrischen Steine, die das
Meer wie ein zum Zerbersten unruhiges Köpfchen umklammern (*uocchie*, Augen, die in ihren Rahen- und Kielschatten
die Hände von Othello liebkosen) – im Anschluß an die Via
Marinella, dort, wo ich ihr für ein paar Schritte nach Westen
folge, *addimandata* Strada Nuova della Marina. Da baut sich
eine Lokomotive mit einem ganz hohen *gibus* (ein Zeitgenosse
von Maldacea) als Helmbusch vor mir auf. Als ich mich vor
den Funken in Sicherheit bringe, entdecke ich abseits in einer
Ecke zwei Pfeiler, wie Pfeffer und Salz gemustert: Salz der
Schaft und Pfeffer die Streifen, mit Härte hingepflanzt, wie die
Drehangeln eines Panzerschranks. Sollte dieser Vado del
Carmine, zwischen Bußmauern eingekeilt, nicht dazu dienen,
dem Pöbel den Durchgang zu den Plätzen seines Freuden-
taumels und seines Aufruhrs zu verschließen? Führt er nicht
in sagenhaftere Höhlen als jene Ali Babas?

*

Handelt es sich bei diesen beiden benachbarten Plätzen nicht
um jene Piazza del Carmine und um jene Piazza del Mercato, wo der Fischer Masaniello die Macht an sich riß? Ist dies
hier nicht die Chiesa del Carmine, in die er zu seiner Verteidigung eilte, als er in Ungnade zu fallen drohte, in der er auf
die Kanzel stieg, sich auszog und schrie:
»Ihr wollt mich nackt? Hier!«
Es sind unheilvolle Orte. Und noch das Reflektieren des
Lichts und die Verflechtungen der Liegenschaften haben etwas von Fallbeil und Galgenstrick. Angefangen bei Konradin

von Schwaben, der dort auf Befehl Karls von Anjou geköpft wurde, bis zu jenen Träumern, die im ausgehenden 18. Jahrhundert als erste ein vereintes Italien schauten – hier stiegen, je nachdem um welchen Umsturz es sich handelte, Adlige, Angehörige des Volks und Bürgerliche aufs Schafott. Unheilvolle und epische Orte. Ich weiß nicht, ob in dem Marionettentheater an der Ecke, dessen staubigen Vorhang am Eingang ich angehoben habe, um für einen Moment hineinzuspitzeln, *'o cantastorie*, der Geschichtenerzähler, noch immer die Geschichte von Rinaldo liest oder statt dessen die von einem *guappo* neueren Datums; ich weiß auch nicht, ob diese Versammlungen weiterhin bei blauem Himmel auf dem Molo stattfinden: Doch wenn ich vom Vado aus einen Blick auf die von einem Platz zum anderen flutende Menge werfe, sehe ich sehr wohl, daß alle *patuti* sind – was ein Wort ist wie »tifosi«, ›Fans‹ –: Ich sehe sehr wohl, daß alle bereit wären, sich für die Tapferkeit eines Paladins die Kehle durchschneiden zu lassen und *llà pe' llà*, auf der Stelle, einen Abtrünnigen wie *Gano 'e Maganza* zu massakrieren. Ein Volk von Rittern; vermischt mit der Sage, begeistert sie der Mut. Und noch bei der Malavita, als es die Camorra gab, errang man den ersten Grad nicht ohne *a zumpata*, ein Dolch-Duell mit vielen Zeremonien. Und es geht mir wieder durch den Kopf, daß ich gestern durch eine Straße von Korkarbeitern ging und mir das Messer ansah, mit dem sie die Korken formen, und dabei sagen hörte, daß es auch die Waffe der Eifersuchtsdramen sei. Zweifellos eine des Großtürken würdige Waffe, die ein wenig befremdlich wirkt in Zeiten hochexplosiver Wellen.

*

Den Geologen zufolge wären diese Orte auch die jüngsten der Region. Episch und unheilvoll, wie wir wissen, und gleichzeitig verrückt vor Freude. Bedürfte es eines Beweises, daß man in der Kunst die Natur nachahmt, so hätte man ihn hier, wo sie, um den Vesuv nachzuahmen, den Brand von Palästen simulieren, Feuer-Lilien, -Nelken und -Iris herstellen und in die Luft jagen und unter dem Trommelwirbel von Böllern Sternformationen in sich zusammensinken lassen. Es ist seltsam, daß der Mensch sein Vergnügen selbst aus einem furchtbaren Anblick zieht. Ein den Orten ebenbürtiges Schauspiel.

*

Der Kampanile, den Fra Nuvolo hier hochgezogen hat, ist so verrückt wie alles übrige. Er erhebt sich mit jenem borrominischen Gleichgewicht, das durch ein Wunder drei Häuser, eins über dem andern, auf den Füßen hält, als sei es legitim, mit den Stürmen und den Erdbeben Scherze zu treiben. Der Turm scheint aus den Figuren eines Schachspiels gemacht, und seine graue und rote Farbe, die in einem Pinienzapfen aus gelben und grünen Ziegelsteinen gipfelt, ahmt eine Glut nach, die hochsteigt und sich aufwickelt wie eine Raupe bis zu den phosphoreszierenden Schuppen der Spitze, die in der Flamme eines Schwefelhölzchens ihr Leben aushauchen.

*

Vor nicht allzu langer Zeit versumpfte am Vado noch das Meer. Und das Meer halten die beiden Plätze auch weiterhin in ihrem Busen, in dem Geruch von frischem Fisch, der hier umgeht und den der Wind dann in die Gäßchen schickt wie in gewundene Muschelschlünde.

Während ein Meßdiener eifrig die dünne Kordel des neben dem Kirchenportal baumelnden Glöckchens schwingt und mit nicht weniger Eile ankündigt: »Die Messe wird gleich stattfinden«, »Die Messe wird gleich stattfinden« ..., nähere ich mich auf der Piazza del Mercato den Ständen der Fischverkäufer. Sie tauchen die nackten Arme in die Schüsseln, die voll sind von Polypen, dick wie zwei ausgebreitete Arme ... Jeder ein frischgebackener Perseus, heben sie eins dieser Weichtiere hoch: ein ekelerregender Kopf, wie zurechtgestutzt inmitten der Haartracht der schlenkernden Fangarme, die sich aufgeregt kringeln ... Sie bieten ihn feil mit einem leiderfüllten Schrei in der Stimmlage eines Tenors ... Eine junge Frau aus dem Volk – *addimandiamola* Juno –, die mit ihnen feilscht (*uocchie nire* ..., schwarze Augen ...), setzt einen so lachenden und wollüstigen Stimmausbruch dagegen, daß mir der ab und zu von einer starken Sonne erleuchtete Platz nun tiefer in sich zusammengesunken und trübsinniger erscheint.

Die schöne Schwarzhaarige im Auge behaltend, bemerke ich etwas anderes Wunderschönes. Hier hätte ich sie jetzt gern, die Stillebenmaler! Mit zwei vertikalen Schnurreihen jener Schalentiere, die sie *cozziche* nennen (und in der Toskana *muscoli*), ein paar Zitronenbaumzweigen, ein oder zwei Zitro-

nen und, im Mittelpunkt, der inneren fleischfarbenen Spirale
einer Kameenmuschel weiß ein Fischverkäufer seine Ware
auf bezaubernde Art auszustellen. Und wie er einen Korb
Rotbarben zurechtzurücken und die Verschiedenheit der Gestalt und der Opaleszenz von Umberfischen, Glatthaien, Dra-
chenköpfen miteinander zu vereinbaren und mit den Algen
das Grauenvolle der Muränen hervorzuheben vermag! Die
Kunst der pompejanischen Dekorateure, hier blüht sie noch,
und an den Wasserverkaufsständen nicht weniger, denen ihr
auf Schritt und Tritt überall in Neapel begegnet: mit ein paar
Blutorangen-, Goldorangen- und Zitronenringen, mit ganzen
Orangen und Zitronen und ein paar Blättern und den Flaschen kommen sie auf die phantastischsten Arrangements.
Welch eine Vielfalt an schreienden oder sanft abgestuften
Materialen und Farben! Welch tiefe Traurigkeit in dieser Ge-
waltsamkeit und in diesen Trillern eines »Still«-Lebens ...

*

Juno ist weitergelaufen. Instinktiv folge ich ihr. Sie biegt in
eine Gasse ein, dann in die nächste. Die Luft hat jenes Rauschen leerer Seemuscheln, das wie das Keuchen eines verlorenen Meeres ist. Ich schaffe es nicht rechtzeitig, diese
nostalgische Stille in mir aufzunehmen, als die Gasse in Verwirrung gebracht wird von einem Etwas, das umherschlurft in
den vom Grafen Almaviva ausgemusterten Lumpen. Es geht
mit einem Stock und einer dickbauchigen Ölflasche lärmend
umher, Sprünge machend wie ein Schwarzer, und hält eine
Rede, eskortiert von vier Lulatschen in der Uniform von Lö-
wenjägern. Die Lulatsche interpunktieren die Rede, indem sie
auf verdammt unangenehme Weise in das kleine Umhängebombardon blasen, und machen großartige Verbeugungen
mit dem Korkhelm.
    Schrei der Frauen:
    »'O pazzariello! 'O pazzariello!, der Spaßvogel!«
    Und sie reißen aus. Auch Juno verschwindet in einer Tür.
Dann kehren sie zurück. Im Nu ist die Gasse voller erhobe-
ner Arme mit einem Glas in der Hand. 'O pazzariello wirft einen feierlichen Blick in die Runde und füllt das Glas von
Juno, die er – dieser Gauner! – nu burriello 'e muzzarella nennt.
Die anderen kehren mit einer langen Nase nach Hause zurück. 'O pazzariello ist, gefolgt von einer Schar guaglioni, Jungs,

schon in einer anderen Gasse, um die unübertrefflichen Vorzüge seines Ladens auszurufen. Doch ist es seltsam, daß soviel Krach nur wie das Rauschen der leeren Seemuscheln von einer Gasse zur anderen zieht. Von nun an gehe ich, wohin die Beine mich tragen wollen. Ich weiß nicht mehr …

Napule
chiena 'e feneste aperte e d'uocchie nire …

›Neapel
voll von offenen Fenstern und schwarzen Augen …‹

VASÀMOLO INT' A L'UOCCHIE —
KÜSSEN WIR'S IN DIE AUGEN

Andenken und Träume lassen die Zukunft heranreifen. Auch im Wachsein tragen wir in unserem Bewußtsein wundersame, in der Schwinge eines Geheimnisses verschlossene Punkte: Träume. Es ist das Gedächtnis der persönlichen oder der ererbten Vorkommnisse, das sich von sich selbst befreit hat und, jenseits von Zeit und Raum, wiederauferstanden ist. Oh! jenes Fernsein eines verlorenen Paradieses, ein jeder Liebesakt bringt es den Dingen näher und erschafft es erneut. Dichtung heißt, das Gedächtnis in Träume überführen und ein glückliches Licht auf die Straße des Unbekannten werfen.

Nie zuvor habe ich mir hierüber besser Rechenschaft abgelegt, als während ich durch die Via Partenope und die Via Caracciolo in Richtung Posillipo ging, um mir ein wenig Ruhe zu gönnen. Es ist eine moderne Straße, am Meer entlang gebaut, und ein verlassener Ort in dieser Stadt, die voll wie ein Bienenkorb ist. Von Anfang an folgen ihr Luxushotels, hohe Außenwände, die sich zurückzuziehen scheinen, um dich allein zu lassen. Dann Gärten ... Hier dringt der Gesang der Stadt nicht stärker zu dir als das Rauschen der unten zerschellenden Wellen. Ich weiß nicht, welch melancholische Freude mich immer auf dieser Straße befällt. Oh! wie mir die Stimme von Napule hier einem unendlichen Altertum entrissen scheint, und damit göttlich und fruchtbringend. Die Härte des Lebens nimmt einen so frischen und ewigen Sinn für mich an, und so natürlich und würdig erscheint mir die Bedingung des Kämpfens ... Oh! Meer ...

Vasàmolo int' a l'uocchie!, Küssen wir's in die Augen!

*

Altertümlich ist dieses Volk nicht allein seines Dialekts wegen, der so reich an Etymologien, Lauten und Beugungen ist, sondern auch durch die Weise, wie es einer von Pan inspirierten Natur anhängt. Es zweifelt nicht am Mysterium und wappnet sich gegen sein Los, indem es das Wunder heraufbeschwört. Ob von einer solchen Natur auch seine Spielleidenschaft herrührt? Tatsache ist, daß der einfache kleine Mann, der, die Hände in den Schoß gelegt, auf einer Bank der Piazza Municipio sitzt und auf den Sechser im Lotto wartet, zu erkennen gibt – ohne daß er Pascal gelesen hätte –, daß er weiß, wieviel an Zufall im Reichtum steckt. Es handelt sich aber nicht – Vorsicht! –, wie noch immer gemunkelt wird, um ein Volk von Faulenzern; sie sind im Gegenteil gerade durch den Vertrauensvorschuß, den sie dem Glück einräumen, einfallsreich und umtriebig. Nirgendwo sonst schaffen es die Leute, in tausend Nichtigkeiten Quellen des Wohlbefindens zu entdecken, wie ich es hier hundertmal gesehen habe. Aber weil sie fühlen, daß Reichtum etwas Akzidentelles ist, sind sie geneigt, seine Vergänglichkeit auch dann zu lieben, wenn sie wenig haben, und sind verschwenderisch und bringen sich nicht um dabei, reich zu werden; und wenn sie arm sind, warten sie ohne viel Murren darauf, daß das Rad, das sich dreht, auf ihrer Seite zum Stillstand kommt. Von daher läßt es sich erklären, daß die Dichter, von Vergil bis Petrarca, von Tasso bis Leopardi, solchen Orten, an denen der Lebenskampf mehr von Phantasie und Gefühl als vom Verstand geleitet wird, wo das Überflüssige und das Höchste: das Fest, der Heroismus, mehr zählen als das Notwendige, Seiten vermacht haben, die zu den wahrhaftigsten ihres Lebens gehören. Giacomo Leopardis Gedicht *Il tramonto della luna* – in seinen vollendeten Teilen das schönste der Welt –, wurde von dieser Landschaft diktiert.

*

Es wird uns demnach kaum erstaunen, daß der Vergil-Gedanke hier mit dem der Zauberei in eins gesetzt wurde und daß sie die Standfestigkeit eines harten Kastells gemäß der Eingebung des Dichter-Magiers von der Erhaltung eines zerbrechlichen, in einem Zimmer aufgehängten und in einem Pokal eingeschlossenen Eies abhängig machten. Und weil hier der Kunst durch die vielen Hinweise auf das Meer Ausdrucksqualitäten verliehen werden, erinnert mich diese Vereinigung von Glas und Ei an die Ei-Trauben des Hais, die ich im Aquarium gesehen habe: In einer transparenten Gelatine verwandelt sich die gelbliche Materie vor dem bloßen Auge und wird geboren. Und ist nicht jede Geburt in einem gewissen Sinne Zerstörung?

Um zu den Meeressymbolen zurückzukehren, erinnert das Gewundensein der Kapitelle, die auf vielen Plätzen in Neapel als Sockel für Statuen herhalten, so biegsam, frei in der Luft baumelnd und elegant wie es ist, nicht an den Hippocampus, jenes Seepferdchen, das exakt die Gestalt eines Pferdes im Schachspiel hat, mit seinen ganz unruhigen kleinen Augen, liebenswert wie eine Turteltaube? Und wird die Stille, die jene Bewegungen im Wasser erreicht haben, nicht – Zenon auf seinen Sophismus gebracht haben? Und ist nicht der Kampanile von Fra Nuvolo, dem wir gestern begegnet sind, eine verruckte Kombination von Seepferd und Orangen, Früchten des Feuers?

Auf der anderen Seite ist das neapolitanische Barock noch über das Ziel hinausgeschossen, wenn es sich die Motive seiner Verzierungen bei den Weichtieren geholt hat, bei der Trompetenschnecke etwa, bei der Faßschnecke, bei der Kammuschel …

Castel dell'Ovo schnellt im Meer hoch wie das Gespenst des Vorgebirges von Pizzo Falcone, von dem es sich ablöst. Diese mittelalterlichen Mauern sind hier nicht selten: Am bewegendsten sind die, die mir in den Stadtvierteln, in denen das einfache Volk wohnt, begegnet sind, mitten in die Wohnblocks hineingezwängt, so hart, aufrecht und langgestreckt in ihrer nackten Kargheit.

*

Ich weiß nicht mehr, welchen Weg ich gegangen bin, um mich auf der Piazza del Carmine wiederzufinden; durch eine Gegend jedenfalls wie die toten Winkel des Kriegs, von denen Vann' Antò gesungen hat, wo ein Baum noch mit Zweigen, Blättern und Vögeln leben konnte – und ich erinnere mich an eine Katze, die sich zu Füßen des Baums nicht mehr zu rühren wagte. An jenem heutigen Ort spielte die Sonne ein kurioses Spiel: In gewissen feuchten Flecken schienen Lungen zu erglühen, denen sich gefräßige Schattenflecken entgegenrankten …

Nun bin ich inmitten von Alteisen, Ankern, Waschzubern voll rostiger Ketten, zwischen dem Hämmern der Kesselschmiede, dem Hobeln und Sägen der Kunsttischler.

In diesen auf- und absteigenden Gassen, die wie das offengelegte Bett eines Sturzbachs sind, die vier, fünf oder sechs Stockwerke hohe Häuser aus dem 17. und 18. Jahrhundert haben, manchmal mit Portalen aus dem 15. und 16. Jahrhundert und mit Farben, die von gewissen düsteren Rottönen über Zitronengelb zu bräunlichem Gelb, gewissen wässrigen Rosatönen, der ganzen Skala der Grautöne, den Grüntönen der Fensterläden gehen, entfesselt sich über all den Tüchern, Spitzen, Schals, Bettlaken und Decken, die Stockwerk für Stockwerk über der Straße ausgebreitet sind, ein wahrer Karneval der Malerei.

Im Rettifilo gelandet, der die häßliche »Arterie« der »Bauchaufschlitzer« ist, steige ich einige Treppenstufen hinauf und finde mich in der Sant' Agostino La Zecca wieder. Es ist die Gasse, in der man gebrauchte Kleider kaufen kann. Die Kleider nehmen die ganze Straße ein, baumeln euch über dem Kopf wie Fledermäuse. Sie ist wie eine Straße von Besessenen. Bauten aus Pfefferstein. Die Leute, die die armseligen Hüllen waschen und bügeln, sieht man in den Geschäften nicht. Im Dunkel nehme ich undeutlich eine einzige Person wahr, einen eingemummelten Mann in der Tiefe des weiträumigsten Ladens der Gasse: ein quadratisches Loch unter einer Außentreppe. Am Eingang hält er ein Lamm mit einem himmelblauen Halsband angebunden.

Wenn man bei der Strada Forcella herauskommt, weitet sich der Anblick beim Anstieg, und dank der Leute, die in Gruppen herunterlaufen und denen ein Eselskarren vorangeht, denkt man an jene Krippen mit ihren »Fernen, und alles dargestellt, um die heiterste Illusion darzubieten«, die in der zweiten Hälfte des 18. Jahrhunderts das Werk berühmter neapolitanischer Figurenschnitzer wie Sammartino, Vassallo, Gori, Mosca, Celebrano und anderer waren. Mit ein wenig Satire als Dreingabe hätten diese Künstler ihren Hirten, die eh schon so lebensnah sind, Wesenszüge gegeben, die Hogarth in Entzücken versetzt hätten.

Wenn man diese Leute fast tanzend ankommen sieht, muß man auch an Bruegel den Älteren denken. Oder besser noch, man denkt an gewisse volkstümliche Gebräuche, über die ich im Galanti gelesen habe und die womöglich noch heute lebendig sind: »Weitere Volksfeste sind die Prozession von Antignano am Morgen des Ostersonntags, die Umzüge von

Cardito und Scafati am Himmelfahrtstag und die von Monte Vergine und Madonna dell'Arco an Pfingsten. Schön ist das Schauspiel derer, die von diesen weiten Umzügen mit ihren blattverzierten Wagen, Hüten und dicken, mit Madonnenbildern, Trockenfrüchten und Zuckerkringeln geschmückten Stöcken zurückkehren, während sie die Luft mit ihren Gesängen, Tönen und festlichen Schreien erfüllen. Überaus groß ist die Ähnlichkeit zwischen diesen Gruppen und denen der Bacchanten, denen sie sogar in den Tanzbewegungen ähneln.« Ich muß wieder an den Sinn dieses Volkes für das Panische denken … Sollte seine Malerei sich noch einmal zu großen Höhen erheben wollen, was möglich wäre, wird sie sich darauf beschränken können, die Wirklichkeit zu beschreiben, so, wie dies einst Leute aus seinem eigenen Fleisch und Blut in Pompeji getan haben, die das Geheimnisvolle und das Humoristische darin auslegten: Beim Humor denke ich an die Alten in den Thermen, die athletische Übungen machen, um wieder jung zu werden …

Immer noch ziellos umherschlendernd, durchquere ich Spacca Napoli, das wie ein vor Überreife geöffneter Granatapfel ist, und die Sonne prallt auf das Blut und auf das Gold, und über dem ganzen langen Einschnitt scheint der Himmel in Höhe der Häuser zu liegen und scheint hingebettet wie ein gemaltes Dach …

Ich gehe durch den Vico de' Panettieri. In einem dämmrigen Laden gibt es etwas, das wie ein Glühwürmchen aussieht. Um es anzuschauen, gehe ich näher heran, höre die Stimme einer alten Frau: »*A chi vulite?* – Zu wem wollt ihr?«. Das Licht ist ein Öllämpchen hinter Glas mit einer kleinen Madonnenfigur.

Ich gehe durch die San Gregorio Armeno, sehe Frauen, die vor der Tür Papierblumen anfertigen. Sie fallen ihnen in den Schoß und auf den Boden, und doch sind ihre Finger noch voll davon. Ein Großmütterchen mit einer unter dem Kinn festgebundenen Haube kommt näher, um einen der Hersteller von Pappmaché-Statuen zu fragen, ob er einen Hl. Antonius für den Namenstag ihres Gatten habe. Hat er nicht, und so geht sie, den Rosenkranz betend, davon. Ich sehe einen anderen Laden, der wie eine Grotte aus Stoffetzen und Tonerde aussieht. Alles scheint von Kohlenstaub bedeckt, und in den Ton hineingepreßt sind der Schädel einer Puppe,

ein augenloser Christus und andere verstümmelte Dinge zum
Reparieren.

Ich bin müde, betrete die Kirche Santa Chiara. Die Kirche
ist aus Gold, mit weißen Marmorengeln, die durch das Weiß
und das Gold so nackt wirken. Auf meinem Weg durchschneidet eine Taube das Kirchenschiff. In der Sakristei beichtet
gerade ein Herr; der Mönch hat ihm einen Arm auf die Schultern gelegt.

Ich gehe in den Garten der Klarissinnen hinaus. Er ist ein
Paradies und ähnelt einem Meeresgrund. Majolikapfeiler in
der Farbe eines schimmernden Himmels tragen einen Laubengang. Drei alte Zypressen vereint, alleine; Zitronen; auf
den Majoliken ein Fest von Blumen und Früchten, Szenen
aus der Mythologie. Die Arkadia verstand es, das Heidentum
noch in die Klöster hineinzutragen.

Der beichtende Herr kommt mir entgegen. Er bewegt den
alten Kopf wie eine Schildkröte, trägt einen tabakfarbenen
Hut, einen tabakfarbenen Überrock, der bis zum Boden geht,
und weiße Gamaschen; er erklärt mir, er sei der verarmte
Graf X… Als er von sich selbst spricht, ist seine Stimme weinerlich. Plötzlich ruft er, sich die Hände reibend, aus:

»*Voi pittate!* – Ihr malt!«

»Ich?«

»*Voi pittate!* … Man sieht's, man sieht's, ich versteh was davon, Ihr seid ein berühmter Maler … Ihr leidet an Arthritis!«

»Ich? Mir geht's bestens …«

»Ich seh's an Euren Händen … Ihr leidet … Ihr leidet …
Auch ich habe gelitten. Oje! … Ich Armer, die Schmerzen
schnürten mich zusammen wie eine Wurst … Und schaut
nur, jetzt springe ich wie *'o pazzariello.* Jeden Abend – ich
mach es selbst, ich bin Junggeselle – nehme ich mir eine
schöne Zwiebel vor, schneide sie in ganz, ganz dünne Streifen, weiche sie in einer guten Tasse Wasser ein und trinke
morgens alles in einem Zug auf nüchternen Magen … Probiert es nur, probiert es … Jeden Morgen …«.

DAS LAND DES WASSERS

1932 – 1933

POLESINE

Reflexe

Ich habe einiges an Landschaften gesehen; in Italien aber eine ohne Berge ringsum – und doch ganz von unsichtbaren Bergen abhängig –, ohne eine erkennbare Wellung, flach wie ein Tablett, wer hätte das erwartet? Und sie im Herbst gesehen zu haben, und als sei sie bedeckt vom kräftigen Atem eines Ochsen, das bedeutet, ihre Stunde erraten zu haben. Denn es existiert keine nackte Erde: entweder gibt es die Sonne oder das Wasser oder den Schnee oder es gibt, wie jetzt hier – an den pathetischsten Punkten, auf dem sprießenden Korn –, eine träge Wolkenmasse.

*

Der Herbst ist ein Traum, dem es schwerfällt, sich aufzulösen, er ist die Einsamkeit und die Gewalt, die sich das letzte Lebewohl sagen; er mag in byzantinischem Prunk schwanken, voller Glocken- und Trompetenschall, oder er mag, schlecht gelaunt, der Müdigkeit zum Trotz, nicht den Verfall spüren, auf den er anspielt, sondern daß der Traum wieder aufleben wird. Und wo könnte man einen Herbst finden, der weniger resignativ und magischer wäre als in diesem Dreieck voll von Wassern, herbeigeströmt von allen Seiten, das gleichsam ein Schlachtfeld der Flüsse und des Meeres ist? Nicht die Gold- und Bronzetöne – obwohl es hier die Haufen von Hanfstengeln gibt – neben Becken mit Wasser, das jetzt unter den Erdkrusten schläft, neben aufgeschütteten, sanft geglätteten Kieseln, die dazu dienten, den Hanf auf dem Grund zu halten – die gleichen wie im Schotter, der aus diesen Straßen gleichsam ausgetrocknete Flußbetten macht –, nicht das Altgold der Hanfstengel noch das Purpur zählt hier im Untergang des Jahres, sondern das Wasser, durchtränkt von seinen Reflexen; und dieser Herbst ist wie eine Klinge in den Nebeln, etwas zugleich Gespanntes und Zartes, Fieberndes und Mütterliches.

Gewiß, hier bieten sich heute großartige Wirkungen, und wäre ich Maler, ich würde mich von diesen Plätzen nicht trennen: In die herbstlichen Fernen bringt das Wasser mit seinen Reflexen ein Blitzen, es ruft tausend jener Schwierigkeiten hervor, die jeden wahren Künstler immer wieder reizen werden; ihr solltet sehen, wie sich hier die Pappeln, den Schopf fast verflüchtigt von den Helmbüschen der Feuchtigkeit, beim geringsten Schaukeln mit einem Zittern von Schuppen bedecken! Inmitten der Felder steht da, wie hingewürfelt, ein großes flammendrotes Haus mit papageiengrünen Fensterläden zwischen dem Irisieren und den leichten Nebelschwaden, als hätte der Majolikabrenner es eben aus dem Brennofen geholt.

Und vom Abend, was würdet ihr vom Abend sagen? Das Rot ist gerade eben noch ein schmaler Streif, und es ist ein ausgewaschenes Rot, darunter aber breitet sich, einen Raum ohne Ende öffnend, die Ebene ins Unendliche verlängernd, ein horizontaler Himmel aus, der das Meer vortäuscht, ein unglaublicher Porzellanhimmel. Keine Melancholie wird diese übertreffen: die Erde, nur noch ein Schatten, jenem Alkoven eines launischen Himmels entgegenirrend.

Die Flüsse gegen den Abgrund

Der merkwürdigste Eindruck aber stellt sich ein, wenn man spürt, wie einem der Boden unter den Füßen schwindet. Mag es daran liegen, daß man seine Beine gleichsam in dem Dunst verschwinden sieht, der unbeweglich über den Erdschollen steht? Es ist ein Eindruck, den man deutlich ein paar Kilometer nach Ferrara zur Adria hin empfindet und der sich nach und nach verstärkt, wenn die von Reihen alter Ulmen und Nußbäume in Vierecke geteilten Grundstücke seltener zu werden beginnen und längs der inneren Straßen und der Grenzen der Landgüter die abfallenden gestutzten Pappeln allmählich verschwinden und für einen Augenblick Robinienhecken erscheinen und plötzlich jene schwarzen torfreichen Parzellen auftauchen, die mit Reis bebaut sind, um ihnen das Feuer zu entziehen. Dann scheint die Erinnerung an die Bäume nicht nur fern, sondern verloren.

Mir kommen Märchen in den Sinn:

»Einst in unvordenklichen Zeiten wurde, damit der Apennin sich aufwerfe, dieses weite Tal, das eine glückliche Ebene
war, unverzüglich zu einem Abgrund des Meeres; und vielleicht gelangte der Abgrund in Gestalt von Fjorden – die
Horden der Gletscher waren vorbeigezogen – in seinem
tüchtigen Schub so weit, daß er sich in die Alpen drängte.
Doch emportauchend aus dem Abgrund müssen Säulen
übriggeblieben sein, und auf jenen Inseln grasten die unver-
meidlichen Rentiere. In dem Augenblick geschah es, daß,
von den Steilhängen der Alpen springend, über die Hänge
des Apennin gleitend, einen Haufen Material mit hinunter-
bringend, hier die Flüsse auftraten. So geschah es, daß, durch
immer neues Anhäufen, um die Säulen herum ein Polinesien
oder Polesine, wie der Fachmann sagt, oder auch ein vom
Menschen bewohnbarer Archipel sich bildete.

Alles prächtig, wenn nicht ganz tief unten der Abgrund lebendig geblieben wäre; und eines Morgens warf er tatsächlich einen guten Teil jener jahrtausendealten Auflandung
über den Haufen, wie – meint ihr nicht? – durch das folgende Faktum und weitere ähnliche bewiesen wird; fünfund-
siebzig Meter unter dem Meeresspiegel ist eine Bohrung auf
Süßwassertorf gestoßen, der unmittelbar von gewaltigen
Sandschichten bedeckt ist, das heißt, sie hat den Beweis für
eine Vegetation ans Licht gebracht, die mit einem Schlag
zum Stillstand gekommen und versunken ist.

Rings um die Säulen, die nichts erschüttert« – es sind die
unfruchtbaren Flecken, die man heute bisweilen wie Schorf
inmitten der Fruchtbarkeit sieht –, »kehrten jene ungeduldigen Lastträger, die Flüsse, zur Arbeit zurück, und mit so
großer Kraft, daß die Inseln sich schon bald über dem Meeresspiegel neu bildeten, und neue Fischer und Jäger strömten
herbei und errichteten hier ihre Häuser aus Stämmen, Schilfrohr und trockenen Gräsern. Man kann vermuten, daß sich
hier bis zum sechsten Jahrhundert unserer Zeitrechnung alle
Gewässer fröhlich ihren Mündungen entgegenschlängelten.
Dann gab es die Sintflut vom November des Jahres 589 –
und wo sollte wohl eine zweite Sintflut stattfinden, wenn
nicht in dieser Gegend? –, es gab das Einmünden des Reno
in den Po, es gab, nach dem umsichtigen und großartigen
Wirken der Este, die Tatenlosigkeit und die Armseligkeit der
vom Papst gesandten Kardinäle, es gab die Abtrennung von

Porto Viro, von den Venezianern beinahe mit Gewalt durch-
geführt, um die Häfen ihrer Lagune von der drohenden
Schlammablagerung des Fornaci-Arms zu befreien, es gab
Dammbrüche und was weiß ich. Aber es gab und gibt den
Abgrund, der nicht locker läßt, der, schneller oder langsamer, rastlos diesen Boden an sich zieht. Den Flüssen, wenn
sie auch den Mut nicht verlieren, gelingt es nicht mehr, gegen ihn anzukommen. Und so bedeckten sich diese Orte, die
zur Zeit zwischen zwei Meter über und zwei Meter unter
dem Meeresspiegel liegen, mit Sümpfen. Aus den schönen
Zeiten der Inseln wurde bei Ausgrabungen ein Boot mit den
Skeletten der Schiffbrüchigen gefunden, die sich an die ge-
fällten Mastbäume klammerten.«

»Bravo! Wo hast du nur all diese Dummheiten her?«

Es ist die Stimme Ariosts, der von hier ist:

»Willst du jetzt eine von mir hören? Ich halte sie übrigens
für glaubwürdiger als deine: ich befrage ältere Orakel. Du
solltest wissen, daß Phaeton die Strafe – zu meiner Zeit wußte es jeder – dafür, daß er sich des Sonnenwagens seines Vaters bemächtigt und Feuer an die Erde gelegt hat, ebenhier
verbüßt, hier ist sein Kerker, in deinem berühmten Abgrund.
Eines Tages also konnte der arme Kerl es nicht mehr ertragen, mit Schlamm übergossen zu werden, und wutschnau-
bend befreite er sich davon mit einem Stoß seiner Schultern.
Hätte er sich keinen Rheumatismus zugezogen, wäre dies die
Gelegenheit gewesen, in den Himmel zurückzukehren. Seit
jenem Tag kratzt er ohne Hoffnung, mit dem Bauch auf dem
Schutt liegend, versucht, so weit er kann, hinabzugelangen,
um zu sehen, ob es ihm nicht gelingt, sein Feuer wiederzufinden, wo immer es auch stecken mag, und so tüchtig ins
Schwitzen zu kommen und etwas weniger zu leiden. Findest
du es immer noch merkwürdig, daß er sich mit ihm senkt,
der Berg, der ihn erdrückt?«

Ich steige zum Po hinauf

Ich blicke nach oben. Ich sehe Erdaufschüttungen. Warum
diese Mauern? Der Po dort oben? So hoch? Wie mag er da
hinaufgeklettert sein? Ich steige hinauf. Er ist es! Zwischen
den sehr schlanken, langen Pappeln der Uferstreifen. Man

muß ihn sehen, diesen Herrn Po, in seinen Dämmen. Er
wächst auf seinem Flußbett, das unablässig höher wird, wie
ein Monument. Er wälzt sich auf den Wällen, wahnsinnig wie
ein wildes Tier an den Gitterstäben. Und jetzt verwandelt
sich mir, in dem Wissen, daß zwei Schritte entfernt ein Wasser durch die Luft fließt, so viel höher als die Erde, auf der
ich gehe, der Eindruck der unter den Füßen schwindenden
Erde in ein großes Staunen, mir ist, als sei auch ich in den
Abgrund hinabgestiegen, als bewegte ich mich im Wasser, einem Wasser, das mich nicht naß macht, und aus Furcht, den
Zauber zu brechen, bleibe ich wie versteinert stehen.

Und wenn jener Wahnsinnige den Graben überspränge?
Ich begreife jetzt mit aller Klarheit, warum hier Sümpfe sind,
warum hier so viel Wasser ist, das, um zu einer Mündung getragen zu werden, steigen müßte, anstatt zu fallen, was für
das flüssige Wasser unmöglich und gegen die Natur ist; und
es versumpft.

Jetzt bewundere ich den Menschen noch mehr. Wir sagten, daß dies das Schlachtfeld der Flüsse und des Meeres war.
Sagen wir besser, daß die Urbarmachung dieses Landstrichs
ein weiteres wunderbares Zeugnis für den schicksalhaften
sehnlichen Wunsch des Menschen ist, die Natur zu humanisieren.

Nachdem das Netz aus tausend Adern sich ausgebreitet
hat, nachdem das Wasser, das faulte, in Becken angesaugt
und gesammelt und emporgehoben worden ist, wird es im
Meer sterben, und damit nicht genug: um zu verhindern, daß
die Fäulnis erneut eintritt, werden die Adern, vom schlechten
Wasser befreit, aus dem Fluß das fließende herbeiführen;
und schon kommt es mit seinem Gelächter.

Hier ermißt sich die Stärke des Menschen: Ich habe in
Codigoro jene großen schwarzen Schnecken der Abwasserkanäle gesehen, ich habe in Berra, riesigen durchschnittenen
Halsschlagadern gleich, die Saugröhren gesehen, die zum Po
hin vorrücken: Brächte der Mensch eines Tages diese seine
Maschinen zum Stehen, käme hier erneut sein Wille zum
Stillstand, so würden über ein Gebiet von 540 Quadratkilo-
metern die Verwüstung und die Pestilenz sehr rasch erneut
sich ausbreiten.

SEID FRUCHTBAR UND MEHRET EUCH

Ich weiß nicht, wie wir hier heraufgekommen sind. Ganz plötzlich ist es mir so vorgekommen, als fahre das Auto, nachdem es endlich wieder emporgetaucht ist, auf einer Landzunge.

Hier herauf! Es ist keine wirklich große Höhe; doch wenn man sich nach so langer Fahrt über Land, das fast immer tiefer als das Meer liegt, 80 Zentimeter über ihm befindet: würdet ihr euch nicht auch wie im Gebirge vorkommen? Im übrigen kann Comacchio auf den ersten Blick, aufgeschichtet wie es ist, die Vorstellung eines Bergdorfs vermitteln; und um sie zu verstärken, würde ihm auch die Abgeschiedenheit nicht fehlen, die eifersüchtige Selbstbezogenheit, und die Unwandelbarkeit und Einzigartigkeit der Mundart, ganz Gestampfe von Gutturallauten, das einen glauben lassen könnte, man wäre in China.

Und wenn du gewissen Legenden dein Ohr liehest, wäre es dann nicht ein zweites Ararat? Als vor vierzehn Jahrhunderten jener berühmte Regen kam, den Paolo Diacono erinnert, und, einem phantasiebegabten Chronisten zufolge, Erde und Himmel durch ein Meer vereint wurden, da fand, bei der Rückkehr der Taube, hier oben die erste Landung statt. Tatsache ist, daß Noah hier wie zu Hause ist; und zwar, weil ein aus Inselchen bestehender Ort, aufgetaucht auf einem Spiegel – einem alten blinden Spiegel, der sich erstreckt, soweit das Auge reicht –, bestens eine Arche vorzutäuschen vermag, die sich rettet; und auch wegen des *crescite et multiplicamini et replete terram*, wie man im folgenden sehen wird.

Wundern wir uns also nicht, daß ein Historiker Comacchios, der Doktor Gio. Francesco Ferro, behauptet, daß seine Stadt von niemand anderem als einem Sohn Noahs gegründet worden ist.

Und der Doktor, der ein amüsanter Gelehrter des ausgehenden siebzehnten Jahrhunderts war, bietet mir Gelegen-

heit, sogleich von der Kultur dieser geistvollen und herzlichen Leute zu sprechen, deren gebildete Schicht gute Literatur liebte, wie es immer noch in einigen, immer selteneren,
Provinzstädten vorkommt, wo man über den Schulweisheiten
verweilt, um sie mit seiner Phantasie auszuschmücken; aber
man kennt sie gut: Von hier kam jener Alessandro Zappata,
der, zusammen mit Pascoli, an den Wettbewerben für lateinische Dichtung in Amsterdam teilnahm; und er gewann Preise.

Und hört, wie, im emphatischen Stil jener Zeit, gewiß,
aber nicht ohne echte Eleganz, Ferro von seinen Mitbürgern
gelobt wurde: Die Idee seiner Geschichte scheint dem Doktor der Medizin Sancassani

Qual fra lumi pigmei lampa febea

›Ein unter Zwergenlichtern leuchtender Phöbus‹;

und Don Gaetano Feletti, Theologe und Olivetanerprediger,
meint, diese Idee

Ferma le ruote al sole acciò immortali
Sparga i lumi eclissati al patrio lido

›Hält die Räder der Sonne an, auf daß sie, unsterblich,
   dem Strand des Vaterlands die verfinsterten Strahlen
                                              schenke‹;

der Signor Pier Francesco Boccaccini jedoch ist sogar frei
von Emphase und beschwört, an den Autor gewandt und indem er seine Auffassung der Geschichte metaphorisch ausdrückt, mit der rechten Kraft, die das Privileg der wahren
Dichter aller Zeiten ist, Lichter und Natur dieser Orte:

E dell'età voi dentro il mar profondo
Gemme pescate ad abbagliar l'oblio

›Und in der Zeiten tiefem Meer
   Fischt ihr Edelsteine, das Vergessen zu blenden‹.

Barock, aber vorzüglicher! Was beweist – und man muß es
wirklich immer wieder sagen –, daß jede beliebige Form zur

Dichtung zu führen vermag. Das Problem ist immer das eine: jene Gabe zu besitzen – die aus so vielen Fähigkeiten besteht: Instinkt, Gefühl, Intelligenz und so weiter; und es gibt keine Chemie, die sie trennen könnte –, die einer Form Leben einhaucht.

Ferro erzählt uns, daß Noah einen vierten Sohn hatte; und er nannte ihn Cromazio. Spricht die Heilige Schrift nicht von ihm? Und hatte mit 502 Jahren – so alt war er, als er an Land ging – der Patriarch nicht auch das Recht, sich ein wenig müde zu fühlen? Wie? Und das *crescite et multiplicamini et replete terram*? 502 Jahre waren nicht allzuviel in jenen Zeiten, und sie bedeuteten, daß ein Mann, der »weitere 350« lebte, »im Besitz der vollkommenen Manneskraft für die Zeugung war. Und man soll nicht sagen, daß er, vom göttlichen Gebot zur Ehe genötigt, es dann durch das Zölibat übertreten wollte.« Das sind im übrigen Dinge, die nicht einmal heute in Comacchio verwundern dürfen: Ich habe hier tatsächlich einen Alten um die Achtzig getroffen, der imstande war, drei Frauen in einer Nacht zu befriedigen; und das war kein Einzelfall.

Und dann bringt Ferro in seiner Erzählung alles ganz hübsch durcheinander; er beruft sich beispielsweise auf Ovid, Lukan, Diodorus und die Kirchengelehrten, und auf den Teufel – alle von gleicher Autorität für ihn –, um Noah die Namen Trifilio, Okeanos, Janus, Arsa, Titanus, Saturn zu geben; und so entdeckt auch er den wahren Geist des Barock, der aus dem Wissen entstanden ist, daß, mit verschiedenen Worten, »Juden, Araber, Ägypter, Libyer, Asiaten, Italiener und so weiter«, und überhaupt die Menschen immer nur dieselben Mythen zu ersinnen vermögen. Und so brachte der Barock, jede Form, die ihm unterkam, zerschlagend, ohne sich um Zeit und Raum zu kümmern, die Verstümmelungen dazu, sich ungestüm in neuer Form zu verbinden, was man sehr schön in Rom und in Neapel sieht; und man sieht es aufs schönste bei Borromini, dem verrücktesten und größten der Barockmenschen.

Doch Ferros Durcheinander ist parteiisch: Er will uns weismachen, daß Cromazio, nachdem sein Neffe Nimrod ihn mit den anderen Oberhäuptern aus den Gebieten »Babyloniens und Assyriens« verjagt hatte, »der überaus ruhmreiche Gründer Comacchios« wurde.

Ich weiß aber nicht, wie an diesem Punkt die Geschichte

eines gewissen »Ionit, von dem das Ionische Meer, die
Griechen und die Athener ihren Namen herhaben«, hinein-
kommt.

Tatsache ist, daß Spina, wo Anzeichen gefunden wurden,
daß die Griechen wirklich hier gewesen waren, in dieser Gegend versunken ist und daß dieses Vermischen von »Assy-
rien und Babylonien« mit den »Griechen und den Athenern«
einer echten Intuition entspricht, wenn wir jenem modernen
Philologen recht geben, der behauptet, daß rund um das Mittelmeer die Ionier in die Fußstapfen der Phönizier traten, sogar in den Werken der Phantasie.

✳

Die Häuser sind in Comacchio fast alle zweistöckig, und im
ganzen ferraresischen Gebiet sind sie fast nie höher; und so
wirken die Türme und die Glockentürme höher, als sie in
Wahrheit sind. Türme und Glockentürme gibt es hier vielleicht drei, vier, fünf; und es ist, als gäbe es nur sie, rote Ho-
heiten – das Rot des gebrannten Ziegels, das in das graue Eisen der Zeit ein glühendes Eisen mischt, das im Begriff ist
abzukühlen, das Rot, das sich in den schönsten Bauten der
Gegend großzügig zur Schau stellt.

*

Ich kann nicht anders, als auf einen Glockenturm zu steigen.
Beim Glockengerüst angekommen, bleibe ich stehen, um die
Glocken zu betrachten. Wir haben heute die Lautsprecher,
den Telegrafen, das drahtlose Telefon; aber indem sie uns als
so zierliches Spielzeug zugänglich gemacht werden, sind das
Dinge, deren Größe uns entgeht und die uns nicht den geringsten Respekt einflößen. Gemessen an den modernen
Stimmen ist eine Glocke gewiß, wenn man darüber nach-
denkt, ein Nichts. Aber die Größe der Glocken empfindet
man, ohne darüber nachzudenken, ohne Abstraktion. Sie
sind da, mit ihrem offenen Mund vibrierend; und bereit, sich
vom bebenden Turm mit ihrem wahnsinnigen Gebrüll ins
Leere zu stürzen, ängstigen sie.

Man bringt mir eine Leiter mit schlecht befestigten Spros-
sen, damit ich bis zur Spitze hinaufsteigen kann, und hält sie
fest, damit ich nicht falle. Es ist leichter, den Gipfel des Mont
Blanc zu erreichen.

Ich strecke den Kopf aus einer Luke. Es ist der erste große
Blick auf die *Valli*, die salzigen Lagunen. Bei der Ankunft
hatte ich ihre Unendlichkeit von Spiegeln, die das Licht verlieren, gespürt. Jetzt sehe ich sie, alle durch gleichmäßige
Streifen voneinander getrennt, wie ein unwahrscheinliches
Damespielbrett. An bestimmten Stellen werden sie trockengelegt, und die Erde ist dort spinnwebfarben, und von weitem
scheint es, als streichle man, wollte man sie berühren, das Fell
eines Damhirsches.

Über und über mit Spinnweben bedeckt, komme ich wieder hinunter.

Die Gäßchen sind voller Kinder, und es herrscht ein
großes Geklapper von Holzschuhen. Seltsam! Was für ein
Zusammenhang besteht wohl zwischen den Holzschuhen
und Noah? Sollten die gebärfreudigsten Länder etwa jene
sein, in denen man Holzschuhe trägt? Erinnert ihr euch an
Resina? Auch dort gab es nur Kinder und Holzschuhe.

Jetzt riecht man den Gestank eines Kanals, mit seinen
buckligen Brücken, mit einem Haus aus dem achtzehnten
Jahrhundert, das sich darin spiegelt, gozzanohaft, von einer
unsagbaren Anmut und Melancholie, abgestützt, mit seinem
verdorrten Garten, Wohnsitz einer heruntergekommenen Familie von Notaren.

Jetzt mischt sich in den Gestank ein Geruch von Most. Ich
sehe die Lastkähne, die mit den Bottichen vom Bosco Eliseo
kommen, einen Jungen, der die Hand eintaucht, sie naß von
Traubenschlamm hochhebt, sich gierig das Gesicht beschmiert und wie ein kleiner Bacchus lacht. Hatten die Italiener Noah nicht den Weinbringenden genannt?

Jetzt spüre ich in dieser Luft voller Gärung die Gewalt der
Natur. Eine Frau geht vorbei, die siebzehn Kinder geboren
hat; der Ehemann vernachlässigt sie mittlerweile ein wenig,
und ich weiß nicht, was für ein verzweifelter Schrei sich
ihrem verschlossenen Gesicht entringt. Möchte sie etwa
dreißig, um Titea nicht nachzustehen, der Mutter des Cromazio?

*

Wir machen uns auf den Weg zum Boot, um heute nacht am
Aalfang teilzunehmen.

DER AALFANG

Den Häusern, die in der Unbeständigkeit der Farben über
dem Wasser wachsen, verleiht die Nacht, ihre Schleier hinzu-
fügend, einen äußersten Hauch von Traum, und sie scheinen
mehr denn je ohne faßbare Beziehungen zur Wirklichkeit
und zum Gedächtnis. Ein wenig in dem tieferen und ver-
wunderten Zustand einer schlafenden Person also stehe ich
mit offenen Augen vor einem quadratischen Eingang. Nachdem ich eingetreten bin, befinde ich mich in einem langen
Korridor, und obwohl ich mich im Innern eines Hauses vorwärtsbewege, ist dies hier natürlich ein Wasserkorridor. Der
Eingang wiederholt sich – er wirkt wie ein Projektionsschirm
– längs des Korridors und verkleinert sich durch die Wirkung der Entfernung, fünf, sechs, ich weiß nicht wie viele
Male; und dieses sich fortsetzende Viereck der Öffnung ist
gleichsam der Scherz, den zwei einander gegenüber auf-
gestellte Spiegel treiben, wenn sie eine unendliche Flucht
von auseinander hervorgehenden Zimmern erschaffen; aber
diesmal ist es keine Illusion; es gibt sie wirklich, die Flucht …
    In der Wachstube, dem ersten Raum, springen, kaum daß
man eintritt, zwei Männer gähnend und sich die Augen reibend, schon halb angezogen, von den Feldbetten auf, ziehen
sich rasch fertig an und lassen dann das Boot ins Wasser, ein
langes, schmales Boot, fast ein *sandalino*, in das ich mit ihnen
steige, und wir fahren den Korridor entlang. Von oben leuchtet eine Reihe von Petroleumlampen, ein Licht, das in Abständen auftaucht, schwach Schattenmassen ertastend. Auf
der einen Seite, am Kai, erkenne ich einen undeutlichen
Haufen von Booten, die länger und dünner sind als unseres.
Ich bitte um eine Erklärung.
    Das sind die *velucippi*, auch *frecc* genannt.
    So komme ich zur Geschichte dieser *Valli*, die wohl zum
ersten Mal in der zweiten Hälfte des fünfzehnten Jahrhunderts aufgeteilt wurden. Eine äußerst komplizierte Geschich-

te von Streitigkeiten, von Spitzfindigkeiten aller Art, um die
Freiheit des Fischfangs in diesen Gewässern anzufechten
oder zu fordern und schließlich dahinzugelangen, dieses
Recht der Gemeinde zu sichern. Hier ihre Argumentation,
und ich zitiere den alten Text auch, weil er mir hilft, ein Bild
von den Orten zu vermitteln:»Von manchen wurde die Auffassung vertreten, die Valle di Comacchio, oder besser gesagt, ihr großer Sumpf, sei aus dem Süßwasser entstanden,
das sich entweder durch Sickerwasser oder durch Flüsse in
dieselbe ergossen habe; daher könne man sie, nach Lage und
Natur, nicht anders als Tal (*valle*) nennen, das für den Fischfang nutzbar gemacht wurde. Sie bekräftigen ihre Meinung,
indem sie sagen, daß man, da in dieses alle Wasser des Polesine von San Giorgio, von Filo, von Belsiguardo und andere
durch sein natürliches Gefälle strömen, daher natürlich nicht
anders kann, als zu sagen, daß es aus Süßwasser gebildet
wurde. Aus diesem vermuteten Ursprung leiten sie ab, daß
sein Fischfang stets persönlich und privat geblieben und keineswegs öffentlich sei wie derjenige des Meeres; da das
Meer, obgleich es bei Vollmond, wenn es anschwillt, hier mit
seinem Salzwasser eindringt und sich mit dem Süßwasser,
auf das es dort trifft, vermischt, nicht auf natürliche Weise
dort eindringt, sondern durch künstlich angelegte Kanäle
und Leitungen, wobei sich die Natur des ursprünglichen
Wassers und ebendieses auf natürliche Weise vom Süßwasser
gebildeten Sumpfes nicht verändert, ist der Fischfang nicht
öffentlich, da er auf einem Kunstgriff beruht.«
     Es handelt sich um einen »Sumpf von hundertzwanzig
Meilen im Umkreis« – heute spricht man von einer »Lagune
von neunundzwanzigtausend Hektar« –, und der Po hat ihn
wohl durch das Phänomen der Anschwemmung gebildet, indem er Uferbänke aufwarf, jene natürlichen Dämme, die als
erste das Wasser gefangen hielten.
     Jetzt sind von der Gemeinde der Fischfang in den *Valli*
und die dazugehörige Industrie des Marinierens der Aale an
eine Gesellschaft in Pacht gegeben worden, und jene *frecc*, die
wir gesehen haben, sind den wildernden Fischern beschlagnahmt worden. Die *frecc* flogen dahin, und hinter ihnen her,
atemlos, die Wachen; und mit seiner blinden Laterne suchte
der Wilderer unterdessen den Wasserspiegel ab:»ein Aal! …
eine Meeräsche! …« und mit der Harpune:»klacks!« … Der

Kampf war ungleich, die *frecc* wurden verboten; und darauf erfindet dir der Wilderer ein breites und kurzes Boot, und wenn die Wachen hinter ihm her sind, dreht er sich in aller Ruhe um seine eigene Achse; niemals wird es dem langen Boot gelingen, so schnell zu wenden; hoffnungslos, mit einem Wort. Ich sehe, daß ihre althergebrachte subtile Art zu streiten immer noch andauert.

*

Während wir hinausfahren, baumeln in dieser Kupferstich-Atmosphäre über unserem Kopf Hosen, Jacken, Kapuzen, hohe Stiefel, lauter gelbe oder rote Sachen aus Ölhaut, trocken wie Stockfisch.

Aus der Grotte stoßen wir auf eine Meeresallee, gerade, breit, inmitten eines riesigen bleiernen Platzes aus schlafendem Wasser. Von den *Valli* trennen den Kanal Wände aus Erde, die mit Gittern zusammengehalten wird und auf der das Sumpfgras wächst, das fette und korallenrote *ghibun*, das man zu dieser Stunde nicht sehen kann, und Tamarisken, gegenwärtig im gespenstischen Truggewebe der Zweige.

Aus der Allee kommt man in eine *Valle*. Auch diese ist in Dämme eingeschlossen, aber man sieht sie nicht in der Unermeßlichkeit, und die Stille wird nur von der schönen rhythmischen Bewegung des Bootsmannes unterbrochen, der, aufrecht dastehend, seine gespaltene Stange eintaucht und wieder hochzieht. Nach ein paar Stunden angenehmer Bootsfahrt erreichen wir schließlich Caldirolo. Es ist eine winzige Insel, zu der einige *Valli* gehören. Uns kommen *Al Fataur* und *Al Capurion* entgegen, von denen der erste, wenn ich mich recht erinnere, das Kommando über alle Gewässer, die zu Caldirolo gehören, und der andere über eine einzige *Valle* führt. Wir gehen auf ein Haus zu, das einen schönen Eingang hat, und ringsum eine Atmosphäre – aus welcher Epoche? Es ist Nacht, und ich bin kein großer Kenner. Fünfzehntes Jahrhundert vielleicht, und ich bin überrascht, da ich eigentlich in der architektonischen Gesamtanlage der Stadt Comacchio ein starkes barockes Gepräge beobachtet hatte. Für Comacchio muß das siebzehnte Jahrhundert die Glanzzeit gewesen sein, und seine bemerkenswerten Bauten haben, wie bereits gesagt, etwas von jenem Lyrismus, der Borromini den Verstand verlieren ließ.

Wir finden uns in einem weiten Saal wieder, der *campana*. Um die riesige Feuerstelle, in der ein Feuer brennt, sitzen ein paar Fischer auf ihren *scarandoni*. Diese *scarandoni*, welche die Fischer sich selbst an den langen Abenden herstellen, sind außerordentlich bequeme Liegestühle. Rings um die *campana* Schlafräume.

Die Fischer stehen auf und kommen mit uns. Wir durchfahren eine Wasserzunge und befinden uns vor dem *lavoriero*. Der *lavoriero* ist die letzte Falle. Der Fisch kommt mit dem Meer durch die Kanäle und dann ... singt Tasso:

> *Come il pesce colà dove impaluda*
> *Nei seni di Comacchio il nostro mare,*
> *Fugge dall'onda impetuosa e cruda,*
> *Cercando in placide acque ove ripare,*
> *E vien che da se stesso si rinchiuda*
> *In palustre prigion, né può tornare*
> *Che quel serraglio è con mirabil uso*
> *Sempre all'entrare aperto, all'uscir chiuso.*

> ›Wie der Fisch dort, wo unser Meer
> In den Buchten von Comacchio versumpft,
> Der ungestümen und rauhen Welle entflieht
> Und Schutz sucht in ruhigen Wassern,
> Und es geschieht, daß er selbst sich einschließt
> In sumpfigem Kerker und nicht zurück kann,
> Da jener Käfig, auf wundersame Weise
> Dem Eintritt stets offen, dem Verlassen versperrt ist.‹

Der *lavoriero* wurde vor vier Jahrhunderten von einem Mitglied der Familie de'Guidi erfunden – einen Nachkommen dieser Familie habe ich in Comacchio wiedergetroffen: als Fechtmeister war er mein Kamerad im Krieg und befehligte den schweren Troß unseres 19. Regiments; er war es, der mir einen Karren lieh, um in Udine die achtzig Exemplare meines *Porto Sepolto* abzuholen, die Ettore Serra hatte drucken lassen –, der *lavoriero*, sagte ich, ist eine Art Labyrinth aus Schilfrohr, das um mehr oder weniger zwei Handbreit den Wasserspiegel überragt. Der Fisch gerät hinein, durchschwimmt all diese Straßen, aus denen er nicht mehr herausfindet, und an der Spitze angelangt, bleibt ihm nichts weiter

übrig, als in den kleinen dreieckigen Gehegen zu verzweifeln, aus denen er mit der *bugatta*, einer Art Sacknetz am
Ende eines Stocks, im Augenblick des Fischfangs herausge-
hoben wird, wie die Suppe mit der Schöpfkelle. Anschlie-
ßend gibt man sie in die *borghe*, Fischbehälter aus Weidenru-
ten. Sie öffnen einen, in dem wir die schmutzigen Aale
sehen, die sich ineinanderschlingen und in ihrer Aufgeregt-
heit durch den Kontakt ihrer Haut so etwas wie ein Knistern
verursachen.

Manche behaupten, hier habe einst ein der Pasiphaë ge-
weihter Tempel gestanden, und in dieser Gegend wurden
auch einmal Alabasterplatten mit dem Namen jener unglückseligen Tochter des Sonnengottes gefunden. Mag sein.
Aber kommt euch dieser *lavoriero* nicht wie die Färse vor, die
der schreckliche Dädalus ihr verfertigte, damit sie den
weißen Stier erkennen könne, den Neptun ihr aus dem Meer
zuwarf?

Seltsame Tiere, diese Aale. Anscheinend weiß man weder
etwas über ihre Fortpflanzungsorgane noch über den Ort, wo
sie sich fortpflanzen. Man nimmt an, daß die Befruchtung im
Karibischen Meer stattfindet. Wann? Die Kapillaren, die
man in unseren Gewässern antrifft, sollen bereits zwei oder
drei Jahre alt sein.

Sie öffnen einen weiteren Fischbehälter: das Quecksilber
der *acquadelle*!

Der Fang ist mager heute nacht. Für einen guten Fischfang
sind viele Voraussetzungen nötig: Ostwind, regnerisches
Wetter, Winter und die Monddunkelheit, das heißt jene lange dunkle Nacht, die man hat, wenn der abnehmende Mond
spät aufgeht.

Wir kehren zur *campana* zurück. Sie spalten zwei Aale,
und auf einem Rost, auf dem man einen ganzen Stier braten
könnte, setzen sie sie zusammen mit ein paar Meeräschen
aufs Feuer und würzen den Fisch nur mit Salz. Sie braten zu
sehen ist ekelerregend: Man hat sie gespalten, sie gleichen einer Wunde, man hat sie zerstückelt, sie brutzeln, aber ihre
Zuckungen nehmen kein Ende.

Während der Fisch brät, macht sich unser Bootsmann, *A*
Rumagnol, ein junger Mann mit einem Wolfshunger, über
eine Schüssel voller kleiner Krebse her, und im Nu hat er sie
aus den Schalen befreit – es gehört Geschicklichkeit dazu –

und sie alle verschlungen, mit einer so reinen Fröhlichkeit, daß sie das schönste Erlebnis der heutigen Nacht ist.

Wir setzen uns zu Tisch, und zu dem schwarzen und schäumenden Bosco-Wein, der einen salzigen Nachgeschmack hat, schmecken die Aale prächtig.

Wir steigen wieder ins Boot. Sie bestehen darauf, daß ich mich ausstrecke. Sie decken mich mit einer Ölhaut zu. Sie haben große Angst, ich könnte unter der Kälte leiden. Sie sind von einer Höflichkeit, die nur noch die ganz einfachen Leute besitzen.

Wir fahren an schwarzen Dingen vorbei, die auf dem Wasserspiegel treiben; eines bewegt sich: es sind die Konturen von Wasserhühnern, und das aufgeregte ist ein Wasserhuhn, das lebendig an einem Bein angebunden ist. Dazwischen sehe ich ein größeres schwarzes Dings: es ist ein Faß mit einem Mann darin, einem Jäger. Es ist noch kein Jahrhundert her, daß das Volk hier nur von Jagd und Fischfang lebte und die übrige Menschheit verachtete: *Bauerntölpel*! Wir werden vielleicht ein anderes Mal Gelegenheit haben zu erzählen, wie sie begonnen haben, sich auch dem Land zuzuwenden.

*

Und ich blicke nach oben. Der Morgen dämmert sehr langsam. Dort oben ist die Venus, losgelöst vom Himmel, sehr hell glänzend, wie ein Azethylenlicht. Da ist der Mond, der stirbt, und da ist eine bleiche Sonne. Es scheint, als sei das Weltall stehengeblieben.

Sie verstanden es, den Himmel zu betrachten, die Alten! Los, Venus, schrei! Der Sonnengott deckt deine Liebschaften auf! Und räche dich an der armen Pasiphaë, seiner Tochter. Die, an der Spitze des himmlischen Stiers, die feurigste der Plejaden sein wird. So beschrieben die Alten, indem sie den Menschen vergöttlichten, die sichtbaren Wechselfälle der geheimnisvollen Gestirne.

VON POMPOSA NACH FERRARA

Es kommt einem leicht der Gedanke an Libellen, die über das Wasser streifen, wenn man sieht, wie über der Lagune das Licht, das in Kürze ersterben wird, den Wind küßt. Diese Luft enthüllt in ihrer Durchsichtigkeit nun tatsächlich einen metallischen Regenbogen.

Auf dieser traurigen Via Romea ging Dante so oft.

Auf diesen Straßen mußte seine *Quaestio de aqua et terra* in seinem Geist kämpfen und präzise Gestalt annehmen.

Auf dieser Straße kehrte er von Venedig ein letztes Mal nach Ravenna zurück, nachdem er vergeblich die Sache des Friedens vertreten hatte. Das Fieber, das hier umging, hatte ihn gepackt, und er eilte mit klappernden Zähnen, verzehrt von der Krankheit, von Mesola nach Pomposa.

Ich weiß nicht, ob man auch in jener Zeit auf der Reise zu seiner Rechten die Valle Vallona und die Valle Giralda hatte, auch nicht, ob der Sand, der sie heute umgibt und in sie eindringt und wie Blindenfinger sucht, schon damals von einer Vegetation bedeckt war, die eine seltsame weinfarbene Koralle vortäuscht.

Und da ist der Glockenturm der Abtei von Pomposa, quadratisch, sehr hoch, eine außerordentlich schwere Lanze. Alles übrige, ebenfalls majestätisch: Kirche, Kloster, Palazzo della Ragione, wirkt wie in sich verkrochene Schäfchen zu Füßen dieses gewaltigen Aufschwungs. Der auch ein Zeichen von Hoffnung war und nachts an der Spitze erstrahlte wie ein Stern. Pomposa war in seiner üppigen Einsamkeit zwischen dem Meer und dem Land und kämpferischen Geschlechtern und Städten ein Ort, der sich gastlich allen öffnete.

*

Sie waren noch frisch, zu jenen Zeiten Dantes, kaum fertig gemalt, all diese Geschichten und Ruhmestaten an den Wänden der damals überfüllten Kirche und des damals gedrängt vollen Refektoriums.

Es war auch hierher derselbe Geist gelangt, der die Hand Giottos beseelt hatte, und auch der unbekannte Maler aus der Romagna hatte mit einer ihm eigenen Heftigkeit und einer ganz persönlichen Entschlossenheit den asketischen Visionen Natur und Zeit zurückgegeben.

Ob der müde Dante diese Bilder wohl gesehen hat, die seinen Überzeugungen gemäß ausgeführt worden waren?

Ob der sterbende Dante, als er hier vorbeikam, wohl ein letztes Mal den Gesang der Gebete nach jener Musik gehört hat, der von Guido Monaco in einer Zelle ebendieses Klosters Regel und Gesetz gegeben worden war und die er, um sich aus der Hölle und dem Fegefeuer seines glühenden Fleisches zu befreien und bis zu Beatrice emporzusteigen, mit soviel Willenskraft in seine Dichtung einströmen zu lassen versucht hatte?

*

Jetzt ist hier ein Hof mit einem Kommen und Gehen von Schatten, je nach Laune der Sonne.

Nachdem die Mönche fortgezogen waren, wurde es ein Ort für Heu, Karren, Hacken und Ochsen. Und haben nicht auch diese Dinge ihre Würde? Und wird dieses Monument nicht stets einen Eindruck ländlicher Einfachheit vermitteln, wie eine Landschaft, ein Haus oder eine Figur Giottos?

Aber in welche Verlassenheit ist es gestürzt!

Von den Fresken, die, bis zur Decke hinauf alles bedeckend, von blendender Schönheit waren, sind nur Stücke geblieben, grau von Staub.

Die Verlassenheit in der Kirche zwischen den Resten von Putz, gebaucht von den Jahren, ist so groß, daß ich einen Zeichner, der sich niederbeugt, um das Motiv des Fußbodens zu kopieren, für eine Ameise halte.

Und unter dem Staub, in der Verwüstung, was für Wunder sind da noch lebendig. Seht euch die *Taufe Jesu* an: Mit welcher Reinheit dringt ein warmer Hauch in die Nacktheit, und wie naturgetreu lösen sich die göttlichen Glieder, noch erstaunt über die Gabe, aus der langen byzantinischen Starre. An einem bestimmten Punkt weiß der Maler nicht, wie er seine Figur zum Gehen bringen soll, und er läßt sie die Beine fast im Tanzschritt kreuzen und den Drachen mit der

Leichtigkeit eines, der auch übers Wasser gehen könnte, zertreten, und die Figur bekommt ungewollt einen dramati-
schen Akzent mit ihrem Oberkörper, der steif bleibt wie ein
Baumstamm.

Seht euch das *Wunder des Heiligen Guido* an und sagt mir, ob
jemals ein moderner Stillebenmaler, Morandi ausgenommen,
mit mehr Zurückhaltung im Dekorativen und lyrischerer ver-
traut-einfacher Süße einen gedeckten Tisch wiederzugeben
vermag.

*

Die Seele fließt mir über in einer Hymne an die Natur, als
Ferrara wieder vor mir auftaucht. Ach, wie eingebunden in
die Jahreszeiten und verstrickt in die Tagesgeschicke des Jahres erscheint es mir mit einem Schlag. Eine Stadt scheinbar
ganz ländlichen Charakters, und werden nicht ihre Mauern
selbst, die so vielversprechend für die meditative Betrach-
tung sind, die so sehr zu ruhigen Spaziergängen unter Bäumen einladen, vom Land überklettert? Und tragen nicht
Nutz- und Ziergärten dem Stadtkern seine Daseinsberechtigung direkt ins Herz? Von diesen Mauern aus kann man den
Steinhaufen sehen, der, alles in allem, die Anstrengung – und
eine verzweifelte Anstrengung! – einer Stadt ist, drinnen und
draußen jedoch kann man auch die nackte Erde sehen, das
Gras, das sprießt, die Blumen, die sich öffnen, die Früchte,
die heranreifen, den Hanf, der sich golden färbt, und die
Frauen, die sich bücken, um ihn zu schneiden, trunken von
seinem Geruch und von einer unbarmherzigen Sonne.

*

Wie federt sie im Kiesbett ihrer Straßen! Straßen voller Leute, und von Frauen und Mädchen, die mit dem Fahrrad unterwegs sind, und ich gestehe euch, daß am Morgen ein alter
Satyr immer noch angerührt werden kann beim Anblick eines frischen Bauernmädchens, das in die Pedale tritt.

*

Seitdem Ercole 1492, fast vier Jahrhunderte vor den großen
Städteplanern, die Erweiterung der Stadt mit dem Teil in Angriff nehmen ließ, der *Terranova* genannt wurde und immer
noch den Namen *Addizione Erculea* bewahrt, hat Ferrara

große Alleen, die endlos sind oder, besser, in einem Sich-Ver-
dichten von Stille und Pflanzen, meist Ulmen und Pappeln,
enden.

Doch wie soll man erklären, daß die Stadt, obwohl sie sich
mit soviel »Wonne« dem Humanismus anschloß, die Epik
des Mittelalters »humanisierte«, sie in die antike Atmosphäre
und in die Klugheit und in die immer neue Anmut ein-
schmolz? Von hier stammt ein Savonarola, der intoleranteste
Vertreter einer eisernen Epoche.

*

Kommt Ferrara von *ferro*, Eisen? Oh, ich weiß wohl, daß
man tausend Etymologien dafür gefunden hat, und jene fröhlichen Comacchier behaupten, es sei von Ferrau oder Ferrao
gegründet worden, dem Urenkel Noahs, um durchblicken zu
lassen, daß sie es gegründet haben.

Doch *ferro* überzeugt mich.

Hier haben sie keinen eigenen Stein, und wenn der Bau
nicht aus Ziegeln ist, greifen sie zum Marmor aus Verona
oder zum Stein aus Istrien. Man muß sehen, was hier der gebrannte Stein bedeutet, wenn er das Viereck eines Fensters
umschließt oder den schlanken Bogen eines Eingangs. Die
Architektur bewahrt stets eine ihr eigene stolze Nacktheit,
und die seltenen Verzierungen, aus demselben Material und
in derselben Farbe wie das übrige, führen gemeinsam die of-
fensichtliche Qual einer Verschmelzung bei starkem Feuer zu
seltener Eleganz.

Und ich weiß nicht, sogar die Natursteine – zum Beispiel
die Greife und die Löwen am Eingang zum Dom – wirken
wie etwas, das bis zur Entfärbung gebrannt wurde, und wie
Zähne, die zerbrochen sind bei dem Versuch, es einzu-
kerben.

*

Wer sich eine Vorstellung von einer bestimmten, gleichblei-
benden Wahrheit von hier machen möchte, der sehe sich das
Kloster von San Romano an: Er wird zwei niedrige Säu-
lengänge sehen, er wird sich wie in einer Katakombe, einer
Krypta fühlen; und ein dritter, hoher, Säulengang wird ihm
das weite Gefühl vermitteln, unter freiem Himmel zu atmen.
Auch die Stadt ist auf diese Weise gebaut: Wie ein Bär

scheint sie aus den Höhlen der Via delle Volte hervorzu-
kommen, und sie reicht bis zum phantastischen Himmel des
Corso dei Piopponi.

*

Ich weiß nicht, ob ich es gelesen habe oder ob es mir erzählt
wurde oder ob ich es erfinde, aber es scheint, als habe Ariost
selbst einen eigenen Garten angelegt und die Pflanzen so wenig in Ruhe gelassen, ungeduldig, sie blühen und Früchte
tragen zu sehen, daß sie ihm niemals Blüten und Früchte
brachten. Es gab die Blüten und die Früchte seiner Dichtung,
und mit ihnen konnte er sich zufriedengeben.

Das wollte ich sagen (und man sieht es gut in der ferraresischen Malerei: einer großen Malerei!): Der Eindruck,
den diese Stadt auf mich macht, ist derjenige einer Finsternis
der Natur, die stets sich selbst treu und ungeduldig ist und die
ihr Gleichgewicht in einem unaufhörlichen Sich-Regen und
Fliegen der Phantasie findet.

*

Wenige Schritte vom Hotel entfernt, in dem ich wohne, steht,
am Corso Giovecca, das Hospital von Sant'Anna. Es geht
alles drunter und drüber, da die Räume gerade umgebaut
werden: Ich glaube, alle jungen Italiener, die sich als Flieger
bewerben, müssen sich hier zur medizinischen Untersuchung melden. Ich glaube nicht, daß Tasso in ebendem
Haus, in dem er soviel leiden mußte, eine bessere Wiedergutmachung hätte erhoffen können.

Lassen wir die romantischen Übertreibungen beiseite,
und also auch Byron, der sich, »um die Eindrücke Tassos zu
empfinden und zu begreifen«, in einer Art Loch im Erdge-
schoß einschließen ließ; man zeigt es heute noch, und ich
habe es gesehen mit seinem Eisengitter und mit seiner niedrigen Tür: Vielleicht war es eine Arreststube, in der Tasso
möglicherweise niemals gelebt hat.

Die Wahrheit ist, daß Tasso, der durchaus nicht wahnsinnig war – und seine ganze Korrespondenz aus jener Zeit beweist das unwiderlegbar –, sieben lange Jahre als ein solcher
behandelt wurde, nur weil er geschrien hatte, er könne es
nicht mehr aushalten, wozu er vielleicht Grund hatte. Gewiß
nahmen die Este zu jener Zeit Rücksichten auf ihn; doch es

wurden ihm die Tröstungen der Religion verweigert, da er als Wahnsinniger außerhalb der Gnade Gottes stand; seine Werke wurden gedruckt, ohne daß er sie hatte durchsehen können und ohne daß seine ständigen Änderungen im geringsten berücksichtigt wurden; man erlaubte ihm nicht mehr, auch nur einen Schritt ohne strenge Überwachung zu tun. Und wenn es etwas gibt, worüber man sich wundern kann, dann, daß er nach sieben so grausamen Jahren nicht wirklich wahnsinnig wurde.

Als Montaigne – Michiel di Montagna – durch Ferrara kam, suchte er ihn auf, und bei dieser Gelegenheit lernte er, wenn ich nicht irre, jenen Ferrareser Gerolamo Naselli kennen, der sein erster italienischer Übersetzer wurde.

FLANDERN UND HOLLAND

1933

ANTWERPEN VON EINEM
WOLKENKRATZER AUS GESEHEN

Was ein Fluß ist, was für eine Straße er sein kann, wie menschlich es ist, an seinen Ufern eine Stadt zu gründen, das sieht man an anderen Orten; ich habe es deutlich gesehen, als ich die Schelde betrachtete, die angelegt wurde, um zwischen Binnenländern und fernen Meeren so viel Unternehmergeist zu bewegen.

Ich habe auch deutlich gesehen, wie die menschliche Geschichte vom Leben der Erde abhängen kann und wie es in unserem unablässigen Kampf mit der Natur immer wieder Beweise dafür gibt, daß *der Mensch denkt und Gott lenkt.*

Erinnert euch an jene Verse aus dem *Inferno,* in denen von den Flamen die Rede ist, die zwischen

> *[…] Guizzante e Bruggia,*
> *temendo il flotto che 'nver lor s'pavventa,*
> *fanno lo schermo perché 'l mar si fuggia.*

> ›[…] Wissant und Brügge,
> die Sturmflut fürchtend, die sich auf sie stürzt,
> ihren Damm dem Meer entgegenstellen.‹

Nun, dieses Eindämmen war zuviel, der Zwin versandete, seine Mündung ist nur noch eine jener Salzwiesen, die allerdings einmal, als ausgezeichnete Weiden, den Erfolg der flandrischen Wollindustrie bestimmten. Mit dem Sterben des Zwin erlebte Brügge seinen Niedergang, und die Kaufleute aus den Städten der deutschen Hanse, die dort ihre Haupt-lager hatten, die Venezianer und die Lombarden, welche die Waren aus Italien und dem Orient dorthin importierten und von dort jene aus Norddeutschland und das Getreide, das vom Baltikum eintraf, exportierten, die Kaufleute aus den siebzehn Staaten, die dort Handel trieben und alle Vorrechte genossen, verließen es einer nach dem anderen und ließen sich, das war nur natürlich, an der Schelde nieder; auf diese Weise erlebte Antwerpen im 16. Jahrhundert seine erste Blüte. Doch schließen wir unmittelbare Bekanntschaft mit dem Fluß.

Wer auf das Torengebouw steigt – es gibt dort einen Aufzug, und aus diesem Grund ist er den Kirchtürmen vorzuziehen –, wird im vierundzwanzigsten der sechsundzwanzig Stockwerke dieses Wolkenkratzers – der erste, der in Europa erbaut wurde, die Antwerpener legen Wert darauf, in dieser Hinsicht den Rekord zu halten, vielleicht, um einer für sie typischen Tradition des Riesenhaften zu entsprechen – auf einer riesigen Caféterrasse zwischen Fernrohren auf Stativen nicht eine lebendige Seele finden, mit Ausnahme – und ihr werdet zweifeln, ob es lebt – eines Männleins im *tight*, das an einem der Tische sitzt und versunken liest, wobei es – es ist weitsichtig – das Buch mit gestreckten Armen hält.

Warum es auch die Beine ausgestreckt hat – wer weiß?

Das Männlein, dem ihr in Gedanken bereits die Rolle des Professors in einer Puppentheateraufführung zugewiesen haben werdet, hat euch schließlich bemerkt. Es wird aufstehen – ich sage nicht knirschend, weil das meine Halluzination gewesen sein mag – und näherkommen, mit dem Ausdruck dessen, der dem Universum ein weiteres *Heureka!* zuzurufen hat, um euch Beschreibungen der Stadt und Postkarten anzubieten. Wenn ihr nach dieser komischen Erscheinung die Aussicht betrachtet, werdet ihr nicht über die Größe der Gespenster klagen, die ihr anfangs unvermeidlich sehen werdet. Da muß Zauberei im Spiel sein – und obendrein ein Spaßvogel, werdet ihr sagen –, wenn ich die Häuser stoßweise herauskommen sehe, schwankend, wie in einem Sturm.

Alles ist wieder an seinen Platz gerückt.

Zum Meer hin werdet ihr das Tal von Vlaamse Hoek sehen, das sich in seiner finsteren Vegetation entfernt, eine düstere und nicht weniger rauhe und abstoßende Weite im Flimmern eines gleißend hellen Horizonts. Plötzlich wird, auf halbem Weg vor der Stadt, dieses Tal sich von einer alten in ihre Gräben versunkenen Festung in die malerischen Steine des alten Dörfchens Sint Anna werfen und sich mit ihm spiegeln. Auf der linken Seite der Schelde sind das die einzigen sichtbaren Häuser.

Das Meer ist weit weg, 88 Kilometer entfernt, und das

Schiff, das ihr jetzt hinauffahren seht, ist von Vlissingen hereingekommen. All seinen Anstrengungen und seinem Ehrgeiz zum Trotz wird es Vlissingen nicht gelingen, etwas anderes als ein Zufluchtsort von Fischern und ein Markt für Meerspinnen zu sein, doch mit ihm liegt die Mündung der Schelde auf holländischem Gebiet, die Schlüssel von Antwerpen sind in holländischer Hand. Es gibt natürlich Abkommen. Was uns nicht davon abhält zu vergessen, daß, als Holland mächtig wurde, als jugendlicher Ungestüm es jedes Joch abschütteln ließ und es auf alle Straßen der Erde trieb und Amsterdam und Rotterdam von einem Tag zum andern Ansehen und Macht erlangten, der Westfälische Friede den Fluß abriegelte. Und diejenige, die unter Karl V. die Prächtige unter den christlichen Städten gewesen war, verfiel zwischen 1648 und 1795 so rasch, daß sie von 100 000 Einwohnern auf wenig mehr als 35 000 schrumpfte.

Wenn ihr dann die Augen schweifen laßt, werdet ihr die Stadt sehen, die ein fast regelmäßiges Quadrat ist, an der östlichen Seite und an der südlichen, sowie zum Teil auch an der nördlichen von Basteien umschlossen, die jetzt vom Gras der Verwilderung überwuchert sind. Es ist ein Band teuren Grüns, das erste Zarte, das ich sehe, und dafür seien sie bedankt.

Es sind die Festungen, die als uneinnehmbar galten und die nicht einmal die Zeit hatten standzuhalten.

Ich betrachte erneut das Tal.

Es sind Orte – ich habe schon darauf hingewiesen –, wo es nicht schwer ist, auch mit den Augen der Phantasie zu schauen, wo nicht wirklich ein Wunder nötig ist, damit ich mich in einen der ersten Tage des Oktobers 1914 versetzt fühle und mich unten im Tal befinde, mitten in einem Exodus wahrhaft biblischen Ausmaßes. Ich bin unter die gesamte Bevölkerung von Antwerpen geraten, 200 000 Personen, die, beladen mit den Habseligkeiten, die sie in Sicherheit hatten bringen können, auf Anordnung der Militärbehörde in langen Reihen nach Norden zogen.

Und trug nicht einer der Flüchtlinge unter seinen wertvollsten Habseligkeiten seinen Käfig voll mit Brieftauben? Oh, ich beginne, dieses Volk zu mögen. Das Volk eines Hafens, ein Volk, das Sinn hat für Raum und Abenteuer und Gefallen an der Orientierung und den langgehegten Traum von der Rückkehr nach Hause. Und wenn einer all diese

Dinge nicht oder nicht mehr selbst erfahren kann, züchtet er eben Brieftauben. Sie lassen sie fliegen, wie andere Pferde laufen lassen. Und die Taube, die fliegt, wohin man ihr gesagt hat, daß sie fliegen soll, und die als erste mit dem Zeichen für den erfüllten Auftrag am Fuß zurückkehrt, löst unter den Leuten den gleichen Jubel aus, in den anderswo die begeisterten Anhänger von Dempsey ausbrechen.

Die Bevölkerung von Antwerpen gelangte so gut und so schnell es irgend ging nach Holland. In der Zwischenzeit erwartete die menschenleere Stadt den Feind.

*

Die Stadt Antwerpen ist zur Gänze allein auf der rechten Seite des Flusses gewachsen. Ich glaube, sie wird sich jetzt auch auf der anderen Seite ausbreiten können, da sie endlich das Recht dazu von der Provinz Ostflandern erhalten hat. Aus der Höhe, in der Gesamtansicht, zwischen der schlüpfrigen Glätte ihrer Häuser, deren Fassaden mit weißer Ölfarbe gestrichen sind, der rußigen Schwärze der alten Gebäude, die auch die Stille von Viereckhöfen haben, die von oben wahrhaftig wie Grabesstille wirkt – und dem Aussatz, mag er auch prachtvoll sein, der Ziegel und Schieferplatten mit Moos überzieht, dem Chaos, das in unmittelbarer Nachbarschaft der »fernöstliche« Jugendstil des Bahnhofs »ganz aus Eisen«, die Gotik so vieler gleichwohl eleganter Denkmäler und der verschwenderische, von den Jesuiten hemmungslos ausgestreute Barock hervorbringen, und jenem neuen Viertel der Wohlhabenden, jenen Schachteln, mit denen in seinen kümmerlichen Gärten ein unsichtbarer Lausbub Fußball zu spielen scheint –, diese ganze Mischung scheint mir dem Auge keinen glücklichen Anblick zu bieten.

*

Der Fluß – kehren wir zum Fluß zurück –, angeschwollen von seinen gelblichen Wassern, die sich so weit das Auge reicht mit einer Amplitude von 4,20 Metern, noch ein gutes Stück oberhalb von Antwerpen vermischt mit dem Meer, im Atem der Gezeiten heben und senken, die, zum Meer hin, über die Ufer treten – über eine Breite von 60 Kilometern –, die immer noch ein Bett von 310 bis 560 Metern haben werden, wenn sie sich, ins Innere strömend, verengt haben werden, noch immer

in der Lage, selbst bei Ebbe Schiffe mit einem Tiefgang von
8 Metern zu tragen – die Schelde macht im Norden eine jähe
Krümmung: dort erhoben sich die ersten Häuser von Antwerpen. An der Spitze der Stadt, gleichsam ihre Krönung, ihre
gesamte obere Seite einnehmend, wurde der neue und bedeutendste Teil des Hafens angelegt: ganz Werk des Menschen, ganz Frucht von Kanälen und Dämmen und von Gefäßen – oder Becken, oder Wannen, wie ihr wollt. Von oben
gesehen macht dieser Teil, im rechten Winkel zum bereits un-
verhältnismäßig großen Hafen, welcher der Fluß ist, dessen
6 Kilometer Bänke er verlängert, einen merkwürdigen Eindruck. Man meint ein Schachbrett aus Blasen zu sehen. Und
wenn man die Wannen beharrlich immer wieder betrachtet –
ich sage euch, es gibt in dieser Gegend einen Bösewicht mit
Zaubertränken –, zerfallen sie in ihrem groben Zuschnitt im
Gewimmel, das sie einhüllt, in Riesenmücken unter Glas.

Ich fahre hinunter, und wenn man von unten nach oben
blickt – ist da immer noch der Zauberer? –, wird man zum
Maulwurf, der nach einem Loch sucht, um darin zu verschwinden – nicht so sehr wegen der gewaltigen Größe des
Wolkenkratzers, sondern weil er, ohne Ausweg in einer
Straße eingezwängt, gar nicht anders kann, als euch zerquetschen zu wollen.

Ist es möglich, daß sie sich nicht gedrängt sahen, jene
Mauern ungeheuer zu machen? Abgesehen von den unteren
Stockwerken, die durch jenen bereits erwähnten Antwerpener Jugendstil verdorben sind – und es gibt, da könnt ihr
sicher sein, nichts Gräßlicheres –, erheben sie sich grobschlächtig in Begleitung einer nackten Masse von Fenstern
mit einer Wucht, die alles andere als bar jeder Majestät ist.

*

Und was soll ich an einem weiteren Tag anderes mit euch
unternehmen, als den Hafen aus der Nähe zu besichtigen?
Nichts auf Erden vermittelt besser das Ausmaß der menschlichen Träume. Ängste, Ängste, Hoffnungen auf Reichtümer,
Entdeckung von Unbekanntem, entblößte Beklemmungen,
besiegte Demütigungen, in Kühnheiten verwandelte Energien, Verjüngung von Gemütsbewegungen, wohlwollendere
Gesichter – was sonst verspricht euch ein Hafen? Das Herz
weitet sich nur beim Gedanken an neues Leben.

Und deswegen ist der herzzerreißende Schrei der Sirene einer der Schreie, die am längsten widerhallen in den menschlichen Echos.

Was mag sie wohl anderes sagen, als daß die Zivilisation niemals genug hat von Verzauberungen und Enttäuschungen?

DIE SCHIFFE IM SERAIL

Wille

Ein großer Hafen hat immer – wie soll ich sagen? – ein Hinterzimmer, ein Vorzimmer, eine Sackgasse, und ist immer ein Ort, der alle Arten von Winden mischt, ein wahres Königreich des Volapük, ein blindes Ding auf der Erde, das keine Heimat mehr hat und keine Luft. Es kann ein Ort breitester Straßen sein – immer sind es Gäßchen. Sie mögen einer höllischen Sonne ausgesetzt sein – sie bleiben unterirdisch und nächtlich. Sie haben Licht hinter einer Fensterscheibe und einer verblichenen Gardine.

Sie winden sich mit ihrer Geruchsmischung aus Hering, Schimmel und Essig.

In einem Staub aus dem Schutt aller Dinge, der die Kehle austrocknet, gehört zu ihnen immer, überall gleich, das Im-Kreis-Rennen einer Maus in der Falle.

*

Schwere Lastwagen mögen vorbeifahren, oder torkelnde Straßenbahnen, oder jene Karren der Verladearbeiterzunft, die so alt ist wie die der genuesischen Hafenarbeiter – jene länglichen Karren, hyperbolische Dackel, mögen vorbeifahren und, von majestätischen Brabantern gezogen, ihren Höllenlärm machen –, dir werden nur Überdruß von Leierkästen, Seufzer von Ziehharmonikas, ein Knirschen von Grammophonen und, aufschießend aus dieser dumpfen Begleitmusik, das näselnde Heulen des Radios, nicht weniger schwermütig, brutal und wunderbar als Sirenengeheul, Eindruck machen.

Du wirst spüren, wie der Schatten der Trunkenheit und des Hasses an den Mauern entlangstreift.

Hier liebt man? Hier tötet man?

Du wirst dich an den Tisch einer Kneipe setzen, eine Flasche *Stout* bestellen und durchaus nicht überrascht sein zu hören, wie heisere und unglaublich dicke Frauen mit Matro sen jeder Sprache eine Unterhaltung anbändeln.

Doch wenn unversehens der Hafen vor dir liegt, wirst du ihn nur noch von menschlicher Intelligenz sprechen hören. Ein Hafen ist beinahe unmenschlich, so rational ist er, so gewalttätig und trocken ist seine geometrische Strenge. Doch es gibt auch den Schweiß: all die behaarten Brustkästen und Muskeln, die sich anspannen, die Rücken, die sich beugen, um ein Seil zu ziehen, und die Beine, die sich stemmen, und all das Keuchen und Brüllen, und der, der dort hinaufklettert, ganz hinauf, um eine kleine Laterne anzubringen ...

Berechnung, Disziplin, Kraft, kalter Zement, kaltes Eisen ... Weder Zauber noch Enttäuschung: Wille, Wille, Wille!

Gewiß, Wille ... Aber es gibt auch den Schweiß und Kämpfe und Hoffnung ...

Gibt es Willen ohne Glauben? Könnte es Werke ohne Mühe und Leidenschaften geben?

Dieser Hafen, siehst du, ist auf Beschluß Napoleons wieder zum Leben erwacht. Die ersten Becken hier – oder Wannen oder Gräben oder Formen, wie man sie zutreffender nennen müßte –, das *Bonapartedok* und das *Willemsdok*, siehst du, die hat er anlegen lassen, und er hat die Anlage der Uferbefestigungen längs der Schelde befohlen. Kannst du dir einen Napoleon ohne Glauben und ohne Leidenschaft vorstellen? Ohne Träume?

Kannst du glauben, daß die Afrika-Speicher und die Australien-Speicher, das Amerika-Becken und das Asien-Becken und das Becken für Hölzer und im Süden, hinten am Fluß, das Becken für Ziegel, das Becken für Kohle, all diese Becken und Speicher zwischen den Furchen so vieler Schienen, diese *doks*, wie du sagen würdest, um Freund Monelli zu ärgern, diese Becken mit ihren zwei- bis dreihundert Schiffen, die sie aufnehmen können und die emporragen über einem Labyrinth von Straßen im Winter ihres Mastwerks, diese Speicher mit den Tonnagen und Abertonnagen, die sie aufnehmen können – kannst du glauben, daß all dies ohne Glaube, Leidenschaften und Träume gewachsen ist?

Und als der Glaube und die Leidenschaften und die Träume eine blinde Gewalt gegen sich hatten, wurde da dieser Fluß nicht abgeriegelt? Schien diese Stadt da nicht zum Tode verurteilt?

Und wenn du bedenkst, daß durch seinen Handel mit der

gesamten Welt dieser Hafen 1913 einen Umschlag von 7056
Schiffen mit einer Tonnage von mehr als 14 Millionen Tonnen erreicht hatte und daß er 1927 auf beinahe 12 000 Schiffe mit einer Tonnage von fast 24 Millionen Tonnen gestiegen
war – wenn du heute auch hier das Leben sehr verlangsamt
siehst, liegt das nicht vielleicht daran, daß Glaube, Leidenschaften und Träume nicht mehr die Triebkraft von einst haben? In diesem Reich der Statistik, in diesem Hauptquartier
der Wirtschaft, in diesem riesigen Hafen, spürst du da nicht,
daß die Mittel träge werden, wenn die Zivilisation den Kopf
verliert, wenn nicht große Ideen und große Gefühle sie be-
seelen? Was nützt alle Berechnung, du siehst es ja, wenn man
nicht träumt ...

Der Hafen am Fluß

Hier hat es ein Dorf gegeben; erbarmungslos hat man es um-
geworfen, und seine Trümmer sind die erste feste Masse in
der weichen Erde gewesen, auf der dieses erste Becken entstanden ist, auf das du stößt. Siehst du, dort unten, auch jene
beiden Dörfchen sind verurteilt ...

Die Häfen, die mir vertraut sind, derjenige Alexandrias,
der Neapels und derjenige Genuas, sind Häfen am Meer, Häfen des Mittelmeers, und zu allen Jahreszeiten haben sie ein
Licht und eine reiche Betriebsamkeit des Wassers. Sogleich
erscheint dir gemildert, was du jenen beinahe unmenschlichen Aspekt der Häfen nanntest. Und außerdem sind sie
erfüllt von einer herzlichen Menge, Kinder und Alte oder
Frauen, die dich alle kennen, ohne dich jemals zuvor gesehen
zu haben, mit denen du dich, aus welchem Land du auch
kommst, sofort im Einklang befindest.

Meer ist Meer, auch eingezwängt in einen Hafen ist es
nicht eine Reihe von Becken mit totem Wasser. Bei Flut öffnet sich der schmale Durchgang: »Meine Herren Schiffe,
kommt nur herein«, bei Ebbe schließt er sich, und die Schiffe liegen dort, zu Riesen geworden im engen Raum eines
Beckens. Dieser Hafen liegt zum Teil auch am Fluß, aber
selbst ein breiter Fluß wie dieser ist zu klein für ein Schiff.

Und dies ist ein Eindruck, den Antwerpen schon auf mich
gemacht hatte, als ich es vom Wolkenkratzer aus betrachtete:

Ich weiß nicht, was hier in der Natur der Dinge selbst an Übertriebenem liegt, ich weiß nicht, was hier in den Beziehungen zwischen den Dingen danach strebt, sie übermäßig zu verkleinern oder zu vergrößern. Anläßlich der flämischen Kunst werde ich Gelegenheit haben, die Schwierigkeit aufzuzeigen, die sie haben, Natur und Phantasie in Einklang zu bringen. Und wie sie dies nur durch Halluzination oder Ekstase oder Humor erreichen: durch Exzeß; was es ihnen beinahe unmöglich macht, zwischen objektiver Welt und eigener Welt einen Punkt zu finden, der nicht theatralisch wäre. Vielleicht sind aus diesem Grund die Personen ihrer Werke alle so rettungslos in sich verschlossen, in einer Landschaft, die für sie schlimmer ist als ein Feind, gleichgültig nämlich: Natur diese, verzweifelte Ausgeburt der Phantasie jene. Doch über Bruegel den Älteren werden wir ein anderes Mal sprechen.

Friedhofseindruck

Einer der Eindrücke, welche die Zone der Becken vermittelt, ist der eines Friedhofs mit – ist es noch nötig, dieses Adjektiv zu gebrauchen? – riesigen Grabmälern. Und die Anlage – es handelt sich natürlich um den größten hydraulischen Kran der Welt, um den größten elektrischen Lastenaufzug der Welt, der gut hundertzwanzig Tonnen hebt, und so weiter, und so weiter – mag – gewiß bedarf es dazu ein klein wenig Phantasie – ins Leere ragende Kreuzungspunkte von Trostlosigkeit heraufbeschwören. Arme, Arme, schmuckloses Eisen von Armen, die hin und her schwenken, sich begegnen, sich hoch ins Leere recken.

Aber der Friedhofseindruck verdankt sich auch den wenigen Leuten, die man hier antrifft. Mag sein, daß dies mit dem infolge der Krise verlangsamten Leben zusammenhängt, mag sein, daß es auch an der unermeßlichen Ausdehnung der Zone liegt.

Wenn du dann einem begegnest, einem aus der Zunft der Verladearbeiter mit seinem Karren, oder einem aus dem Volk, beobachtet er dich mit solcher Härte, daß die Trostlosigkeit sich dir unsäglich verstärkt.

Du bist schon in dieser Gegend gewesen und meinst dieses Volk zu kennen: Seit vielen Jahrhunderten steht es in

Handelsbeziehungen mit allen Nationen der Welt, doch alles, was nicht flämisch spricht, ist ihm zuwider. Es mag auch Klassenhaß sein – mögen sie nun spanisch sprechen wie einst oder französisch wie heute, die Reichen hier sprechen nicht die eigene Sprache –, mir scheint es eher instinktiver Patriotismus zu sein. Ein Volk, so nah noch am Instinkt. In den Beziehungen zu den Frauen beispielsweise ist seine Sprache von übertrieben roher Schlüpfrigkeit, was durchaus nicht seine Befangenheit kaschiert, etwas anderes auszudrücken – und eben das möchte es – als die Heftigkeit seines Verlangens. Und hier könnte man im Keim jenen schmerzlichen Zwiespalt zwischen Phantasie und Natur erkennen, der sich in der Kunst zeigte.

Pferde

Jene Gäule vor den Karren der Verladearbeiter sind wirklich etwas Schönes. Sie sind – wie soll man das Wort vermeiden – riesig. Außergewöhnlich sind auch ihre Eleganz und ihr Feuer. Sie haben ein Fell, wie ich es noch nie zuvor gesehen hatte. Es gibt da blonde Schecken, von einem blonden Rosa, unwahrscheinlich. Und die Formen? Ich versichere dir, Rubens Akte haben keine üppigeren Rücken. Mit solchen Tieren zeugten die Giganten der Antike die Kentauren.

Und wenn die Nacht kommt, und die Rüssel, die das Korn aufsaugen und es anderswo aufbewahren, und die tausend Arme aus Eisen, die mit größter Leichtigkeit die Lasten greifen und hochheben und absetzen, und der *coal-tip*, der die Kohlenlast gleich mit dem ganzen Waggon hochhebt und von oben den Waggon ins Schiff kippt und ihn leer wieder an seinen Platz stellt und einen anderen nimmt, und im Reparaturdock das kranke Schiff, versteinertes Vogelskelett oder Basrelief eines Sarkophags, und das Verschieben von Brücken und die seltenen Passanten – wenn jedes Ding in das Helldunkel eines Wirbels von Lichtern tritt und du deutlicher denn je dieses rhythmische Lärmen von fallendem Eisen, von fallendem Holz hörst, das der kleine bedrängende Lärm der Häfen ist, dann nimmst du den Weg am Fluß, gehst zur Anlegestelle, wo einst, auf dem Weg nach Amerika, mehr als 100 000 Auswanderer an Bord gingen, aus Ungarn, aus

Rumänien, aus Bulgarien, aus Rußland, aus den Ghettos. Als nach dem Krieg die Auswanderung gestoppt wird, treibt der Wind die Juden immer noch hierher. Sie bleiben rund um ihre damaligen Hotels hinter dem Hauptbahnhof, und sie sind schon mehr als 50 000 und bewohnen bereits ein Sechstel der Stadt. Wir werden darauf zurückkommen.

Die Nacht erfüllt ein Geruch von Kartoffeln und frittierten Muscheln und von Muschelsuppe …

BRUEGEL DER ÄLTERE

In den Jahren um 1100 lebte hier ein Mönch, ein Teufel von einem Mönch, der auf den Namen Tanchelm hörte. Knall auf Fall erklärte er, es sei an der Zeit, Geist und Fleisch miteinander auszusöhnen. Stellt euch selbst vor, ob das eine gute Nachricht war. Die Frauen verliebten sich alle in den Narren, und dreitausend Männer, die ihn stets mit gezücktem Schwert begleiteten, waren bereit, für ihn zu sterben. Da erschienen ein paar jener Mönche auf der Bildfläche, die keinen Spaß verstehen, es kam zu einem Tumult, und Tanchelm ging zum Teufel mit einem Dolchstich im Hals.

Vierhundert Jahre später brachte Elis der Dachdecker jene Vorstellung fröhlichen Lebens, die in Brabant umzugehen niemals aufhören wird, wieder ans Licht, und unter den Bootsleuten und den Leuten vom Land fand er eine stattliche Anzahl von Anhängern. Es waren junge Burschen und Mädchen, und weil sie Holzpantinen trugen, nannte man sie *Kloeffers*. Da wurde der Inquisitor Robert der Bulgare entsandt. Er ließ ein großes Feuer entfachen, ließ ihnen – was nicht leicht war – die Holzpantinen ausziehen und die Füße rösten. Die alten Dokumente sprechen von einem stolzen und edelmütigen Widerstand, so sehr waren sie von der Schönheit ihrer Idee betört.

*

Das Mittelalter ist vielleicht die Zeit der größten geistigen Einheit Europas. Aber es gibt Mittelalter und Mittelalter. Ein Orcagna arbeitete es mit einer ganz anderen Kunst auf als ein Bosch. Doch man verstehe das diesmal nicht in dem Sinn, daß das Werk eines Künstlers so von seinem persönlichen Leben erfüllt ist, daß es sich nicht mehr wiederholen kann, daß es für immer einzigartig bleibt und daß ein Raffael oder ein Giotto niemals zurückkehren, selbst wenn noch größere Maler kommen; ich denke vielmehr an die Natur,

die sie entscheidend prägte, an ihr Blut, das doch so wenig
von der Zeit abhängt.

Ein Jahrhundert trennt sie: Orcagna ist aus dem 14. und
Bosch aus dem 15. Jahrhundert. Das zählt nicht; was zählt, ist
jenes schwermütige Gefühl menschlicher Schwäche, das die
Stärke Orcagnas und der ganzen italienischen Malerei ist,
das wir auch in den Visionen der Verdammten Dantes wiederfinden und immer dann, wenn ein italienischer Dichter
Leidenschaft in seine Gesänge legt. Es liegt in diesem Gefühl,
das der besten Kunst des Mittelmeers zu eigen ist, ich weiß
nicht welche Richtigkeit des Maßes, die den Ausdruck stets
harmonisch erscheinen läßt.

Ja, werdet ihr mir entgegnen, und Jan van Eyck?

Wir sind immer noch in Antwerpen, und heute möchte
ich zu euch über die Schule von Antwerpen sprechen, und
van Eyck ist Brügge.

Sehen wir uns doch Jan van Eyck an. Hier habt ihr die
Madonna des Kanonikus Van der Paele (Museum von Brügge).
Es sind fünf Figuren. Vier – ein Bischof, ein Krieger, die Madonna mit dem Kind – bleiben im Bild absichtlich imaginär.
Wenn Piero della Francesca sich beispielsweise einen Heiligen vorstellt, vergißt er niemals, daß er, um ihn vor dem
menschlichen Empfinden zu rechtfertigen, beim Malen ein
Gleichgewicht zwischen der Idee der Heiligkeit und einer
richtigen Person aus Fleisch und Blut wird finden müssen.
Um dieses Gleichgewicht zwischen Wirklichkeit und Phantasie kümmert sich die flämische Malerei nicht.

Die fünfte Figur, auf einer Seite auf einem Schemel kniend
so außerhalb des Bildes, daß sie sich inmitten der Touristen
zu befinden scheint, die im Saal herumlaufen – ist der Kanonikus.

Lassen wir die Brille auf dem Brevier und all die aus-
schmückenden Details beiseite – die flämische und die holländische Malerei sind davon besessen – und betrachten wir
das Gesicht, das, im Gegensatz zu den anderen, in einer atemlosen Suche nach Wahrheit, nach Naturtreue gemalt ist: Für
die Runzeln geht er mit dem Pflug über die Wangen; er verweilt, als könne er sich nicht davon trennen, auf den Adern
der Schläfen – litt er unter Arterienverkalkung, der Kanonikus? –, er martert rings um die Augen herum die Krähenfüße
und die Tränensäcke. Das ist es: martern, jenes arme Fleisch

martern, bis, da er zuviel Natur hat hineinlegen wollen, nichts im Bild zurückbleibt – ja sogar daraus hervorspringt – als ein Phantom: ein Inkubus oder sogar ein fingierter Inkubus. Man übertreibt im Strich der Zeichnung, um einen Charakter zu finden, und verliert dabei aus dem Blick, daß das Besondere in der Kunst nicht zur Natürlichkeit findet, wenn es nicht in Gestalt des Allgemeinen behauptet wird.

Auch Bosch ist nicht aus Antwerpen, doch er kommt aus der Gegend. Er lebte und starb, ohne es je zu verlassen, in 's-Hertogenbosch in Nordbrabant, heute auf holländischem Boden.

Bosch fand großen Anklang in Antwerpen, und das ist es, was wir heute wissen wollen. Er gefiel auch den Spaniern sehr, mit denen dieses Volk so viele Verbindungen hat: Goya wird sich daran erinnern.

Und wir wollen heute auch wissen, daß Bruegels erste Werke, entstanden im Auftrag seines zweiten Lehrers, des Druckers volkstümlicher Bilder, Hieronymus Cock, Zeichnungen für Holzschnitte waren, und zwar nach Gemälden von Bosch.

Wir haben es an den Ereignissen um Tanchelm und die *Kloeffers* gesehen, wir könnten es in seinen Mystikern sehen – hier sind sie Mystiker übrigens auch in der heftigen fleischlichen Begierde – und beginnen gerade, es in seiner Malerei zu sehen: dieses Volk scheint Natürlichkeit nur in seinen Exzessen zu finden. Und so bestünde seine Größe und die seiner Kunst also in einer Häresie: in der Unmöglichkeit, sich im Ausdruck seiner Phantasie zu mäßigen. Mit einer äußerst genauen Beobachtungsgabe begabt und mit überaus geschickten Händen, unvergleichliche Handwerker, erschufen sie schließlich, sie in heftige Bewegung versetzend – wie schon die Schreiber in den Initialen der Meßbücher und dann die burgundische Bildhauerschule, deren Wurzeln in der flämischen Kunst liegen –, indem sie, in dem Wunsch, in ihren Höllen die Laster darzustellen, eifrig die Menschen und die Tiere studierten, insbesondere hinsichtlich ihrer absonderlichen und lächerlichen Seiten, eine vollständige Welt unwahrscheinlicher Ungeheuer: Menschen ohne Oberkörper, deren Kopf auf den Beinen sitzt, menschliche Gesichter mit Fledermauskörpern, Tiergesichter und bis zum Skelett abgemagerte menschliche Arme und Froschbäuche, Frauen, deren nackte Obszönität die Unschuld und das Erstaunen eines Kükens hat, das aus der Schale schlüpft, und so fort. Von Grund auf entstellende Kunst, wie man sieht, bitter und komisch zugleich und volkstümlich: ein Karneval!

Und man muß sich nicht wundern, daß die Versuchung des Heiligen Antonius bei ihnen kein seltenes Thema ist. Strebt ihre Kunst nicht danach, eine Besessenheit zwischen Gelächter und Angst auszudrücken? Versucht sie nicht, die Besessenheit des Fleisches auszudrücken?

Gerade von Bosch habe ich in Brüssel eine *Versuchung des Heiligen Antonius* gesehen, und auch den *Sturz der gefallenen Engel*, der früher Bruegel zugeschrieben wurde. Doch ich erwähne Bosch nur, wie ich schon sagte, wegen dem, was Bruegel von ihm übernimmt: die Art, auf die Leute aus dem Volk zu schauen und selbst einer von ihnen zu sein, und den Sinn für Bewegung und halluzinatorische Wirkungen. Was die Ausführung betrifft, so kommt er nicht mehr von den Miniaturisten her, sondern steht, auch zeitlich, dem Naturalismus der burgundischen Bildhauerei nahe.

In Neapel, in dem Saal der Pinakothek, in dem die *Blinden* und der *Misanthrop* von Bruegel neben Tizians *Papst Paul III. mit Enkeln* hängen, offenbarte sich mir der grundlegende Unterschied zwischen unserer und der flämischen Malerei. Die Bilder in der Pinakothek von Neapel stammen zum guten Teil aus der Sammlung der Farnese, und so erklärt sich die Präsenz der Flamen: Ein Alessandro Farnese hat hier Spanien in der letzten Phase (1579–1592) des Bürgerkriegs, den die Reformation in den Niederlanden entfesselt hatte, vertreten. Er leitete die äußerst harte Belagerung Antwerpens 1584/85. Seiner Gerechtigkeit jedoch, seiner Milde, der strengen Disziplin, die er seinen Truppen auferlegte, wie auch der Geschicklichkeit, mit der er die Gespaltenheit zwischen Belgiern und Holländern aufgrund unterschiedlicher Abstammung und Interessen auszunutzen verstand, ist zu verdanken, daß ein Teil des Volkes und des Adels seine Treue zu Philipp II. und zur Römischen Kirche bekräftigte.

In Neapel – ich komme auf unser Thema zurück – wurden mir ein paar Dinge in der Kunst klar. Tizian hat es als oberster Richter seiner Zeit nicht nötig zu übertreiben. Wie hat er es fertiggebracht, in der ruhigen Darstellung dreier Figuren diese so bis auf den Grund zu erkennen und die ganze Tragö-

die seiner Zeit wiederzugeben? Und dann war ich überrascht, daß jene Blinden, die Bruegel doch so aufmerksam
beobachtet und so hinreißend gemalt hatte, nicht den Eindruck der Blindheit vermittelten, die gerade einem Maler
furchtbar erscheinen muß, und daß sie – warum nur? – mit
tänzelnden Schritten gingen. Und ich war überrascht, daß
die Landschaft, die als Hintergrund diente, keinerlei Bezug
zu den Blinden hatte, so daß diese wie eine Erscheinung
wirkten, wie ein anstrengender Traum. Das gleiche über-
raschte mich auch im *Misanthropen*, von dessen altem Eremi-
tengesicht doch eine so quälende Melancholie ausgeht …
Das ist das Menschliche – und warum sind sie gleichzeitig
eher Masken als Gesichter?

Und ebendas hat mich hier in Antwerpen im Museum Van
den Bergh in der *Dullen Griet* überrascht. Es ist die riesige Gestalt einer Wahnsinnigen, die vorwärtsstürmt zwischen war-
men Brauntönen, dem Ton geronnenen Blutes und stählernen Blautönen. Sie trägt den Namen einer schönen Kanone,
die noch heute in Gent aufbewahrt wird. Sie versinnbildlicht
jenen Bürgerkrieg, den wir erwähnten und inmitten dessen
Bruegel lebte und arbeitete.

Doch die Wirkung, die sich daraus ergibt, ist eine thea-
tralische: Das moralische Urteil oder, wie manche Kritiker
hinsichtlich dieser Kunst sagen, die Satire liegt nicht in der
Wahrheit der Dinge selbst, sondern in dem Symbol, das sie
mit unerhörter Anstrengung darstellen will.

Bestätigen Rubens und Jordaens unsere These? Ich werde
versuchen, dem in den folgenden Aufzeichnungen nachzugehen.

ROM IN FLANDERN

Als der zweiundzwanzigjährige Cadamosto 1444 von widrigen Winden aufgehalten und gezwungen wurde, am Kap São Vicente zu landen, und von den Ideen des Infanten Heinrich hörte und verführt wurde, der sein Leben in einem Turm in der Nähe damit verbrachte, den Himmel und die Erschließung neuer Seewege zu studieren – war er auf dem Weg von Venedig nach Brügge.

Aus zwei Gründen denke ich daran: Wenn ich hier so viel von Elfenbein und vom Kongo und von dem Genie reden höre, das König Leopold in geschäftlichen Dingen gewesen ist, kann ich nicht umhin, mich zu erinnern, daß Cadamosto der erste war, der sich an die Umrundung Afrikas machte. Und dann denke ich daran wegen der wechselseitigen Beziehungen, die damals zwischen Italien und Flandern bestanden, äußerst intensiven Beziehungen und, wie schon bei anderer Gelegenheit gesagt, Handelsbeziehungen. Aber bekanntlich ist Handel niemals nur Warenaustausch; in unserem Fall beispielsweise war er auch verbunden mit dem abenteuerlichen und harten Leben des Seefahrers und mit den Nachrichten und den Märchen und dem Geheimnisvollen, die ein Schiff mit den Waren überallhin bringt.

Es mögen die Wallfahrten gewesen sein, es mag die Kultur, also wiederum die Kirche, gewesen sein oder womöglich all jene Klöster, die, wie man immer noch sieht, überall in diesem Land verstreut waren und die mit Italien notwendigerweise in ständigem Kontakt standen – in der Kunst eines Memling in Brügge und in jener von Bosch, die wir schon zur Schule von Antwerpen rechnen würden, wobei wir auch zeitlich die Grenzen etwas erweitern, mag Italien bereits in gewisser Weise in der Landschaft gegenwärtig sein; doch diese Kunst, die noch eine Affinität zur Miniaturmalerei bewahrt – und sie ist geleckt und gläsern auch bei Bosch, obgleich er ein Besessener ist, und gerade bei Bosch erhebt sie sich aus den

Schrecknissen, die der Hand der klösterlichen Kalligraphen
entschlüpften, und bei Memling aus den Verzückungen ihrer
zierlichen Figuren –, diese Kunst war in Wirklichkeit noch
tausend Meilen von Italien entfernt.

Dennoch kann man annehmen, daß mit Bosch und Memling und insbesondere mit den Brüdern van Eyck die unent-
wirrbare Kette von Beziehungen zwischen der Kunst beider
Länder beginnt. Ich bin kein Kunsthistoriker, und ich weiß
nicht, wie viele italienische Handwerker und Maler im Gefolge der Kaufleute nach Brügge kamen. Und ich weiß auch
nicht, wie viele ein Jahrhundert später hierher kamen, im 16.
Jahrhundert, als Antwerpen in raschem Aufstieg seiner höchsten Blüte entgegenstrebte, und ohne die Soldaten und die
Gelehrten zu rechnen, bildeten die Italiener ein gutes Drittel
seiner tausend Bankiers, Importeure, Reeder und Exporteu-
re. Es scheint mir durchaus wahrscheinlich, daß ihr Sinn für
Beobachtung bei der Wiedergabe von Gesichtern und ihr so
augenfälliger Sinn für das Gewicht der Rauminhalte uns zu
Brügges Zeiten einige Anregung gegeben haben.

Im 16. Jahrhundert geht jedoch die gesamte flämische Malerei auf Pilgerfahrt nach Rom. Auch wer nicht zu den Romanisten – wie sie genannt wurden, und der Name ist ihnen
geblieben – gezählt wird, auch ein Bruegel bricht auf. Und
gewiß verdankt er Italien sein Entrümpeln der Kompositio-
nen von all den überflüssigen kleinen Dingen, dieses Kon-
zentrieren der Beziehung zwischen den Figuren auf einen
Punkt des Interesses, kurz diesen Wunsch nach Befreiung
von der bei seinen Vorgängern so beliebten Zersplitterung,
dieses Aufeinanderabstimmen und Vereinfachen, soweit es
ihm möglich war.

*

Den Beweis für die Bedeutung, die wirtschaftlicher Aufschwung für das Aufblühen der Kunst haben kann, können
wir darin erblicken, daß nach der Verlagerung des Handels-
verkehrs von Brügge nach Antwerpen die Schule von Brügge ihren Niedergang und ihr Ende erlebte und die Schule
von Antwerpen entstand und Bedeutung gewann. Dies sei allerdings nicht gesagt, um daraus eine Regel, die nicht stand-
halten würde, über die Qualität der Kunst abzuleiten. Weiß
man heute nicht allgemein, daß die wahre Kunst den großen

Künstler und nicht eher diesen als jenen Umstand verlangt, und auch, daß sie nicht ärmlichen Verhältnissen den Vorzug vor Reichtum gibt?

Ich will lediglich sagen – eine Binsenweisheit –, daß ein allgemein verbreiteter Wohlstand die Überfülle künstlerischen Schaffens begünstigt.

Wollen wir also sehen, wie die Dinge sich in einem Zustand der Überfülle entwickelt haben?

Im 16. Jahrhundert gibt es, wie schon gesagt, ein Kommen und Gehen zwischen den Provinzen beiderseits der Maas und Italien. Aus Venedig, aus Florenz, aus Rom kehren die Romanisten zurück, den Kopf voll mit Mythologie und Sonne. Sie arbeiten akademisch und ein wenig unbeholfen, sie stopfen die Häuser der Wohlhabenden mit Plunder voll, und wir müssen ein Jahrhundert warten: in Holland auf Rembrandt und Hals und in Antwerpen auf Rubens und Jordaens, bis die italienische Lektion voll und ganz ihre Früchte trägt.

Das Endergebnis ist eine außergewöhnliche Menge an Plunder und vier Genies, die immer eine ausgezeichnete Möglichkeit gefunden hätten, sich auszudrücken; doch die natürliche Qualität ihrer Kunst hat sich in Formen von einem solchen Ausmaß oder solcher Komplexität oder Bitterkeit oder Feurigkeit verbreitet, wie es ihr zu anderen Zeiten nicht möglich gewesen wäre.

*

Wenn man den Grünen Platz, der einmal ein Friedhof gewesen ist und der noch heute zwischen Bäumen und Erinnerungen schweigt und ruht, überquert hat, in die Kammenstraat eingebogen und zur Schelde hin abgebogen ist, befindet man sich auf einem kleinen Platz, wo das Museum Plantin steht.

Das Museum ist das heitere und bequeme Wohnhaus, in dem die Dynastie der Plantin-Moretus von 1576 bis 1871 ihre Druckerei betrieb. Eine echte Dynastie: Jan Moretus I., Balthasar I., Jan Moretus II., Balthasar II. und so fort.

Rubens war der Kindheitsgefährte Balthasars I. Sie waren fast gleichaltrig: Rubens, 1577 geboren, war drei Jahre jünger. Inmitten der Sammlungen kostbarer Kodizes und Inkunabeln, in einer vom Humanismus gesättigten Luft, unter Korrektoren mit reichem Wissen, welche die orientalischen und klassischen Sprachen sowie das Italienische beherrschten, als wären sie ihre Muttersprache, und die von Italien wie von einem irdischen Paradies sprachen, begann Rubens' Geist sich zu formen. Und in seinem ganzen langen Leben und in seinen Werken wird er ein Großbürger sein. Und recht hatte, wer in ihm einen Diplomaten sah und sich seines Eifers in mehr als einer Mission bediente.

Wir spüren also in seinen Gemälden, daß er nicht nur aufgrund unmittelbarer Erfahrung ein Kenner der menschlichen Natur war, sondern daß er auch, wie seine italienischen Lehrmeister, dem Gedächtnis großen Wert beimißt und daß das Gefühl der Jahrhunderte für ihn in dem Stoff, den er bearbeitet, gegenwärtig ist. Er kümmert sich nicht, wie man es früher getan hatte, um die Absonderlichkeiten des Charakters, um das eingehende Studium und um die Übertreibungen der Einzelheiten, er empfindet vielmehr die Tiefe einer Hautfarbe durch all das hindurch, was sie für ihn heraufbeschwört, durch das Gedächtnis, das sie durchdringt, sie durchtränkt und sie enthüllt: Sie ist nicht mehr nur Oberfläche, Schein, Trugbild, sie ist lebendige Substanz, sie trägt ein langes Erbe in sich.

Und wie ist Rubens mit dieser ganz und gar italienischen Eigenschaft – mag er sie von Caravaggio oder von Tizian oder von Veronese oder von Tintoretto oder sogar von Raffael herhaben, das spielt keine Rolle – flämisch geblieben? Erstens: Von seiner Malerei strahlt, trotz seiner reichen Bildung, unvermeidlich etwas Impulsives aus; und tatsächlich ist er ein glücklicher Improvisator von Flecken. Ich sage das nicht nur, weil er von seinen Gemälden vor allem die Entwürfe anfertigte und dann verbesserte, was seine Schüler ausgeführt hatten: Von der *Anbetung der Könige*, die ich in drei Ausführungen gesehen habe, schien mir die überzeugendste gerade diejenige im Museum von Groningen, die ein Entwurf ist. Und was ergreift beispielsweise in der *Beweinung Christi* hier im Antwerpener Museum mehr als diese beiden kaum angedeuteten Figuren im Zentrum, dieser Jesus und diese Madonna inmitten eines Lichts? Hier gibt es kein Gedächtnis mehr, sondern Traum; nur liegt der Traum nicht mehr in der Zeichnung und auch nicht in der Karikatur, sondern in der von den Italienern erlernten Farbgebung.

Zweitens ist Rubens ungeheuerlich in seiner Wahrheit, das heißt, er gibt der Wahrheit romantische Porportionen, die

nicht genau jene der Wahrheit sind, und wie ein Romantiker
verfährt er antithetisch und gibt seinen Bildern letztlich immer einen Zug ins Apotheotische, etwas von Vorspiegelung.

*

Jordaens scheint mir ein größerer Maler als sein Mitschüler
Rubens. Auch in bezug auf ihn kann man die Namen der Venezianer anführen und ihnen Bassano hinzufügen. Doch er
steht Caravaggio näher. Wenn das Licht bei Caravaggio mit
furchtbarer Kraft hereinbricht, alles zerschlägt und gleichzeitig – wie es die antike Bedeutung des Tragischen verlangt –
wieder eine neue Ordnung herstellt, so dient es bei Jordaens,
wie in *Pan und die Syrinx* im Brüsseler Museum, lediglich
dazu, die nackte Nymphe zum Alptraum werden zu lassen.

Auch Jordaens empfindet wie die Italiener die Tiefe des
Stoffes, doch sein Gedächtnis reicht mit all seinen mytholo-
gischen Darstellungen nicht weiter als bis zu Tanchelm und
zügelt durchaus nicht die Phantasie. Er bleibt ein Mann aus
dem Volk, und ich würde sagen, im besten Sinne des Wortes
ein Barbar. Er liebt die Stiernacken mit den geschwollenen
Adern, die von Sonne und Unwettern gegerbten und erregten Gesichter, den Biß in das Fleisch üppiger Frauen, der ihn
den Kopf verlieren läßt. Er liebt es, ausschweifend zu leben,
er malt Bacchus und Satyrn, malt ausschweifend sich und seine wahnsinnige Geilheit.

*

Heute morgen bin ich im *Steen* gewesen, dem alten Kastell
der Stadt, das im 16. Jahrhundert wiederaufgebaut und vor
vierzig Jahren schlecht restauriert worden ist. Heute ist es ein
Museum für Antiquitäten, ein wenig wie ein Trödelladen.
Aber ich habe dort den Kopf des Riesen aus dem *Ommeganck*
gesehen, den Pieter Coecke, Bruegels erster Lehrer, schnitz-
te. Diese *Ommeganck* oder Prozessionen von Riesen finden
immer noch an bestimmten Tagen statt, wenn Kirmes ist,
Kirchweih, wie man bei uns sagt.

Man muß eine Kirmes hier mitgemacht haben oder im
Karneval hier gewesen sein, um zu wissen, was ein entfessel-
tes Volk bedeutet, welchen Gefallen es daran findet, sich zu
verkleiden – als genügte eine Maske, um sich selbst zu ent-
fliehen –, wie groß seine Lust ist zu lachen, zu essen und zu

trinken und Späße zu treiben und sich der Liebe hinzugeben
und sich zu betäuben. Andernfalls ist die Größe seiner Malerei – sie ist wahrhaft groß von Bosch bis Jordaens – schwer zu
verstehen.

Daran dachte ich, als ich aus dem Museum Plantin trat
und stehen blieb, um den Fluß zu betrachten.

Dort, in den Schleiern der leuchtenden Luft, zwischen den
Weiden, die wie Hexen mit zerzaustem Haar aussehen, der
Riese von Coecke, und dieser Druon Antigonus ist aus har-
tem Holz, und wenn er die Beine spreizt, um den Fluß zu
überschreiten, knirscht er wie – erinnert ihr euch? – das
Männlein auf dem Wolkenkratzer

Der Abend brach herein, und die scharfen Horizonte verwandelten sich langsam.

Jetzt ist Druon Antigonus aus massigem Fleisch, wie ein
Fabelwesen von Jordaens.

Die Sage berichtet, daß Druon auf die Ankunft eines Boo-
tes lauert, um das Wegegeld zu erpressen, und wenn dieses
versucht, ihm zu entkommen, berührt er mit dem großen
Zeh das Wasser und versetzt den Fluß in Aufruhr, das Boot
kentert, Druon taucht die Fäuste hinein, fischt es heraus,
trennt dem unglücklichen Fährmann die rechte Hand ab,
wirft sie den Fischen zu und lauert erneut, mit einem Fuß fest
auf jedem Ufer stehend. Doch eines Tages nimmt ihn ein gewisser Salvius Brabo, ein junger Fischer, ein rechtschaffener
Bursche, aufs Korn und zerschmettert ihm mit einem Stein-
wurf den Kopf, trennt ihm die rechte Hand ab und wirft sie
den Fischen zu. Salvius war Roms würdig, der an Maß und
Gerechtigkeit unnachahmlichen Gewalt, und so gab Julius
Cäsar ihm seine eigene Cousine zur Frau und machte ihn
zum ersten Markgrafen von Brabant.

Dies ist die alte flämische Vorstellung von Rom, die Rubens mehr als alle anderen sich anzueignen bestrebt war und
die Antwerpen in seinem Namen (*hand werpen*) und in der
abgetrennten Hand seines Wappens mitführt.

BESUCH BEI JAMES ENSOR

Als ich zu Ensors Laden komme, bleibe ich einen Augenblick stehen. Ich sehe mich 1925 an derselben Stelle.

*

Wir betreten den Laden. Er ist etwas staubiger als vor zehn Jahren.

Seit wie vielen Jahrhunderten ist dort kein Gegenstand fortgenommen worden? Federhalter aus Perlmutt mit seinem *Souvenir d'Ostende* darauf, Muscheln, Schiffe mit gesetzten Segeln in Flaschen, seltsame getrocknete Fische, vergilbte Hefte, eine Sirene aus Japan in einem Krug, wobei es sich um ein Makakenköpfchen groß wie eine Nuß mit dem Körper eines Aals handelt. Und Staub, Staub: auf den Glasschränken, auf den Gegenständen, auf der Enkelin des Malers, die reglos in einer Ecke steht, mumifizierter als die Sirene.

In diesem Laden muß Ensor die Kindheit verbracht haben. Dies waren die Gegenstände, die nach dem Geschmack der wenigen Personen gewesen sein müssen, die zu jener Zeit zufällig in diese Gegend kamen, und der Kinder, die zur Schule gingen, und der Seeleute, die ein Andenken suchten. Jetzt kommt niemand mehr hierher.

Doch Ensor geizt mit seinen Erinnerungen.

*

Ensor arbeitet im Stockwerk darüber. Ob er immer noch arbeitet?

Es ist kein Atelier. Es ist ein Zimmer vollgestellt mit Krimskrams und staubig wie der Laden. Auf einer chinesischen Vase, die einen Körper mit einer Stola über den Schultern vorstellt, sitzt ein Totenkopf mit einem alten Frauenstrohhut; vor den Fenstern hängen staubige Gardinen; da gibt es Teppiche, ein paar Bilder, ein paar ausgestopfte Vögel von den Inseln, ein paar Fotografien, ein paar Radierungen,

Masken, verstaubte Papierblumen; da steht ein Lehnstuhl, ein Sofa; da gibt es die verblichenen Farben wertvoller Stoffe; aus dem Innern einer Muschel kommt das schönste Rosa dieser Welt; da ist das Feuer der Teppiche.

Ensor hat fast sein ganzes Werk in diesem Zimmer gemalt. Dieser kleine Raum hat fünfzig Jahre ungeheurer Arbeit gesehen.

*

Abgesehen von wenigen Jahren, die er von 1877 bis 1880 zum Studium in Brüssel verbracht hat, und abgesehen von zwei oder drei kurzen Reisen nach Paris, nach Holland und nach London hat Ensor sich niemals von Ostende fortbewegt.

Er streicht sich den weißen Spitzbart und vertraut uns an: »Reisen? Sich mit Landschaften und Eindrücken vollstopfen? Und Sie glauben, daß so die großen Werke entstehen? Hastiges Sehen, zuviel Sehen, glauben Sie, das braucht die Kunst? Das Suchen nach dem Dokumentarischen bedeutet die eigenen schöpferischen Fähigkeiten töten. Das ist doch unfruchtbar. Ich für meine Person schließe mich in mein Zimmer ein, und meine Vision zieht Nutzen aus ihrem Widerschein.«

Und er macht mich auf das Licht im Zimmer aufmerksam. Es ist tatsächlich ein Licht, das auf wundervollste und immer neue Weise auf all jenen klug angesammelten Objekten spielt.

Wie hätte die Macht des Lichts nicht einen Maler beeindrucken sollen, der beinahe ein Zeitgenosse der Impressionisten ist? Wie sie zweifelt Ensor nicht daran, daß für die Augen des Malers die Gegenstände nur durch das Licht existieren, das sie enthüllt.

Ich vermag nicht zu sagen, in welchem Augenblick diese Überzeugung sich in ihm Bahn gebrochen hat.

*

Das Licht eines Rembrandt dient dazu, den Eindruck des Helldunkel zu suggerieren, und will dem entsprechen, was ihm die verborgene und unerklärliche Bedeutung der Dinge zu sein scheint. Er verlangt von ihm geheimnisvolle Wirkungen. Bei Jordaens dient es, als reines Kontrastelement, dazu,

seinen Appetit auf nackte Üppigkeiten zu steigern. Bei Caravaggio entfesselt es eine Tragödie und begründet eine Architektur.

Auf die eine oder andere Art wird das Licht nicht als das
genommen, was es ist, es hat keinen Wert an sich, das Absolute liegt nicht in seinem Wechsel, in seiner kreativen Relati-
vität, sondern in den Wirkungen, die der Maler mit seiner
Hilfe erzielen will. Die Neuerung des Impressionismus hat
darin bestanden, sich die demütige Nachahmung des Lichts
vorzunehmen. Eine Neuerung, die zum Beispiel Tizian schon
kannte, und ohne die Manien der Impressionisten.

*

In *Das Mädchen mit der Stupsnase*, seinem zweiten Bild – es
stammt aus dem Jahre 1879, da war er erst neunzehn, und es
ist bereits das Werk eines Genies –, wie auch in der *Rasse* von
1882 und in einigen anderen Bildern aus jener ersten Zeit benutzt Ensor das Licht als eigenes Mittel, kann man sagen, à la
Rembrandt oder, genauer gesagt, auf eine Weise, die zwischen Rembrandt und Manet läge, oder, wenn es euch lieber
ist, zwischen Rembrandt und Hals. Er benutzt das Licht wie
Klänge von Messing in einem düsteren Chaos von Trom-
melwirbeln.

Doch 1882 hat er auch schon die *Dame in Not* gemalt, und
aus jener Zeit stammt vielleicht seine moderne Auffassung
des Lichts, die sich bereits in der *Dunklen Dame* aus dem Jahr
zuvor angekündigt hatte. Von einem Vorhang in einem Ho-
telzimmer fällt ein goldenes gefiltertes Licht sanft auf eine im
Bett liegende Frau. Die Melancholie ist etwas Natürliches, sie
ist in den Dingen selbst: sie ist in der Frau – eifersüchtig? be-
trogen von der Liebe? – ebenso wie im Vorhang.

*

Ensor sagte uns, daß er die Welt in seinem Zimmer hat. Das
stimmt nicht ganz: Er hat sie in sich. Er hat sie in seinem
Gedächtnis, in seiner Phantasie und in seinem Gefühl. Die
Gegenstände, die er in seinem Zimmer angesammelt hat, sind
wie ein Notizheft, und er hat sich ihrer bedient, um die Phantasiegestalten seines Herzens und seines Geistes heraufzu-
beschwören.

Von den einsamen Straßen Ostendes zu den Meeres-

küsten, zu seinen trostlosen, von der Provinzbourgeoisie
gräßlich eingerichteten Innenräumen, vom starken Volk des
alten Hafens zum kosmopolitischen, klatschsüchtigen und
eleganten Gedränge eines Luxusseebads, vom traurigen Naturalismus seiner ersten Bilder zu den bitteren Scherzen seiner allegorischen Bilder, zum reinen Triumph der Schönheit
in seinen Stilleben – was für einen Weg hat er zurückgelegt!

*

Ich habe den *Einzug Christi in Brüssel* vor Augen, der eine
ganze Wand des Zimmers einnimmt, in dem Ensor arbeitet.
Es stammt aus dem Jahr 1888 und gehört zu jener zweiten
Orientierungsphase seiner Kunst, mit der auch, natürlich,
sein Werk als Radierer beginnt. Hier verbindet Ensor seine
eigene mit der alten flämischen Kunst der Satire von Bosch
bis Bruegel. Auch die Titel der Werke sind die jener Zeit: *Die
sieben Todsünden, Der Tod, der die menschliche Herde verfolgt,
Dämonen, die mich quälen, Hexenmeister im Unwetter, Die vom
Blitz getroffenen gefallenen Engel, Die Versuchung des Heiligen
Antonius* und so weiter.

Es handelt sich um närrische Karnevalsfeiern, Menschen-
massen, die glauben, sich hinter Masken flüchten zu können,
die Scham mit einer Verkleidung zu bezwingen. Diese Menschen sind tatsächlich gesehene Menschen: es sind Porträts,
es ist die materialistische Gesellschaft der zweiten Hälfte des
19. Jahrhunderts. Und der Tod ist mitten unter ihnen und
vergnügt sich mit ihnen, jammert mit ihnen, dreht ihnen eine
lange Nase; einem nimmt er den Klapphut weg, um ihn sich
selbst aufzusetzen; er begleitet sie Arm in Arm ins Freuden-
haus; er setzt sich mit ihnen zu Tisch, setzt sich zur Wache
ans Feuer mit ihnen.

Ensor streicht sich den Spitzbart und vertraut uns an:

»Auch ein Totenkopf ist eine Maske, die erstaunlichste:
die tiefgründigste. Sehen Sie sich seine Höhlen an, seine vor-
springenden Partien, seine glänzenden Stellen ...«

*

In Ensors Werk vermählt sich die Finesse mit der Naivität,
und die Wut wechselt zwei Worte mit der Fröhlichkeit.

*

Ensors Vater war ein englischer Jude, die Mutter Flämin:
Sein Humor, dieses gleichzeitige Betrachten der Dinge von
ihren beiden Seiten: bitter und heiter, das mag sein engli-
sches Erbteil sein. Dieser ätzende Sinn, dieser negative Sinn
und dieser Sinn für Krimskrams, und dieses Sendungsbe-
wußtsein, das ebenfalls in seinem Werk Spuren hinterläßt: es
ist bekannt, woher er das hat. Das Beste jedoch hat er von
der Mutter, dieses Rasen des Instinkts nämlich und dieses
Wüten der Phantasie, die ihn zum größten noch lebenden
Maler des 19. Jahrhunderts machen.

*

Ensor hat sich ans Harmonium begeben. Er hat ein Ballett
geschrieben: *La Gamme d'amour.* Man hat es ihm sogar auf-
geführt. Jeder bedeutende Mensch hat eine Schwäche, und
Ensor hält sich auch für einen großen Komponisten. Aus
dem Harmonium strömt die gähnende Langeweile seiner
Tanzstücke. Sollte auch das Satire sein?

EINST WAREN ES STÄDTE

Ostende

Von Gent nach Brügge, von der Hauptstadt Ostflanderns zur Hauptstadt Westflanderns ging die Fahrt, die wir heute gemacht haben.

Ich wollte James Ensor wiedersehen, der, abgesehen davon, daß er ein großer Maler ist, ein merkwürdiger und aufschlußreicher Mensch ist, und so haben wir uns als erstes mit Höchstgeschwindigkeit auf den Weg nach Ostende gemacht.

Landstriche ohne eine Wellung rechts und links, soweit das Auge reicht, und von Zeit zu Zeit am Horizont, im bläulichen Dunst der Ferne, einer jener Türme im kriegerischen Stil, Symbol städtischer Freiheit und Macht, stämmig und hoch. Die Luft, die sie uns verschleiert, macht sie uns nicht freundlicher, aber so sind sie auf gedämpfte Weise unerschrocken und drohend, wie es im Blut dieser Leute die Vergangenheit ist, deren Ausdruck sie sind. Der Kranz des Horizonts ist ganz aus diesen Türmen gebunden, die sich aufbäumen über Kielen alter, verfallener Abteien, angesichts derer die vier Bauernhäuser, die sie umgeben, winzige Steine sind.

Ostende zerstört alles mit seinem plötzlichen Auftauchen. Man war im Echten, und sei es auch nur das nostalgisch Echte; nun sind wir ins Unechte eingetreten. An Echtem hat es immer noch die Kanäle mit den ruhenden Fischerbooten, mit den zum Trocknen ausgebreiteten Netzen, die längs der ockergelben Segel vom Salz sich entkrusten, mit den Fangkörben, die entlang den gebogenen Segelmasten in unvorhersehbaren Abständen in Schwingungen versetzt werden. Morgens hat es den Lärm der Versteigerung der Körbe mit Seezungen und Steinbutten. Es hat das Meer und, in der Durchsichtigkeit der Parks, Austern, die zitternde Algen schlürfen.

Seine Häuser und seine Kirchen: Imitationen. Was hat die Neugotik mit diesem 19. Jahrhundert des *Cri de Paris* zu tun?

Den Stil, wenn es erlaubt ist, ein erhabenes Wort in An-
spruch zu nehmen, den authentischen Stil des Ortes stellt der
berühmte Jugendstil-Kursaal zur Schau, eine düstere Masse,
provisorisch, ein Witz.

Ostende ruft mir ins Gedächtnis zurück, daß ich einmal
fünfzehn, sechzehn, zwanzig gewesen bin. Die Geschäftsleu-
te hatten es erfunden. Es galt, all diese Dünen in Banknoten
einzutauschen. Ich erinnere mich an eine Karikatur von damals, die einen Krösus mit Zauberstab und dem Röckchen
einer *gommeuse* darstellte. Das war die Art von Phantasie jener Jahre. Arme Feen!

Und auf diesen Straßen und am Strand, vielleicht weil sie
zu dieser Jahreszeit noch menschenleer sind, vermag ich nur
die Silhouetten – sagte nicht auch bei uns die elegante Welt
damals Silhouette? – zu sehen, die mir das Gedächtnis melancholisch anbietet. Ich sehe Männer, das Bäuchlein in einer
Phantasieweste, der Kopf ein Straußenei, eine dicke Havanna zwischen Zeige- und Mittelfinger und ein Brillant dick wie
ein Ei; ich sehe Frauen mit riesigen Hüten hinter dem Kopf,
mit ihrer Wespentaille, die ihnen jenes träge Aussehen gab
und sie in zwei Teile zu spalten schien, den Stiefeletten, die
ihnen einen irgendwie leidenden und zickleinhaften Schritt
gaben, und dem Sonnenschirm, den sie wie einen dritten Fuß
handhaben.

Dieses nichtssagende Städtchen offenbart mir die Jahre; es
läßt mich wie ein van Eyck den Schädel unter der Haut
spüren.

Lissewege

Da ist eine Straße, die die Dünen gespalten hat. Die Häuser
sind in jene Richtung gestürzt, und mit ihren Halbtönen
bringen sie ein Klagelied in den trostlosen Ort. Unbewohnt,
obwohl schon Sommer ist, steigern sie, obgleich sie leise mit
ihren Farben singen, die stolze Einsamkeit, der ich entgegen-
gehe.

Und bald taucht die schroffe Rückseite der Dünen auf. Mit
heftigen Stößen hat das Meer sie wie eine Mauer geformt.

Dann bricht das Sich-Aufbäumen gequälten, zusammen-
geklumpten, verkrusteten Sandes ab, und es öffnet sich der

Blick aufs Meer, und der Sand, ganz lose Körnchen jetzt, ungeduldig aufzufliegen, bewegt sich mit einem Frösteln, das
ihm ein Zebramuster in das mit Perlmuttkrümelchen vermischte Gold zeichnet. Es ist ein schöner Streifen zwischen
dem Meer und der fruchtbaren Erde, und dort hinten zeigt
das Firmament das tiefe Blau, das sich langsam verfinstert.

Dann, als ich es am wenigsten erwarte, sind das Meer und
der Sand verschwunden, Birken kommen uns entgegen, und
da pflanzt sich schon einer jener Türme vor uns auf, die nicht
einmal von ferne Gnade walten lassen.

Das ist Lissewege, das einmal eine Stadt war; doch es hat
noch immer seinen schrecklichen Turm aus der Zeit Dantes.
Wir befinden uns im Gebiet von Brügge, das einst eine bedeutende Hauptstadt und das Handelszentrum der halben
Welt war.

Ter Doest

Weiter unten, nahe den Ruinen des Klosters von Ter Doest,
steht ein Kornspeicher aus Eichenholz, auch er alt wie Dante. Derartige Phantasiegebilde gibt es nur in dieser Gegend.
Er hat ein dreißig Meter hohes Gerippe, das ihn wie eine um-
gekippte Arche Noah aussehen läßt. Jetzt haust ein Pächter
darin, verloren mit seinen Hühnern und den Enten in jenem
Zyklopenbauch.

Dieser Kornspeicher ist eines der vielen Zeugnisse, die
von dem Kampf geblieben sind, den die Zisterzienser der
Dünenabtei gegen das Meer geführt haben, um ihm Land zu
entreißen und seinen Angriffen zu trotzen. Eine benediktini-
sche Atmosphäre hat sich überall in dieser Provinz gehalten,
in der die Leute noch immer starrsinnig wirken und wortkarg
und finster sind wie auf den Triptychen der Primitiven. Und
die Priester lenken immer noch auf martialische Weise den
fanatischen Haufen dieser Bauern.

Von hier bis weit, weit hinauf nach Holland, auch hier also
die Zeichen des römischen Gedankenguts, das es verstanden
hat, sogar die strenge Askese mit einer sozialen Aufgabe zu
betrauen. Die Häfen, die Kanäle, die trockengelegten Polder,
tollkühne und hartnäckige Arbeit, wer konnte all dies in Angriff nehmen, wenn nicht Pioniere? Das Erstaunliche ist, daß

Rom, um die Kultur seiner großen öffentlichen Arbeiten weiter in die Welt zu tragen, sich, wenn nötig, sogar der Mönche bediente. Sie waren die ersten, die hier nicht den Sand in Banknoten verwandelt haben, sondern – ein wahres Wunder! – das Meer in üppige Felder.

Wir fahren weiter.

Damme

Da ist Damme. Auf eine Diagonale begrenzt, ist es eine weiße Anhäufung von Gebäuden, die stufenweise vordringend ansteigt und Sackgassen dichtgedrängt neben einem Turm bildet, der ebenso eindrucksvoll ist wie der von Lissewege: dichtgedrängt neben einer geschwenkten Fackel. Und entzündete man hier nicht nachts die Feuer, als dies Station eines großen Hafens war, und gab es hier nicht, wie das Wort *damme* sagt, einen Damm, jenen, an den Dantes Vers erinnert und der geradezu der Maulkorb des Meeres gewesen sein soll?

Damme liegt am Kanal von Brügge – mit seiner einzigen Straße, die wie ein nicht eben geräumiger Hof wirkt – und erinnert ebenfalls daran, daß es einst eine Stadt war. Rechts von ihm führt der Kanal hinauf bis nach Sluis, ein blühender Hafen, bevor der Zwin versandete. Ein paar Kilometer weiter biegt der Zwin persönlich, einst ein großer Fluß voller Mastwerk und Segel, zum Meer hin ab, ganz, ganz allein und ganz, ganz dünn, ohne auch nur ein Papierschiffchen.

Bevor er Sluis berührt – und das ist die schöne Aussicht von Damme –, geht der Kanal wie ein Pfeil ins Herz von Brügge, und von Brügge nach Damme kommen im Dunst der Luft wie anmutige Flügel diesmal und gleichsam aus dem dunklen Wasser des Kanals heraus die spitzen Türme einer Kathedrale auf uns zu. Und der gerade Lauf des Wassers und das feindliche Gestein von Damme und jene gespenstische Kathedrale scheinen dem Blick sehr nah zu sein und sich zu durchdringen, hervorgegangen, so wie sie sind, aus der großen Kraft ein und derselben Melancholie.

*

Man würde Brügge gern das Leben von einst wiedergeben. Seit 1895 bemüht man sich darum. Hinter Damme führt der Kanal tatsächlich linker Hand bis nach Ostende weiter, auf halber Strecke hat man jedoch im rechten Winkel einen anderen Kanal in ihn einmünden lassen, den man Meereskanal nennt und der bei Zeebrugge, das heißt am Meer von Brügge, endet. Doch Brügge – das mag das Verhängnis sein, das es verfolgt – scheint das Meer heute vorenthalten zu werden, und auch dieser sein neuer Hafen versandet wie seine einstigen und kann sich nicht entwickeln.

*

Brügge mag kein Weltzentrum mehr sein, aber es ist immer noch eine schöne und reiche Stadt. Es ist nicht tot, sondern bewegt sich langsamen Schrittes im Gewand seiner Glanzzeiten. Es gibt hier keinen Mißklang. Das Äußere seiner Häuser ist rosa oder orange gestrichen, und dieses Vorherrschen der Sonnenuntergangsfarben verleiht ihm etwas von warmem Verfall. Das 18. Jahrhundert hat den Rahmen vergoldete Basreliefs hinzugefügt und das Kaiserreich ihnen ich weiß nicht was für marmorne Schatten von Kolonnaden gebracht. Es ist kostbar; es scheint aus den Händen eines Ziseleurs hervorgegangen zu sein und in seinen schlimmsten Momenten aus denen eines Zuckerbäckers.

Aber es ist nicht tot. Brügge würde jenem Edelmann nicht nacheifern, den man in den Krieg schicken wollte, damit er den leuchtenden Spuren der Vorfahren folge, und der sich als Gunst »lieber das Leben als die Unsterblichkeit« erbat. Es ist nicht tot; man braucht nur all diese Fahnen mit dem Drachen Flanderns zu sehen, die aus den Fenstern aller Hütten seiner Landstriche bis in sein Herz flattern.

MENSCHEN UND STEINE VON GENT

»Sieh nur!« sagt Hellens zu mir.

Ich war von der Schelde angezogen, die in den Ort eindringt und sich dann wieder im Gras der Landschaft verliert; aber da ist ein Schlot, den ich betrachten soll und der sich zwischen dem Turm der Sint-Baafskathedraal und dem Turm des Belfried emporschwingt. Dieses Schauspiel wird, nachdem wir näher an Gent herangekommen sind, gewalttätig, als, eingekreist jetzt von einer Horde von Schloten, ein ganzes Volk von Türmen aus dem Nebel hervortritt.

Das ist eine Stadt, die mir gefällt. Sich selbst treu. Wo das Moderne keine Angst hat, sich dem Alten gegenüberzustellen. Und verdankt sie nicht, bewohnt von einer alten Rasse stolzer Bürger, dem kriegerischen und religiösen Geist, den sie bei der Arbeit zu bewahren wußten, jene sittliche, geistige und physische Stärke, die sie nicht in ihrem allerhöchsten Respekt vor der Vergangenheit festhält, sondern im Schwung einer Arbeitsamkeit, die dem Unbekannten entgegenfiebert, Tag für Tag jene Einheit in der Zeit erobern läßt, welche die einzige menschliche Wahrheit ist?

*

Flandern, mit seinen Städten, mit seinen Dörfern, die es fruchtbar wie die Kaninchen vermehrt, ist die abwechslungsreichste Gegend dieser Welt. Und im Vergleich mit Gent scheint Antwerpen eine Täuschung zu sein, eine kindliche Improvisation der Renaissance mit einem melancholischen Humanismus, der schlecht zu seiner Natur und zu seiner Korpulenz paßt und der sich letztlich darauf beschränkt, fett zu essen, zu trinken, zu lieben, zu lachen oder, wie Hellens mir suggerieren will, religiöse Maximen zu ersinnen wie etwa die folgende, die in der St.-Jakob-Kirche eingemeißelt ist:

Men wint den hemel met gewelt,
of is te koop met kraacht van geldt

was, es mag euch verblüffen, tatsächlich dies bedeutet:

Den Himmel willst du erobern?
Gewalt ist nötig, oder Geld.

Ein Skeptizismus, der allzu entschieden ist, um nicht naiv zu sein. Und da ein Land das Volk hat, das sein Bürgertum verdient, hat Antwerpen, abgesehen davon, daß es Frauen aus dem Volk hat, die in körperlicher Fülle und schillernden Teints mit seinen echtesten Damen rivalisieren, in beiden Klassen das gleiche rasende Verlangen nach Ausgelassenheit, das seinen alten Künstlern so makaber erschien. Und in all seinen Schichten wird das, was sie an Lebensgier und Lebensklugheit besitzen, so närrisch, versöhnt sich mit der Phantasie, besonders im Volk, mit gewissen so einfallsreichen Sticheleien und gewissen so dunklen Anwandlungen, daß man auch in bezug auf diese Materialisten wie in bezug auf alle Flamen so viel von Mystizismus hat sprechen können. Kurz und gut, der Humanismus hätte sie demnach zu ihrer Natur zurückgeführt, anstatt sie zu verfeinern, und auch dafür sei ihm gedankt.

Gewiß besitzen sie eine liebenswerte Naivität. Die schließlich zu allen großen Häfen gehört. Oh! das soll nicht als Verschrobenheit erscheinen. Aber wo ein Hafen ist, altert man nicht. Genau so: Es geschieht das Gegenteil von dem, was logisch erschiene. Leute, die mit so vielen Leuten verkehren, haben nicht die Zeit, gewitzt zu werden. Sie mögen sich an die Meereshorizonte gewöhnen, aber jene Augen sehen Neues so schnell vorbeiziehen, daß sie stets alles überraschen wird. Sie sind die wahren Provinzler.

*

Der Bürger und das Volk von Gent sind etwas ganz anderes. Sie haben immer eine Vorstellung von städtischer Vorherrschaft im Kopf gehabt. Seit es um die Abtei von Sint Baafs herum entstanden ist, sehen wir dieses Volk im Kampf. Damals ging es darum, sich von der Herrschaft der Mönche zu befreien; dann sollte es Zusammenstöße zwischen der Stadt

und dem Grafen, zwischen dem Großbürgertum und den
Zünften, zwischen den Zünften untereinander geben; doch
Gent sollte immer danach streben, eine freie Stadt zu sein
und in Flandern durch die Vorrangstellung des Gewerbes die
Vorherrschaft zu haben. Stellt euch vor, daß es in einem be-
stimmten Augenblick – es ist lange her: im 13. Jahrhundert –
sogar beanspruchen konnte, daß aus der Vorrangstellung ein
Monopol wurde, und man zog bewaffnet los, um in den
Nachbarstädten die Webstühle zu zerschlagen und die Weber
niederzumetzeln.

*

In dem Teil der Stadt, den man den Bottich von Gent nennt,
wo all die alten Steine vereint sind, spürt man deutlich, daß
sie der Gewalt entsprungen ist. Gewalt und Geduld. Einer
gezügelten Gewalt, einer Gewalt, die sich befestigt, die Steine aufeinanderschichtet, die den Jahrhunderten trotzen, die
allem trotzt. Das ist es: Ihr Herz sind diese rauhen Steine.
Betrachtet die Niklaaskerk, mit den zermalmten Kanonen-
kugeln in ihren Flanken, mit all ihren Steinen, die gewankt
haben, mit ihrem Aussehen eines Insekts, das auf den Turm
hinaufklettert, mit ihren Bögen, die sich zu überspannten
Spitzbögen verzerrt haben. Betrachtet die St. Michielskerk,
mit ihrem verstümmelten Turm, der dasteht wie ein aufrech-
tes Gerippe: immer noch auf Wache, immer bereit, euch an-
zuspringen. Betrachtet die Burg der Grafen. Sie ist rund, sie
schwimmt wie ein Krebs, sie leidet in einem klaren Wasser;
sie ist rauchgeschwärzt; sie scheint die Zähne zu fletschen, um
euch einzuschüchtern, und bleibt doch gleichmütig.

Kommt an einem Freitag her, und es wird euch vorkommen, als lebtet ihr vor tausend Jahren. Ihr werdet hinter der
Burg Gerhards des Teufels sagenhafte Arme hervorkommen
sehen, und ihr werdet sehen, wie sie sich an die Mauern des
erzbischöflichen Palastes lehnen und, unbeweglich wie Bündel, die Männer auf die Verteilung des Kautabaks, die Frau-
en auf den Schnupftabak warten. Ihr werdet sehen, wie vor
dem schlanken Brustharnisch der Niklaaskerk die Bauern
ihre Säcke voller Korn ausschütten. Rings um St. Jakob werdet ihr zwischen den Platanen die Trödler sich herumtreiben
sehen. Um die St. Michielskerk herum, wo ein Dominikaner-
kloster gewesen war, aus dem ein Mietshaus geworden ist,

werdet ihr ein Bataillon Frauen herumschwärmen sehen.
Wenn ihr auf den Marktplatz kommt, werdet ihr lange Reihen von Karren sehen: Mit ihren über Reifen gespannten
Stoffbahnen haben sie die Form dicker Fässer und das Aussehen von im Zaum gehaltenen Ballons; alle Gaben Gottes
werden daraus hervorgeholt: Obst, Butter, Geflügel, Kanin-
chenfelle, lebende Zicklein und was weiß ich. Die Pferde
werden ausgespannt, und in den Häusern ringsum gibt es gewisse niedrige Öffnungen, von denen die armen Tiere ver-
schluckt werden. In der Finsternis dieser unterirdischen Gewölbe kennt die Riesenhaftigkeit der hiesigen Pferde keine
Grenzen mehr.

*

Doch verlaßt den Graslei entlang der Leie, bleibt auch nicht
bei der alten Fleischhalle stehen, in die man jenen Berg
Orangen gestopft hat, der euch unter diesen schweren Him-
meln Duft und Gold unserer Sonne zuträgt, nehmt eine
Straßenbahn, fahrt durch diese Stadt, die nicht enden will
und mit all ihrem freien Raum wie eine unendliche Vorstadt
wirkt, und geht hinunter, geht dorthin, wo die Fabriken sind.
  Sagten wir nicht, dieses Volk sei sich selbst treu? Das Gent
dieser Arbeiter, die aus den Werkstätten kommen, deren
Holzpantinen, wenn sie auf das Pflaster schlagen, ein seltsames Stampfen wie von einer Herde verursachen, ist es
nicht das gleiche, wortkarg und ungestüm, wie das der alten
Steine?
  Und jene harten Bürger, die ihr in den Werkstätten seht,
gebeugt einem Fortschritt hinterher, wissensdurstig, welche
die Krise nicht entmutigt hat, wie sie ihre Väter beim Sturz
Napoleons nicht entmutigt hatte, sind sie nicht die Erben des
alten Anspruchs auf gewerbliche Vorherrschaft dieser Stadt?
Es war die erste Stadt Flanderns, die nach dem Niedergang
im 17. Jahrhundert erwachte. Ist das nicht Bestimmung? Hun-
dertfünfzig Jahre ist es her.
  Sind sie nicht die Erben jenes Lieven Bauwers, dem es in
jenen Jahren gelang, England das Geheimnis der Maschi-
nenspinnerei zu entreißen? Der aus Gent, begünstigt durch
die Blockade, die Stadt des Leinens und die Stadt der Baumwolle machte, so wie sie die Stadt des Tuchs gewesen war?

*

Und jetzt ist es Nacht. Gent tritt mit all seinen Wirbeln in die Finsternis der beiden Flüsse und der beiden Kanäle ein, die es verknüpfen.

Jetzt ist es nur die Stadt der sechsundzwanzig kauernden Inselchen, voller Schimären.

DAS GEZÄHMTE MEER

Eine rationale Landschaft

Da ist Holland, da ist es, dieses dem Wasser, dem unzuverlässigsten und erbarmungslosesten Element abgerungene Land. Und da ist sie, die bleiche Sonne über lackierten, dicht an die Deiche geflüchteten Dörfchen.

Dies ist also jene Sonne, die ein unglaubliches Gold über die Dinge breitet? Es ist also eine dieser Sonnen kurz vor dem Abend, die Rembrandt das Leuchten seiner *Nachtwache* eingab?

Wie durchscheinend bewegen sich die Himmel in dieser vollkommen einträchtigen Unermeßlichkeit.

Wer aus Belgien kommt, das doch eine wohlgeordnete Ebene ist, könnte glauben, aus dem Chaos herausgetreten zu sein, so viel zuverlässiger und hartnäckiger erscheint hier die Methode, so sehr ist die Luft dem Gras, den Bäumen, den Blumen, den Tieren, allem, ein reiner Schleifstein.

Das Wasser quillt inmitten des Grases hervor wie eine Schramme, und du siehst die dünne Ader schnell wie ein Gewehrschuß dahinfließen, sich im rechten Winkel wenden, die Katastergrenze ziehen.

*

Eine Herde gescheckter Kühe stürmt in dem Augenblick wie toll geworden los; sie springen über ich weiß nicht mehr wie viele Begrenzungen; nachdem sie über zwanzig Felder gerannt sind, schauen sie mich mit heraushängender Zunge an. Nichts ist geschehen; nur ein Zug, der in so viel Horizont wie ein Luftgegenstand wirkt und, scheinbar ohne sich von der Stelle zu bewegen, im Nu verschwindet, hat dort hinten seine Glocke vernehmen lassen. Und die Kühe – auf und davon bei diesem Signal!, um sich nicht zerquetschen zu lassen. Hättet ihr bei der Glocke an den Zug gedacht? Und hättet ihr euch ein Land vorgestellt, in dem sogar die Kühe so perfekt abgerichtet sind?

Oh, da ist eine Entenzucht. Sie haben ihre Häuschen, sie kommen an die Tür. Es wirkt wie ein Kindertheater. Zwei schlendern umher. Sie steigen auf die Brückchen, die über die Rinnsale führen. Sie blicken hierhin und dorthin, als hätten sie einen Gauner zu verhaften, sie schlagen mit den Flügeln, die Stille der Strömung trägt sie davon.

Bauern auf Fahrrädern kommen vorbei. Das ist nichts Ungewöhnliches in einem ebenen Land. Aber radfahren mit diesen riesigen hellgrünen Pantinen aus Weidenholz, und die Füße, die in diesen Lastkähnen ihre Runden drehen, und das Gewicht, das in der Leichtigkeit der Fahrt ungeheuer tot wirkt, das ist eine ziemlich lächerliche Neuheit.

Und da ist der kleine Hafen hinter der Hütte mit den kleinen Booten, bereit, auf tausend flüssigen Straßen zu gleiten.

Da ist ein Segel wie ein großer Schmetterling, das haarscharf über das Gras streift.

Chinesen Europas, sagte Voltaire. Wegen des zarten und einsamen und eigentümlichen und kostbaren Wertes der Dinge in der Landschaft? Wegen dieser am Abend unendlich perlgrauen Himmel, die nur gewisse Seidenwolken auf Mandaringewändern nachahmen könnten? Wegen der Binse und der Weidenrute, die hinter den Hütten am Wasser ihr Flechtwerk bilden?

Wegen der ungewöhnlichen Speisen, nach denen sie ab und zu lechzen? Seht ihr jenen Schwarm von Kiebitzen, die noch vor kurzem in Sardinien überwinterten? Seht ihr sie gegen Nacht von den abgelegenen Dünen auffliegen, wo sie ausruhten? Seht ihr jenes Aufblitzen blauer, flammender, grüner Drähte, das ihr Flug in das Porzellan des Sonnenuntergangs trägt? Hört ihr sie, jetzt, da es Nacht ist, kreischen, um sich zu rufen, während sie über die Wiese laufen auf der Suche nach Würmern? Arme Mütter, welche Überraschung, wenn der Tag anbricht, bei der Rückkehr nach Hause. Sie werden ihre Eier nicht mehr finden. Die ersten, die man entdeckt, werden der Königin dargebracht, als Frühlingsgruß, glaube ich. Die anderen, überaus begehrt, werden nach und nach von diesem Volk, das einen ausgezeichneten Appetit hat, verschlungen.

Was hat China mit den Eiern zu tun? Warum sollten sie eine ungewöhnliche Speise sein? Ich weiß nicht, ich dachte an gewisse Gewürze von heute morgen, die mir noch am

Gaumen zerrten, und dieser verfluchte exotische Geschmack hat sich mir mit jenen Reflexen von Gefieder verbunden, das die Luft beißt. Gewiß, wer weiß, wie lange ein chinesischer Pinsel beim Zeichnen jener Ringeltauben, Vorbotinnen der Nacht, schillernd über der weißen und schimmernden Verschwommenheit des Horizonts, mit Vergnügen verweilt wäre.

Lange habe ich Voltaire nicht mehr gelesen, und ich weiß wirklich nicht, warum er sie Chinesen nannte. Vielleicht weil sie Rationalisten sind und die Logik so weit treiben, daß sie an ihr zweifeln müssen? Und warum sollten sie nicht die Logik kultivieren, wenn ihr ganzes Land die Frucht von Berechnung ist, wenn es Geometrie ist, eine Erfindung der Ingenieurskunst? Sie reißen einen Damm nieder, sie erobern einen Haufen Hektare von Poldern, und noch immer sind sie nicht zufrieden, immer noch weiter wird das Meer zurückgedrängt, und nieder mit einem weiteren Deich, und noch einem, und noch einem, und da, mit einem Mal, bringt die Logik ruhelos an Stelle einer zerstörerischen Kraft eine blühende Schönheit ans Licht.

Eine Versammlung im Zug

Sie haben die Kühe abgerichtet – ihr erinnert euch, wie sehr? –, sie haben gewaltige Flüsse und das Meer gezähmt und zähmen sie weiterhin, und hätten sie – wie ich einen habe sagen hören – Vulkane gehabt, sie hätten selbst den Teufel ganz schön auf Trab gebracht.

Das ist eine Sache, die euch gewiß sofort auffällt: dieser Sinn für die Form, dieser Respekt vor der Form, dieser allgegenwärtige Formalismus, der zermalmt, der gestaltet, der trennt, der jeden fest an seinen Platz stellt, der in die Gesellschaft und in die Natur eine Harmonie bringt – zumindest dem Anschein nach. Wir werden Gelegenheit haben, ausführlicher davon zu sprechen.

Mögen sie Chinesen genannt worden sein, weil sie sich von allen anderen Völkern unterscheiden wollen? Oder weil sie in jeder Suppe ein Haar finden?

Ja, aber wieso habe ich nicht gleich daran gedacht, in der exotischen Luft, die hier überall weht und alles durchdrun

gen hat, daß sie seit Jahrhunderten mit dem Fernen Osten in
Verbindung stehen?

Und da ich China erwähnt habe, möchte ich euch darauf
hinweisen, daß es in der Schiffahrtsabteilung des Amsterdamer Museums ein eindrucksvolles Zeugnis für den Willen
und die Begeisterung eines Volkes gibt, eine merkwürdige
Sache. Jemand muß mir erzählt haben, daß die Holländer,
die als erste Handelsbeziehungen mit China anknüpften, um
dies zu ermöglichen, Christus verleugnet haben sollen, als sie
sich dort aufhielten. Nein, dazu sind die Holländer viel zu
stolz. Die Dinge liegen ein wenig anders, und in der Schiff-
fahrtsabteilung könntet ihr chinesische Porzellanteller sehen,
auf denen von chinesischen Künstlern zu Beginn des 18.
Jahrhunderts im Auftrag holländischer Kaufleute der *Leidens-
weg Christi* ausgeführt worden ist. Nun, zwischen der von den
Holländern gelieferten Vorlage und der Phantasie des chinesischen Kunsthandwerks hat der so entstandene Kontrast Er-
gebnisse gezeitigt, die ein wenig lächerlich und respektlos
sind; aber daran ist niemand schuld.

Und ich steige wieder in den Zug, um nach Amsterdam
zurückzukehren. An jeder Station tragen die Leute – Män-
ner, Frauen, Alte, Kinder –, die ein- oder aussteigen, eine
Aktentasche unter dem Arm, die sie, wenn sie sitzen, auf die
Knie legen; und sie legen die Hände darauf. Bereit für ein
Gruppenbild? Lauter Minister?

Auf einmal erheben zwei, die im Hintergrund des Waggons diskutieren, die Stimme, und alle spitzen die Ohren.
Schließlich steht einer auf, klemmt die Aktentasche unter
den Arm, geht zu den beiden, die so laut sprechen, und sagt
seine Meinung. Dann zieht er sich verzagt wieder auf seinen
Platz zurück, Aktentasche, Hände wie zuvor. Dann steht ein
dritter auf, geht, spricht, Aktentasche, Hände. Dann steht ein
vierter auf, Hände. Dann stehen plötzlich alle auf, drängen in
den hinteren Teil des Waggons, reden alle auf einmal, und
die beiden, die von Anfang an diskutiert haben, steigen auf
die Sitze und brüllen, um die eigene Erwiderung zu hören.
Eine Versammlung im Zug? Auch das hatte ich noch nie gesehen.

Der Kult der Logik

Was war geschehen? Ich bitte den Maler D., der mit mir reist, um eine Erklärung. Er antwortet mir sibyllinisch:

»Mein Großvater ist zweiundachtzig; er ist zu den Mennoniten übergetreten.«

»...?«

»Das ist eine Sekte, deren Anhänger sich weigern, einen Eid zu leisten, Blut zu vergießen ...«

»Ich verstehe.«

»Mein Vater ist Hegelianer.«

»...?«

»Ja, es gibt 500 000 Hegelianer bei uns.«

»Und Sie?«

»Christian Science.«

»Chri...?«

»Christian Science.«

»Na schön. Aber der Lärm, den diese Herren gemacht haben, was war das?«

D. kann sich nicht entschließen, nicht in Gleichnissen zu sprechen:

»Vor zwei Jahren hat ein *Domine* ...«

»...?«

»*Domine* nennen wir die Pfarrer. Vor zwei Jahren gibt ein *Domine* der offiziellen calvinistischen Kirche, als er die *Genesis* erklärt, dem Wort Schlange eine symbolische Bedeutung. Du lieber Himmel! Es kommt zu ... einer Versammlung wie der, die Sie erlebt haben. Die einen vertreten den Standpunkt, daß es sich um eine Schlange, eine wirkliche Schlange handelt, selbst wenn sie spricht, die anderen dagegen sagen, das sei eine Verwirrung, wie sie zu einem bestimmten Zeitpunkt bei allen Mädchen vorkommt. Die Synode tritt zusammen, um über den *Domine* zu befinden, und während sie beraten, trifft ein Eilpaket ein. Sie finden darin einen kleinen Aal, der nicht spricht.«

»Ein Einfall der Christian Science?«

Ich verstehe, ich verstehe alles. Und ich muß wieder daran denken, daß dieses Volk die Logik so sehr verehrt und sie so bis zum Äußersten treibt, daß es schließlich an ihr zweifelt. Und tatsächlich ist seine Größe nicht so sehr aus dem Kampf der Reformation gegen den Katholizismus hervorgegangen als aus einer grimmigen Auseinandersetzung der Reformierten untereinander über Riesenprobleme der Art, wie D. sie uns angedeutet hat.

Dieses phlegmatische Volk gerät in Zorn, wird gewalttätig, wird sich bewußt, daß es ein Blut hat, mit dem man gegen alle kämpfen und die halbe Welt erobern kann, und ist es erst einmal in Schwung gekommen, erobert es sie tatsächlich, wenn, überzeugt, daß zwei und zwei vier ist, die einen beweisen möchten, daß es fünf ist, die anderen dagegen, daß es drei ist.

»Das Schlimme ist eben, daß sie sich nicht mehr ernsthaft ereifern«, kommentiert D.

EIN VOLK UND EIN EDELSTEIN

Kleiner Handel

Am letzten Tag, den ich in Antwerpen verbrachte, bummelte ich durch die Straße, die am Hauptbahnhof entlangführt. Man kennt ja diese Straßen. Sie ähneln sich alle. Auf der einen Seite gibt es eine Mauer, die den Zugverkehr verbirgt, und diejenige von Antwerpen wird überragt von gußeisernen Türmchen, die endlos das Melodram eines unsäglichen Jugendstils verlängern. Auf der entgegengesetzten Seite drängen sich gewöhnlich rußgeschwärzte Mietshäuser, die sich bis unters Dach voll mit armen Leuten fühlen, und die Geschäfte unten, die von Gepäckträgern oder Heizern betrieben werden, haben jene Atmosphäre von Unordnung und Ungeduld, die Ankünfte und Abfahrten begleitet. Auch diesmal war die Unordnung da, und sie übertraf bei weitem das, was man vorhersehen konnte, aber es war eine von einer sonderbaren Müdigkeit verursachte Unordnung. Sollte Antwerpen sich mir durch eine Halluzination in Saloniki oder in Warschau verwandeln?

Die Straße war voller Kinder, die nicht lärmten, sondern bereits in diesem Alter – was für ein Druck lastet auf ihrer Stirn? – die Verantwortung eines furchtbaren Schicksals zu tragen schienen.

*

Ich näherte mich einem Geschäft und sah hinter dem marmornen Ladentisch einen, der in einem verschossenen *tight* und mit staubiger Melone gedankenverloren mit dem Fleischermesser gehacktes Fleisch liebkoste. Ich richtete die Augen wieder auf die Auslage, wo, hinter der Milchglasscheibe, ein Karpfen im schmutzigen Wasser einer Glasschüssel einen Flußbarsch verfolgte. Sie schienen vor Hunger zu sterben und zu ersticken, und von Zeit zu Zeit schwammen sie an die Wasseroberfläche auf der Suche nach Sauerstoff und atmeten keuchend, und die Haut am Hals legte sich in äußerster Qual in Falten, daß es nicht mit anzusehen war, und das Wasser überzog sich mit Bläschen.

Weiter waren Krüge mit Rüben und Essiggurken, schmierig aussehende Würste, glänzende Kringel ausgestellt. Koscher, lauter koschere Sachen, lauter »reine« Sachen, die ein Jude beruhigt würde essen können.

Juden? Ist dies wirklich nicht mehr Antwerpen?

Ich setzte mich in ein kleines Café. An den Tischchen saßen Leute, die genauso aussahen wie der Fleischer mit der Melone. Ob sie etwa den ganzen Tag hier drinnen verbringen?

Einige spielten Tricktrack. Die meisten den Kopf zwischen den Händen, geistesabwesender Blick, vielleicht denken sie an gar nichts. Ab und zu, selten, steht einer auf und kehrt aus der Küche fast immer mit nichts anderem als einem Glas Wasser zurück.

Sie sind arm. Sie sind nicht geizig. Wer hat behauptet, daß die Juden geizig sind? Dafür träumen sie zuviel, spekulieren sie zuviel.

Es gibt keine Kraft – und an Geduld fehlt es ihnen nicht –, deren geheimes Werden sie nicht zu entdecken vermöchten und die sie nicht – sei sie gesellschaftlich, wissenschaftlich, wirtschaftlich oder künstlerisch – zu einem derartigen Grad an subversiver Raserei bringen, daß sie jeden ihren Gehalt an Bedenklichem gewahr werden läßt. Dies ist die Fähigkeit der Juden zur Erneuerung. Ich brauche mich gar nicht anzustrengen, um daran zu denken: Die Nachkriegszeit ist voll gewesen von Namen wie Marx, Freud und Einstein. Durch das Drama, das sie in den Völkern auslösen, bringen sie seit so vielen Jahrtausenden – man muß es anerkennen – um den Preis von Verfolgungen Zustände der Erneuerung hervor. Geheimnisvolle Mission.

Warum haben diese Leute sich da drinnen versammelt? Jetzt sehe ich es. Einer hat aus der Innentasche seiner Jacke eine dicke Brieftasche gezogen, hat sie geöffnet, hat ein Dutzend Tütchen in einer Reihe nebeneinander auf den Tisch gelegt, öffnet sie eins nach dem anderen, und es ist ein einziges Gefunkel. Der, der ihm gegenübersitzt, klemmt sich eine Linse ins Auge, stöbert mit einer Pinzette in dem Gefunkel, läßt ein Körnchen hochspringen, greift es im Flug, prüft es, stöbert erneut, und so fort. Der andere schließt die Tütchen

wieder, packt sie wieder ein. Sie sind zu keinem Abschluß
gekommen. Das ist der kleine Diamanthandel: *vrije diamanthandel*, und wer sich daran beteiligen will, »wird 1000 Franken im Jahr ausgeben, meine Herren!«

Mutiges Leben

Über die Straße, die lang ist, geht jetzt ein gebeugter Mann.
Unter dem Gewand des Leviten, das er noch nicht abgelegt
hat, zeichnen sich all seine Wirbel ab. Die Haarlöckchen fallen ihm über die Ohren, und sein abgezehrtes Gesicht zieren
kümmerliche rote Haare, und er geht mit dem verrückten
Schritt dessen, der sich in einem Höllenkreis vor immer neu-
en Gräben haltmachen sieht und sie in größter Eile einen
nach dem anderen überspringen muß. Ihm folgt, im Laufschritt wie eine junge Gans, eine noch junge und schon ganz
derangierte Frau. Sie gewöhnt sich nicht, obgleich ihnen das
seit Jahrhunderten widerfährt, an die bitteren Pillen, die sie
schlucken muß, und hört nicht auf, ihren Mund in einem be-
harrlichen Lächeln zu verziehen, das jeden anklagt.

Sie hält einen acht- oder neunjährigen Sohn an der Hand,
der seinerseits einen kleineren Bruder an der Hand hält, und
dieser ein Schwesterchen, und so weiter, wodurch sie, sie
hinter sich her schleifend, eine Kette von vier oder fünf Metern bildet. Sie sind kürzlich aus einem ungarischen Ghetto
hierher gekommen.

Sie waren einmal nach Antwerpen gekommen, um sich
nach Amerika einzuschiffen. Da jetzt ein Auswanderungs-
stop besteht, bleiben sie hier. Sie sind bereits 60 000. Seht ihr
all diese Nebenstraßen, und die Parallelstraßen? Sie bewohnen bereits ein Sechstel Antwerpens.

Ich nähere mich einem jungen Burschen, der aus der
Ukraine gekommen ist und schon seit zehn Jahren in Antwerpen lebt.

»Ich war *cliver*. Nie gehört? Die *cliver* sind die Arbeiter, die
den Diamanten spalten. Man versucht, eine Fläche zu finden, die für das Spalten günstig ist, dann setzt man die Klinge an, ein kräftiger Schlag, und der Diamant teilt sich in zwei
Kristallaggregate. Ich habe 2000 Gulden bezahlt, um den Beruf zu erlernen. Das war der Preis. Es ist ein schwieriger Be-

ruf. Bis vor zwei Jahren brachte er noch ganz schön was ein: zweieinhalb Gulden wurden pro Carat bezahlt. Heute bezahlt man nur noch einen halben Gulden, und es gibt keine Arbeit, weil man heute auch, außer in den Fällen, wo es wegen irgendeines Fehlers unumgänglich ist, ihn zu spalten, immer mehr die Säge benutzt, um den Stein zu schneiden. Ihn spalten, das ist, als teilte man eine Orange in ihre Stücke, während man ihn mit der anderen Methode sozusagen in runde Scheibchen schneidet. Durch das Spalten offenbart sich ganz das innere Feuer des Steins. Der Diamant wird erst richtig zum Leben erweckt. Der Wert eines Diamanten ermißt sich nach seinem Leben. Von einem schlechten Diamanten sagen wir: ›Er ist nichts wert: er ist arm an innerem Leben.‹«

»Ihr seid Dichter. Nun gut. Aber das wollte ich eigentlich nicht wissen. Was machen Sie heute, da es in Ihrem Beruf keine Arbeit gibt?«

»Ich erlerne einen anderen Beruf. Ich besuche die Kurse der Kunstgewerbeschule. Ich lerne die ›Werbekunst‹.«

Wenn es sich auch um eine etwas merkwürdig bezeichnete Kunst handelte, ich hatte doch verstanden. Und ich will nicht verhehlen, daß ich Bewunderung empfand für dieses Volk, das aus der Erniedrigung heraustritt, ganz oben ankommt, wieder in die Erniedrigung zurückfällt, aber niemals den Mut verliert.

»Haben Sie Familie?«

»Ja, drei jüngere Brüder. Was wir jetzt verdienen, mein Vater und ich, das ist für ihr Studium. Einer studiert Medizin, der andere will Anwalt werden, beim dritten wissen wir noch nicht.«

Der Stein der Versöhnung

»Wir sind hierher gekommen«, fährt der junge Mann fort. »Sehen Sie: Das da waren die drei Hotels, in denen die Emigranten wohnten; das graue Gebäude dort mit den Türmchen, das die Straße wie ein Bug schließt, ist die Diamantenbörse; das Gebäude, das im Winkel zu ihm steht, ist der Diamantenklub; und das andere Gebäude da ist die *Diamant kierig*, wo der Rohdiamant gehandelt wird. Im Klub werden

die großen Geschäfte gemacht: 5 000 Franken jährlich, um
zugelassen zu werden; an der Börse werden die mittleren Geschäfte gemacht: die Zulassung kostet 2 500 Franken. Wir
sind wegen der Diamanten hergekommen. 1925 warfen sie
noch genug ab zum Leben.«

»So viele Diamanten für die Juweliere?«

»Ach was, Juweliere. Zu den Juwelieren gelangen sie rein
zufällig, während sie von Hand zu Hand gehen. 90% der
Diamanten sind in Umlauf. Er ist ein Spekulationsobjekt,
und zwar auf internationaler Ebene. Das Blühen dieser Industrie wird so sehr vom Lauf der Ereignisse beeinflußt, daß sie
ganz allgemein als Barometer des Welthandels betrachtet
werden kann.«

»Gibt es diese Börse hier schon lange?«

»Ich weiß nicht. Es heißt, der erste, der in Europa Diamanten facettierte, sei ein gewisser Perretti gewesen, ein Venezianer, und zwar hier in Antwerpen, im 17. Jahrhundert.
Und ich sage Ihnen noch etwas: Wir nennen den Diamanten
unter uns auf italienisch: *la pietra della riconciliazione*, den
›Stein der Versöhnung‹. Man hat mir erklärt, daß im Mittelalter dem Stein die Fähigkeit zugeschrieben wurde zu bewir-
ken, daß die Eheleute dauerhaft in Eintracht miteinander
lebten.«

»Wird hier das Hauptgeschäft gemacht?«

»Nein, das eigentliche Zentrum ist Amsterdam. Und
tatsächlich werden hier wie in Paris, wo es auch einen Klub
gibt, die Geschäfte immer in Gulden abgeschlossen.«

»Und woher bekommen Sie die Rohdiamanten?«

»Das Monopol darauf hat ein Syndikat in London, wo die
großen Firmen von Amsterdam, Antwerpen oder Paris ›Ansichten‹ erwerben. Die Ansicht ist ein Los von 5 000 oder
10 000 Carat. Das Carat entspricht bekanntlich einem Fünf-
telgramm.«

Ein Umschlag voll Licht

Ein paar Tage später war ich in Amsterdam. Ich hatte einen
Brief für Herrn S., den Inhaber einer *Diamant handelsmaat-
schappij*, das heißt einer jener Firmen, die »Ansichten« erwerben können und große Werkstätten besitzen.

Herr S. empfing mich mit großer Höflichkeit. Ein gutaussehender junger Mann: der Typ des Tennischampions. Er hatte sicher großen Erfolg bei Frauen. Nicht, daß er das behauptet hätte, aber man sah es an seiner Ungezwungenheit und seinem pfauenhaften Gebaren.

Er führte mich zur Börse. Diese Börse erhebt sich an einer Ecke eines weiträumigen Gevierts an der Amstel, wo sich die Industrie konzentriert, die von ihr abhängig ist. Ihre Fenster gehen auf einen Platz: die Weesperplein, und auf einen Kanal: die Achtergracht.

Im Hauptsaal, ringsum an den Tischchen unter den Fenstern, alles voll von Leuten. Sie schienen nichts zu tun zu haben. Als sie uns hereinkommen sahen, standen sechs oder sieben auf und kamen uns entgegen, da sie in mir einen möglichen Käufer sahen. Sie schwänzelten um uns herum und öffneten eilig ihre Umschläge. So erfuhr ich, daß es zwanzig bis dreißig Diamantfarben gibt: da gibt es mehr oder weniger dunkelbraune, die aus dem Kongo stammen; da gibt es grüne, schwarze und zitronengelbe; und es gibt außerordentlich helle mit hellblauen Reflexen. Einer zeigte mir welche, groß wie Linsen. Während er ganz winzige funkelnde berührte, sagte Herr S. zu mir:

»Sehen Sie, das sind Brillanten. Sie haben vierundsechzig Facetten. Sie wiegen nicht mehr als ein Fünfzehntel Carat. Bei kleineren Steinen wäre es äußerst schwierig, wenn nicht unmöglich, den Brillanten zu facettieren.«

In dem Augenblick hielt einer der Mauersegler mir einen Umschlag unter die Nase, in dem noch kleinere Diamanten waren, geradezu wie Mehl. Er schüttete mir jenes Licht in die Hand:

»Dies sind *huit-huit*, Achtkanter. Das ist die Verarbeitung der Steine, die weniger als ein Fünfzehntel Carat wiegen und sechzehn Facetten haben. Sehen Sie: Um die Facetten erkennen zu können, braucht man ein Mikroskop.«

Ein anderer Mauersegler kam mit einem offenen Umschlag voller Rohdiamanten: wie Kandiszuckerstückchen.

»Wir sind alle Juden in dieser Industrie und im Diamanthandel«, fuhr er fort. »Als wir im 17. Jahrhundert auf der Flucht vor der Inquisition hierher kamen, erlaubte man uns nur die Ausübung dieses Berufs. Heute gibt es nur wenig Arbeit. Von 6 000 Arbeitern haben nur noch 600 Beschäftigung.

Der Diamant wird vor allem in die Vereinigten Staaten verkauft. 60% des Geschäfts werden mit ihnen gemacht. 1925
war das einträglichste Jahr, sie haben 270 000 Carat bearbeitete Diamanten für fast 27 Millionen Dollar gekauft und
31 000 Carat halb bearbeitete Diamanten für mehr als eine
Million Dollar.«

Besuch in einer Werkstätte

Dann gingen wir in eine Schneide- und Facettierwerkstätte.
Die Schleifscheiben nebeneinander auf einer Werkbank: alle
außer Betrieb. Die Sägen auf einer anderen Werkbank: alle
außer Betrieb. Nur ein alter Arbeiter in einer Ecke paßte mit
Kitt einen Diamanten oben an einem Stöckchen für das
Schleifen an. Er hielt das Stöckchen in die Flamme, und mit
den Händen im Feuer strich er den Kitt glatt.

»Sehen Sie: Unsere Haut kann unverwundbar werden wie
die eines Salamanders.«

Dann, um mir eine Freude zu machen, setzte er sich an
eine Schleifscheibe, die geschwind wie der Wind lief: 1700
Umdrehungen in der Minute.

»Wenn Sie eine fertige Facette sehen wollen, werden Sie
viel Geduld haben müssen.«

Dann setzte er eine Säge in Gang.

»Aber hier werde ich doch die fertige Arbeit sehen können?«

»Ha! Um drei Millimeter zu sägen, braucht man vierundzwanzig Stunden. Der Diamant ist hart.«

»Sehen Sie, sehen Sie«, rief Herr S. unvermittelt, »magere,
magere, magere Geschäfte. Warum nehmen Sie nicht etwas
mit?«

»Ich?«

»Ja, Sie, man weiß nie, was passiert, und die Diamanten,
die tun Sie in ein Fläschchen.«

REMBRANDTS LICHT

Wenn ihr die Heerengracht entlanggeht oder einen der vielen anderen Wege nehmt, die im Norden den Stadtkern bilden und an den Kanälen entlanglaufen, die in konzentri-
schen Halbkreisen bis zu der Ij genannten Bucht führen und
so etwas wie eine phantastische Austernschale bilden; wenn
ihr an den Häusern entlanggeht, die mit Teer gegen den
Schimmel geschützt werden, wenn ihr die Fassaden betrachtet, mit zwei oder höchstens vier Fenstern pro Stockwerk,
eingezwängt in schmale, schlichte Rechtecke, jede mit ihrem
Dreieck des Dachs, wie eine erstarrte Fahne; wenn ihr oben
an der Fassade den Arm mit der Riemenscheibe seht, mit
dem man die sperrigen Gegenstände transportiert, die man
durch die Fenster hinein- oder herausbefördert; wenn ihr die
Innentreppe seht, die schmal und steil hinaufführt, beinahe
wie eine Strickleiter; wenn ihr die Außentreppe hinaufgeht,
die zuerst von der Seite, dann plötzlich von vorn zum Eingang führt; wenn ihr euch vorbeugt, um das Wasser der
Kanäle zu betrachten, und bemerkt, daß auch die Häuser
sich übers Wasser neigen, und zwar nicht, wie man euch erklären wird, um sich vor dem Regen zu schützen, und auch
nicht, weil sie sich auf Pfahlbauten aufrecht halten, was etwa
so ist, als stünde man auf Stelzen; wenn ihr durch das alte
Amsterdam lauft, das in Abhängigkeit von seinem Aufschwung entstanden ist, wie könnt ihr euch da der Illusion
entziehen, daß von einem Augenblick zum andern diese
ganze Stadt, all diese in Reih und Glied aufgestellten düsteren und leichten Häuser wie Schiffe aufs offene Meer hinausfahren werden?
Es sind miteinander solidarische Häuser, und nur, weil sie
fest miteinander verwachsen sind und aus Ziegeln bestehen,
die man einen um den andern, beginnend beim Dach, in
einer Nacht abtragen kann, etwa mit Hilfe einer Truppe von
Taschenspielern oder eines jener Tricks, mit dem der Film-

künstler eine Szene von der anderen zerreißen und ver-
schlucken läßt – haben diese Häuser kein Gewicht und
zerbrechen die Pfahlbauten nicht und versinken nicht im
Schlamm, der darunter die nachgiebige, vom Wasser um-
kämpfte Erde ist. Doch die Solidarität scheint sich auch vorgenommen zu haben, die Einsamkeit jedes einzelnen zu
befestigen. In ihrer Eintönigkeit ähneln sie sich nicht einmal
farblich, und obwohl das Schwarz mit den goldgelb einge-
faßten Fenstern vorherrscht, gibt es doch schon mal hier eine
braune Fassade und dort eine von etwas weniger dunklem
Ocker.

Das Haus baut ein Volk sich nach seinem Bild. Und dies
sind wohl zuallererst Häuser von Calvinisten. Man sieht genau, daß sie von Menschen ersonnen wurden, welche die
Heilige Schrift auf die grimmigste Weise auszulegen pflegten.
Kann es einen größeren Individualisten und Formalisten geben als denjenigen, der, in dem Glauben, daß die Rettung
oder die Verdammnis eines jeden von der Ewigkeit bestimmt
ist und daß die guten oder schlechten Werke eine solche Vorherbestimmung nicht ändern können, bereits in den göttlichen Geist und seine Gaben die Ungleichheit der menschlichen Lebensbedingungen legt? Und daher wird er die
Beziehungen zu den Personen, die er für unter seinem Stand
hält, mit distanziertem Wohlwollen dem eigenen Gutdünken
anvertrauen. Im übrigen wird er niemandem großes Vertrau-
en schenken. Häuser also von Kaufleuten, von Eroberern
und von fanatischen Gläubigen, fest vereint, um Widerstand
zu leisten, zu kämpfen, zu siegen, wobei ein jeder aber doch
äußerst eifersüchtig auf den eigenen gesellschaftlichen Rang
und, sobald der Schein gewahrt ist, auf die eigene Freiheit
bedacht ist.

Jedes Haus wurde für sich allein ersonnen, vom Keller bis
zum Dach, ganz getrennt ausschließlich für jeden einzelnen
und seine Familie. Die Fenster nehmen beinahe die ganze
Fassade ein, denn im Norden kann man nach Licht lechzen;
und wenn man vorbeigeht, kann man sehen, ob sie bei Tisch
sitzen oder ob der aus der Schule heimgekommene Junge die
Hausaufgaben macht, oder eine andere der zahlreichen Szenen vor Augen haben, die ihre Malerei illustriert hat. Sie sind
dort drinnen abgeschlossen wie in einem Schiff oder in einem Barackenlager der Kolonien, in einer Einsamkeit auf

dem Präsentierteller; die aber die Fensterscheiben und die Wände unverletzlich machen. Dies war ihre Idee: daß die Erscheinungen von jedermann überprüft werden können – in dieser Weise ist das ganze 17. Jahrhundert ein wenig formalistisch – und daß sogar ihre Inneneinrichtung mit Kupfergerät und Ledergarnitur der Öffentlichkeit preisgegeben wird – was, wie böse Zungen sagen würden, auch die Eitelkeit eines Neureichen gewesen sein könnte. Nachdem – mit einigem Abstand – die öffentliche Meinung befriedigt war, galt es, in derselben materiellen Isolation des Heims, als ausgemacht, daß, da das unsterbliche Glück oder Unglück einer Seele von unerforschlichem göttlichem, in ewiger Weitsicht festgelegtem Ratschluß abhängen, die anderen nichts an der immer schon von der Vorherbestimmung abhängigen Ursache für die Verhältnisse eines jeden – Elend, Reichtum, Anmut, Schwachsinn, Genie, Rüstigkeit, Siechtum – zu kritisieren haben, vom äußeren Schein dazu verlockt, ihrer Phantasie die Zügel schießen zu lassen. Calvinisten, und dort, wenige Autokilometer entfernt, liegt das jansenistische Utrecht.

Erscheinungen, Phantasmen; aber hier werden all die innehalten, die wissen wollen, warum der Holländer, als er groß wurde, ganz plötzlich eine Blüte hervorragender Maler hinterlassen hat, damit sie durch die Jahrhunderte Zeugnis von ihm ablegen. Entsprechend hatte das elisabethanische England das Theater, das heißt eine Kunstform, die die gegenwärtigen Umstände verlangten und die von den vorangegangenen sich überschlagenden historischen Ereignissen vorbereitet worden war. Und im einen wie im anderen Land gab es einen, der imstande war, die Grenzen zu überwinden: Shakespeare und Rembrandt.

Daher ist die Malerei hier eine spontane Schöpfung, wie in Italien, wenn sie auch anders inspiriert ist und erst Größe erlangt hatte, nachdem sie unsere Luft geatmet hatte.

Achten wir also noch einmal auf die Farben, hier, wo die so anziehenden Scheiben der großen Fenster, welche die drei Dimensionen auf eine Fläche von zweien reduzieren, für den Vorübergehenden das Eigenleben der Häuser in Malerei auflösen; wenden wir uns wieder Fassaden zu, die nicht mit dem Raum spielen und nur durch Farbe leben, kehren wir zum Wasser zurück, in dem sowohl Interieurs durch die Scheiben hindurch als auch die parallelen Töne der Fassaden weit in den äußersten Bereich der Phantasie rücken, wo die Erscheinungen sich nach und nach in Phantasiegestalten verwandeln.

Sie begleiten die Phantasiegestalten, die Ulmen am Rand der Kanäle und die Buckel der Brücken – die einzige Unterbrechung der Ebene hier und da.

Stadt Rembrandts. Gewiß, dieser Mann hat ihr Geheimnis nicht für sich behalten, er hat die Erscheinungen zerrissen und sie ergründet und sich nicht geschämt, es vor allen zu tun; indem er sie aber nachbildete, indem er die Realität der Welt als reine Erscheinung und reine Phantasie betrachtete, und da die Wahrheit, allen unbekannt, allein Gott zusteht, wird sie für jeden nichts sein als eine Quelle größerer oder kleinerer Qual je nach dem persönlichen Grad der Empfänglichkeit für Poesie. Und heute scheint Amsterdam in seiner alten Schale, so gut verstand er es zu sehen, von ihm erdacht. Er sah, wie es von den Grausamkeiten von Blut und Pech und dem Ungestüm bis hin zum Angebot von Modellen, zerfressen in der Tiefe der Unendlichkeitsillusion der Spiegel, ging. Bedarf es nach einem so langen Weg noch mehr, um jeden Begriff von gesellschaftlichem Rang und launenhaftem Einfall zu verlieren, der seinen Zeitgenossen so teuer war, und den der Tiefe zu erobern?

Mittlerweile wurde es Abend, und auf die Scheiben und auf die Ziegel schien die Sonne mit einer unwahrscheinlichen Müdigkeit, während gegenüber, klein wie eine Maus, das Dunkel hervorlugte. Ich hatte schon Gelegenheit, in der hiesigen Landschaft – erinnert ihr euch? – eine ähnliche Ankündigung vom Licht Rembrandts zu sehen. Hier jedoch ist es echter, hier ist es an seinem Platz. Rembrandt ist ein Stadtmensch.

Vor Jahren las ich in einer Geschichte der Alchimie von einem gewissen Helvetius – nicht der Philosoph, die Daten würden nicht passen –, dem ein Elfenbeinkästchen übergeben worden war, das »eine Prise«, »weniger als ein halbes Hirsekörnchen« eines safrangelben Pulvers von metallischem Aussehen enthielt. Von seiner Frau angestachelt, getrieben von Neugier, macht Helvetius das Experiment und verwandelt durch Schmelzen und unter Hinzufügung des Pulvers einen Barren Blei in ein Gold, das die Goldschmiede als äußerst rein erkennen. Das Buch berichtete auch, daß

Spinoza bei dem Akt der Verwandlung zugegen gewesen sei und daß er ihn in einer seiner Schriften niedergelegt hatte. Das mögen Ammenmärchen sein, und ich denke nur deshalb daran, weil sich das Wunder in Amsterdam ereignet haben soll. So etwas geschieht in dieser Gegend. Die Sonne von vorhin liegt tatsächlich unversehens auf dem Blei der Stunde wie eine Prise Safran. Das Blei schmilzt, und das Gold bricht hervor und verschlingt wie Aussatz.

Dies – die schreckliche Sonne – ist nicht der einzige Stein der Weisen, der von Rembrandt dem feurigen Auflodern übergeben wurde.

REMBRANDTS SCHMERZ

Hunger, Liebe, Tod, Wissen

Ich verbrachte nur einen Morgen in dem Zimmer, das Franz Hellens mir wie ein Bruder in seinem Haus in Brüssel zur Verfügung gestellt hatte. Ich spielte gedankenlos mit ein paar kleinen Gegenständen, die vor mir standen. Und dann wurde meine Aufmerksamkeit unwillkürlich von ihnen gefesselt. Einer war eine Elfenbeinarbeit, die ein Ungeheuer darstellte, das mit einem Skelett kämpfte, und wenn ich den Gegenstand umdrehte, waren die Wirbel des Skeletts auch ein erigierter Penis, der dennoch weiterhin aus Wirbelringen bestand. Im Holz der anderen Nippesfigur hatte der Künstler die Wut eines Wolfs ausgedrückt, der – er hatte sich auf eine Schildkröte gestürzt, und diese hatte sich in ihren Panzer zurückgezogen – den Verstand verliert vor Begierde, seinen Hunger zu stillen.

Diese beiden Arbeiten einer außerordentlich geschickten chinesischen Hand veranlaßten mich erneut, jene elementare Bedeutung zu bedenken, die die Liebe, der Tod und der Hunger in der Natur haben. Und auch anderes suggerierten sie mir, und mir fiel vor allem auf, daß der Künstler, ganz spontan übrigens, dem Wolf sympathische und der Schildkröte widerwärtige Züge verliehen hatte, ohne ersterem etwas von seiner Fürchterlichkeit und letzterer etwas von ihrer intarsierten Ruhe zu nehmen, so jedoch, daß das Schreckliche sich rein menschlich schließlich nur in jener Gleichmütigkeit und jener Härte zeigte, die, sie unbesiegbar machend, eine ängstliche Seele und ein träges Fleisch verbargen.

Als ich aufblickte, fiel mein Blick auf ein Mikroskop, das Hellens von seinem Vater, dem berühmten Bakteriologen van Ermenghem, geerbt hatte.

Zur Liebe, zum Tod und zum Hunger gesellte sich das Wissen, und zwar jenes Wissen, das für seine Beobachtungen und Entdeckungen am meisten Methode und Geduld braucht. Die vereinfachte Geschichte der Natur und des Geistes zeigte sich mir in jenen vier Worten, zumindest die Geschichte, wie jenes Jahrhundert sie zu interpretieren begann, das von der Mitte des 16. bis zur Mitte des 17. Jahrhunderts geht. Ich meine das 17. Jahrhundert, das, gewissen gegenteiligen Ansichten zum Trotz, in jedem Bereich der Kunst und des Denkens und mit seiner Suche nach sich selbst im Verhältnis des Winzigen zum Riesigen in jedem Land Europas ein sehr bewegtes Jahrhundert war, das von kaum zu überbietenden Werken nur so überquillt. Und da ich mir wieder vornehmen muß, was ich mir zu den Niederlanden notiert habe, kann ich nicht vergessen, daß Holland hinsichtlich der Bedeutung seiner historischen Merkmale von jenem Jahrhundert definiert wurde.

Ich würde die Behauptung wagen, daß Christoph Kolumbus es wie England zur Größe trieb. Die Entdeckung einer neuen Welt im Westen Europas, die das Feld für Abenteuer vom Mittelmeer in den Atlantik verlegte, läßt junge Völker bekanntlich spüren, daß sie das gleiche Recht auf Beute hatten wie die anderen Nationen, die auf dem Ozean aufgetaucht waren, ja ein größeres sogar, da sie, jung wie sie waren, den größeren Appetit hatten.

Dazu kommt die Arbeitslosigkeit, was zu der Überlegung führt, daß der Appetit eher ein Wolfshunger war. Wie hätte es in einem Augenblick so tiefgreifenden gesellschaftlichen Umbruchs keine Arbeitslosigkeit geben sollen? Aufstand in den Niederlanden; flämische Flüchtlinge, die den Engländern die Wollweberei beibringen; England verwandelt seine Felder in Weiden und bereitet sich darauf vor, aus einem bäuerlichen Land zu einer bedeutenden Industrienation zu werden; die natürliche Folge eines solchen wirtschaftlichen Ereignisses: viele Arme bleiben ohne Arbeit. Und die Folge jener Folge? Hätte es jene englischen Piraten, welche die mit amerikanischen Reichtümern beladenen spanischen Galeonen angreifen, die sich in verzweifelten Unternehmungen ertüchtigen und unter dem Kommando eines ihrer Anführer, des berüchtigten Drake, den ersten Kern der Flotte und der britannischen Imperialmacht bilden werden, indem sie der Armada den Todesstoß versetzen – hätte es sie ohne die Arbeitslosigkeit gegeben?

Glaubt man wirklich, daß der Aufstand in den Niederlanden gegen die Spanier nur theologischer Differenzen wegen ausgebrochen ist? Glaubt man wirklich, daß die Autodafés herausgefordert wurden und den Vollstreckern der Befehle Seiner Katholischen Majestät, die den Aufständischen in die Hände fielen, mit gleicher Münze heimgezahlt wurde und daß die einen wie die anderen jenen Boden berühmt gemacht haben, indem sie einander in chinesischen oder aztekischen Raffinessen der Folter zu übertreffen versuchten – nur für die Religionsfreiheit? Glaubt man wirklich, daß ein Skeptiker wie Wilhelm von Nassau die eleganten Unterhaltungen aufgegeben hat, in denen er es gewohnt war zu verblüffen, indem er jedem die gehörige Antwort in seiner Sprache gab, und zum sogenannten Schweiger geworden ist und im Gefecht ein furchtbarer Glaube in ihm aufgekeimt und gewachsen ist, nur weil er sich vom Lutheraner in einen Calvinisten verwandelt hatte? Oder ist das alles geschehen, weil die große Elisabeth ihre Agenten losgeschickt hatte, welche die Holländer gegen den gemeinsamen Gegner, den Unerschütterlichen des Escorial, beeinflussen sollten? Jedes Motiv hatte sein Gewicht; das gewichtigste aber war, daß der Raum sich auch vor Holland mit seinen Luftspiegelungen aufgetan hatte und daß jenes Volk den heldenhaften Augenblick seiner Jugend erreicht hatte.

Philipp II. und Karl V.

Das entstehende Holland, Zufluchtsort der Häresien, braucht hundert Jahre, um sich auf einem Zerbröckeln des heiligen Gedankens von Freiheit und von Verantwortung zu errichten. Vielleicht war es die Schwäche der holländischen wie auch der englischen Kultur, daß sie sich bei der Ausweitung ihres Hoheitsgebietes auf die Verschärfung der Meinungsunterschiede stützte, und, wenn sie diese begünstigen wollte, gezwungen war, einen geistigen Kitt zu finden im Materialismus der Interessen und im Puritanismus der Etikette, im Kult der Erscheinungen, in der Materie, und somit nicht mehr viel nötig war, um zu glauben, daß sie auf der Grundlage von Aseität emporgekommen war. War es daher die Folge des Wissens, daß die gesellschaftliche Beziehung und die Beziehung zwischen dem Göttlichen und dem Menschlichen hinter Glas auf trügerische Weise stabil blieben, desorientiert,

was das Wesentliche betrifft, gleichsam beurteilt durch die
Linse des Bakteriologen?

Obwohl Philipp II. seiner Gegner nicht unwürdig war,
schien die große katholische Idee der Jahrhunderte (war
Góngora durch die zerschlagene Armada zu seinen *Soledades*
inspiriert worden?) gleichsam über ihm, außerhalb seiner zu
wogen, schien sie es gleichsam müde geworden zu sein, sich
nach so vielen Jahrhunderten immer noch zur Ausübung der
weltlichen Gewalt in einem Monarchen zu verkörpern. Als
Karl V., der im Kloster den Proben zu seiner eigenen Beerdigung beiwohnt, die Nachricht vom Sieg König Philipps
über die Franzosen bei San Quintin erreicht – ist der Ex-Kaiser gewiß zufrieden, aber: »Warum nur war mein Sohn nicht
mitten unter den Kämpfenden?« Philipp ist nicht zaghaft,
nein; aber sein Mut hat gewissermaßen etwas Ausweichen-
des. Brachte es ihm Unglück, daß seine Herrschaft unter dem
Zeichen von Begräbnissen aufging? Ständig wird es ihm vorkommen, als würden schreckliche Begräbnisse geprobt. Es
war ein ausgedehntes Reich, das ausgedehnteste, das zu besitzen sich ein Herrscher jemals erträumt hat und das, als
Portugal sich anschließt, die Länder des Goldes und die der
Gewürze umfaßt: den ganzen Reichtum. Die unbeugsame
Disziplin hatte das Gesicht Philipps II. ausdruckslos werden
lassen; doch in seinem gichtkranken Körper, auf den kraftlosen Mückenbeinen zitterte seine Seele in seiner Klausur im
Escorial wie in einem Grab. Und während er zwischen Bergen heiliger Reliquien, die ihm von überallher geschickt wurden, von der Wollust träumte, kam es vor, daß er sich dabei
ertappte, wie er vor sich hinsang:

Wo nur verbirgst du dich, Glück?
Nicht in den Gefälligkeiten,
Nicht in den Vergnügungen
Einer Welt, die mich ekelt,
Nicht im Ziel unserer Wünsche:
Reichtümer, Lieben, Siege, Trophäen.
Nichts hienieden gibt mir Befriedigung.
Möge die Welt verstehen,
Daß, wenn ich dich nicht haben kann,
Dies ein Zeichen ist, daß niemand dich haben kann.

Jahrhundert des Nichts der Welt: Jahrhundert des Stolzes und
der Phantasie. Und von Geheimnissen, maßlosen Melan-
cholien. Und der Flammen. Flammen, die inmitten karneva-
lesken Lärmens menschliche Opfer rösteten, und Flammen,
die auf stehenden Wassern umherstreifen, Flammen, die
empfindsam verlöschen, wenn eine Hand sich nach ihnen
ausstreckt ...

Flamme des Himmels möge auf deine Zöpfe regnen!

Erinnert ihr euch? Gefunden bei seinem Petrarca, ist das der
gegen Elisabeth gerichtete Wunsch Góngoras für die unbe-
siegbare Armada.

Der Geruch Amsterdams

Diese oder ähnliche Gedanken gingen mir an jenem Morgen
durch den Kopf, während ich mit Hellens chinesischen Figürchen spielte. Und ich erinnerte mich, daß ich, nachdem
ich mich in der Heerengracht herumgetrieben hatte, bei meinen weiteren Streifzügen durch Amsterdam plötzlich vor
dem Haus des Malers gestanden hatte, der, wie ich sehr wohl
merke, der gründliche Interpret seines Jahrhunderts war. Es
war sein Haus in den Jahren des Wohlstands, aus dem ihn
eines Tages die Gläubiger vertrieben, die all seine Habseligkeiten versteigern ließen. Ich war darauf gestoßen vom
Ooster Dok kommend, der sich oben bei den Kanälen zur
Rechten öffnet, wie eine ungeheure Blase im Abenddunst
schwimmend, und da stand ein Karren mit einem Berg
Zwiebeln groß wie Menschenköpfe, und ein grober Mensch
kaufte eine, und jetzt biß er in sie hinein, und jetzt riß er mit
den Zähnen ein Stück von dem Hering ab, den er in der anderen Hand hielt, und schneller, als sich sagen läßt, war er
fertig und hatte sich mit dem Rücken der so rasch schon
leeren Hände auch noch den Mund abgewischt.

Es ist wahr, es gibt Städte, deren Geruch haften bleibt.
Brügge riecht nach Zwieback. Amsterdam hat einen leichten
Heringsgeruch. Wie sollte man sich dort nicht an Philipp II.
erinnern? Ich verspürte vor der Nr. 4 der Jodenbreestraat, auf
der Schwelle von Rembrandts Haus, deutlich eine unbe-

stimmte Erinnerung an Verwesungsgeruch, aus jener Krypta des Escorial, in der das Skelett bis zum endgültigen Begräbnis darauf wartete, daß die Zeit das Fleisch des Leichnams ganz zu Staub zerfallen ließe. Wenn er keine anderen Träume hatte, konnte Philipp II., während er in seinem Schlafzimmer ruhte, von einem kleinen Fenster aus, das sich auf jenes unterirdische Gewölbe öffnete, den Fortschritten der Entfleischung beiwohnen.

Rembrandts Haus haben seine Konservatoren so eingerichtet, daß man sehr gut erkennt, wie Renaissance und Reformation im barocken Rembrandt Widersacher und Verbündete, verzweifelt Verbündete waren. Im Rijksmuseum haben so viele nachdenklich vor dem 1723 den Flammen entrissenen Fragment der *Anatomievorlesung des Dr. Jan Deyman* gestanden. Ist das Wissen vielleicht das finstere Loch der Bauchhöhle? Oder die Eiseskälte von Füßen, welche die gesamte Leinwand in Besitz nehmen und, wie es scheint, dem Gesicht des Unglückseligen, der stehengeblieben ist, um sie zu betrachten, ihren Abdruck einprägen wollen? Oder das Gesicht, schon in Verwesung übergehend, des Operierten, dem die Schädeldecke entfernt wurde, um den Augen aller ein erstarrtes Gehirn bloßzulegen?

Suche nach der Wahrheit

Sollten jene Mantegnas und jene Michelangelos, die er, in Tagen des Wohlstands, in seinen Sammlungen bewahrte und ängstlich befragte, ihn dies gelehrt haben? Die Qual ganz sicher. Und die Hoffnung? Zählt nicht das, was der Geist belebt, mehr als die Materie? Er wußte es, er wußte es, er wußte auch das; aber auf welch schwarzseherische Weise.

Er hatte in seinem Haus alle Arten von materiellen Dingen angehäuft: mit Miniaturen geschmückte Kodizes und verfluchte Abrakadabras, Steine, Muscheln, Waffen aus den fernen Ländern, die seine Mitbürger kolonisierten; er hatte Rüstungen um sich, Vorräte von geräucherten Heringen, die mit ihren Schuppen in seinem Gedächtnis das mannigfaltigste Rissigwerden von Sonnengold, Federn, Samtstoffen, Seiden, seltenen Hölzern wieder aufflammen ließen. Und wenn er malte, wenn er in der ihm eigenen Weise von einem Punkt

aus das Sich-Überlagern von Lichtern in einer Kreisbewe-
gung des Schattens abstufte – konsultierte er den Trödel und
die Schätze, die sich in seinem Haus stapelten, bevor er seine Verzweiflung in einer Synthese faßte. Auch als sie ihm
durch die Versteigerung verlorengegangen waren, tauchten
die Hände in der Erinnerung in die Kästen, füllten sich mit
ihrem Andenken.

Ihr solltet im Rijksmuseum vor *Ruth und Booz* stehenbleiben. Es ist eines der letzten Bilder des Meisters, gemalt 1668,
ein Jahr vor seinem Tod. Es stellt seinen Sohn Titus mit seiner Verlobten dar. Gewiß zieht eine große Zärtlichkeit durch
dieses ungestüme Bild. Booz springt aus den Goldtönen,
Ruth aus dem Autodafé und aus dem Blut märchenhafter Juwelen. Sie legt verträumt leicht die Finger auf die männliche
Hand, die ihr Herz abhört. Booz, größer als Ruth, lächelt der
Zukunft zu, mit einer gewissen Bangigkeit, und scheint eine
Weissagung zu skandieren: »Ich habe«, würde Rembrandt
durch ihn sagen, »die Welt schaffen wollen, wie sie mir klar
ist, nachdem ich sie abgebüßt habe. Sie ist nichts anderes als
Materie. Spürt ihr nicht, daß auch eure teuren Gesichter,
eure Hände, die ich liebe, nichts anderes sind; und sie
schwimmen, wie ich mit so viel Mühe gelernt habe, in der
tödlichen Zersetzung des Lichts?« Er wußte es gründlich,
wenn auch auf schwarzseherische Weise; aber ist so viel Wirkung von Verzweiflung nicht bereits Hoffnung? Und hatte
die Materie ihn nicht reich gemacht, weil sie so mitleidlos (so
mitfühlend) mit seinem unvergleichlichen Geist war?

Angeblich hat er auch einen Giorgione besessen. Er wußte, er wußte, daß die Wahrheit der Formen nicht in ihrem
Verfall, sondern in ihrer fortwährenden Erneuerung liegt.

So war er. Vom ersten Augenblick an. Im Mauritshuis in
Den Haag könntet ihr euch in der Tat davon überzeugen, indem ihr eines seiner ersten Gemälde betrachtet. Es ist die *Susanna* aus dem Jahre 1637. Die Farbe der Haut ist Flamme,
liebevoll zurückgeworfen von Wassern. Flamme der Auflösung? Eitle Flamme? Sie ist Flamme. Es gibt, er wußte es, die
Dämmerung der Morgenröte und die Dämmerung des Sonnenuntergangs, und die mittägliche Raserei, Nacht des
Lichts. Rembrandt war ein wahrhaft Mächtiger, ein Weiser.

Genau so blieb die Flamme auch, als die Zeiten der heldenhaften Wut der Niederlande kamen und die Dynamik ei-

nes Volkes in seiner Jugend nur Prunkmalerei verlangte – vor den Kilometern und Aberkilometern jener Malerei in den Museen läuft man heute davon. Alle hatten Rembrandt vergessen, der weiterarbeitete, dazu verurteilt, beinahe Hungers zu sterben, sich ein Stück Brot zu verdienen, indem er – er war ein schöner eindrucksvoller Greis – den »offiziellen Malern« Modell stand.

VORBOTEN VON OSTERN

Auf dieser langen Reise, von der ich euch, liebe Leser, berichtet habe, auf der ich so viele Grenzen überschritten habe, bis in die äußerste Ecke Hollands vorgedrungen bin – einen Augenblick in Barcelona haltgemacht, einen Abstecher nach Prag gemacht habe, habe ich viele Dinge gesehen oder wiedergesehen und deutlich erkannt, daß Europa gegenwärtig seine Geschichte wie eine offene Wunde zeigt. All die alten Steine sprechen jetzt.

Ist also jener Gelehrte des 16. Jahrhunderts, der, während er sich in Rom befand, Rom suchte und sich plötzlich beim Betrachten der Ruinen an die Stirn schlägt und ausruft: »Sie sind Menschen!« und die Kraft einer belebenden Kultur in ihrer ganzen Schönheit spürt, auf allen Straßen dieses Kontinents wiederauferstanden?

Der Mensch, der so stolz auf seine Mittel war und sich sogar dazu verstiegen hatte, an eine Transzendenz der Mittel zu glauben, hat sich in diesen furchtbaren Jahren so sehr als Spielball der Irrtümer gesehen, die sein blinder Glaube ihn immer wieder hatte begehen lassen, daß er sich schließlich entschlossen hat, sich selbst zu suchen und sich in seinen Erinnerungen zu suchen.

Ich weiß nicht, aber mir kam es vor, als versuchte jedes europäische Volk jetzt, von seinem eigenen Leiden getrieben, herauszufinden, aus welchem Holz es geschnitzt ist. Und die alten Steine haben angefangen, von Kämpfen und Toben und Austausch, von Scheiterhaufen und von Geißelungen und von Heldentaten und Martyrien zu sprechen ...

Und derjenige, der tief in sich hineinhört, wird nicht von Mißtrauen gegenüber den Mitteln erfaßt werden; vielmehr wird er sich der präzisen Bedeutung wieder bewußt werden, die jedes vom Menschen neu hinzugewonnene Mittel innerhalb der Gesellschaftsordnung hat. Jedes neue Mittel bringt unvermeidlich eine Veränderung in den Beziehungen mit

sich, läßt gegensätzliche Gedanken aufkommen, führt zu
schwierigen Situationen, verlangt unaufhörlich Mut und Liebe vom Menschen. Das ist die *conditio humana*. Und da dies
nun einmal – unübersehbar geworden – unsere Situation ist,
werden wir da immer noch vergessen, daß die Mittel nicht
alles sind, sondern daß der Mensch, daß der menschliche
Geist sich stets neue Mittel für seine geheimnisvolle Bestimmung schmiedet?

*

Ich bewegte diese Gedanken in mir, als, während ich auf
dem Weg nach Tarvisio durch Österreich fuhr, plötzlich das
Licht anging und ein Zollbeamter überraschend in mein Zug-
abteil kam. In seinem langen dunkelblauen Mantel, der ihm
glockenförmig bis auf die Füße herabfällt, hat dieser Beamte
noch nichts von der korrekten Zwangsläufigkeit einer Büro-
kratie verloren, die, wie man sagt, einmal perfekt war. Ich
habe sein abgehacktes Verhör noch im Ohr: »Wie viele
Schillinge haben Sie? Tschechisches Geld haben Sie nicht?
Zeigen Sie mir die Lire, die Sie bei sich haben!« Wenige Wochen zuvor waren einem Reisenden aus Italien, der die neu-
en Bestimmungen nicht kannte, tausend Lire beschlagnahmt
worden. Und jetzt darf man, wenn man durch Österreich
fährt, nicht mehr als zweihundertfünfzig Schilling bei sich
haben; und ich habe auch erfahren, daß ein Tscheche, der ins
Ausland reist, von zu Hause im Monat nicht mehr als tausend Kronen erhalten kann, etwas mehr als fünfhundert Lire.

Ich habe leider nie viel mit Geld zu tun gehabt und kann
bei diesem Thema kaum mitreden, aber mir war beigebracht
worden, daß die menschlichen Gesellschaften sich durch die
Erfindung des Geldes wie durch die Erfindung der Schrift
mit dem Mittel versehen hatten, das sie am stärksten verbindet. Und wie kommt es dann, daß das Geld zu einer Schranke geworden ist? Ich erklärte es mir so, daß in diesen Staaten
die Schranken eine Folge der absurden Entwicklung sind,
daß jeder seine industrielle und landwirtschaftliche Autonomie haben will. Die Schranke des Geldes bedeutet also – wie
könnte es anders sein? – eine Schranke der Produktion.

In der Steiermark, im Gebirge, in Leoben, wo ich während der Stunde, die der Zug Aufenthalt hatte, ausgestiegen
bin, sind mir nicht die napoleonischen Kriege in den Sinn

gekommen, wie es logisch gewesen wäre, und nachdem ich
das blitzblanke Städtchen gesehen hatte und die Leute, die so
adrett in ihren Hüten, Mänteln und Krägen in allen Grünschattierungen des Tannenwalds ihren Geschäften nach-
gingen, konnte ich mich nicht enthalten, meinen Tischnach-
barn im Bierkeller zu fragen:

»Ihr Brot wird immer noch nach allen Regeln der Wiener
Backkunst gebacken, die Leute, die ich ringsumher sehe,
sind ruhig und anständig. Herrscht hier vielleicht großer
Wohlstand?«

»Oh! Lassen Sie sich nicht täuschen, mein Herr. Alle Fabriken sind geschlossen ... Ordnung liegt in unserer Natur ...«

Und wozu sollen die Schranken der Produktion gut sein?

Und selbst in Prag, wo dank der so privilegierten wirtschaftlichen Situation dieses Staates die Krise mit Verzöge-
rung – vor drei Jahren erst – aufgetreten ist, spaßt die Armut
heute nicht. Nicht selten kann man erleben, daß man an den
Straßenecken um Almosen angebettelt wird, was seit vielen,
vielen Jahren nicht mehr der Fall gewesen war. Ganz zu
schweigen von der Armut, die sich versteckt, und von der, in
die man durch Ruin gerät. Hat Bata, der berühmte Schuh-
könig, nicht Selbstmord begangen, weil seine Geschäfte immer mehr ins Stocken kamen? In Pilsen, das täglich 300 000
Flaschen Bier produzierte, werden nur noch 7 000 versendet.
Es ist nicht weiter schlimm, weniger zu trinken. Nein: es ist
schlimm, daß so viele Geschöpfe Gottes kein Brot mehr
haben!

»Und wenn Skoda«, sagt einer boshaft zu mir, »aufhören
würde, Kanonen herzustellen, würden wir unsere Arbeitslosigkeit dadurch nicht noch verschlimmern?«

Zufällig habe ich jenen Hügel vor Augen, auf dem ein
böhmischer König vom Fuß bis zur Spitze eine Mauer errichten ließ, um seinen Untertanen in einer Zeit des Hungers
zu essen zu geben, und tatsächlich heißt sie auch Hunger-
mauer. Eine sinnlose Arbeit, und man beleidigt die Arbeit,
wenn man ein Werk ausführen läßt, auch aus Barmherzigkeit, das zu nichts nutze ist. Doch Kanonen herzustellen, aus
Gewinnsucht oder um ... die Arbeitslosigkeit zu vermindern
– entschuldigt, wenn ich den Seitenhieb ernst nehme –, ist
schlimmer als sinnlos, es ist gefährlich!

*

An diesem Punkt müßte ich mich fragen: »Dann sind also die Friedensverträge schuld an der Krise?«

Aber mehr als die Verträge hat jener haarspalterische Geist schuld, der sich des Völkerbunds bedient hat, um die Keime für Krieg, die jeder Vertrag unvermeidlich in sich trägt, zu beleben und zu entwickeln, anstatt sie zu eliminieren.

*

Wo immer ich gewesen bin, muß auch der, der reist, ohne reich zu sein, erkennen, wie sehr die Kaufkraft des Geldes von Land zu Land schwankt. Der Geldwechsler mag sich darüber freuen, und man sagt mir, die Banken machten große Gewinne mit dieser Art von Geschäften, auf die sich jetzt ihre Arbeit beschränkt.

Und es springt auch einem Laien wie mir in die Augen, daß dieses Babel des Geldes nicht die geringste Ursache für die gegenwärtige wirtschaftliche Unordnung sein kann. Wie sehr sie mit den Zollschranken zusammenhängt, sieht man zum Beispiel deutlich in Holland.

Als ich in Amsterdam war, verbreitete sich die Nachricht, die holländische Regierung habe die Vernichtung von 100 000 Spanferkeln angeordnet, für die sich keine Absatzmöglichkeiten gefunden hatten. Wie, bei so vielen Tausenden und Abertausenden von Hungernden, die es auch in einem Land gibt, das gestern noch ein Paradies für alle war? Die Butter stapelt sich in den Kühlschränken, rote Käsekugeln bilden Berge, die bis in den Himmel reichen, Höfe und Märkte quellen über vor Vieh, aber Deutschland und England, welche die großen Abnehmer waren, haben ihre Pforten für die landwirtschaftliche Produktion geschlossen. Von Tulpen und Hyazinthen wollen wir gar nicht erst reden ... wer mag davon noch etwas wissen wollen?

Und nicht einmal der Kakao kommt mehr; noch das kostbare Blatt der Havanna. Die großen Zigarrengeschäfte, ganz aus Marmor, die Tempel zu sein scheinen, wahre Tempel für den Tabakgott, wirken fast schon wie leere Gräber.

*

Wer die Dinge ohne viel Umstände betrachtet, ohne große Sachkenntnis, aber guten Willens zu verstehen, wird gewiß bemerken, daß eine Unmenge von Gründen, ein ganzes

Knäuel von Gründen die Krise ausgelöst haben; aber an der
Wurzel all dieser Gründe sehe ich folgendes: Der Krieg und
die Folgen des Krieges haben den Menschen Mittel und Ap-
paraturen zur Verfügung gestellt, zu deren Bereitstellung,
wenn alles seinen normalen Gang gegangen wäre, fünfzig
Jahre nicht ausgereicht hätten.

Wir müssen erkennen, daß der Mensch vor so viel Stärke
den Kopf verlor und sie zum Götzen erhob, und natürlich
wurde das Geld, nachdem es begonnen hatte, einem Mittel,
so gewaltig es sein mochte, einer Sache ohne Kopf hinter-
herzurollen, verrückt. Und als das Geld durch die schwindel-
erregende Zunahme seiner Instabilität jeden realen Wert der
Produktion äußerst fragwürdig werden ließ, da gab es jemanden – und man sage nicht, dem Manöver habe es an dia-
bolischer Geschicklichkeit gefehlt –, der seine Geldschränke
öffnete, zur Sirene wurde, das in Panik geratene Gold an-
lockte und das Gold zu seinem Götzen machte, im Glauben,
es sei die Stärke. Und es kam zu jener Lähmung der Welt, die
man Krise nennt.

Nein, die Stärke liegt in der Großzügigkeit, im Mitgefühl,
in der Solidarität des Menschen mit dem Menschen. Der Ge-
rechte ist stark!

*

Nach Prag, an die Moldau kommen seit ein paar Jahren
große Möwenschwärme. Eine Menschenmenge versammelt
sich, um sie zu sehen. Einer wirft ihnen das Futter auf die
Brüstung, und sie fliegen herbei und wiegen sich auf den Flügeln, ihr Gleichgewicht haltend wie Betrunkene. Die Menge
– kniend, aufrecht, schief, auf Hockern, gebeugt, auf Leitern,
die andere unten halten – wartet auf den richtigen Moment,
um sie zu fotografieren …

Aber das ist nicht, was ich sagen wollte. Diese Vögel, die
von der Donau gekommen sind, warten, um zur Nordsee zu
fliegen, auf den Frühling, der in diesem Jahr ein wenig ver-
spätet gekommen ist. Wir sind ihnen gefolgt, liebe Leser, auf
ihrer Reise, als wären wir mit ihnen aufgebrochen. Mögen
sie auf ihrem Flug – und das wollte ich sagen – wirklich der
Welt Vorboten des Frühlings, von Ostern, von Frieden für
die Menschen guten Willens gewesen sein.

APULIEN

1934

DAS HOCHLAND DES TAVOLIERE

Brunnen

Ich wüßte nicht zu sagen, wo ihr etwas Erstaunlicheres, Anrührenderes und Glückverheißenderes finden könntet als die vielen Brunnen, auf die man heute unter den Palmen trifft, wenn man nach Foggia kommt. Foggia und seine Brunnen! Ist es nicht beinahe, als sagte man, die Sahara sei zu einem Tivoli geworden?

Den Aquädukt gab es nicht. Schließlich aber hatten es diese Apulier, indem sie hofften und schrien, erreicht, daß er geplant und mit seinem Bau begonnen wurde. Diese Arbeit von Römern war in Angriff genommen worden: Der Mensch, so stark, wie die Heiligen sagen, weil er das einzige unter den Lebewesen ist, das sich schwach weiß, hatte einen Fluß in seine armseligen Arme genommen und hochgehoben, er hatte ihn mit mythischer Anmut von jenseits des Berges auf diese Seite gewendet ... und endlich hatten sie ihren Aquädukt; doch über all den Streitigkeiten ging er zum Teufel. Ein paar Abzweigungsstrecken waren allerdings doch bis zur Capitanata gelangt; aber wer glaubte noch daran, daß sie das Wasser tatsächlich dorthin bringen sollten? Nun sind sie aber doch in die Ortschaften gelangt, das Wasser und die Kanalisation, das Wasser und die Zukunft. Und antike Städte haben doch wieder eine so glückliche ungestüme Entwicklung erlebt, als wären sie eben erst gegründet worden.

*

Monumentale Brunnen! Gewiß hat in ganz Apulien das Trinkwasser die Bedeutung eines Wunders, und es gab in der Region trockenere Landstriche, nichts als Stein; aber wo könnte die Stimme des Willens mir lieblicher erscheinen als in diesem doch noch hierher gelangten Wasser? Wenn es das Licht der Sonne bricht, ist es das festlichste von allen.

*

Liebhaber der Sonne haben die Dichter es genannt. Sie, die Sonne, bedeckt es mit Juwelen, wie man gesehen hat. Und nicht nur das, sofort kommt mir ihr anderes Symbol entgegen: der Glanz eines Skeletts, im Unendlichen. Was für ein Verdienst sollte sonst darin liegen, sie zu zähmen? Vielleicht, weil ich halber Afrikaner bin und weil die Bilder, die sich in der Kindheit eingeprägt haben, stets die lebendigsten sind, kann ich sie mir nur in rasender Wut und über etwas Vernichtetes triumphierend vorstellen. Könnte mich sonst eine freundlich gewordene Sonne so zutiefst bewegen? Ich will damit sagen, daß auch hier die echte Sonne, die raubtierhafte Sonne herrscht. Man spürt es an der Staubwolke, kaum daß man draußen ein paar Schritte macht. Sehnsüchtig denke ich, daß es ein unerhörtes Schauspiel sein muß, sie hier im Sommer zu sehen, wenn ihre Stunde ist und sie, auf dem Höhepunkt ihrer Kraft, den Stein in das Zucken von Muskeln verwandelt.

Da ist kein Rinnsal, da ist kein Baum. Die Ebene öffnet sich wie ein Meer.

Ich möchte sie hier in ihrem ungeheuren Ausbruch sehen, wie sie mit dem quälenden Hauch des Westwinds über das toll gewordene Korn wogt.

Es ist meine Sonne, Schöpferin von Einsamkeit; und in ihr macht das Blöken, das in diesen Monaten umherschweift, das Unendliche allzu abendlich; kaum rissig von der Straße, die zum Meer führt.

*

Und in der Nacht werden nur noch die Schafe die Schatten bewegen, die zusammengedrängt sind unter den Bogengängen eines abgelegenen Gehöfts.

Santa Maria Maggiore von Sipontum

Dann strahlt aus der Einsamkeit eine kleine Säule hervor, und ihr folgen nach wenigen Schritten, auf Löwen, die Säulen, die, zwischen den finsteren Augenbrauen blinder Bögen, in einer öden Fassade das reiche Portal von Santa Maria Maggiore von Sipontum tragen.

Dies also ist jene feierliche Kunst, die man pisanisch

nennt, die mir eines Tages in Lucca sanft die Heimat enthüllte, die in die Stille der Seite eines Gebetbuchs das kostbare
Relief der fein ausgemalten Initiale setzt.

Ich verstehe nichts davon, aber ich würde mich nicht wundern, wenn jene Kathedrale mitten auf der Wiese tatsächlich
das erste Beispiel klösterlich-kriegerischen Bauens wäre, in
dem das Mittelalter die Erfahrungen beim Verfolgen seiner
Weltsicht zu verschmelzen versuchte, von der unschuldigen
Epik der Meere des Nordens bis zu der gelehrten Wollust des
aufgeweckten Persiens. Die Geburt einer Architektur bedeutet den Beginn einer geistigen Klarheit und eines siegreichen
Willens. Warum sollte im christlichen Zeitalter diese Erde,
diese Brücke der Kreuzfahrer, nicht als erste im gemauerten
und verzierten Stein eine feste Vorstellung von der Einheit
zwischen Abendland und Orient ausgebildet haben? Das
sind die Dinge, die mich am meisten bewegen, wenn ich
etwa sehe, wie nach dem Feldzug Alexanders der Kanon des
Phidias in die dreiundzwanzig Jahrhunderte alte indische
Bildhauerkunst eindringt.

Warum sollte diese steinige Region nicht eine Mutter der
Architektur sein? Sie ist aus der Qual des Steins hervorgegangen: des Steins, Sieg der Form über ein unvordenkliches
Chaos. Sie zeugt sich fort aus jeder Art von Stein; hart, mürbe, Erde des Durstes: Bedarf es vielleicht noch weiterer Anreize, um eine Form zu erfinden?

In ihrem trostlosen Alter erteilt Santa Maria von Sipontum
tatsächlich noch heute die modernste Lektion. Seht nur, wie
aus der mühsamen Entfaltung zweier Quadrate ihr Grundriß
es beim dritten erreicht, daß, wie im Flug sich übereinanderlegend, vier Pfeiler und vier Spitzbögen und – vier Mauern
und – ihr habt es erraten! – »vier« Säulen den mächtigen
Aufstieg eines doppelten Raumes von Kuben für die Kuppel
bilden. Kubistischer geht's nicht … Da gibt es nichts zu
lachen: Einfachheit und Ordnung werden stets die Wege des
Traums öffnen.

*

Wir sind hinausgetreten.

Die Schritte des Küsters sind lautlos, als ginge er barfuß.

Durch eine seltsame Mimikry sind auch unsere Schritte
nicht mehr zu vernehmen.

Wir sind verschwunden.

*

Bei dem schwachen Schimmer, den ein Blutrot von Säulen aussenden kann, haben wir uns überrascht wiedergefunden.

Wir bemerken am Altar im Hintergrund, in einer Nische der Apsis, die weit aufgerissenen Augen einer Statue aus bemaltem Holz. Es sind die riesigen byzantinischen, zeitvergessenen Augen. Allein Picasso könnte uns sagen, warum die Byzantiner den Wilden so nahestehen. Ich dachte wieder – die Augen auf jenen sinnlosen Blick dort unten gerichtet ... – an den Buschmann, der als Augen dem Götzen kleine Spiegelscherben einsetzt. Könnte die Unempfänglichkeit eines ewigen Blicks angesichts der Vergänglichkeit jemals besser dargestellt werden?

Verstreut wie Wächter scheinen die anmutigen Säulen – und es sind (bravo!) 4 x 4 – dadurch, daß sie die jetzt offenkundigen Spiele des Gewölbes ordnen, je weiter wir vordringen, das Dunkel geradezu durch Vorhänge zu teilen und diese beiseite zu ziehen.

Wir sehen auch vier plumpe Säulen; sie müssen jedoch hier stehen, um von dieser Krypta aus die Pilaster der Kirche darüber zu verlängern und zu verstärken; sie bemühen sich, nicht zu stören, und ziehen ihre Korpulenz so weit sie können in den Schatten zurück.

In diesem Halbschatten, nahe der Holzstatue, die sich in den Ecken hochreckt, kommen orthopädische Geräte zum Vorschein, Krücken zuhauf und verstaubte Tüllkleidchen, die unwahrscheinlich wirken auf der Härte und Kälte des Steins.

*

An diesem Punkt entdecken wir, aufgehängt an der Wand – es ist ein Explodieren –, ein ganzes Blühen von Bildern auf Kupfer.

Gewöhnlich erzählt das Volk gut, das ist seine Begabung, und der Beweis dafür ist diese Art von Votivbildchen. Diesmal aber haben die Bilder eine außerordentliche Lebendigkeit: Sei es, daß sich einer zeigt, der sich mit einem Tafelbild unter dem Arm vom Dampfer stürzt, den ein Torpedo zersetzt hat, und dem es gelingt, das Ufer mit Hilfe dieses Bildes zu erreichen; sei es, daß von einem Kind berichtet wird, das,

unter die Hufe sich aufbäumender, vor einen überschweren
Karren gespannter Pferde gestürzt, nachdem der Wagen vorbei ist und während die Umstehenden noch verzweifelt
schreien, sich lächelnd erhebt; oder man zeigt einen Baum,
den der Blitz gespalten hat, während er beschnitten wird,
und der Baumbeschneider bleibt rittlings auf einem Ast der
stehengebliebenen Baumhälfte sitzen und blickt um sich, als
wollte er die Lottozahlen bekanntgeben, und so weiter, und
so weiter. Das Drama liegt im Meer und im Schiff, es liegt in
den sich aufbäumenden Pferden und in den Umstehenden,
es liegt im Baum und im Blitz; es liegt niemals in dem, der
sich rettet. Mag darin mehr oder weniger an Willen enthalten
sein, stets ist da das Wunder, stets ist da der Glaube, der heiter stimmt.

*

Sie hängen dort verlassen im Staub und im Grau, die Erinnerungen an das Leiden. Der Mensch, wir sagten es eingangs, ist schwach, und er weiß es, und weil er es weiß,
macht es durch göttliches Wunder oder durch Willen, der ein
menschliches Wunder ist – und gewöhnlich verbinden sich
die beiden Kräfte – seine Bedingtheit und seine Würde aus,
sich zu überwinden.

Daher steht er, wenn er sich gerettet hat – wie es der
Künstler gesehen hat –, außerhalb seiner, außerhalb des Dra-
mas, er ist geistiger Wert, und das Drama ermattet und geht
unter in der Natur der Dinge.

*

Dann hat sich mir das unterirdische Gewölbe mit Pilgern gefüllt.

Es war niemand da.

Da waren Abdrücke von Füßen, Abdrücke von Händen,
Kratzer auf dem Stein und ein Name in jeder Hand oder jedem Fuß. Pilger, die singend, ja schreiend hierher gekommen waren; barfuß mit ihrem Schritt, der so rasch, ja stür-
misch wie der Glaube ist. Und schließlich hatte ihr Fuß den
heiligen Boden betreten, ihre Hand hatte den gesegneten
Stein berührt. Möge das Gedenken daran für immer bleiben!

*

Die ganze Zeit, während ich dem Wasser hinterher laufe, hinauf und hinunter, vom Gargano bis Caposele, werde ich den Schritt des Pilgers hören. Und wenn ich seinen Schritt nicht höre, werde ich seine Spur sehen.

*

Wir sind auf die Wiese zurückgekehrt. Es schlägt eins. Jetzt sieht man besser, wie die Sonne hier den Winter verabscheut. Jetzt hat sie ihm endlich – wie Leonardo Sinisgalli, ein junger Dichter aus der Gegend von Horaz, fast aus dieser Gegend hier, sagen würde –

> *la mano superba e la noia del giorno*

> ›die stolze Hand und den Überdruß des Tages‹

öffnen können, und er kann, besiegt, wie eine Vorahnung des Frühlings,

> *un calore carnale*

> ›eine fleischliche Wärme‹

annehmen.

DIE JUNGE MUTTERSCHAFT

Dort war einst Sipontum

Sipontum ist nur noch ein klangvoller Name. Ein lorbeer-bekränzter Diomedes und der Wurfspieß, der die Luft über der Flucht eines Wildschweins durchschneidet: die Feier des Gründers einer Stadt in einer Sumpfgegend, im goldenen Klang einer Münze.

Entlang der ganzen adriatischen Küste – so wie es am Tyr-rhenischen Meer für Aeneas gilt – geht die Kunde von die-sem Diomedes mit dem blütengeschmückten Bart, und selbst die Bewohner von Comacchio sind unschlüssig, ob sie sich rühmen sollen, von ihm oder von Noah abzustammen.

Die Münze ist in den Museen zu sehen. Warum auch soll-te der Mythos, der die beiden Homerischen Rivalen zu bei-den Seiten der italischen Erde gedeihen läßt, nicht Wahrheit sein? Er ist wie eine erste Gestalt jenes Mysteriums, das jeden epischen Traum stets dazu führen wird, seine Dramen unter der Klarheit unseres Himmels aufzulösen.

Ein Haufen Münzen in den Schaukästen: Diomedes und das Mädchen mit dem Ährenkranz und der Mann, der einen Löwen zu Boden wirft. Dann ein paar wohlgeformte Am-phoren: Andenken an Arme, die, wenn sie sich erhoben, um in der üppigen Harmonie der Schritte eine Last zu halten, den Verstand verlieren ließen. Ist das alles, was von Sipon-tum bleibt?

*

Da wäre auch die Kathedrale, von der neulich die Rede war. Und man kann eine Stadt, solange noch einer ihrer Steine aufrecht steht, nicht als verschwunden und als Zielpunkt nur des Gedächtnisses bezeichnen.

Doch die Hoffnung, immerwährend gegenwärtig, hat San-ta Maria Maggiore in gewisser Weise ihrem Ort und ihrer Zeit entrissen. Indem man um Hilfe schreit, ruft man einen Großmütigen. Wo er ist, was spielt das für eine Rolle? Und mit der Göttlichkeit, was soll da noch die Geschichte? Nun, ich weiß, daß man keine Geschichte hat, ohne daß unsere Leidenschaften sich, wie Efeu, dort hinauf ranken. Und daß dem Menschen letztlich nur eine Handvoll Geschichte bleibt.

Was soll da noch die Geschichte? Diese Madonna mit den großen Augen hat nichts als einen offen sichtbaren Unterschlupf zwischen den einzigen Mauern einer Metropole, die stehengeblieben sind. Meilenweit im Umkreis, über Einsamkeiten hinweg, vom Meer und vom Kranz der Berge her erträumt ein ganzes Volk sie in seinen Schmerzen. Eine Kirche hat es nicht nötig, zusammengedrängte Wohnhäuser sichtbar zu beherrschen, um nicht das übriggebliebene Zeichen eines Verfalls, sondern der lebendige Kern von Menschlichkeit zu sein.

Auch als einfacher behauener Stein ist Sipontum fortan so wenig, zerrütteter Stein, der es ist. Die Kunst hebt ihn nicht mehr von der Natur ab. Er ist, wie Sipontum selbst, ebenfalls Erdboden, Extravaganz des Erdbodens.

Fast nicht einmal mehr eine Erinnerung ist auch das kranke Wasser, das einen beherzten König bewog, den Auszug sämtlicher Bewohner anzuordnen und einige Kilometer weiter die Stadt zu gründen, der er den Namen gab. Doch vielleicht war die Malaria nur ein Vorwand, und statt dessen beriet die Notwendigkeit, Arme für den Bau eines mächtigen Hafens zu haben, den Krieger.

Die Entwässerungspumpen sind dabei, die Erinnerung an die Sipontinischen Sümpfe zu verscheuchen. Von ihnen bleibt nur noch ein seltener violetter Schimmer im Wind.

Und in gerader Linie vor dem einstigen Sipontum wölbt sich der Bogen von Manfredonia genau an dem Punkt, wo, voller Frische und Appetit wegen der Überfülle an Tintenfischen, der Anblick des Meerwassers schwarz wird wie der von Zigeunerinnen.

Tat und Glaube

Türme, Türme, die zuweilen aus Meeresgründen auftauchen und in dem fortwährenden Wechsel der Reflexe Schönheit erlangen, Türme, die sich, trotz ihrer Höhe, eine bemerkenswerte Rundheit bewahren, Türme, so sinnlich, melancholisch unter den Schlägen des Lichts, Türme, die zuweilen eine Kathedrale in den vier Windrichtungen bewaffnen, Krieg und Gebet, Tat und Glaube verbündet und verschmolzen, immer noch und immerfort, das ist es, was sich hier vor der Zeit nicht fürchtet. Es ist, könnten wir sagen, die herzliche Art des Feierns: es ist ein Feiern der Göttlichkeit im Menschen, das heißt nur eines besonders intensiven menschlichen Augenblicks, und jenes Licht, das uns niemals verläßt und das wir so gut sehen, wenn wir vor Liebe und in unseren Momenten der Verzweiflung ganz klein werden.

Ein Italiener wird in seiner Kunst, auch wenn er vom Tod spricht, stets das Leben feiern. Sofern es sich um Augen handelt, werden sie nicht die übertriebene Starrheit der Ikone haben, und es werden schon gar nicht jene eisigen und noch schrecklicheren des sudanesischen Fetischs sein. Wir haben niemals daran gedacht, den Lauf der Zeit zunichte zu machen, indem wir uns, wie die Ägypter, einen Zeiger vorstellen, der ohne Ende ihr vergebliches Sich-Wiederholen anzeigen würde. Das ist eine Vorstellung von Leuten, welche die Wüste umgibt. Ich habe mich nie darüber gewundert, als ich dort unten lebte, daß jene Alten dachten, die Zeit würde von der Zeit selbst und somit, da die Zeit ein Maß ist, von ihrem Maß besiegt. Riesige Sonnenuhren, Pyramiden, ein Schattenpfeil, den die Jahrhunderte nicht entstellen. Und das Ewige? Tod! Mumien im Grauen, in der Blindheit der Gräber jener Pyramiden.

Für einen Italiener wird Dichtung dagegen – auch wenn eine Vorstellung wie diejenige der Ägypter ihm als Bezugspunkt dienen mag – die Illusion sein, den Augenblick, der uns das Herz geraubt hat, das Leben eines unserer Augenblicke fortdauern zu lassen: Ebendort sucht sie Mitgefühl und Kraft und das Göttliche, unsere Kunst.

Das blaugelbe Haus

Mit irgendeinem Turm, der uns verfolgt, treten wir unversehens in einen Wald von Feigenkakteen. Der Feigenkaktus ist keine Seltenheit. Er ist uns oft begegnet, eine Hecke bildend, sich an eine Erhebung aus Schutt anlehnend oder,

einer Elefantiasis gleich, den Raum in den Zitrusfeldern ver-
teidigend. Doch ein absolutes Wirrwar dieses wassersüchti-
gen Grüns, das einem so lange, bis zum Fuß des Berges, den
Atem raubt, kann eine Überraschung sein. Mit was für einer
Freude würde einer jener *ahuan*, die Glas essen und Schlangen, hier eindringen und die dornigen Blätter verschlingen,
die in ihrer Ungeheuerlichkeit sogar Bilder von Felsen beschwören. Doch jetzt, durch einen sanften Windhauch vielleicht, der jene Schwere bewegt, scheinen all diese Blätter,
diese riesigen tauben Ohren, auf die Nase von seiltanzenden
Bajazzos geklettert zu sein.

Und während der groteske Wald sein leises Gelächter fortsetzt und jetzt hinter eurem Rücken lacht und ihr hingegen
wieder an zinnengekrönte Mauern denkt, die aus dem Meer
wachsen, empfängt euch am Fuß des Gargano ganz einsam
ein blaugelbes Haus.

Ein weiteres Wunder. In den Generalplan von 1902 für die
Verteilung des Wassers waren die Gemeinden von Montesantangelo nicht mit einbezogen. Und wenn das Wasser
niemals dorthin zu gelangen vermochte, wohin es dem damaligen Beschluß nach hätte gelangen sollen, wie hätte es
dann eines Tages dort oben auf den Gipfel gelangen können?
1925 wird angeordnet, einen Generalplan auszuarbeiten, damit das Wasser dort hinaufgelange. 1928 werden weitere
Pläne zur Durchführung ausgearbeitet, und die Arbeiten
werden ohne weiteres rasch ausgeführt.

Es war keine leichte Sache. Schwierige technische Probleme, die sich zum ersten Mal stellten, sind dabei gelöst worden: mit Einfachheit, wie immer, wenn man etwas ernsthaft
betreibt.

Und so ist jetzt in dem gelbblauen Haus die Hebeanlage
in Betrieb: Pumpen mit Kolben, verbunden mit Dieselmoto-
ren, die stählernen Arme und Lungen von Tausenden von
Zyklopen, welche, ohne außer Atem zu kommen, schweig-
sam, als wäre es gar nichts, aus einem Raum von ein paar
dutzend Metern etwa vierzig Liter Wasser in der Sekunde in
eine Höhe von fast tausend Metern befördern. Dieser ganze
schwarze Organismus vermittelt den Eindruck einer riesigen
verborgenen Gewalt, für deren mühelose Beherrschung und
Regulierung eine Menschenhand genügt.

Eroberung des Steins

Der Gargano ist der abwechslungsreichste Berg, den man
sich vorstellen kann. In seinem Herzen hat er die Foresta
Umbra, mit Buchen und Zerreichen, die fünfzig Meter hoch
sind und einen Stamm von fünf Metern Umfang und das Alter von Methusalem haben; mit Tannen, Ahorn, Eiben; mit
einer Üppigkeit, einer Farbigkeit, mit der Vorstellung, die
Jahreszeiten wären in der Abendstunde verzaubert stehengeblieben; mit Rehen, Hasen, Füchsen, die einem zwischen
den Füßen davonlaufen; mit jeder Art von Getriller, Ge-
stöhn, Gepiepe von Vögeln …

Aber diese Hänge, die sich nach Manfredonia hinunter
erstrecken, sind ganz Stein. Wenn man von dieser Seite gegen Montesantangelo hinaufsteigt, ist die Vegetation alles andere als angenehm. Dies jedoch ist der Tag bewegender
Schauspiele. Unten, seht ihr, erstreckt sich die Ebene so weit
das Auge reicht: Erde, Erde. Und, nur ein paar Schritte von
so viel Erde entfernt, seht euch diese Bergbewohner an: Sie
holen ihre karge Erde mit dem Löffelchen; und wenn sie im
Fels einen Spalt entdecken: hinein mit jenem Körnchen
Erde. So ist es ihnen gelungen, indem sie einen Millimeter
nach dem anderen eroberten, auch diesen Hang fruchtbar zu
machen, und jetzt ist er ganz in Terrassen aufgeteilt, die aussehen, als schlängelten sie sich wie langsamste Raupen auf
seinem Rücken entlang.

Einer, der gerade beim Hacken ist, sagt zu mir:
»Du hättest es diesen Sommer sehen sollen! So hoch stand
unser Korn! Das schönste in der ganzen Capitanata!«

Er duzte mich, er war wirklich einer aus der Antike!

Das Grab von Rotari

Jetzt taucht Montesantangelo vor uns auf. Du würdest seine
Häuser durch die Türen, die vom Fenster mit kleinem Bal-
kon überragt werden, aus dieser Entfernung für einen Mäan-
der halten, der den Berg krönt.

Wenn ihr in Montesantangelo angekommen seid, seht
euch gleich das sogenannte Grab von Rotari an. Eine Architektur, die Ispahans würdig wäre! Es ist ein geheimnisvolles

Monument. Außen erhebt es sich wie ein gewaltiger Bau, der den Kopf des Berges bildet, und obwohl es die deutlichen Zeichen einer sehr fortgeschrittenen Kunst trägt, gelingt es ihm in seinem Rhythmus nicht, ich weiß nicht welche chaotische Gewalt der noch jungfräulichen Natur zu verbergen.

Geheimnisvolles Monument! Sein Name erklärt es zum Grab des Langobardenkönigs Rotari. Aber nur scheinbar, weil man eine Inschrift nicht richtig gelesen hat, die »Rodelgrimi« lautete. Wie oft haben die Gelehrten uns etwas weismachen wollen, indem sie nicht richtig lasen! Das Volk nennt es das Grab des Heiligen Petrus, weil es an die Kirche dieses Namens grenzt. Der eine hält es für einen Glockenturm, der andere für ein »prunkvolles typisches Baptisterium aus dem 12. Jahrhundert«, wieder ein anderer meint, es sei anfangs Grab und Wachturm und dann Baptisterium und Kirche gewesen ...

Vielleicht haben sie alle recht. Nach Ansicht von Professor Giovanni Tancredi jedoch, der sich mir als freundlicher Führer anbietet und der dieses Monument liebevoll in all seinen Einzelheiten studiert hat, wobei er einige davon selbst ans Licht gebracht hat, müßte man, was die Entstehungszeit betrifft, in die erste Hälfte des 12. Jahrhunderts zurückgehen.

Und was die Frage betrifft, ob es ein Grab ist, auch wenn man den eingemeißelten Hexametern nicht unbedingt Glauben schenkt, die lauten:

Incola Montani Parmensis Prole Pagani
Et Montis Natus Rodelgrimi Vocitatus
Hanc Fieri Tumbam Jusserunt Hi Duo Pulchram

was bedeutet:

›*Ein Bewohner des Berges, aus Parma stammend, Heide,*
Und ein aus Monte Gebürtiger, Rodelgrimi genannt,
Ließen dieses schöne Grab errichten‹

warum sollte man annehmen, daß *tumba*, das Gewölbe oder Kuppel bedeutet, nicht ein Grab sein könnte?

Grab nennt es das Volk, zum Grab machte es die Auslegung der Gelehrten. Und Grab sei es für den glücklichen Besucher, der sich in seine Tiefe begibt.

Triumphierendes Leben

Die Farbe in seinem Innern ist ein nüchternes Rosa. Eine
Farbe, die nach oben hin zu einem hitzigen diffusen Licht
wird.

Man hat wirklich den Eindruck, in die Tiefe eines Grabes
hinabgestiegen zu sein, umringt von Höllenvisionen, wie jenem mächtigen Wirrwar, das den gemarterten Geiz darstellt.
Doch wenn man an diesem Ort des Traums den Blick hebt,
erfährt man schon eine erste Tröstung: Zwischen der Trägheit
und der Wollust erscheint die Mutterschaft, erscheint das tri-
umphierende Leben! Wir halten den Blick nach oben gerichtet, wir folgen den Räumen, die emporsteigend stufenweise eine gesammeltere Gestalt annehmen, erreichen den
Gipfelpunkt, ganz dort oben – wir müssen das Auge zusam-
menkneifen, um genau sehen zu können –, und werden eine
übernatürliche Luft sehen, eingeschlossen gleichsam in eine
durchsichtige Eierschale, die eine Kühle erleuchtet ...

Mit großer Wahrscheinlichkeit wird dieses Grab wohl
auch ein Baptisterium sein. Ist die Taufe nicht ein Sakrament
der in der Gnade Gestorbenen? Und läßt es sie nicht wiederauferstehen?

Und es scheint, als könne man jetzt all die lastenden Gesetze, die unsere Schritte unten halten, herausfordern. Man ist
wirklich in der Materie gestorben, es ist wirklich ein Ge-
borenwerden im Geist. An diesem Punkt des kreisenden
Aufstiegs zählt unser Gewicht nicht mehr. Es zählt eine
rhythmische Glückseligkeit, es zählt eine göttliche Präzision,
das Nutzlose ist überwunden und überschritten, es zählt die
Gnade.

Wie rein ist sie in dieser Atmosphäre von Traum, die junge Mutterschaft ...

OSTERN

Der Engel in der Höhle

Aus der Höhe hatte ich das junge Korn niemals so bis zum fernsten Horizont sich bewegen sehen. Blühend ist es seinem Hauch kaum unterworfen; doch es ist ein ungeheurer Hauch, ein Hauch endlich offenkundigen Glücks, wahrhaftig wiedergeborener Erde. Ein Hauch von Ostern, wahrhaftig von Lichterde endlich. Und definiert es als Licht nicht seine Ungewißheit selbst? Jenes Zittern einer Farbe, das es immer noch ist, noch nicht lange befreit, längs des Stiels, von der Scholle, von einer Wärme, die, über die Zartheit des Grases hinaus sich verströmend, einen Schatten von geheimer Gewalt noch nicht aufgeben kann?

Von den Bergen herabsteigend, ins Unendliche getragen auf flacher Hand, ist der Tavoliere heute morgen von einer Frische und einer Glückseligkeit …

Doch da verbirgt ihn uns eine *Kehrtwendung* der Straße.

*

Ostern! Hört ihr die Lämmer? Wir sind im Lande des Korns und der Herden.

*

Eines Tages flog eine Idee – und sie enthielt so viele andere Formen in sich verschmolzen – von einem byzantinischen Wort auf und ging, nachdem sie sich San Michele Arcangelo genannt hatte, auf diesem Berg nieder. Ihr sind all die weißen Häuser gefolgt, die ihr da seht und die sich eins nach dem andern von 20 000 Christen bewohnt emporranken, dicht überragt von sehr, sehr langen Schornsteinen, die einen merkwürdigen Felsen bilden mit tausend Schlitzen, um dort das Nest zu bauen.

Ihr ist jener Glockenturm im Stil der Anjou gefolgt, der – an der Ecke eines Platzes, von einem Eisengitter umschlossen, obwohl er nicht wild ist – seine 25 Meter wie eine gewaltige Osterkerze erhebt, den kraftvollen und anmutigen Aufschwung der achteckigen Türme von Castel del Monte nachahmend. Er hat sogar ein Portal aus dem gleichen blutgesprenkelten Trümmergestein wie das staufische Monument.

Seit dem fünften Jahrhundert ist ihr diese Stadt von Montesantangelo gefolgt, dicht gedrängt in 900 Metern Höhe auf dem Gargano.

*

Der obenerwähnte Platz – wir würden Hof sagen; *äußerer Vorhof* würde der Besserwisser sagen: *culonne* sagen besser als alle anderen die Leute von hier, denn einst stand eine jahrhundertealte Steineiche in der Mitte. Die *culonne* ist für die *sammecalere* – aus San Michele – gemacht, Verkäufer an ihren Ständen mit den Statuen ihres Heiligen, die sie selbst in einem Alabaster gearbeitet haben, der wie Alaun wirkt. Es gibt zwei Dynastien von Kunsthandwerkern: die Iasio und die Perla, und seit der Zeit der aragonesischen Könige besitzen sie das Vorrecht, die Statuen herzustellen und zu verkaufen.

Über die *culonne* schallen auch die kristallklaren Rufe von Bergbewohnerinnen: Sie bieten die *mazzaredde*, Hirtenstöcke, an, und mit den *mazzaredde* Büschel der Aleppo-Kiefer und Bänder und alles Erforderliche, damit der Pilger nicht ohne seinen Pilgerstab nach Hause zurückkehrt. Er kann auch Kalksteinsplitter erwerben, die man um den Hals tragen oder sich an den Hut stecken kann, und, sollte er Hunger haben, die *fascinedde*, die *ostia chiene*, die *pupratidde*, Johannisbrot, Krokant, Käsekringel …

*

Am Anfang erschien der Engel dem Menschen, so heißt es, mit einem Sonnenschwert in der Hand, der uns das Paradies verschloß. Die Engel waren seitdem die Sterne, unerreichbare Meßpunkte, welche die in der Wüste herumirrenden Schritte lenkten. Einschließlich des Sterns, der die Heiligen Drei Könige zur Höhle führte, waren sie von reiner Natur, absolute Unveränderlichkeit, zuverlässige Zeichen, Arbeiter betraut mit der ewigen Erschaffung der Welt, Bienen vermittelnd zwischen der göttlichen Macht und dem menschlichen Scheitern, Anmut oder Furchtbarkeit aufblitzend aus einem

Zustand verlorener, herbeigesehnter, verheißener Glückseligkeit.

Sie waren die Zahlen des chaldäischen Grübelns, und sie
waren auch die biblischen Boten, die es, wenn sie vor den
menschlichen Augen aufleuchteten, nicht verschmähten,
menschliches Aussehen anzunehmen. Und waren wir unse-
rerseits etwa nicht bereit, Merkur die Flügel wegzunehmen,
Herkules den Drachen und die Stärke, Apollo die Vollkommenheit eines Körpers, der die Nacht zerreißt – um Michael
alles zu überlassen und aus ihm, wenn er auf die Götterbilder
herabstürzen muß, eine vertraute Vorstellung zu machen?

*

Hier zeigte es sich zum ersten Mal in aller Klarheit im
Abendland, daß das Christentum sich rühmen konnte, den
Drachen zertreten zu haben, der all die anderen Glaubens-
richtungen war: Sie hatten dem Engel wohl jede ihrer Spekulationen und jede ihrer Verlockungen übertragen müssen.

Die Erscheinung vom Gargano blendete ganz Europa.
Warum sollte man darüber erstaunt sein, daß die Normannen, als sie von den Heiligen Orten zurückkehrten, den Berg
erklommen, um ihr zuzujubeln? Und warum folglich erstaunt sein, daß ab dem siebten Jahrhundert, in Nachahmung
dieses San Michele aus Apulien, der St.-Michel-au-Péril-de-
la-Mer auf dem Mont Tombe in Neustrien auf einem Drui-
denfelsen Zuflucht fand, zwischen den beiden Wallfahrtsor-
ten einen mystischen Pakt von Kriegern schließend?

*

In einer Ecke der *culonne* gibt es, inmitten des Hin und Her
der Schreie, ein Tuscheln, das nur einer hört. Es ist Melus
von Bari, der 1016 die Normannen bittet, ihm zu helfen, die
Byzantiner aus seinem Vaterland zu vertreiben. Oh! hier ist
eine unbedeutende Kleinigkeit entstanden: das Königreich
der beiden Sizilien, ein Ereignis, das für beinahe tausend Jahre der Geschichte Italiens und der Geschichte Europas und
der Geschichte überhaupt eine andere Wendung geben wird.

*

Im Hintergrund der *culonne* gibt es eine Fassade mit zwei Bögen, die einen Bogengang im Schatten öffnen, wo eine Fee

mit einer Nadel gespielt haben muß, um Figuren und Blatt-
werk für zwei spitzbogige Tore zu gewinnen.

Wir treten ein. Im Dunkeln erraten wir an den Seiten die
Werkstätten der beiden Sippen der *sammecalere*: die erste
wird durch vier Paare großer tiefdunkler Schnurrbärte vertreten. Eine Treppe wälzt sich hinunter. Hören wir zu:

Scala sante, pietra sante,
Patre, figliuole e spirite sante …

›Heilige Treppe, heiliger Stein,
  Vater, Sohn und Heiliger Geist …‹

Es ist die Klage von Personen, welche die Treppe auf den
Knien hinuntergehen. Hirten, die zuerst hierherkommen, bevor sie in ihre Berge zurückkehren, um dem Engel dafür zu
danken, daß sie gut über den Winter gekommen sind?

So wie Santa Maria Maggiore von Sipontum die Kirche
der Fischer ist, ist diese hier die Kirche der Hirten. Wir haben es bereits gesagt: Jede Erscheinung von Engeln führt uns
vor allem in die Kindheit der Welt zurück: Patriarchen, Herden, Sterne, Einsamkeit, Verirrungen …: Hirten …

Es sind nicht mehr so viele Tausende wie zur Zeit des
Zwangsweidens im Tavoliere; aber wenn sie in den ersten
acht Tagen des kommenden Mai in großer Zahl hier oben
sein werden, wird man sehen, daß es zu unserem Glück immer noch viele sind. Eine Nation, die immer noch schlichte
Gemüter wie diese hat, wird niemals altern.

*

Die Treppe führt hinunter, sie führt hierhin, sie führt dorthin,
findet einen schmalen Sonnenstrahl, verliert ihn; auf jedem
Treppenabsatz begegnen sich im Halbdunkel: zugemauerte
Türen, Altäre, Gräber … Endlich haben wir das Ende der
Treppe erreicht. Da ist eine Tür, wir treten ein: Wir sind wieder im hellen Tageslicht, in einem Hof; oben zeigt sich ein
Geländer; links, seitlich neben uns, mit Gittern verschlossene
Arkaden: weitere Gräber, ein richtiger Friedhof. Im Hintergrund die Fassade mit ihrer wundervollen Bronzetür, ausgeführt »von griechischer Hand durch Pantaleone Amalfitano«
in der »Königsstadt Konstantinopel«, 1076. Das ist, aus Sicht

der Kunst, der Schatz des Baptisteriums. In dreiundzwanzig
von vierundzwanzig Feldern, welche die beiden Flügel bilden
– im vierundzwanzigsten ist eine Inschrift –, erscheinen längliche Figuren, deren Umrisse der Stecher eingeritzt, aus einem in die Höhlung gedrückten Silberfaden hat hervortreten
lassen. An den Enden jedes eingelegten Umrisses und innerhalb eines Feldes verstreuter eingeritzter Silberplättchen ver-
steifen sich Füße, Hände und Gesichter. Es ist ein feines und
plumpes Tändeln kleiner Lichter auf einer flachen und harten
Finsternis: viel mehr bleibt gewöhnlich nicht von einer
großen Tradition, welche die letzte Feierlichkeit ihrer Dekadenz erreicht hat; hier jedoch ist, in ihrem Flimmern, jene se-
nile Vergeßlichkeit erreicht, welche die Primitivität ankündigt.

Wir treten ein. Wir durchqueren ein gotisches Kirchenschiff. Wir dringen weiter vor. Dann finden wir uns in die
Höhle versunken wieder. Der Ort ist feucht, und mitten in
der Dunkelheit enthüllt sich nach und nach eine goldgepanzerte Statue, umgeben von einem Flimmern kleiner Kerzen-
flammen. Das ist der Engel! Mit zusammengekniffenen Augen und wegen des Blechpanzers, den sie tragen, sehe ich,
daß in meiner Nähe ein paar Kinder sind. Sie knien mit dem
Blechhelm in der Hand und fuchteln im Spiel mit dem
Blechschwert.

Ich bleibe stehen, wo die Dunkelheit am tiefsten ist. Ja,
jetzt bin ich richtig in Kontakt mit der nackten Natur. Höhle:
Ort von Herden und folglich von Engeln: Ort von Erscheinungen und von Orakeln. Aber vielleicht ist in diesem
Herzen der Erde auch ein Mensch älter als die Schrecken,
seinem göttlichen Ursprung nahe gewesen: ein prophetisches
Phantasma seiner selbst, seines beschwerlichen Zivilisie-
rungsprozesses.

*

Phantasma, sagt ein Dichter, und es ist, in seiner blinden Un-
terwerfung unter gewisse Umstände von Stunde und Ort, das
vollendete Bild einer Qual, die vielleicht ewig ist. Vielleicht
ist ein gut zugebrachtes menschliches Leben nichts anderes
als ein Streben, ähnliche Bilder von sich zu hinterlassen.

Engel oder Phantasma; welch ein Beweis jedoch für den,
der den religiösen Wert der Kunst sucht, für den, der daran
glaubt, dieses Streben des Menschen, sich in einer solchen

Weise auszudrücken, daß, durch die Wirkung der Dichtung, seine Gegenwart, abhängig von der Kürze eines Lebens und von einem Sich-Wandeln, von seinem Leben losgelöst bleibt, und von einem Ort und von einer Stunde.

Für die einen, denen die verzaubernde Gnade noch nicht verweigert ist, gibt es immer die Engel; für die anderen, die nur Menschen guten Willens sein und nur die kämpferische Gnade kennen können, wird der Mensch die Oberhand haben, jener Mensch, der auf das Leinen, das er sich als unsterblich erträumt, nur das eigene Phantasma wird drucken wollen.

Letzteres ist die Weise des Mitgefühls des Menschen gegenüber dem Menschen; aber in dem, der es ausübt, steckt eine Standhaftigkeit und eine Kühnheit, ich weiß nicht was für ein großes moralisches Fundament; beinahe ist in diesem Suchen der Geschichte in sich selbst, einen Schimmer in der Nacht des eigenen Brennens suchend, die ursprüngliche menschliche Tugend zurückgewonnen.

*

Wir gingen hinaus. Es war bereits Abend.

Der Abend der Dörfer gehört den Frauen, die vor die Haustür treten, dem Platz, auf dem die Menschen sich drängen, den Kindern, die lebhafter hin und her laufen, ohne daß man ihr Lärmen noch hört, dem Warten auf ein Ereignis, das in diesem Erwachen des Frühlings bereits in der Luft liegt, mehr noch als in den Herzen. Stunde der Entrückung. Stunde petrarkischen Tons:

Passa la nave mia colma d'oblio …

›Vorbei zieht mein Schiff von Vergessen voll …‹

Das einzige Mittel, die Stille zu durchbrechen, ist, die Augen zu schließen;

E m'è rimasa nel pensier la luce …

›Und im Gedanken ist mir das Licht geblieben …‹

LUCERA, STADT DER
HEILIGEN MARIA

Gregorovius schrieb, sich an seinen Einzug in Lucera erinnernd:
»Dir kommt die Ruhe entgegen, die in Italien ganz charakteristisch ist für die historischen Provinzstädte. Es ist eine Art von Verführung, die in der Welt nicht ihresgleichen hat.«
In einem länglichen Delta steht der Dom, wie mit der Stille sich vermählend, fest auf welligem Boden.
Dom der Stadt der Heiligen Maria. Doch er gedenkt der Entfesselung einer Raserei.
Der gebrannte Stein und der ungebrannte, verblichen, patiniert, einander durchdringend, haben von der Zeit ein einheitliches, leicht schmutziges Gelb bekommen: Es ist eine hohe, kerzengerade, abgehobelte Fassade, blind mit ihrem Fensterchen in der scharfgeschnittenen Rosette, von der Zeit mit einem verhaltenen Grau überzogen.
Jetzt, da der Archäologe heimlich aus einem Gäßchen herauskommen und hinter der Brille hervor mit gierigen Augen herumstöbern kann, kann man einen Blick in die feierlichen Portale aus dem 18. Jahrhundert werfen, an denen die Stadt reich ist, kann man zu dem des Palazzo Ramamondi gelangen, aus herculaneischem Gips, versunken in Kulissen, und ganz bequem sehen, daß sie alle in einem Hof enden voller Wagen, Karren, Geräten zur Bearbeitung der Erde und mit einer Kutsche in der Mitte, die so altersschwach ist, daß man sich unwillkürlich die Ohren zuhält aus Angst, sie könnte auch im Stehen zu kreischen anfangen; wir können Kindern des Real Collegio begegnen, in dem Salandra Schüler war, die während ihres Spaziergangs den Unterrichtsstoff mit dem Ernst von Statuen wiederholen; dieselbe Straße hinauf und hinunter könnt ihr Anwälte beobachten, die stundenlang ruhig diskutieren, und daneben kann ein Priester, der ins Gebet versunken vorbeigeht, sich wie in einem Kreuzgang fühlen und kaum die Augen für

einen flüchtigen Gruß vom Brevier heben, und so weiter: Ist
dies nun die Ruhe?

*

Giambattista Gifuni, Direktor der Stadtbibliothek, der mich
begleitet und der in bewundernswerter Weise die Geschichte
seiner Stadt kennt mit einer Liebe, die seit Jahrhunderten in
seiner Familie vom Vater zum Sohn weitergegeben wird,
macht mir ein Zeichen weiterzugehen.

Und nun, um der Apsis den nötigen Schliff zu geben, hat
die wellige Erde zu kreisen begonnen wie in einem
Schneckenhaus, und unsere Schritte machen die Bewegung
mit; doch schon bald scheint alles unwandelbar und von derselben Farbe wie die Luft, als wir einen Punkt erreicht haben,
wo die einzige Triebkraft die Architektur ist.

Damit die Strebepfeiler sich fest miteinander verknoten,
macht der große Bau jetzt von Vorsprung zu Vorsprung den
Eindruck, zwischen sehr hohen Fallen zu galoppieren: Es ist
ein großer eleganter Bau mit einem Nichts an Kalligraphie,
gefährlich und auch heiter, wie es sich für einen provenzali-
schen Bau aus dem vierzehnten Jahrhundert gehört, der
noch vom Orient bezaubert ist und unter dem weitesten
Himmel der Welt auf den rauchenden Trümmern einer Moschee errichtet wurde.

Mehr als alles andere kommt er mir jedoch, belagert und
im Sturm genommen von den Dingen, so, wie er geblieben
ist, wie ein vom menschlichen Kummer aufgeblähtes Schiff
vor, wahrhaftig wie die Kraft, aus der Städte entstehen oder
wiedererstehen und auf gut Glück Stadt werden. Stadt der
Heiligen Maria!

Wir brauchen im übrigen nur ein paar Schritte weiterzugehen und in den Dom einzutreten, um dieselben Gespenster Gifuni zustimmen zu sehen, daß er in seiner Schrift über
die »Ursprünge des Mariä-Himmelfahrts-Festes in Lucera«
Egidi entgegengehalten hat, nicht so sehr der ökonomische
Grund, sondern die religöse Leidenschaft habe Karl II. be-
wogen, ein Heer aufzustellen und es, unter dem Kommando
des »tapferen« Maestro Razionale der Königlichen Kurie,
Giovanni Pipino aus Barletta, gegen Lucera zu schicken, um
dort ein »Gemetzel« unter den »überaus mutigen und starken Sarazenenhunden« anzurichten, die es bevölkerten.

*

Das erste Gespenst, das sich zu erkennen gibt, nachdem wir
den Dom betreten haben – und das wir uns gerade eben an
jener Außenseite der Apsis, Frucht einer wohlerzogenen Gewalt, anwesend hätten vorstellen können –, ist Dante.
Karl I. von Anjou, Karl II. von Anjou: der Langnasige,
der Lahme, wie die Beinamen lauten, die Dante ihnen zornig
für immer gegeben hat, befinden sich hier im Zentrum ihres
Triumphes. Es heißt, der Lahme sei jener junge Mann aus
Marmor mit den verschlafenen Augen, dessen pausbackiges
Gesicht das anmutige Oval am zarten Kinn schließt, und der,
die Füße auf den Hündchen ruhend, in einer Kapelle ganz da
hinten liegt. War es Brauch, auf den Zenotaphen das anmu-
tigste Aussehen eines Verstorbenen zu überliefern? Und
durfte folglich von einem betagten Menschen nur das Andenken seines jungen Körpers bleiben? Ein liebenswerter
Brauch, der die Statue nicht daran hindert, gewöhnliche
Dutzendware zu sein, dem Urteil Riccardo Bacchellis zum
Trotz, der ihr, als er einmal den Charakter des Lahmen in
der ihm eigenen durchdringenden Art zu interpretieren hatte, einige seiner ausgeschmückten Sätze widmete.

Ein originelleres, ja geradezu geniales Werk ist ein anderer Liegender, den ihr beim Eintreten zu eurer Rechten seht,
in der Höhe gehalten von zwei Konsolen. An seiner Klei-
dung, die ihn von der Leiste aufwärts warm einhüllt, sich an
den Schultern bauschend, und nach unten eng anliegt, erkennt man, daß es sich um einen Edelmann aus der zweiten
Hälfte des sechzehnten Jahrhunderts handelt. Aber siehe da
und wer weiß warum, die Leute haben in ihm Pier delle Vigne sehen wollen. Dabei sind es Leute, die sich hier an Stelle der »Sarazenenhunde«, die den Staufern lieb und treu waren, niedergelassen haben; und daher spucken sie ihm gewiß
nicht, weil er Friedrich verriet – den er nicht verriet –, ins Gesicht, nennen ihn »von Gott gezeichnet!«, »Samson«, »Verrä-
ter!« Wollen sie nicht vielmehr, indem sie ihn beschimpfen,
ihrem atavistischen und zutiefst katholischen Groll gegen
den exkommunizierten Friedrich und zugleich gegen seine
»starken und kühnen Sarazenen« und insbesondere gegen
Pier delle Vigne Ausdruck verleihen, welcher der Athlet,
eben der Samson des Reiches war, der gelehrte Mann, der

die bedeutenden Seiten in der hitzigen Polemik mit Hono-
rius III., Gregor IX. und Innozenz IV. diktierte?

Diese Offenherzigkeit der Bewohner von Lucera, diese
Hartnäckigkeit im Haß, auch dies ist dantesk.

Man verschiebt die Konsolen, Piero liegt immer höher,
man versucht sie im Guten und im Bösen zu überzeugen,
daß das keine Manieren sind; ein Spritzer jedoch, klacks,
wird ihn immer von Zeit zu Zeit erreichen: sie zielen auf seine arme zerquetschte Nase. Eine furchtbare Statue in ihrer
tadellosen Beredsamkeit: sie ist ein spöttisches Skelett, ein lebendiges Skelett, die ganze Bitterkeit des siebzehnten Jahrhunderts ...

*

Das Anspucken ist ein schöner Beweis für Egidis Irrtum.

Aber es gibt noch einen anderen: Wir haben die Sakristei
betreten, und dort zeigt man uns einige Gegenstände aus
dem Schatz, und der Küster hält ein altes Meßhemd aus Leinen hoch, er hält es mit den Armen in die Höhe, und es
reicht nicht, er steigt auf einen Stuhl, und das reicht auch
nicht, er steigt auf eine Leiter: es ist ein Hemd von fast drei
Metern Länge, und hineingefahren ist das Gespenst eines
Riesen. Es gehörte dem seligen Bischof Agostino Cassiota
aus Traù, der ein Dominikaner war, und nicht genug, er war
einer, vor dem man, auch ohne Dominikaner zu sein, allein
bei seinem Anblick ganz klein wurde und zitterte. Er war von
1317 bis 1323 hier, um die Reste der moslemischen Ketzerei
auszurotten. Eine Aufgabe, derentwegen sich im Geist des
Volkes die Vorstellung gehalten hat, daß, um ein solches Ungeheuer endlich zu zerquetschen, Herkules persönlich nötig
sei, und zwar ein unbarmherziger Herkules. Eine Ehre, die
der Tapferkeit des Feindes erwiesen wird, eine folglich legen-
däre Tapferkeit und ein leuchtender Beweis – denn vom Gefühl zur Phantasie findet sie keinen anderen Weg, sich kundzutun, als in der Legende – für den überwiegend religiösen
Charakter einer solchen Feindschaft.

*

Sie wollten sogar ihren Namen ändern. Die fanatischen Neu-
Luceraner schrien: »Stadt der Heiligen Maria!«

Aber es ist schwieriger, den Namen zu ändern als die

Nase, und Lucera blieb Lucera, wie die alten römischen Historien es nennen, die es wegen seiner Treue erwähnen.

*

Gifuni kehrt in seine Bibliothek zurück, und ich bleibe im Garten des Rathauses.

Er ist ein weites Rechteck, das überhängend in die Unendlichkeit der Ebene hineinragt. Zwischen den Pflanzen überrascht einen auf schroffe Weise ein riesiger ausgegrabener Löwe, ein römischer Löwe aus Marmor, bedrohlich ausgestreckt auf seinen Vorderpfoten. Er wurde 1830 zusammen mit einem zweiten identischen, jedoch zu Bruch gegangenen, gefunden, »dessen Knochen«, wie ein Vorfahr von Gifuni in einem seiner Hefte schreibt, »in den Wind geworfen wurden«.

*

Jetzt betrachte ich das Panorama der Stadt und denke: »Egidi hatte wohl doch nicht so ganz unrecht, wenn er argumentierte, wie er argumentierte. Sein Irrtum bestand darin, daß er Mittel – ökonomische in dem Fall, den er untersucht – nicht von dem abhängen läßt, was in den menschlichen Impulsen stets grundlegend ist: unser sittliches Leben.«

Dieses Argument würde, meine ich, eine eigene Behandlung verdienen, zumal es mir erlauben würde, einige meiner Überlegungen über die Architektur noch einmal zu überdenken. Und verdient das Lucera der Sarazenen mit Friedrich und Manfred, denen Dante nachtrauert, etwa keinen Artikel? Ich werde also auch das nächste Mal mit meinen paar Lesern in Lucera bleiben.

Es gibt ein weiteres Andenken an Friedrich, ein lebendiges Zeichen: Hier auf dem Platz gibt es keine Tauben; auf dem Glockenturm erhebt sich jedoch, wie auf der Löwin und dem Löwen, der Falke, und er bleibt in der Luft stehen – er hat in den Flügeln unendliches Gleichgewicht gefunden ...

Kinder der Kinder jener Falken, die er hierher hat kommen lassen, um sich in die Lage zu versetzen, seine Abhandlung über die Falknerei zu diktieren?

*

Während ich im Begriff sein werde abzureisen, wird das Wetter schlecht werden. Am Himmel werden sehr rasch schwarze Wolken aufziehen. Wie es immer geschieht, werden angesichts des drohenden Sturms die Steine hochschnellen. Im Rückzug ihres Blutes und ihres Goldes, die sie zwischen dem Löwen und der Löwin verfinstern, werden sie eine seltsame Reinheit annehmen: Ein bereits zu Ende gegangener Tag wird sich wieder verjüngen, abstrakt, ewig, endlich leuchtende Nacktheit ...

DAS LUCERA DER SARAZENEN

Wenn vor dir in der Ferne der Spitzbogen der Porta Troia
auftaucht und du, in einem unermeßlichen Sich-Ergießen
von Einsamkeit, Lucera siehst, aus dem unendlichen Leuchten des Korns emporgeschnellt auf seine drei Hügel, dann
kann es dir widerfahren, daß einige der abenteuerlichsten
Phantasiegestalten der Geschichte sich zu dir gesellen.

Eingehüllt in den leichten Wind, der ihre unsichtbare Rei-
tertruppe antreibt, im Fond einer knarrenden Kalesche sitzend, ihre vielleicht, und um dich zu begleiten, reiten sie
ganz langsam, wirst du ihrer gewahr, während du – und dabei siehst du aus dem Schatten einer Mauer das arme vor
deinen Wagen gespannte Tier mit der ganzen langen Dunkelheit seines Körpers heraustreten, hörst, wie es in der Sonne mit seinem gebrechlichen Trab die Einsamkeit steigert –
dachtest, daß die große Melancholie, die das 19. Jahrhundert
überlebt hat, das Pferd ist.

Es kommt dir vor, als sagte eine der Phantasiegestalten:
»Ben Abu Zunghi, bestellt für jede unserer Damen einen
marderfellgefütterten Mantel, zwei Hemden und zwei Schleier aus Leinen, einen Rock mit einem Stöckchen als Spange
… Verstanden?«

Der andere hat sich als Antwort die Hand geküßt und sie
feierlich an seine Stirn und an sein Herz geführt. Er hat begriffen, hat das indirekte Lob begriffen; doch ihr würdet es
nur an unmerklichen Zeichen bemerken: Als echter Eunuch
hat er eine alterslose Haut, und jetzt hat sie sich aufgrund der
Freude stärker als sonst über seinem Gesicht gestrafft; als
echter Haremswärter hat er gelbliche Augen, die jetzt für einen Augenblick die Grausamkeit nicht verdunkelt.

Der Kaiser entläßt ihn, wortlos einen Finger hebend, mit
den Männern des Gefolges, lächelt ihm noch einmal zu …

Jetzt bemerkst du, daß, festgebunden auf dem ungeduldigen Pferdchen Friedrichs II., hinter dem Sattel ein Tier mit

verbundenen Augen sitzt. Plötzlich hat er sich umgedreht, bindet es los, nimmt es in den Arm, schleudert es von sich, und kurz darauf kehrt jener schöne Berberpanther mit einer Gazelle zwischen den Zähnen zu ihm zurück ...

Ohne die Beute loszulassen, schnurrt das schöne Tier und streicht um die Beine des Pferdes ...

An dieser Stelle hält der »Dichter und Förderer von Dichtern« den Zeitpunkt für gekommen, seine Aufmerksamkeit dir zuzuwenden:

»Siehst du, ich lege Wert darauf, Cäsar zu sein (›der letzte‹ Cäsar, wird Dante sagen), und (auch dies werden, auf ihn und seinen wohlerzogenen Sohn Manfred bezogen, Worte Dantes sein) ich lege folglich Wert darauf, in heroischer und nichtplebejischer Weise den Weg des Stolzes zu gehen. Und daher wird an meinem Hof – und ich werde selbst das Beispiel dafür geben – die Umgangssprache die ersten Stufen der gelehrten Dichtung erklimmen, und am Ort unseres Königlichen Sitzes werden die ersten auf italienisch geschriebenen Gedichte für immer sizilianisch heißen ... Bist du überrascht, dich hier unter diesen Arabern zu befinden, dort jene Kamele zu sehen? Ich weiß, eine angenehme Überraschung für dich, die dich die Kindheit und die frühe Jugend wiederfinden läßt, die du in ihren glühenden Ländern verbracht hast ... In Sizilien hatten Barone und ... Mönche sie gegen mich aufgebracht ... Ich habe sie geschlagen, und unterworfen habe ich sie massenhaft hierher umgesiedelt: zwanzigtausend Ungläubige, Greise, Frauen, Kinder, Männer ... Auf diesen abgeschiedenen Höhen, gleichsam allein auf der Welt, ist ihr Lager voller Leben ... In jener peripatetischen Stadt habe ich sie aus Feinden in meine zuverlässigsten Reiter verwandelt ... Das ist nicht schwierig gewesen: Auch ich kenne sie und bin ihnen wohlgesonnen, seit ich klein war ... Warum ich Lucera gewählt habe? Sieh es dir an: durch die Natur selbst des Geländes nicht nur eine hohe, sondern eine runde Stadt, eine militärische Stadt von jener vollkommenen Anlage, die Vitruv vorsah, ›damit der Feind in möglichst weiter Ferne entdeckt wird‹ ... Jetzt sieh dir jene Straße an, die wie ein Pfeil geschleudert ist: sie bohrt sich dort unten zwanzig Kilometer entfernt ins Herz von Foggia ... Also: Ich habe erkannt, daß Lucera so etwas wie der Hauptwachturm von Foggia, wie der Besitz des ganzen Tavoliere sein konnte ...

Brot und Herden und Tributzahlungen nach Belieben: Scheint dir das wenig für einen, der Krieg führt?«

»Dann hätten Egidi und Lenormant also recht, wenn sie behaupten, daß Euer Majestät und der Langnasige und der Lahme und später Franzosen und Spanier, als sie um den Besitz des Königreichs Neapel stritten, sich nur aus ökonomischen Gründen auf die Capitanata gestürzt hätten?«

»Ökonomisch? Zu meiner Zeit gab es dieses Wort noch nicht ... Gewiß, gewiß ... Ich hatte meinen Glauben ... Kein wahrer Heerführer, weder Alexander noch Cäsar oder Napoleon haben für etwas anderes als für einen Glauben Krieg geführt ... Jede Zeit hat den ihren ...«

Und mit diesen Worten verschwand derjenige, den man von klein auf »das Kind aus Apulien« nannte ...

*

Friedrich ist, was er ist: ein großer Mann, und das bedeutet ein Mann mehr der Zeit, deren Geburtshelfer er sein wird, als seiner eigenen Zeit. Er verkörpert das Mittelalter, den epischen Teil des Mittelalters, der deutsch ist, der feudal ist, und gleichzeitig widmet er sich der Förderung des Humanismus, was soviel bedeutet, als sagte man, er habe sich Hals über Kopf in eine Aktion gegen sich selbst gestürzt.

Ökonomie, Ökonomie?

Nein, da sind viele treibende Kräfte, da war die Natur, die Geschichte, die Vorsehung: der Mensch wird auf geheimnisvolle Weise geführt ...

*

Wenn du, schon innerhalb von Lucera, den Belvedere erreicht hast und dich aus jener lieblichen Landschaft über den Steilhang beugst, der dort hinabstürzt, wo die Ebene flieht, erscheint dir die Stadt, die sich aufbäumt wie ein Vorgebirge, wie ein Aufstieg von ihren kriegerischen Toren über liebliche Hänge dem jähen Grauen der Leere entgegen.

Du spitzt dann die Ohren, um zu hören, ob sich von der Höhe eines Minaretts nicht doch noch wenigstens ein Schrei erhebt ... Es gibt keine Minarette mehr in dieser Stadt, die einst »die Stadt ohne Kreuze!« war.

Und wie mögen sie gewesen sein, wie sind sie aus Ziegeln vorstellbar, »nicht weiß«, die Moscheen?

Von den »Sarazenenhunden« ist nichts geblieben: ein paar
kleine Gefäße, ein paar Keramikscherben ...

Die Erinnerungen hier sind römisch oder aus der Zeit der
Anjou. Rom, Rom, Rom wird hier niemals aufhören wieder-
aufzuerstehen: Seine antike Vergangenheit ist in dieser Erde
unerschöpflich, erst neulich ist mitten auf dem Belvedere ein
Grab geöffnet worden, und man hat Kinder in Windeln, Ju-
piter- und Venusstatuetten, Arme, Füße, Phalli übereinander-
geworfen: ein wahrer Berg von Votivfiguren aus Terrakotta ...

*

Von Friedrich II. ist nichts als eine riesige Aufwerfung von
Steinen geblieben, einem zerrissenen Umhang gleich, der
wie durch ein Wunder aufrecht steht; nichts als eine grauen-
erregende Bewegung von Steinen, an Kühnheit vergleichbar
nur dem Gewölbe der Basilika von Massenzio. Von einer Residenz, die nach Castel del Monte zu urteilen eines der Welt-
wunder gewesen sein muß, bleibt dies ...

Aber als wüchsen sie aus dieser herrlichen Ruine – du
siehst es vom Belvedere aus –, entfalten sich dort oben an Stelle der arabischen Zitadelle die neunhundert Meter Ringmau-
er der Festung, die der Langnasige hat errichten lassen. Sie ist
wie eine niedergelegte Krone, und von diesem Punkt aus
scheint es, als genüge ein Windhauch, um sie zu verrücken.

Du steigst hinauf und siehst sie in ihren verblichenen Steinen, von einem fast weißen Rot und Gelb, bewegt und verknüpft in ihrer Quadratur von zweiundzwanzig vieleckigen
Türmen und vom Löwen und der Löwin, sehr hohen und
dicken zylindrischen Massen, einzigartig schwindelerregend
über der Steilheit der Böschung.

Unten auf der Südseite liegen die Brennöfen mit ihren
kleinen Seen zwischen dem Grau des Tons, der gebrannt
wird. Eine Miniatur: eine richtige Krippe mit Schafen, die
jetzt vorbeiziehen; aber leider ein großes Unglück für die Festung! Jene Tonbrenner haben es mit ihren Gruben doch fertiggebracht, daß die Löwin und der ganze Wall mit den Türmen auf jener Seite jetzt beschädigt sind und sich neigen. Da
es sich um Grundstücke handelt, die der Gemeinde gehören,
dürfte es nicht schwer sein, den Tonbrennern andere Gruben
zu bewilligen an Stellen – an denen es nicht mangelt –, wo
ihre Arbeit nur nutzbringend wäre.

Du gehst in die Festung hinein: Keine Ruine vermittelt einen stärkeren Eindruck von unbewohnter Weite, von totem und grenzenlosem Platz ... Keine hat in mir ein ähnliches Gefühl der Undurchsichtigkeit des Schicksals zurückgelassen, ein so übermäßiges Gefühl von Niedergeschlagenheit ...

*

Du siehst noch einmal die Phantasiegestalten; die Wüste der Festung bevölkert sich mit den Provenzalen des Giovanni Pipino von Barletta ... Und siehe, von der Ostseite her, die nach Lucera und Foggia blickt, versuchen die »Sarazenenhunde« einen letzten Angriff: Das Elend des Hungers hat jene geschickten Handwerker verrohen lassen, und die Provenzalen morden sie gleichsam aus Spaß, und den Ermordeten schlitzen sie zuweilen hohnlachend den Magen auf, um den Brei aus dem wenigen Klee zum Vorschein zu bringen, den jene, die Überwachung umgehend, ausgerissen und verschlungen haben.

*

Hat der Staufer hier nichts als einen Fetzen Mauer zurückgelassen? Noch ein anderes Zeichen gibt es hier: den Altar des Doms und seine Tafel von Castel Fiorentino, an die er Bischöfe und Ulema gemeinsam lud, um zu lachen, wenn er sah, daß sie sich scheel ansahen. War das nicht ein Religionskrieg? Und warum wurde jene Tafel dort aufgestellt, wenn nicht als Zeichen der Wiedergutmachung?

VON FOGGIA NACH VENOSA

Die Ebene der Gruben

Ein ovaler Platz, der kein Ende nimmt, von seltsam macht-voller Wirkung. Er ist ganz von Höckern übersät, zerwühlt, trocken, blendend vor Staub. Auf einer Seite schließt ihn eine Reihe von Karren, die schief auf ihren Rädern stehen und in deren Tiefe die zur Schau gestellten Kaktusfeigen mit ihren eisigen Farben gleichsam ein Mosaik bilden. Große Wetten, wer am meisten davon essen kann, und manche schaffen es sogar, hundert davon hinunterzuschlucken.

Ich habe mich einem der vielen Höcker genähert. Hinter ihm befand sich wie hinter den anderen ein kleiner Gedenk-stein. Wenn man die Erde auflockerte und die kleinen Bret-ter wegnahm, die darunter zum Vorschein kamen, öffnete sich ein Schacht. In ihm erhebt sich ein Berg aus Getreide. Dieser endlos weite Platz verbirgt also einer neben dem an-deren unendlich viele Schächte, er bewahrt das Getreide der Provinz, die drei Millionen Doppelzentner und mehr produ-ziert. Etwas anderes als die Höhle des Ali Baba.

Ich habe einiges an alten Dingen gesehen, aber nichts machte auf mich einen altertümlicheren Eindruck als dies, und nicht nur, weil es die Ebene vielleicht schon vor Foggia selbst gab, wie die merkwürdige Analogie zwischen »Foggia« und »fossa«, Grube, glauben läßt; dieser unterirdische Bie-nenstock voller Getreide führt mich vielmehr in patriarchali-sche Zeiten zurück, als plötzlich ein Erzengel auftauchte, um einem Menschen ein unglaubliches Wachsen und Sich-Ver-mehren von Kindern und Gütern vorzuführen.

Kein Ort könnte mit mehr Recht zum nationalen Denk-mal erklärt werden.

Das Grab von Boemund

Ein Hügel fällt ab, ihr steigt die Stufen einer Sackgasse mit ihren Schatten, welche die Wände abtasten, mit ihrem dumpfen Schlag im Schatten hinauf.

Ihr seht deutlich, daß es an Erinnerungen hier in Canosa nicht fehlt, und sie können auch die Mauern armseliger Häuser hochziehen und dort das Adelszeichen einer römischen Gedenktafel einlassen.

Ihr spitzt die Ohren, um ein undeutliches Stampfen zu hören, das über die großen Platten des Platzes, dann über diejenigen der Hauptstraße zu euch dringt.

Ihr mischt euch unter die ausschwärmenden Echos, ihr werdet dazu gebracht, in die Kirche zu treten, und ihr seht auf den Elefanten den tausend Jahre alten Stuhl des Bischofs Orso.

Ihr befindet euch draußen um das Grab von Boemund versammelt.

Im stummen Schrei der Sonne: Boemund, Held des ersten Kreuzzuges – jene Katzen von Antiochien, wo er getroffen wurde, die ein grünes und ein dunkelblaues Auge haben, die kleinen Figuren mit silbernen Damaszierungen und die gezierten Platten der Flügel, die sich von der Bronzetür abheben, die schöne eiförmige Kuppel, die sich aus den acht Seiten eines Tambours erhebt.

Ein junger Hahn kräht aus vollem Halse.

Der trajanische Weg

Es sollte euch nicht überraschen, den Elefanten in dieser Gegend begegnet zu sein. Man hat mindestens seit der Zeit Hannibals von ihnen gehört. Und es sollte euch auch nicht überraschen, daß Canosa, das drei Viertel eines Hügels einnimmt, an der Biegung einer historischen Straße auftaucht – eine außerordentliche Taschenspielerei. Und welche Stadt, wenn nicht eine von homerischen Verhängnissen und dazu bestimmt, vielleicht schon vor der Geburt Homers aufzublühen, konnte begehren, unter denen auserwählt zu werden, die Rom offiziell mit dem Meer verbinden sollten?

Der Hügel gleicht einer Welle, die mehr anschwillt, als es

der Ruhe recht sein sollte, die sich zu seinen Füßen erstreckt.
Die Valle dell'Ofanto jedoch, aus der Canosa heraustritt, ist
alles andere als ruhig, wenn »ruhig« nicht ein Wort wäre, das
die gleichen Fähigkeiten hat wie eines jener von Hannibal
und just in dieser Gegend ins Werk gesetzten Täuschungsmanöver, die den Feind davon überzeugten, auch gegen
Wind, Staub und Sonne anzutreten.

Eine quälende Sonne, wie keine andere es sein kann, würdig eines Tals, das einer jener Kreuzwege ist, auf welche die
Völker sich gestürzt haben, wobei sie nicht einmal im Blut,
das in Strömen vergossen wurde, die Vereinigung fanden,
die sie in den Kampf getrieben hatte und die niemals zu finden sein wird, wenn es nötig ist zu glauben und zu leben.

Dies ist das Feld, auf dem die Kontinente aufeinanderge-
prallt sind: Afrika und Rom, Byzantiner und Barbaren.

Dies ist der Kreuzweg der Kontinente, wo von Cannae bis
Benevento die Bahn, das Heraufdämmern und der Untergang einer gewaltigen menschlichen Unternehmung zu
sehen war, gemäß den Grenzen, die Dante ihr bitter setzte,
wenn er an Manfreds Niederlage dachte und Friedrich II. den
letzten Cäsar nannte.

Doch wenn die Hauptstraßen ihr die militärischen Berechnungen auch stets erweitert haben, so hat doch die Sage
sie abgesteckt und geöffnet: Einer geht fort, ihm passiert alles
mögliche, durch Zufall kommt er dorthin, wo er bleibt, und
nach ihm sind drei oder vier andere aufgebrochen, denn wer
fern ist, auch wenn man nicht weiß, wohin es ihn verschlagen
hat, ist wie ein Magnet.

Ob nun diese Sage oder eine andere: Die Straßen, die für
immer im Gedächtnis bleiben werden, sind diese, von denen
man nicht genau weiß, wann sie entstanden sind, und zu denen von einem Punkt der Erde zum anderen die Völker am
Ende immer zurückkehren, Straßen, die sich vor allem durch
die Schritte, die nicht wußten, wo sie schließlich landen würden, geöffnet haben.

Der erste ist immer ein reiner Held gewesen, einer, der allein um des Aufbrechens willen aufgebrochen ist.

Die Gefäße aus der Gruft

Im Museum von Bari. Man läßt einen Vorhang aus grünem
Samt umlaufen. In jenem Schaukasten hat man mir das
ganze Apulien in einem Wunder der Volkskunst enthüllt:
dem Wunder von Canosa.

Es fehlt in diesem Museum nicht an apulischen Gefäßen
aus jeder Epoche. Ich habe eines gesehen, das die Zeichnung
eines jungen Mannes mit den Schuhen eines Seiltänzers
trägt: *botas de fota*, suggeriert mir der feinsinnige Oberaufseher Aru; auf einer anderen hat ein junger Mann einen *som-
brero* auf dem Kopf: Viehdiebe, Gründer von Plantagen, vielleicht hatte die griechische Kunst hier begonnen, den Roman
einer unberührten Ebene zu ersinnen.

Doch eines Tages wird der Töpfer von Canosa ungeduldig. Er hat sehr viele weitere Vasen in Umlauf gebracht, auf
denen die Zeichnung mehr oder weniger lebendig, mehr
oder weniger akademisch ist; jetzt ist er an dem Punkt angelangt, sich ausruhen zu müssen, und er wird natürlich wie ein
Kind oder, besser gesagt, wie einer, der sich selbst wiedergefunden hat: Die Technik der roten Figuren auf schwarzem
Grund wird aufgegeben, und auch jene Fettigkeit, welche die
üblichen Gefäße haben, verursacht ihm Übelkeit.

Die neuen sind Gefäße, die unvollständig gebrannt sind,
auf das Wachs für den Kalk wird, wie es in Apulien richtig
war, verzichtet: In ein Kalkbad getaucht, wird das Weiß den
Figuren überlassen und das übrige mit einem beißenden
Rosa überzogen, und zum Rosa werden sich schon bald andere Farben gesellen, die ebenfalls freskenhaft aufgetragen
werden: das dunkle Rot und das Schwarz für die Haare, das
Blau, das Zinnoberrot ... Auf diese Weise ist eine seidige und
blendende Wirkung erzielt worden, die dieser Natur entspricht.

Dies ist nicht die einzige Neuerung: In das Gefäß wird
eine Art Hefe eingebracht, und das Gefäß hat sich aufge-
bläht, ist überreich mit reliefartigen Verzierungen ge-
schmückt; die Köpfe der Pferde einer Quadriga haben den
Bauch eines kleinen Krugs durchstoßen, an den Seiten eines
zweiten Gefäßes lugen muntere Seepferdchen hervor, aus
der Öffnung eines dritten kommen zankend ein Triton und
eine Tritonin heraus, ein viertes hat geradewegs die Form ei-

nes Frauenkopfes, und zwei jugendliche Köpfchen erblühen
seitlich aus vier Blütenblättern, die einen Kelch bilden. Kurz,
das außerordentlichste und unverfälschteste Barock offenbart
sich in diesen Gefäßen, die in einer zweiundzwanzig Jahrhunderte alten Gruft entdeckt wurden.

Wecken in Venosa

Es ist sechs Uhr morgens. Wie mag ich hier herauf gekommen sein?

> »*Tu – tu – tum*
> *Tum!*
> *Zu verkauf-*
> *Fen!*
> *Kalbfleisch zu 4 Lire 30 das Kilo*
> *Kutteln*
> *Zu einer Lira*
> *Anderes gutes Fleisch*
> *In der Metzgerei*
> *Santa Maria!*
> *Tu – tu – tum*
> *Tum!*«

Auf diese Weise bläst man hier oben zum Wecken: einer im
Paradeschritt, plötzlich bleibt er stehen: Trommel, drei Schlä-
ge und einer, Vortrag der obigen Litanei; zwanzig Schritte:
Trommel, drei Schläge und einer; zwanzig Schritte, Trommel
…

Auf dem Platz steht in Marmor Horaz mit einer Schriftrolle: stimmt, er wurde ja hier oben geboren.

Beginnt hier oben Apulien oder hört Lukanien auf? Niemand hat das je gewußt, nicht einmal Horaz.

Ich sehe antike hebräische Inschriften. Auch dies war ein
Schnittpunkt römischer Straßen. Auch hier wird an Boemund erinnert.

Dies ist heute der strategische Punkt des apulischen Aquädukts.

AN DEN QUELLEN DES AQUÄDUKTS

Der Durst.

Ich habe die Wüste kennengelernt. Von ferne ließ ein plötzliches dünnes Rinnsal klaren und lebhaften Wassers die Pferde vor Freude wiehern.

Ich habe Länder mit großen Flüssen kennengelernt.

Ich habe Länder kennengelernt, die unter dem Meeresspiegel liegen.

Ich habe das Wasser kennengelernt, das versickert, das Wasser, das krank wird, das Wasser mit den Krusten, mit entsetzlich weißen Blüten, das ungesunde Wasser, die metallischen Reflexe des Wassers, die einer Tonsur gleichende Erde zwischen seltenen Büscheln wassersüchtiger Gräser.

Ich habe das strömende Wasser kennengelernt, das reißende Wasser, das Wasser, das eingedämmt werden muß.

Ich habe das feindliche Wasser kennengelernt.

Ich habe Amsterdam kennengelernt, wo man lebt wie stillliegende Schiffe mit dem Blick unter Wasser. Die Architektur der Häuser selbst, ohne Volumen, geteert, findet dort nur im Sich-Spiegeln Festigkeit. Legt über eine Architektur so viele Verzierungen, wie ihr wollt, sie wird immer ein Skelett sein; aber dort ist sie nicht einmal ein Skelett: sie ist ein Traum. Und tatsächlich habe ich, aus der Höhe eine mit ihren Lichtern fliehende Straßenbahn betrachtend, sie als eine auf dem Rücken liegende Larve unter den Schleiern und Durchsichtigkeiten eines faulenden Wassers liegen sehend, die Wahrheit Rembrandts kennengelernt: Traum.

Jetzt werden wir zu den Quellen des Sele gehen.

Wenn die Este ihre Nostalgie lebendig unterwegs sehen wollten und Ferrara nach Tivoli brachten, wenn die großen Wasser von Versailles vielleicht ein ferraresischer Gesang der Franzosen sind, so haben diese Italiener des 20. Jahrhunderts die Welt nicht gelehrt, wie sie sich mit dem Wasser die Zeit vertreiben sollen, sie haben einfach nur dem zu trinken gegeben, der Durst hatte.

Aber hierfür war nicht weniger Phantasie nötig als zu jener Zeit, und es war ein sehr viel menschlicherer Wille nötig. Daraus ist ein Werk entstanden, das, wie aus den demnächst folgenden Aufzeichnungen ersichtlich sein wird, jedes andere auch durch Schönheit herausfordert.

ACQUAFORTE

Rotolato dall'acqua c'è un macigno
Ancora morso dalla furia
Della sua nascita di fuoco.
In bilico sul baratro non pecca
Se non coll'emigrare della luce
Muovendo ombreggiature a casamenti
Tenuti sulla frana da bastioni.
Attinto il vivere segreto,
Nell'esalarsi della valle a sera
Sono strazianti le sue cicatrici.

RADIERUNG

Gewälzt vom Wasser ist da ein Felsblock
Noch gebissen von der Raserei
Seiner Feuergeburt.
Im Gleichgewicht über dem Abgrund sündigt er nicht
Außer mit dem Auswandern des Lichts
Schraffuren bewegend zu Wohnhäusern
Gehalten auf dem Erdrutsch herab von Bastionen.
Nach dem Berühren des geheimen Lebens
Sind im Ausdunsten des Tals am Abend
Seine Narben quälend.

DER AQUÄDUKT

Beim Verlassen von Venosa können wir nicht umhin anzuhalten und ein altes römisches Bauwerk zu betrachten. Auch dieses ist ein Aquädukt, und er ist noch lebendig und imstande, für viele weitere Jahrhunderte zu den Brunnen sein Wasser zu befördern, das er auf den Bergen des Südens geholt und aus antiken Brunnenschächten geschickt in ein natürliches Bett geleitet hat.

Wir trinken das Wasser an der jahrtausendealten Quelle, und es ist nicht wahr, daß es nur eine Illusion ist, wenn wir uns jetzt besser gerüstet glauben, ein so kolossales Bauwerk wie den apulischen Aquädukt zu verstehen. Derartige Kulturwerke hat die Welt sich angewöhnt, »Arbeiten von Römern« zu nennen, und tatsächlich ist dies die Kultur, welche die Römer alle gelehrt haben: die der großen öffentlichen Werke. Und wäre ich Jurist, so würde ich gerne zeigen, wie die Unsterblichkeit des römischen Rechts auf seiner Fähigkeit beruht, große öffentliche Werke anzuregen.

Hier gabelt sich der apulische Aquädukt, und ein Zweig geht nach Bari und Lecce und der andere nach Foggia. Das ist eine Information, die ich erhalte, während wir in das weite Tal des Torrente Lapilloso hinuntersteigen, der Venosa umgibt.

Wir betreten einen Kanal: oben und unten ein Spitzbogen, in der Mitte ein Steg. Man öffnet uns eine Eisentür, wir schlüpfen in einen Tunnel, der 200 Meter ins Herz des Hügels führt. Jetzt stehen wir vor fünf Stufen, wir gehen hinauf, öffnen eine weitere Eisentür: Und schon fließt da das Wasser, 4 Meter tief, durch die Heftigkeit sich kräuselnd, 6 000 Liter in der Sekunde, und seit Caposele fließt es schon 52 Kilometer im Kanal. Ein klares Wasser, das von Natur aus zum Tyrrhenischen Meer fließen sollte, durch den Willen der Menschen aber zum Adriatischen und zum Jonischen Meer fließen wird.

Dies ist der Punkt, sagt man mir, von dem aus der apulische Aquädukt die Verteilung des Wassers an die Gemeinden
beginnt. Das ist eine wichtige Information. Aber es liegt mir
nur daran, an unsere unterirdische Wanderung in einer Röh-
re zu erinnern, schwankend, hintereinander in einer Reihe
gehend, mit einer Laterne und mit dem Gefühl eines Panzerschranks, dem Gefühl eines Tabernakels, nachdem das Gefühl für das Wunder des Flusses unerwartet in einem Geheimnis aufgetaucht ist.

Jene Erscheinung von Wasser: überraschend wie eine
große eingebildete Zufriedenheit im Schlaf in der Dunkelheit
des Geistes.

Mir kommt das Häuschen wieder in den Sinn, das ich auf
dem Gargano besucht hatte. Eine Traufe leitete das auf dem
Dach gesammelte Regenwasser in eine Ecke im Haus, und
das wenige Wasser ergoß sich schließlich in einen Brunnen,
in dem es wie eine Reliquie aufbewahrt wurde. Und in den
Jahren der Dürre? Da gab es nicht einmal diesen kargen Vor-
rat.

Jetzt hat der apulische Aquädukt das Trinkwasser auch in
die Capitanata und auf den Gargano gebracht, so wie er es
aus den Brunnen überall auch in den Provinzen von Brindisi, von Lecce und von Taranto hat hervorschießen lassen:
1500 Kilometer Kanäle und Leitungen wurden dafür gebaut.
Und nicht nur das, auch die 244 Kilometer des Hauptkanals
– von dem diese 52 Kilometer, die wir jetzt bis zu ihren An-
fängen in Caposele besichtigen werden, der erste Abschnitt
sind – waren 1923 in einem derart vernachlässigten Zustand,
daß es notwendig war, sie neu und sehr viel dauerhafter als
vorher zu bauen. Stellt euch ein Bauwerk vor, das so ausgeführt ist, daß das Wasser von Zeit zu Zeit abgestellt wird,
doch so, daß die Versorgung der Gemeinden niemals unterbrochen wird.

Um uns eine Vorstellung davon zu machen, wie eine Unterbrechung erreicht werden kann, kehren wir zu der Stelle
zurück, wo sich uns die Flucht von 6000 Litern in der Sekunde gezeigt hat: Wir werden zwei schmiedeeiserne Schleu-
sen sehen, die, gesteuert von zwei Spezialgetrieben, im Bedarfsfall den Kanal schließen werden, und das Wasser wird
sich dann links durch eine Öffnung des Tunnels von 200 Metern in den Lapilloso stürzen, und dann wird der Kanal, da

er kein Wasser mehr erhält, sich leeren, und die Maurer werden mit ihren Gummistiefeln in ihn hineingehen und ein Teilstück reparieren können: hierfür gibt es eine Eisentür.

Wir sehen die Sonne wieder; und wir machen uns auf den Weg nach Ripacandida. Und als erstes treffen wir auf den Vulture: schwarz mit seinen vier oder fünf großen Zähnen.

Wasser, Feuer: Eruptionen und Anschwemmungen haben den großen Steinen ringsum das Gepräge gegeben. Und so erreichen wir Ripacandida, einen ovalen, glattgeschliffenen Hügel mit einem kleinen Dorf ganz oben, der sich hinunterwindet, so wie eine Schlange das Wasser der Fiumara streift.

Das ist jetzt die zweite Station des Aquädukts auf dem Weg zu seinen Quellen. Es ist ein Häuschen aus Kalkstein, elegant geschnitten; diesmal zeigt sich uns, nachdem wir die Eisentür geöffnet haben, ein Abhang, und in der Mitte zwischen zwei Treppen, wie zwei Reihen von Zähnen, die kaum hervortreten, ist ein Weg, der hinunterführt, weiter als das Auge reicht. Wir steigen hinunter, man öffnet uns eine weitere Eisentür: Da ist ein Absatz, und darunter sehen wir, während es direkt unter der Fiumara hindurchfließt, das Wasser wieder, das sich mit der Geschwindigkeit von 6 000 Litern in der Sekunde verändert.

Als wir Rionero verlassen, sehen wir einen gewaltigen waldgrünen Felsblock, der sich finster am Himmel erhebt: das ist der Vulture, der erneut sichtbar wird. Wir laufen ihm zu Füßen bis nach Atella, wo wir ihn, da wir in den Rundblick hineingekommen sind, der vom Monticchio beherrscht wird, aus den Augen verlieren.

Nachdem wir in die Vallata della Fiumara d'Atella hinuntergestiegen sind, befinden wir uns an der dritten Station; es ist eine fast 40 Meter hohe Brücke mit einer lichten Höhe, die bis zu 20 Meter erreicht, und sie steht zwischen zwei Hügeln, aus dem Rücken des einen heraustretend, um in den des anderen einzutreten: In einem über den Arkaden gemauerten Kanal trägt sie von einem Hügel zum anderen das Wasser, das mit der schon bekannten Geschwindigkeit flieht.

Ich wollte mir eine Vorstellung davon machen, wie die Liliputaner sich fühlen, und so sind wir zur Gittertür der Brücke hinuntergestiegen: Um uns zu öffnen, ist ein Mann von respekteinflößendem Aussehen gekommen: der Aufseher, der auch Jäger von Wildschweinen, Füchsen und

Ottern ist. Zu Füßen der Brücke fühlt man sich tatsächlich zusammengeschrumpft.

Wieder unterwegs, kommen wir in das weite Tal des San Fele, wo große Merkwürdigkeiten zusammengekommen sind: der Monte Fioni, der wie ein Wels aussieht, der Monte Pernazzo, der einer länglichen Pyramide ähnelt, und der Monte San Fele, noch eine Pyramide, auf deren einer fast senkrecht abfallenden Seite die Häuser, die sich an ihr festklammern, so aus der Entfernung gesehen wie die Logenränge eines Ameisentheaters wirken.

Dann öffnet sich das Tal des Ofanto, und auf einer anderen, schwindelerregend sich windenden Straße gelangen wir auf dem Gipfel nach Calitri, einem kleinen weißen Dorf in 600 Metern Höhe mit Häusern, die sich auf dem Schutt festhalten.

Nach dem Mittagessen machen wir uns wieder auf den Weg, und kurz darauf kommen wir zur vierten Station, in der Nähe des Sturzbaches Ficocchia. Diesmal präsentiert die Station sich in Gestalt einer Bodenluke. Als Treppe gibt es Steigeisen an der senkrechten Wand, und als Besonderheit sehen wir in der Tiefe eines Brunnens gleichsam zwei große Kanonenmündungen: Von Stahlplatten verschlossen dienen sie dazu, das Wasser zurückzuhalten; im Bedarfsfall besteht ihr Zweck jedoch wie bei jener Öffnung, die wir in der ersten Station gesehen haben, darin, den Kanal für Besichtigungen oder Reparaturen zu entleeren.

Nachdem wir den Sattel des Conza hinaufgestiegen sind, der die adriatische Seite von der tyrrhenischen trennt, dringen wir, mit dem Gefühl einer anderen, frischeren Luft, in die erste Gruppe von Tälern auf der Seite des Sele ein.

Der Abend brach herein, und von den Hügeln tauchten hier und da die ersten Lichter auf:

»Die Lichter da, das ist Castelnuovo, die da drüben Laviano, und jene dort sind das reichste Dorf Italiens: Calabritto ...«

Und nun sind wir, über Kurven, die sich beinahe berühren, in Caposele angekommen!

Als wir in das Dorf hineingehen, kommt uns eine Schlucht von etwa fünfzig mal zehn Metern entgegen, in den Fels gehauen und übersät von Felsblöcken, die vom Berg herabgerollt und herabgestürzt sind; hier sind die Quellen des Sele

zu sehen, denen man die Freiheit gelassen hat und die speisen, was vom Fluß bleibt, der in Richtung Pesto fließt: oben
ein großer speiender Mund und darunter eine unendliche
Zahl von kleinen Brunnen, deren Adern sich zwischen den
Ulmen, dem Efeu, den Akazien, dem Holunder, einem Feigenbaum, der das Alter Methusalems hat, ineinander ver-
flechten: In der Tiefe gleitet das Wasser zwischen den großen
Steinen außerordentlich flink dahin, in einer Art finsterem
Loch, und verliert sich in jenem Auge.

An dieser Stelle, vor so viel Rauschen und Tosen, kommt
ein alter Mann, der Caravaggio als Modell für einen Apostel
hätte dienen können, nahe an mich heran und flüstert mir ins
Ohr:

»Sie wollen mir nicht einmal das Wasser zu trinken
geben ...«

Ich überlege, daß ich, wenn ich mich auf die Suche nach
dem Maß der Verrücktheit begeben hätte, niemals ein exak-
teres gefunden hätte, und gehe weiter.

Wir betreten einen feierlichen Ort. Seinen Hintergrund
bilden der Monte Rotoli, der von 4 auf 700 Meter aufsteigt,
der Monte Calvello, 1200 Meter hoch, der Monte Cerviali,
1200 Meter hoch: Über die inneren Destillierkolben dieser
Berge gelangt das Wasser des Sele zu seinen Quellen.

Und direkt zu Füßen der dunklen grünen Wand des Monte Rotoli wird das Wasser für den Aquädukt aufgefangen.
Jetzt sind es nicht weniger lebhafte Wasseradern als früher,
aber verborgene. An ihrer Stelle, dort, wo sie einen hufei-
senförmigen See bildeten, erscheint eine Wiese, und auf einer Seite erhebt sich im Hintergrund auf einem Gefälle ein
armseliger Glockenturm, getrennt von seiner Kirche, die an-
derswohin versetzt wurde. In der Mitte der Wiese bemerkt
man vier Bodenluken, die hermetisch abgeschlossen sind:
Das sind die Zugänge zum Kanal, der, nachdem er die Wasseradern gepackt hat, sie durch eine plötzliche Biegung ablenkt, und schon sind sie in einem Steuerungsraum.

Dann hat man mir, unter einem Bogen aus turbanförmi-
gen Ziegeln, ein kleines Fenster geöffnet: mit einem unaufhörlichen Donnern ein Wasser, das wie ein Stier drauflos
stürzt; hier beginnt der Aquädukt:

Laudato si mi Signore per sora acqua
La quale è multo utile …

›Gelobt sei mein Herr für Schwester Wasser
Die sehr nützlich ist …‹

REISE NACH ETRURIEN

SPHINX

August 1935

»Hier geht es zu den Gräbern«, sagt ein verblaßtes Schild. Wir befinden uns auf der Straße, die inmitten einer in Wut geratenen Erde von Montalto di Castro nach Canino führt.

»Zu den Gräbern ...« Wir nehmen einen Karrenweg, der das unendliche Land kaum teilt, das hier und da mit Weizen bepflanzt ist, mit Weideland dazwischen. Nicht eine lebende Seele ist zu sehen.

Jetzt ist da zu unserer Rechten ein kaum urbar gemachtes Grundstück, die unberührte Erde, tiefdunkel, vermischt mit dem durchwühlten Abraum.

Wir sind schon weiter drüben.

Soweit das Auge reicht, ist da jetzt erneut nur das Sickern des Rosarots der Erde durch die trockenen Stengel.

Was bedeutet dieses Hochhalten der Schilder der Sonne? Und wie die Erde antwortet, mit welcher Trunkenheit von Gerüchen aus der Qual ihres lebendigen Körpers auf den metallischen Schrei der Sonne, auf den Krieg, auf die Liebe, die, soweit das Auge reicht, alles in ein metallisches Schweigen verwandelt.

Und da fliegt doch eine lebende Seele! Es ist eine Lerche, furchtlos, man könnte sie mit den Händen fangen, dick wie eine Taube. Sie ist aus den dürren Ästen aufgeflogen, wo sie ihr Nest hat, eine Lerche des Himmels, so sehr der Erde treu, so mütterlich zwischen dem Korn der Erde, so sehr der Erde verbunden und den Wellen, wahre Seele des Sommers, lieber heimischer Flug.

Dann erkennen wir undeutlich einen ersten Menschen, der uns durch seinen müden Schritt und durch die Entfernung schwerfällig plumpsend heraufzukommen scheint. Einer von uns ruft ihm zu:

»Müssen wir zu den Gräbern nach rechts abbiegen?«

Er hat nicht verstanden.

Die Frage wird ihm wiederholt, Silbe für Silbe.

Schließlich wird die Einsamkeit gemessen und durch-
brochen:

»Jaaaaa, naaaach reeeeeechts …«

An der Biegung treffen wir auf ein Wasser, den Fosso Timone, der einen Satz macht und in einem überdeckten Kanal
verschwindet, dem Ponte Sodo.

Der Anblick des Wassers läßt uns eine unglaubliche Er-
leichterung verspüren.

Die Anmut der Lerche rührte vor allem von ihrer wehrlosen Leichtigkeit her; es schien, als habe der Mensch sich
nicht blicken lassen, außer um uns zu bestätigen, daß die Anmut nicht diejenige des Raums war, und vielleicht auch, um
uns zu sagen, daß ein Schrei die Einsamkeit des Menschen
zerstört; und hier singt jetzt das Wasser wie eine Braut, und
hier spricht jetzt das Wasser wie der Rechtsgrundsatz, von
dem der menschliche Ruhm seinen Lauf nahm.

Der Karrenweg ist nur noch eine Trift, nur mit den Spuren
von Herdentieren. Wir fürchten, uns im Weg geirrt zu haben,
und machen kehrt: Auf einer Steilwand sehen wir einen, der
auf einem Pferd emporragt wie ein Kaiser, und die Bauern,
die ihn umdrängen, um seine Befehle entgegenzunehmen.

Unser Schreihals nimmt erneut die Stimme in die Hände:

»Zu den Gräbern geht's doch rechts?«

Und der Kaiser:

»Reeeeeechts, jaaaaa …«

Wir gehen also wieder nach rechts, und da lugt vor uns
ein Wächter der Belle Arti e Antichità hervor. Wir setzen
den Weg mit ihm fort, und sofort stoßen wir auf ein dichtes
Grün.

Es sind Myrten von außerordentlicher Höhe und Dicke
der Stämme, gewiß uralt, aber dennoch über alle Maßen üppig in Blüte, in andere Sträucher des Buschwaldes verschlungen, auch diese mit glänzenden Blättern und heldenmütig
sich ausbreitend. Man spürt, daß sie etwas sehr Tiefes und
Kostbares in ihrem Geschlängel behüten, welches das Land,
das mit der Sonne im Kampf liegt, weithin dunkel durchschneidet.

Der Buschwald spendet dem Fiora Schatten, der, zwischen
Felsen eingezwängt, auf dem Bett eines Abgrunds dahinfließt,
das durch die Höhe der mächtigen Wände eng wirkt. Er fließt
zwischen Eichen, die vom Fels in die Höhe schießen.

Ein Falke, der sein Nest im Fels hat, fliegt beim Geräusch unserer Schritte auf.

Der Wächter deutet mit einem Finger auf eine Steilwand auf der anderen Seite des Fiora:

»Das war Vulci. Das war der Schutzberg von Vulci.«

Ich sage Steilwände, aber es sind keine Steilwände, wenn ich nach dem Wörterbuch ginge. Es sind weder Steilwände noch Hügel, auch keine Erhebungen, es sind Schildkröten, Terrassen, Sockel, Tribünen, nichts Richtiges, es sind kaum Erhöhungen, unbedeutende Gefälle, die man nur aus der Nähe wahrnimmt, in dieser unendlichen Eintönigkeit, oder von ferne, wenn eine Gestalt hinzukommt und sie bewegt; dann schnellen sie auf der Hochebene empor wie das Erscheinen eines Tabletts auf der Handfläche eines Kellners. Ich sage »balza«, Steilwand, wegen der Vorstellung des Emporschnellens, und das Wörterbuch machen die Schriftsteller.

Das war Vulci, das war die Stadt des Lebens, unermüdlich verteidigt vom entsetzlichen Fiora, und wir sind auf dieser Seite, linkerhand des Flusses, im Vulci des Todes.

Vom Fiora bis dort hinunter zum Monte dell'Oro, sich in der Ebene verbreiternd, verkriecht sich die Stadt des Todes, und innerhalb eines Jahrhunderts haben Horden von Antiquitätenjägern dort siebentausend Gräber geöffnet, durchwühlt, geplündert und notdürftig wieder zugestopft. Dies ist ein Jahrhundert lang die große Fundgrube etruskischer Gegenstände für alle Museen und Sammlungen der Welt gewesen.

Jetzt öffnen sie die Gräber erneut mit vornehmeren Methoden und edleren Zielen. Doch jetzt sind sie, arme leere Löcher, wahrhaftig erfüllt von der Trostlosigkeit des Todes!

Wir stoßen sofort auf eine lange Reihe von Gräbern, die in einen Felsen gegraben sind, der sich am Fiora entlangzieht. Wir kommen zum Eingang einer dieser Kammern, und mit einem Frösteln in den Knochen, das nicht nur von der Feuchtigkeit herrührt, dringen wir in die Leere vor. »Jetzt sind sie wahrhaftig von der Trostlosigkeit des Todes erfüllt!«

Man hat uns von einem Winkel ganz hinten erzählt, den wir suchen sollen, und wir suchen ihn im Schein einer Kerze, und da wird sie langsam vor unseren Augen lebendig, aber als würden wir sie durch den Tastsinn erkennen, so nachdrücklich plastisch ist sie, die Überraschung des Reliefs zweier großer Stierköpfe, die einmal einem Sarkophag als Stütze gedient hatten. Gut für uns, daß er ihre seltene Schönheit nicht erkannt hat, der Räuber, der den Sarkophag und das Übrige mitgenommen hat.

Wieder zurück in der Trift – was für ein Zufall –, finden wir, weidend auf den Feldern, die Vorbilder der beiden Skulpturen: fünf weiße Ochsen, von unseren Meeresochsen, die mit mächtiger Brust, langem schlankem Maul und prachtvollen wohlgeformten Hörnern, in welche die Sonne sich zu rahmen scheint, daherkommen.

Auf vielerlei Arten, scheint es, ist die Geschichte der Ochsen mit derjenigen dieser Altertümer verbunden: Im Oktober 1828 stürzte das Gewölbe eines Grabes ein, als ein vor den Pflug gespannter Ochse darüber hinwegging, und so erlangten die Plünderer Kenntnis von diesen Reichtümern; im Oktober 1928 brachte ein Ochse einen unterirdischen Gang zum Einsturz, der vom Stollen aus, der im Norden Zugang zu den Tunneln der Cuccumella bietet, wer weiß wo endet.

Mit einem Satz sind wir bei der Cuccumella. Sie scheint ganz aus Buckeln zu bestehen, durch zuviel Gärung von allen Seiten her erschlafft.

Was mag dieses merkwürdige Momument gewesen sein? Ein Tempel der Hölle? Ein Rundbau aus Fels, und darüber ein Kranz aus Tuffstein, und darüber schließlich der bucklige Grabhügel. Im Zentrum des Grabhügels ein riesiger Hohlraum, zwei Zimmerchen. Darunter ein Labyrinth von Tunneln, alle etwa zwei Meter hoch und breit. Siebenhundert Meter Tunnel, die sich gegenseitig schneiden, sich überholen, sich necken. Vier dieser Tunnel enden in der Höhe.

Was mag dieses Kastenrätsel nur sein? Ich weiß, daß nicht nur die Stimme, sondern selbst das Gedächtnis des Menschen in der völligen Regungslosigkeit dieses Gesteins das Gefühl hat zu ersticken.

Vielleicht war der große Hohlraum im Zentrum des Grabhügels mit seinen Stufen ein Saal für Aufführungen?

Was für Aufführungen?

Oder war der gesamte Schnörkel die Festung der Toten? Und war es nicht so, daß man durch die unterirdischen Gänge und Tunnel aus dem belagerten lebendigen Vulci in den Grabhügel stürzte, um sie zu verteidigen?

Aber wurde dieser Ort nicht von einem Gang aus von einer versteinerten Sphinx bewacht?

Ein paar Erklärungen können die Etrusker uns aber doch geben.

Und die ersten können wir nur wenige Schritte entfernt bekommen, am Ponte dell'Abbadia.

HYMNE AUF DIE BRÜCKE

September 1935

Eine Lerche, die ohne Argwohn hervorkommt, ein menschlicher Schrei, der auf einen anderen aus der Ferne trifft und die Einsamkeit begrenzt, ein Fluß, der sich im Unterschlupf eines Buschwalds verbirgt und an einem hohen Felsen eine Stadt packt, die nur dem Namen nach lebendig geblieben ist, ein Falke, der im Flug auf seinen Flügeln ausruht, eine Bewegung von Stieren, und plötzlich der Überfall einer Brücke.

Es ist jener Ponte dell'Abbadia, der sich vom Bogen erhebt, wie eine Katze sich aus dem Schlaf räkelt, und jeden Raum fliegen läßt und sofort der schönste zu sein scheint, romantisches, wunderträchtiges Meisterwerk, Traum erweckt von der Vollkommenheit der Kunst, von tausendfach vorbeigezogenen Jahreszeiten und vom traurigen Ort.

Und während er über den Abgrund springt, den der Fiora höhlt, kommt es mir nicht mehr auf Ähnlichkeiten an, auch nicht darauf, daß er, man weiß es nicht, mehr das Bild einer Schimäre als irdischer Gegenstände ist: er ist eine etruskische Brücke und eine römische.

Eine Brücke, ein Wasser. Im Grauen seines verborgenen Bettes habe ich das Wasser schon singen hören in diesem weiten Horizont. Jetzt höre ich, wie ihm geantwortet wird. Geantwortet haben ihm die Unternehmungen der Männer, die es im fortwährenden Sich-Verjüngen ruhelos zu verlangen scheint, und zu fürchten: der mühsame Kampf des Menschen gegen die Erde und Dinge des Ungestüms wie diese Brücke.

Diese Brücke ist ein Augenblick, der nicht zu Staub zerfallen, nicht vom Wind verstreut worden ist, sie ist ein Prinzip der Stärke und des Rechts, behauptet im dauerhaften Stein, weil ein Marsch nicht unterbrochen wurde. Bis zu uns ist der Marsch fortgesetzt worden, und die Brücke ist jeden Augenblick lebendiger geworden.

Zwischen Tiber und Arno, von diesen Gegenden her, hat sich die Idee gesellschaftlicher Nützlichkeit zum ersten Mal im

monumentalen Stein verkörpern wollen, wie diese Brücke einer ist, die auch Aquädukt ist und auf die dreitausend Jahre
zu geht.

Ich sehe in dieser Brücke sehr wohl die Äußerung einer
Idee: Ich sehe die beiden Pfeiler aus blutrotem Tuffstein, die
vor dem Rest etwas zurücktreten, viel verwitterter als der Rest
und Werk der Etrusker; ich sehe das geschwinde Emporstei-
gen mächtiger Massen, das römische Restaurationsarbeit ist.

Und wer wagte jetzt erneut zu behaupten, daß die Etrusker
nichts als zwölf dunkle Wörter sind, Kreuz und Entzücken
großer Herumtreiber? Die Etrusker hat es nun keineswegs,
nicht einmal die zwölf aus Lydien oder von wer weiß woher
gekommenen Flüchtlinge, eines schönen Morgens an die Küste eines Meeres verschlagen, um ihm den magischen Namen
der Tyrrhener abzutreten. Sie sind eine Form des Geistes, die
von dieser Erde durchdrungen, aus dieser Erde hervorgegangen ist und aus keiner anderen hervorgehen konnte, sie sind
das Volk, das hart arbeitete, und es ist aus der Gegend und
nicht die Lucumonen, sie sind ein Volk von uns, das in sieben
oder fünfzehn Jahrhunderten, ein Jahr mehr oder weniger
spielt bei großen Dingen keine Rolle, gelernt hat, sich die
Wirklichkeit in einer Weise zu entwerfen und darzustellen, die
für immer italienisch sein wird. Diese Brücke, und mehr als
diese Brücke, in einem anderen Sinn, die äußerste etruskische
Skulptur, die auf so genaue Weise menschlich ist, so untröst-
lich und mitleidsvoll, so dramatisch in ihrer Wahrheit, so richtig und kühn, weil allein von irdischem Maß wie die Idee der
Nützlichkeit, die dieser Brücke Kraft gegeben hat, sind Zeugnisse einer Art zu fühlen, die nichts mehr dem Orient und
Griechenland schuldete, die einem Volk seine Originalität
enthüllte. Sie ist für immer die Art der authentischen Mo-
mente der Italiener.

Dies ist eine Skulptur, bei der das Zeichen des Todes auf
melanchonische Weise im Menschen verbreitet ist, wo im
Fleisch das Böse illusionslos gesehen wird; doch wo man
sieht, daß der Geist die Zeit besiegt, daß allein im Werk das
Zeichen des Lebens für immer wehen kann.

Das, was Michelet, Vicos romantischer Schüler, über die
Etrusker sagt, über ihr Gefühl für die Dauer, über ihre Auffassung einer Zivilisation als vorübergehend wie ein menschliches Leben, als Vorbereitung auf eine andere in der unend-

lichen Kette der Zeit, kann nur so aufgefasst werden, daß ein
solches Gefühl für die Dauer, daß diese trostlose und mutige
Art, die Natur zu interpretieren, allein der äußersten etruskischen Kunst eigen ist, als jenes Volk, nachdem es das Man-
nesalter erreicht hatte, schließlich an dem starb, was ihm
unter dem Namen estruskisch an Fremdem aufgezwungen
worden war, und Rom geboren wurde.

Ein Sinn für große öffentliche Werke war herangereift und
breitete sich aus, und er sollte tatsächlich schon bald die ersten Schritte des größten Unternehmens geistiger Einheit
erleichtern, das die Welt kennt.

Denn das, was zutiefst vernünftig ist, ist episch. Es rührt
stets an das Geheimnis durch den Schwung, der es beseelt,
und die Leidenschaften, die es entfacht hat. Die gleichen Elemente tragen dazu bei, es vor der Zeit zu retten.

Wenn man eingezwängt wie in einer Scheide über die
Brücke geht und auf dem Gipfel anlangt und sich von der
Brüstung hinabbeugt, um von oben hinunterzuschauen, sieht
der Fußgänger, wie sich, von den Bögen tropfend, eine dicke
Decke von Stalaktiten hinabstürzt wie eine versteinerte und in
Blättern und Blütentrauben übermäßig üppige Glycinie. Sie
wurde vom Wasser formuliert, das da oben floß und vom
Aquädukt übertrat. Sie ist ein Zeichen für die verkrustende
Tätigkeit der Elemente, die dazu beigetragen haben, die
Brücke über dreitausend Jahre zu erhalten, und sie haben
ihrer entschlossenen Gefälligkeit ein blindes Leid mitgegeben.

Wenn man von der Brüstung ins Tal blickt: in fast vierzig
Metern Tiefe, an der Wurzel der Brücke, zu Füßen des linken
blutroten Pfeilers, im eingestürzten Fels, die Kalkflecken, die
eine Quelle zurückgelassen hat, und die erstarrte Haut des
Wassers auf einem Fußbreit Erde, unter einem stürzenden
Mauleselchen, das sich am Ende des Pfeilers hinkauert – eine
weiße Ziege im gebückten Schatten einer abgefressenen
Weide. Der Fußgänger sieht von oben, wie in jene Ecke eine
Weltuntergangslandschaft vordringt wie in manchen idyllischen Szenen, die Salvator Rosas oder Tassos Vorstellungskraft so lieb sind.

Der Fußgänger ist jetzt allein mit sich.

Gegenüber dem Zugang zur Brücke erhebt sich auf dem
linken Ufer eine mittelalterliche Burg, eine Burg, aber verglichen mit der Brücke wirkt sie wie aus Pappe.

Wie in der Malerei erscheint am Fenster ein Mädchen mit einem Kind auf dem Arm.

Die Burg hat einen zu drei Vierteln vollendeten runden Turm.

Warum hat man ihn wohl verstümmelt errichtet?

Auf dem Turm ist ein Olivenbaum gewachsen, und auf einem Zweig sitzen zwei Falken, in dieser Höhe fast nur Dunst, reglos einander gegenüber.

Diese Burg ist einst auch päpstliches Zollhaus gewesen, weil hier das römische Land endete und die toskanische Maremma begann. Bedeutungslose Dinge. Es ist die gleiche Landschaft.

Aber der Passant ist allein mit sich.

Ein Mensch ist allein unter den Dingen, von denen er weiß, daß sie größer sind als er.

Da ist diese Brücke und das Land wie ein Meer, und alles Übrige scheint ihm wie ein Märchen, und über das Märchenalter ist er hinaus.

Und da fliegt, die Beine vom Gewicht der Beute langgestreckt, steil über seinen Kopf ein Falke hinweg, der, bevor er auf sie hinabstürzte, um sie zu töten, den Verrückten gespielt und tausend Purzelbäume geschlagen hatte und den mehr als die Lust zu fressen die Lust zu spielen getrieben zu haben schien.

Da denkt der Fußgänger an das, was Herodot über die Etrusker erzählt: daß sie von einer Hungersnot heimgesucht worden waren, daß sie den einen Tag zu essen hatten und den anderen nicht, daß sie an den Tagen des Fastens, um den Hunger zu überlisten, spielten und auf diese Weise alle Spiele erfanden: die Würfel, die Astragali, den Ball ... daß eines Tages die eine Hälfte von ihnen ein intelligenteres Spiel ersann: Sie kamen aus den Gegenden, vielleicht, wo heute Smyrna liegt, herunter, rüsteten die Schiffe aus, vertrauten sich dem Meer an, kamen zu den Umbrern, gründeten Städte ...

Sie glaubten so sehr an das Spiel und an den Zufall, daß sie aus dem Flug der Falken, denen wir heute begegnet sind, Vorzeichen herauszulesen versucht hätten.

Hunger und Spiel ...

Und danach? Diese Brücke, diese vernünftige Kraft ...

ANHANG

AFRIKANISCHES ROM

Die lichterfülltesten Stunden sind nicht mehr die klarsten.

Wag dich, wenn du Mut hast, vor zur Piazza Santa Croce, und um zwölf wirst du merken, wozu die Dinge dieser Tage geworden sind.

Im Schatten betrachtet man die Welt,

Von woher sie zermalmt wird, der Sonnennebel zermalmt unverschämt tyrannisch.

In entlegenen Gärten beliebt es (wo zwischen Sykomoren, Orangen und Jasminblüten, vom Venushaar bewacht, das unschuldige Wasser scherzt), auf dem vergilbten Alabaster sich langweilende Antilopen und Ibisse zu sehen. (Das ist das Afrika der Paschas.)

Die Wüste ist keine liebgewordene Landschaft, die man unversehrt im Herzen trägt.

»Bei Thebais« reißt der große Ahne, die große Larve, das große Begehren, die ausgezehrten Augenhöhlen auf. Dem Raubtier der Jahreszeit hängt die Zunge heraus.

»Asrafil, du schwarzer Engel, entblöße die Zeit!«

Der Platz bietet sich dar wie ein Bild vom Tag des Jüngsten Gerichts, mit all den geblendeten Dingen, die über dem Begräbnisplatz hervorlugen und wie verrückt davonrennen, um wieder lebendig zu werden. Verrückt! Sie ist hartnäckig, die Hoffnung.

Dann passiert es, daß alles sacht unter die Erde zurückgeht.

Ich finde das im Wald verirrte junge Mädchen wieder, denn ein wenig Licht setzt sich ihr, von einem Baum herabgleitend, auf die Schultern.

Ah! welch ein Liebreiz!

Willkommen, Abend.

*

Zurück zur grausamen Stunde, hört, wie Halil Mansûr sich aus der Affäre gezogen hat.

Halil Mansûr war das Muster eines *ghafîr*. Jede Nacht leistete er, den *nabut* unter dem Arm, dem Mond Gesellschaft. Ein erstaunlicher, unterhaltsamer Mond. Nicht, weil man das immer so sagt, nein, dieser Mond war wirklich eine Zauberlaterne. Und wenn das *uhaed*, nachdem es Meilen zurückgelegt hatte, zu ihm zurückkehrte, der stets wach, stets auf dem Sprung war, nahm Halil den Schrei wieder auf und gab ihn wieder weiter. Das Dorf schlief ruhig in diesem umherstreifenden Gürtel. Und es wäre noch immer eine Oase, wenn Juno nicht dort vorbeigekommen wäre.

Halil kam es vor, als stocke ihm der Atem und als befände er sich niedergekauert mitten im Garten des Paschas.

In jener Nacht ging's dem Mond prächtig.

Große Augen von blaugrünem Ebenholz, liebliche Rötung, wie die Feder des Ibis, tausenderlei Gold, das phosphoreszierende Venushaar, der Alabaster, zerbrechlich und intim geworden wie Amber ...

Halil blieb der Mund offen stehen.

Vergeblich umwarb ihn das *uhaed*. Das *uhaed* strandete dort.

Halil tanzte auf einem anderen Fest, in jener Nacht.

Endlich brachte er einen Hauch von Stimme hervor: »Ta 'ali li, ja batta«, und er stammelte all die anderen Schmeicheleien, die in dem Lied folgen.

Sie antwortete hart, mit dem gewöhnlichen Kehrreim: »Wa-ana na li, he«.

*

Der Morgen fand Halil noch selbstvergessener vor.

»Das Leben ist nur eine Fähigkeit zur Anpassung, und ich veranlasse einen Moment davon«, aber er war nicht mehr in der Lage, Musik zu hören, Mansûr, der schlief wie ein Murmeltier.

Schon war der Schatten der Kirche der Zisterzienser nicht größer als eine kleine Hand.

Wie ist's? wie ist's nicht? Mansûr kam es vor, als würde ihm das Genick ausgekugelt.

*

Verhängnisvolle Stunde!

Da sah man nun Mansûr Halil, den Heimkehrer aus Ladispoli, nackt wie er war, aus der Porta San Giovanni herausschlüpfen und zu der Treppe der Basilika hinfliegen. Dort, welch ein Zufall, erwartete ihn Juno.

*

Der Legende zufolge wurde die schreckenerregende Göttin so in den Himmel entrückt.

SO SPRACH SANCHO

»Ich bin nicht grün, sondern braun, und auch wenn ich gescheckt wäre, würde ich mein Wort halten.«

*

»Zieht mich an, wie ihr wollt. Ich werde in jeglicher Tracht immer Sancho Pansa bleiben.«

*

»Verkehre nur wenig mit dem König, den Damen, und rede nur selten mit ihnen, denn die Frauen haben nur wenig Vernunft.«

*

Als Gouverneur hat er über einen Hirten zu urteilen. Die Ärmste klagte, man habe sie genommen, ihr brutal den unschätzbaren Schatz entrissen – den dreiundzwanzig Jahre lang verborgen gehaltenen! Sancho ordnet an, der Frau zwanzig Dukaten zu bezahlen. Dann fordert er den Mann auf, ihr zu folgen und sich das Seine zurückzuholen. Es ist unmöglich, so gut verteidigt sie sich. Und Sancho sagt zu ihr: »Meine liebe Schwester, wenn du mit ebenbürtigem Mut und mit derselben Wertschätzung oder auch nur mit der Hälfte davon deine Ehre verteidigt hättest, wärst du nicht gefallen, nicht einmal in den Armen des Herkules. Geh mit Gott, und zwar zum Teufel!«.

POETI ARABI

Hört Omar Ibn al-Farid:
    »Wenn ich mich in der Nacht deiner Wellenhaare verliere,

erhellt die Morgenröte deiner Stirn meine Schritte. Die Jahre, in denen ich dich vor Augen habe, vergehen mit der Schnelligkeit eines Aufblitzens. Jahrhunderte langsam, der Tag, an dem du mir ausweichst.«

Und Imrulkais:

»Als ich in Anaissas Sänfte stieg, sagte sie zu mir: ›Schurke! Du wirst mir mein Kamel umbringen. Willst du mich zu Fuß gehen lassen?‹.

Und da unser Gewicht die Sänfte kaputtmachte: ›Du hast mein Kamel ungebracht. O Imrulkais, steig ab!‹

Ich sagte zu ihr: ›Laß die Zügel los. Gehen wir zu Fuß. Entferne mich nicht von der Süße, die ich in Schlucken von deinen Lippen trinke.‹

Wie viele lange Nächte, so lang wie die endlose Abfolge der Meeresfluten, haben mir mit ihren Schatten ungezählte Kümmernisse gebracht.

Und ich sagte zur Nacht: ›O lange Nacht, mach also der Morgenröte Platz, wenngleich die Morgenröte mich nicht heiterer stimmen wird.‹«

Und? Abd ar-Rahman Djami:

»Ihre Wimpern waren die Qual der Schönen, das Heiligtum, an das die Gebete aller Andächtigen gerichtet waren. Rank, stolz wie eine Palme, streute sie Datteln, die zwischen ihren Lippen hervorkamen, über die verwundeten Herzen.

Ihr Mund war rund wie das Mimen des Wortes muii.«

Und Abu Tammam, Sohn eines Sohns von El-Khidr. Der Ewige Jude:

»Andere haben ihr Haus an einem festen Ort. Mein Aufenthalt ist der weißgescheckte Rücken der Kamele. Ich bin so weit gen Westen vorgedrungen, daß der Osten aus meinem Gedächtnis entschwunden ist, und bin so weit nach Osten gegangen, daß ich nichts mehr vom Westen weiß.«

Und Buchari:

»Jede Seele wird den Tod kosten.

Ein jeder, der oft vom Tod spricht und an das Grab denkt, wird vom Allerhöchsten in einen Garten des Paradieses versetzt. Und wer, um den Tod nicht bekümmert, sich keinerlei Gedanken um das Grab macht, den wird der Allerhöchste in eine Grube der *dschahîm* werfen.«

Und Mas'udi:

»Es ist das Vorrecht dieser Zeiten, alles zu trennen, es ist der Schmerz dieses Jahrhunderts, alles zu zerstreuen.«

Und Abu Nuwas:

»Unsere beiden Schatten haben sich, in einem Traum des Schlafes, wiedergefunden, und unsere Liebe ward wiedergeboren wie sie einst war.«

Und mein Gefährte Anruk el-Tauil kommentiert:

»Kennst du die Nekropole der Bektaschi-Mönche? Ins Herz des Bergs hineingehauen. Noch nie bin ich dort hineingegangen, ohne zu erschaudern. In ihr ruht, seit acht Jahrhunderten, der Gründer der Sekte der Derwische, und sein Kloster ist in der Nähe. Immer, wenn der Südwind seine Aschenwolken über Kairo treibt, zieht es mich zur Frische jener Grotte hin. Zwischen jenen Blumen, jenem Wasser, jenem Totenvolk kann man ohne Furcht über die menschliche Bestimmung meditieren. Dort, im Kühlen, besingt man die Liebe, und das Bittere an der Liebe. Auf der Welt gibt es keine andere Wahrheit. Auch die Religionen zerbröselt der Sand. Alle Buddhas sind verschwunden, angekettet an ihre Illusionen. Ich habe den Mokattam mit einer wahrhaft moslemischen Seele verlassen.«

REISE NACH ÄGYPTEN

Für sieben Maulesel

Noch heute kann ich, nach so vielen schicksalshaften Wendungen, beim Aufwachen die Ebene wiedersehen, die Leute in eine trockene Wolke gehüllt, die seltenen Zeltlager sich vom Widerschein des Sandes aufschichten und im verdichteten Licht in der Schwebe bleiben sehen. Je mehr der Himmel die Erde berühren und die Erde sich an der Oberfläche des Himmels halten will, um so unabänderlicher scheint die Trennung, um so mehr sich selbst überlassen und ungezähmt die Kreatur. An den Pforten von Thebais ist der heitere Himmel unglücklich, der Erdboden schreiend, in sich zurückgekrümmt.

Ach, die Wüste ist keine liebgewordene Kindheitserinnerung, die man im Herzen verschlossen hält!

Neulich in Rom, an einem Augusttag, kam mir auch die
Piazza Santa Croce wie eine Larve mit ausgezehrten Augenhöhlen vor.

Und ein zerbröseltes, verbanntes Echo eines Posaunenklangs schien mir bis dorthin vorzudringen und dort zu ersterben. Ein Echo, gekommen aus der Nacht der Zeiten, welches das Gehör nicht wahrnahm, und der Verstand ebenfalls
nicht. Ein Gewahrwerden, eine Vorahnung der gedenkenden
Seele. Und es schien mir, daß über einem im Sonnennebel
verlorenen Begräbnisplatz geblendete Knochen hervorlugten
und sich, verrückt geworden, davonmachten, um wieder
lebendig zu werden. Sie ist hartnäckig, die Hoffnung. Dann
schien mir, daß unter der Erde alles wuselte. Dann fand jedes
Ding wieder sacht zu seinen Umrissen zurück.

Oder ich irrte umher, suchte, töricht auch ich, eine Nymphe, eine Laura. Umsonst. Alles war, durch ein Zuviel an
Licht, unsichtbar. Dann, als sich das Licht auf dem Palmen-
hain sammelte und hinwegglitt und sich ihr, nicht größer als
eine winzige Hand, auf die Schultern setzte, in jenem Augenblick erschien sie mir. Willkommen, Abend.

Das größte Wunder der arabischen Kultur ist es, den
schrecklichen Tag in Abend verwandeln zu können, das
Begehren in samtene Klagen, die Sonne, die blendet und
verwüstet, in Glut, die versüßt und Farbe gibt.

Mit welch einer Kunstfertigkeit sie es gelernt haben, das
geheime Spiel der Schatten einzufangen, das werde ich euch
sagen.

Man sucht einen Ort aus, an dem der Nil, schon heimisch
geworden durch dichtes Röhricht, durch die quakenden Frösche, durch ein paar Maulbeerfeigenbäume, gespenstisch wie
alte Olivenbäume, eine Biegung macht.

Nachdem man das Grundstück ausgesucht hat, das so ausgedehnt ist, daß man, wenn man den Rundgang in der Morgendämmerung beginnt, bei Sonnenuntergang nicht einmal
bis zur Hälfte gelangt, läßt man es sogleich von einer sehr
hohen Mauer umgürten.

Wenn der Mauergürtel fertig ist, gehen Anfragen nach
Pflanzen in alle Teile der Welt hinaus.

Es kommen Steineichen an aus Monteluco, Tannen vom
Abetone, Zypressen aus Fiesole; Robinien, Birken, Espen;
Maulbeerbäume, Feigenbäume, Kirschbäume; italische Pini-

en aus den Einsamkeiten eines Piranesi; Eukalyptusbäume;
Pfirsichbäume, Pappeln; Weihnachtsbäume aus der Schweiz;
Trauerweiden; Zedern, Buchen, Eichen; Eschen, Zwetschgen-
bäume; Nußbäume, Aprikosenbäume, Kastanienbäume aus
der Auvergne; Weinreben; Platanen, Erlen usf.

Wenn ein jedes Ding in der Erde seinen Platz gefunden
hat, so daß es für lange Zeit wohlgedeiht, erholen wir uns ein
wenig.

Dann nimmt man die Cosmaten des Ortes zu Hilfe, stattet
sie mit dem nötigen Alabaster aus, stellt ihre Geduld auf eine
harte Probe.

In der Mitte des Gartens läßt man einen Palast mit hundert
Zimmern errichten. Und jedes Zimmer sollte hundert Höh-
lungen haben, die nach draußen blicken, und eine jede Höhlung wie eine Nische sein, in der man es bequem hat und die
aus einem Fenstergitter besteht mit kleinen Löchern, welche
die Strahlen durchsieben, falls ihnen, wenn sie durchs Laub
gedrungen sind, noch ein Schimmer der Sehnsucht blieb.

Dann schickt man eine Handvoll Piraten nach Uganda. Sie
kehren mit einem guten Dutzend schwarzer Kolosse zurück.

Wenn die Schwarzen kastriert und gefügig wie Schafe gemacht worden sind, läßt sie der Hausherr vor dem Gartentor
sitzen. Sie werden gut Wache halten. Wem sollte es schon in
den Sinn kommen, sie zu stören? Die Pflichterfüllung wird sie
keine Mühe kosten. In Ägypten hat man Respekt vor jed-
weder Armut.

Man läßt jene künftige Oase siebenhundert Jahre lang
schlafen.

Als der Moment gekommen war, sandte Abdul Rahman
ar-Rahim die Einladungen zur Einweihung des wiedererweckten Edens aus.

Es kamen die Dichter aus Bagdad und aus Tarabulus, aus
Medina und aus dem Maghreb, aus Tunesien und aus Mosul,
Timbuktu und aus Algerien, aus Teheran und aus Damaskus,
aus dem Land der Afar und aus Kyrene, aus Aleppo und aus
Kordofan.

Ein jeder war in einer anderen Farbe in leichte Seide gekleidet, immer hell jedoch, um die Stechfliegen fernzuhalten.

Die Bäume waren so üppig gewachsen, daß der Garten in
einem immerwährenden Abend zu ruhen schien.

In Ägypten leuchtet der Mond so hell wie die Sonne.

Der Alabaster war so zerbrechlich und krank wie der Amber geworden. Mit aufrührerischer Unschuld lief das Wasser in tausend kleinen Bächen, beschützt von phosphoreszierenden Venushaaren, lachend auf das tiefdunkle Moos. Ein Duft von Zitronen, Akazienblüten, Äpfeln, Erdbeeren, Bittermandeln verstärkte die Schläfrigkeit.

Rings um ein Becken hatten die Laubbüschel eine weite und tiefe Höhle gebildet.

Vom Rand des Beckens bis zum Ausgang der Höhle reichte die Wiese.

Es entblößte die Grotte ein behutsames Licht.

Manchmal, wenn die Blätter rauschten, fiel eine Handvoll Eidechsen herunter.

Hoch oben trällerten Nachtigallen und Zaunkönige, gurrten Turteltauben.

Auf der Wiese wurden Strohmatten ausgebreitet, auf den Strohmatten wiederum Teppiche, und auf den Teppichen wurde eine unendliche Zahl von Kissen verstreut, gefüllt mit Flaumfedern, in mit feinen Goldverzierungen bemaltes Leder gehüllt.

Die Dichter ließen sich nieder.

Im Dickicht konnte man die zirkassischen Tänzerinnen erkennen, die Antilopenaugen von blaugrünem Ebenholz, die Hautfarbe des glühenden Unterleibs, anmutig wie die Feder des Ibis, die unreifen Schenkel, aufgegangen aus der Flamme eines Sonnenuntergangs.

Es wurden Sorbets gereicht.

Alle waren glücklich. Ein jeder nahm höchst feinfühlig an der ruhig dahinfließenden Unterhaltung teil.

Imrulkais ergriff, während er sich den schlohweißen Bart glattstrich, zuerst das Wort. Er sprach von Liebe. Sein hohes Alter verschaffte ihm jenes notwendige Maß an Nostalgie, um ein Thema, das es so in sich hat, frei zu verhandeln. Er erzählte:

»Als ich in Anaissas Sänfte stieg, sagte sie zu mir: ›Schurke! Du wirst mir mein Kamel umbringen. O Imrulkais, steig ab!‹ Ich sagte zu ihr: ›Laß die Zügel los. Gehen wir zu Fuß. Entferne mich nicht von der Süße, die ich in Schlucken von deinen Lippen trinke.‹ Wie viele Nächte, lang wie die endlose Abfolge der Meeresfluten, haben mir mit ihren Schatten ungezählte Kümmernisse gebracht. Und ich sagte zur Nacht:

›O lange Nacht, mach also der Morgenröte Platz, wenngleich die Morgenröte mich nicht freudiger stimmen wird.‹«

Er tauchte die Finger in den Bart und zwirbelte ihn und fragte, während er sich an den Gefährten wandte, der ihm am nächsten saß:

»Abu Tammam, hast du niemals geliebt?«

Abu Tammam war ein junger Kerl, rank und schlank wie eine Palme. Er betonte die Worte so liebreizend, daß es einem vorkam, als zerpflücke er einen Henkel roter Datteln vor einem halb Verdursteten.

Als er den Mund öffnete, hatten die Nachtigallen keine Stimme mehr. Abu Tammam antwortete:

»Andere haben ihr Haus an einem festen Ort. Meine Unterkunft ist der weißgescheckte Rücken der Kamele.«

»Dann erzähle uns von den Ländern, die du besucht hast.«

»Ich bin so weit nach Osten vorgedrungen, daß der Westen aus meinem Gedächtnis entschwunden ist, und bin so weit gen Westen gegangen, daß ich nichts mehr vom Osten weiß.«

Also wandte sich Imrulkais, ohne eine Miene zu verziehen, einem anderen zu:

»Du wirst weniger ausweichend sein, o Mas'udi. Sag mir, hast du geliebt?«

Mas'udi war einer jener Mohren, die den Schautafeln entsprungen sind; einer, der mit allen Wassern gewaschen ist. Er biß die Zähne zusammen und brummte:

»Es ist das Vorrecht dieser Zeiten, alles aufzulösen, es ist die Strafe dieses Jahrhunderts, alles zu verlieren.«

»Hu, du Unglücksrabe! Obwohl die Luft des Paradieses einen grauen Mantel um deine griesgrämigen Gedanken gebreitet hat und obwohl du mir, verglichen mit dem Gesicht, das du normalerweise ziehst, heute fröhlich erscheinst, hast du immer noch keine Vernunft angenommen. Lerne, o Mas'udi, daß die Welt stets gleich war und stets gleich bleiben wird.«

Und Imrulkais befragte, noch immer engelsgleich, einen Dritten:

»Buchari wird uns gewiß in tiefer Bescheidenheit antworten. Sag mir, o Buchari, hast du geliebt?«

»Ich denke an den Tod. Jede Seele wird den Tod zu spüren bekommen.«

»Bravo! In der Tat ist jeder Traum zum Untergang bestimmt.«

Imrulkais senkte resigniert die Stirn:

»Abu Nuwas, du bist genauso alt wie ich, du hast es nicht mehr nötig, dir etwas vorzumachen, du kannst aufrichtig sein. O Abu Nuwas, sag mir, hast du geliebt?«

»Unsere beiden Schatten haben sich in einem Traum im Schlaf wiedergefunden und unsere Liebe ward wiedergeboren, wie sie einst war.«

ABENDLICHES ÄGYPTEN

Noch heute, nach so vielen schicksalhaften Wendungen, kann ich beim Aufwachen die Ebene wiedersehen, die Leute in eine trockene Wolke gehüllt, die seltenen Zeltlager sich vom Widerschein des Sandes aufschichten und im verdichteten Licht in der Schwebe bleiben sehen. Je mehr der Himmel die Erde berühren und die Erde dem Himmel entgegenschwimmen möchte, um so unabänderlicher scheint die Trennung und scheint die Kreatur sich selbst überlassen.

Neulich in Rom, an einem Augusttag, kam mir auch die Piazza Santa Croce wie ein maßloser, erstickter Raum mit ausgetrockneten Augenhöhlen vor.

Und ein zerbröseltes Echo eines Posaunenklangs des Jüngsten Gerichts schien bis dorthin zu dringen.

Alles war nichtig wegen des Zuviels an Licht.

Noch heute kann ich beim Aufwachen den schwarzen Engel wiederhören, den großen Großvater, das große Begehren, die große Larve, Asrafil, der »bei Thebais« die Zeit entblößt.

Ich irrte umher, suchte Laura, töricht auch ich. Dann, als das Licht sich sammelte und hinwegglitt und sich Ihr nicht größer als ein Händchen auf die Schultern setzte, in jenem Augenblick erschien Sie mir. Willkommen, Abend.

Das Wunder der Arabischen Kultur ist der Abend.

Mit welch einer Kunstfertigkeit sie es gelernt haben, das geheime Spiel der Schatten einzufangen, das werde ich euch sagen.

Man sucht einen Ort aus, an dem der Nil, schon heimisch geworden durch dichtes Röhricht, durch die Frösche, durch ein paar Maulbeerfeigenbäume, gespenstisch wie alte Olivenbäume, eine Biegung macht.

Nachdem man das Grundstück ausgesucht hat, das so ausgedehnt ist, daß man es niemals ganz durchlaufen kann, läßt man es sofort von einer sehr hohen Mauer umgürten.

Wenn der Mauergürtel fertig ist, gehen Anfragen nach Pflanzen in alle Teile der Welt hinaus.

Es kommen Eichenbäume an, Steineichen, Feigenbäume, Espen, Birken, Eukalyptusbäume, Kastanienbäume, Buchen, Erlen, Tannen, Platanen, Pinien aus den Einsamkeiten eines Piranesi, Maulbeerbäume, Zypressen, Weinreben usf.

Wenn ein jedes Ding in der Erde seinen Platz gefunden hat, so daß es für lange Zeit wohl gedeiht, erholen wir uns ein wenig.

Dann nimmt man die Cosmaten des Ortes zu Hilfe und stellt ihre Geduld auf eine harte Probe.

In der Mitte des Gartens läßt man einen Palast mit hundert Zimmern errichten, wobei man jedes Zimmer mit Nischenfenstern anfüllt, und drinnen wird man in aller Gemütsruhe das Schauspiel draußen genießen können, und ein Fenstergitter durchsiebt die Strahlen, falls ihnen nach dem Laub noch ein Schimmer der Wut bleiben sollte.

Dann läßt man in Kwuilu ein gutes Dutzend Kolosse entführen.

Wenn die Kolosse kastriert sind, läßt sie der Hausherr vor dem Gartentor sitzen. Sie werden gut Wache halten. Wem sollte es schon in den Sinn kommen, sie zu stören? Die Pflichterfüllung wird sie keine Mühe kosten. Die Araber respektieren die Armen.

Man läßt jenes künftige Eden siebenhundert Jahre lang schlafen.

Als der Moment gekommen war, sandte Halil Monganga die Einladungen zur Einweihung des wiedererweckten Edens aus.

Es kamen die Dichter aus Bagdad, aus Medina und Tarabulus und Timbuktu und Sansibar, aus Tunesien, aus Mosul, aus Damaskus, aus Teheran, aus dem Maghreb, aus Kordofan, aus Dschidda, Aden, Chartum usf.

Ein jeder war in einer anderen Farbe in leichte Seide gekleidet, immer hell jedoch, um die Stechfliegen fernzuhalten.

Die Bäume waren so sehr gewachsen, daß der Garten in einem immerwährenden Abend zu ruhen schien.

Der Mond war da.

Der Alabaster war wie aus Amber geworden. Das Wasser schuf ein Labyrinth zwischen dem Venushaar.

Ein Duft von Zitronen, Akazienblüten, Äpfeln, Erdbeeren, Bittermandeln verstärkte die Schläfrigkeit.

Hinter einem Becken hatte das Grün eine Höhle gebildet. Vom Becken zur Höhle reichte die Wiese.

Wenn die Blätter auf der Wiese rauschten, schien das Licht des Mondes eine Myriade von Eidechsen.

Auf der Wiese wurden Strohmatten ausgebreitet und auf den Strohmatten Teppiche, und es wurden Kissen verteilt.

Die Dichter ließen sich nieder.

In der Höhle schien man einmal das Erlöschen eines glühenden Unterleibs zu sehen, rosafarben wie die Federn des Ibis, dann wieder ein schweres Sich-Niederlassen eines trüben Blicks.

Imrulkais ergriff als erster das Wort. Er sprach von Liebe. Sein hohes Alter verschaffte ihm jenes notwendige Maß an Nostalgie, um ein so eifersuchtsträchtiges Thema frei zu verhandeln.

Er erzählte:

— Als ich in Anaissas Sänfte stieg, sagte sie zu mir: »Schurke! Willst du mir mein Kamel zuschanden machen? Willst du mich zu Fuß gehen lassen? O Imrulkais, steig ab!« Ich sagte zu ihr: »Laß die Zügel. Gehen wir zu Fuß. Anaissa, entferne mich nicht von der Süße, die ich in Schlucken von deinen Lippen trinke.« Wie viele lange Nächte, endlos wie die Aufeinanderfolge von Wellen, haben mir mit ihren Schatten ungezählte Kümmernisse gebracht. Und ich sagte zur Nacht: »O lange Nacht, mach Platz für die Morgenröte, auch wenn mir die Morgenröte nichts Heitereres zu bringen hat.«

Er tauchte die Finger in den schlohweißen Bart und zwirbelte ihn, wandte sich an Abu Tammam und wollte wissen:

— Hast du niemals geliebt?

Abu Tammam war ein junger Kerl, und die Frauen seines Dorfes sagen über ihn, daß er, wenn er sprach, Appetit machte, als würde er genüßlich rote Datteln vernaschen.

Er sagte:

— Andere mögen ihr Haus an einem festen Ort haben. Mein Wohnsitz ist der weißgescheckte Rücken der Kamele.

— Dann erzähle uns von den Ländern, die du besucht hast.

— Ich bin so weit nach Osten vorgedrungen, daß der Westen aus meinem Gedächtnis entschwunden ist, und bin so weit gen Westen gegangen, daß ich nichts mehr vom Osten weiß.

Indem er sich über den einen Fuß strich, befragte Imrulkais einen anderen:

— Du wirst weniger ausweichend sein, o Mas'udi. Sag mir, hast du geliebt?

Mas'udi war eine Art Othello. Er biß die Zähne zusammen:

— Es ist das Vorrecht dieser Zeiten, alles aufzulösen, es ist die Strafe dieses Jahrhunderts, alles zu verlieren.

Und so fragte Imrulkais einen Dritten:

— Buchari, der vom Salz aller Winde verbrannt ist, wird uns gewiß mit größerer Bescheidenheit antworten. Sag mir, o Krieger, hast du geliebt?

— Wessen Seele auserwählt ist, der ist bereit für den Tod.

Imrulkais senkte die Stirn:

— Abu Nuwas, du bist genauso alt wie ich, du hast es nicht mehr nötig, dir etwas vorzumachen. O Abu Nuwas, sag mir, hast du geliebt?

Abu Nuwas erwiderte mit leiser Stimme zu sich selbst:

— Anaissa, unsere beiden Schatten haben sich in einem Traum im Schlaf wiedergefunden, und unsere Liebe ward wiedergeboren, wie sie einst war.

Da hörte man Imrulkais murmeln:

— Ich merke, daß ich der einzige Alte unter euch bin.

RUHM DEM SEEMANN ITALIENS

Brindisi, Oktober

Wir sehen aus dem Fenster des Abteils. Es ist schon hoher Morgen. Der Himmel ist von einem reinen und von jenen Spielen der Illusion erfüllten Blau, das die Maler zur Zeit der *Valori plastici* »metaphysisch« nannten.

— Es ist das Licht des Orients —, sagt Bartoli zu mir und zeigt mir ein Dampfschiff, das in Richtung Venedig davonziehen muß und das nicht auf dem Wasser zu fahren scheint, sondern, noch weiter weg als das Meer, jenseits von und über einem leicht irisierenden Dunststreifen, in den Himmel entführt zu sein scheint.

Weiter dort drüben werden zwei Segel die gleiche Wirkung auf uns haben.

Dinge wie aus einem Exvoto. Gemälde für die Madonna der Seeleute. Dinge, bei deren Anblick in den Krypten der Wallfahrtsorte ich nie geglaubt hätte, daß sie mit der Wirklichkeit übereinstimmen; aber hier nun sehe ich einen neuen Beweis für die Treue der unbedarften Hand.

Ich war vor vielen Jahren, als ich von Ägypten kam, durch Apulien gefahren, aber heute morgen sehe ich es zum ersten Mal. Ein Land, das von einem erstaunlichen Willen und einer erstaunlichen Disziplin zeugt. Es ist ganz Stein, zugestaubt von einer dicken, verbrannten Erde, die samten wird und funkelt in der Feuchte des Meeres. Zwei Fingerbreit Erde, und der pockennarbige Stein immer in Blüte. Doch es gibt keine Handbreit Boden, die nicht durch die Hand des Menschen fruchtbar gemacht worden wäre. Pflanzen allerdings, die den Stein lieben, und für welche dieser selbst wiederum – wer hätte das gedacht? – unter dem Sengen der Sonne und der Beharrlichkeit von ein bißchen Feuchtigkeit die Düngung – und zwar eine reichhaltige Düngung – aus seinem tausendjährigen Skelett herauspreßt.

Unser Zug bringt also Oliven und Mandelbäume in Bewegung. Dann vermischt sich ein Knäuel von Zweigen mit den Bäumen; es sind die Weinreben, die sie hier niedrig halten, an denen zwischen vereinzelten hutzeligen Blättern die Trauben, schwarz von Beeren so dick wie Nüsse, wie Brüste auf den Erdboden herunterbaumeln. Man sagt mir, daß die Traube sich auf diese Weise besser von der vereinten Kraft des Steins, des Meers und der Sonne nährt. Und tatsächlich wächst sie so für den mächtigen Wein, den festlichen Wein von Brindisi heran.

Noch immer Olivenbäume, Weinreben, Mandelbäume, hin und wieder ein Trullo, im Vorbeifahren von Pflanzen eingekreist, noch ein paar Segel im Zauber des Lichtes, und dann ragt in der Landschaft, schon wie etwas Gewohntes, Liebgewordenes, das Monument empor.

Bartoli, der zusammen mit dem Architekten Luigi Brunati

die Idee dazu hatte, kann seine Rührung nicht verhehlen, als
er es wiederauftauchen sieht.

Er sagt mir, daß ihm das Kolosseum den ersten Antrieb zu
diesem Werk gegeben hat. Auffällige Ähnlichkeiten gibt es
keine, und doch, ich weiß nicht, vielleicht rühren eine gewisse
Elastizität und Eleganz in der Krümmung und in der Aufrich-
tung von dort her.

So, von weitem, mit seinen klar geschnittenen Linien, evoziert es einen Adler, der sich niedergelassen hat.

*

Brindisi ist eine Kleinstadt mit knapp 40 000 Einwohnern.
Und doch ist ihr Name stets in der ganzen Welt berühmt gewesen.

Fast scheint es so, als wüßte sie nichts davon. Sie erhebt
sich im bescheidenen Wirrwarr ihrer weißgetünchten Häuser,
die aufleuchten in der Sonne, Häuschen mit zwei, drei Stockwerken, und immer gibt es ein halbfertig gelassenes Stockwerk mit der Ummantelung der nächsten Treppenstufen, das
sofort fertiggestellt werden wird, wenn man das nötige Klein-
geld dafür zusammengespart hat. Hierin liegt der Stolz dieser
Leute: Sie wagen es, einen Kredit auf die Zukunft aufzunehmen. Wer den Stein fruchtbar gemacht und dabei nur auf das
Wasser der Regenfälle gehofft hat, der kennt den Himmel und
glaubt an die Kraft der eigenen Arme.

Aufgeteilt in ihre drei Viertel, lebt die Stadt in altertüm-
lichem Wohlstand; doch ob es nun Arbeitern, Bauern oder
Fischern gehört, alles scheint in ihren Mauern offen und ge-
meinschaftlich zu sein. Wenn es Nacht wird, strömen auf dem
Platz die von den Feldern heimkehrenden Männer zusammen. Die Ernsthaftigkeit ihres Lebens zeigt sich auch in ihrer
Art, sich zu kleiden: tadellos schwarz, von Kopf bis Fuß. Aber
sie sind alles andere als trübsinnige Menschen: Sie haben
wunderschöne Kinder und Frauen.

Am Meer gibt es eine Treppe. Sie ist wie die Treppe einer
Villa, die zu einem privaten kleinen See hinabführt. In dieser
Stadt wird es niemals zum Exzessiven kommen. Ganz oben
auf der Treppe steht, noch immer aufrecht, eine römische Säule und trägt ein Tongefäß auf dem Kapitell, aus dem, so sagt
man, ein Feuersignal loderte für die Seefahrer. Es ist der
Punkt, an dem die Via Appia endete: Ja, hier öffnete sich die

Via Appia sogar ins Meer. Hört ihr? An diesem so unauffälligen Punkt verharren die Stimmen einer ungeheuerlichen Auseinandersetzung: Cäsar und Pompeius, Oktavian und Antonius: Das Reich, das geboren wird, das Reich, das sich festigt ...

*

Nachdem wir die fünfzig Stufen hinuntergegangen sind, befinden wir uns auf der Uferpromenade. Dort laufen Dampfschiffe ein, die nach Ägypten, nach Indien, nach China fahren. Sie nähern sich sacht der Anlegestelle. Sanft machen sie halt und warten vor dem Eingang des Hotels, aus dem die Abreisenden ohne Eile herauskommen.

Wenn man zur Linken immer geradeaus geht, stößt man schließlich auf eine Unmenge von Gestellen mit Netzen darauf, die Frauen gerade flicken. Wir befinden uns in den »Sciabiche«: das Knäuel kleiner Gassen im Fischerviertel, das sich bis in die Stadt hinein zieht; wenn man weiter geradeaus geht, kommt die Uferbefestigung, und das Meer ist mit einem Mal zum Bersten voll von eiserner Kühnheit und Festigkeit.

Diesen Bildern direkt gegenüber dehnen sich zwei Streifen Land aus, die eine Wasserkrone eingrenzen, welche die geballte Gestalt der Halbinsel zeichnet, die Brindisi ist, und genau vor der Säule der Appia machen sie eine Biegung, um die Meerenge zu flankieren, die Canale Pigonati genannt wird. Diese führt von der Wasserkrone, die dann der innere Hafen ist, hinein in die immens großen Arme des äußeren Hafens. Die Landstreifen sind mit Bäumen übersät – Pinien, Feigenbäume, Dattelpalmen – auf einem zum Ufer hin abschüssigen Boden, und ich weiß nicht, ob sie, durch das plötzliche Erscheinen jenes Grüns, seiner Intensität oder der afrikanischen Gestalt wegen, die seine Massen annehmen, die prall von Schatten und von wunderbarer abendlicher Frische sind, die Idee der Oase sogleich und naturgemäß begleitet. Und dort, wo das Sich-Regen des Grüns endet, bevor ein Kohlenlager beginnt, ein wenig vor dem Canale Pigonati, auf dem Landstreifen zu seiner Rechten, sehen wir das Monument wieder, und nun erhebt es sich energisch wenige Schritte von uns entfernt: Es ist der »Timone«!

*

Nun sind wir unter dem Monument. Nicht umsonst ist für seine Errichtung eine Firma wie die Impresa Simoncini ausge-
wählt worden, die sich auf den Bau von Tunneln spezialisiert
hat. Man denke nur, daß, ohne die Basiskrypta zu berück-
sichtigen, allein das Steuerruder – das vollständig zugänglich
ist – »vierzig Meter« Höhe hat; man denke nur, daß das ganze
Monument »450 000 Tonnen« wiegt und sich auf Fundamen-
te stützt, die nicht weniger als »2 500« wiegen. Es waren technische Schwierigkeiten jeglicher Art zu meistern, und man
hatte die Übergabe pünktlich zu leisten.

*

Der Stahlbeton des Monuments ist außen und innen mit
Gestein aus Trepuzzi verkleidet: ein schönes altgoldfarbenes
Tuffgestein, das, so frisch, wie es ist, wie die Kruste eines
gerade aus dem Ofen geholten Brotes aussieht. Mit seinen
Streifen aus römischem Travertin an den Seiten und den
Gesimsen von weißem Stein aus Trani ist es in perfektem
Einklang mit der Umgebung.

Das mächtige Bauwerk erhebt sich zweiteilig zwischen
zwei Plätzen. Auf dem Platz, der zum Meer hinaus geht und
um rund zehn Meter tiefer liegt als der andere, ist auch der
Teil zu sehen, der den Sockel bildet, dessen Vorderfront den
Turm wie in einem Schraubstock zu halten scheint. An den
Seiten des Sockels gehen zwei Treppenstufen hinauf, die zum
oberen Platz führen und an deren Seite sich dann die Um-
fassungsmauer entlangzieht, die den oberen Platz stützt und
hierdurch den zum Meer hin offenen Platz isoliert.

Der hochgelegene Platz ist als Park angelegt mit einem 335
Meter langen Weg, der sich zur Stützmauer hin zu einer
Exedra erweitert.

Wir betreten den Sockelraum. Er ist der eindrucksvollste
Teil. Ein vortrefflicher Beweis für die künstlerische Reife von
Luigi Brunati. Ihre Bewegtheit aus parabolischen Rundbögen
gewinnend, drängt diese Krypta nach vorne, nervös, sehr
hoch und voll von Mysterium. Sie ist wie eine architektonisch
vollendete Höhle. Sie ist wie die lebendige Artikulation eines
dürren, umgekehrten Schiffsrumpfs. Sie ist kriegerisch und
asketisch und von reiner Schönheit. Und von den Steinqua-
dern des Altars her lädt eine von Bartoli mit römischer Kraft
geformte Madonna aus Bronze heiter zum Frieden ein.

In acht Arkaden sind an den Seiten auf Platten von grauem Marmor die Namen Tausender von Seeleuten eingemeißelt, die seit 1866 bis heute »für die Einheit Italiens« gestorben sind.

*

Ich habe ein Boot genommen und bin hinausgefahren. Und habe das Monument vom äußeren Hafen aus betrachtet. Gewiß: die Römer und die Kreuzfahrer, gewiß, Brindisi hat viel vergangenen Ruhm, aber es hat auch einen noch größeren neuen, aufgrund dessen es auserwählt wurde, den »Timone« zu bewahren, der von weitem noch besser als entschiedenes und unbeugsames Mahnmal hervorsticht.

Hier hat die italienische Marine während des Krieges einige der waghalsigsten Operationen, die man interalliierten Flotten anvertraute, in Angriff genommen.

Von hier aus, wo sich ein wahres Volk von Schiffen angesammelt hatte, wurde Österreich die Überlegenheit in der Luft genommen. Von hier ging, von S. Kgl. H. dem Herzog der Abruzzen persönlich geleitet, das generöseste, schwierigste und härteste Unternehmen des Krieges aus, die Bergung des serbischen Heeres: »400000 Männer, 70000 Pferde, 85000 Ochsen, 100 Kriegswaffen«. Es bedarf keiner weiteren Worte.

BESICHTIGUNG IM OBSERVATORIUM DES VESUVS

Ich komme zur Mittagsstunde in Pugliano an. Eine graue Straße, trocken, unordentlich, dem Hinterhof eines Wohnblocks viel ähnlicher als einer Straße, mit ihrem Brunnen und ihren drei Glocken über einem Dach, bereit anzuschlagen. An den Ecken warten vier auf den Sankt-Nimmerleins-Tag, eingehüllt in alte Soldatenmäntel. Es sind Ricottaverkäufer; ein bißchen Ricotta nur, strahlend weiß, in gewisse längliche Hüllen hineingepreßt als günstig stimmende Phalli.

Ein *Klipp-Klapp* breitet sich aus. Die aus der Schule kommenden Kinder haben die Straße eingenommen und rennen so unbeschwert und lebendig mit ihren Holzschuhen herum,

daß ich – in meinem Alter! – Lust hätte, ebenfalls herumzuspringen.

Als die Kabine der Seilbahn hinter uns geschlossen ist, beginnen wir hinaufzufahren. Die Vegetation wird jetzt dicht. So
üppig blühende Pflanzen, daß sie nicht in der Erde verankert
zu sein scheinen, sondern drauf und dran zu fliegen. Es sind
Aprikosenbäume, blattlos noch und schon in Blüte stehend,
Scharen von Blüten, ein übergroßer, über die Zweige gebrei-
teter indischer Schleier. Von Zeit zu Zeit erscheint ein nackter
Feigenbaum, krümmt seine Tentakel und erregt Abscheu.
Und da erscheint der Berg durch einen großen Axthieb gespalten, und dieser Ort verschafft im Handumdrehen einer
Ebene die Zeit, uns im frischen Gras endlos zuzulächeln. Die-
ser Ort heißt – wer hätte es geahnt? – Belvedere.

Wir sind am Eremo. Es ist der Ort, an dem man, wenn man
von der Seilbahn kommt, ein komfortables Hotel vorfindet,
und wo früher, zur Zeit der Krinolinen, eine Hütte stand, bei
der die Gesellschaften, die im Tragsessel herkamen, um vom
Krater aus die Morgendämmerung zu genießen, einen Moment lang auf einen Tropfen Lacrimae Christi haltmachten.
    Ein Karabiniere kommt mir entgegen und will mich be-
gleiten.
    Nach wenigen Schritten betreten wir einen ordentlichen
und mit der Phantasie eines Ariost geschmückten Garten. Ich
sehe zornige Gesteinsbrocken, die als Einfassung lieblicher
Beete anmutig erscheinen.
    »Dies ist ein ›Regenmeßgerät, Modell Palazzo‹, in seinem
vollständig isolierten Türmchen. Ein anderes, ein Integral-
zähler, befindet sich unten im Vulkan.«
    Ich erkenne die näselnde Stimme von Alessandro Malla-
dra. Hätte mich nicht die Schönheit des Gartens abgelenkt
und geschähe es nicht seiner federleichten Schritte wegen,
wäre es unverzeihlich von mir, ihn nicht schon vorher gesehen zu haben, während er sich freundlich beeilt hat herzu-
kommen. Er scheint mir nicht anders zu sein als bei meinem
letzten Besuch vor ein paar Jahren. Dasselbe Gesicht aus ge-
branntem Lehm, dieselben kleinen ruhelosen Augen in den
flammenden Augenlidern, dasselbe von einem verblüffenden
Sinn für Präzision begleitete Umhergehen.

Dies ist ein Regenmeßgerät. Und ich sehe wohl, daß es zwischen den Pflanzen die Wirkung einer Vogelscheuche hat. Aber was hat das mit dem Vesuv zu tun?

Es kommt mir nicht in den Sinn, daß das Observatorium des Vesuvs es sich mittels der Kenntnisse, die es befördert, und seitdem es 1845 gegründet worden ist, auch zur Aufgabe gemacht hat, der Landwirtschaft zu nutzen.

Doch der Regen hat auch Einfluß auf die eruptiven Phänomene. Es ist unglaublich und so, als würde man sagen, daß das Wasser das Feuer anzündet. Nicht ganz so unglaublich wiederum für einen Dichter, und die Vor-Dantianer setzten gerade das Wasser und das Feuer in Widerstreit, um das unendliche Sich-Auflehnen, Um-sich-Schlagen, die Rückeroberung der Reinheit der Leidenschaften zu beschreiben. Große Metaphern, die den, um es im Jargon von hier oben zu sagen, »paroxystischen Zustand« vorbereitet haben, aus dem die *Divina Commedia* Gestalt annahm.

Auf welche Weise macht sich dieses Wasser bei den Magmen bemerkbar? Bis heute weiß man das nicht. Über sagenhafte Entfernungen hinweg erforscht das menschliche Auge den Himmel. Ein Aschenschleier, ein Hauch von Einäscherungsofen bringen die Nachforschungen in einem Vulkan schon nach wenigen Schritten zum Stillstand. Beebe taucht tausend Meter im Wasser unter. Wird das Feuer niemals besiegt sein? Ich stelle mir eine kindische Frage. Dante ist in die krudesten Höllenkreise hinabgestiegen. Was besiegt die Phantasie?

Wie dem auch sei, in den letzten dreißig Jahren wurde im Abstand von drei oder vier Monaten starken Regens eine Verschlimmerung der Tätigkeit des Vesuvs aufgezeichnet, und ebenso hat man festgehalten, daß diese Verschlimmerung direkt proportional zur Niederschlagsmenge war.

Ich irre weiter durch die Arabeske der Gartenwege, und in den Geheimnissen des Schattens entdecke ich die »Wetterstation, Modell Chistoni« mit dem »Psychrometer und den Thermometern«. Und die Stelle des bezaubernden *Orlando* nimmt ein chinesischer Laienspieler ein.

Nun sind wir am Observatorium. Von dem Architekten Gaetano Fazzini im Auftrag Ferdinands II. erbaut, ist es mit seinen beiden Stockwerken, seinem kurzen achteckigen

Turm und seinen breiten Terrassen ein gelblicher kleiner Palast, ganz alleinstehend, mit den richtigen Proportionen, die eine Erholung für die Augen sind wie eine Seite von Bodoni.

Seltsam, wie die Dinge von Menschenhand hier oben Miniaturarbeiten zu sein scheinen.

Wie zart, dieses Observatorium in 608 Metern Höhe, auf der fruchtbaren, von einem Lavameer umringten Collina del Salvatore, dem Colle Umberto gegenüber, den die Ausbrüche von 1895 und 1899 gebildet haben. Willkommen Hügel! Dem Observatorium ist er schon zum unüberwindlichen Damm geworden, und er wird es noch viele Jahre lang vor jedem neuen Lavastrom des Monsters beschützen. Willkommen, Hügel, »ungeheure Kuppel, höher«, um die Worte Malladras zu gebrauchen, »und weitaus umfangreicher als die größte unter den Pyramiden Ägyptens«.

In der Eingangshalle eine Beschriftung aus schwarzem Email auf weißem Untergrund, über einer Tür: SALA SISMICA, Erdbebensaal. Wir gehen hinein. Vor allem anderen sehen wir dort verschiedene Erinnerungsstücke. Keins älter als ein Jahrhundert, aber schon so antik wie ein Bündel versteinerter Knöchelchen. Sie repräsentieren die Geschichte der seismischen Geräte, und wir haben das Glück, unter ihnen das als erstes erfundene zu sehen, den elektromagnetischen Seismographen von Palmieri, der im Jahre 1856 für dieses Observatorium gebaut wurde. Dieses Observatorium war damals das einzige, das es auf der Welt gab. Hier erblickte die Vulkanologie das Licht der Welt, und das Observatorium auf dem Kilauea, das zweitgeborene, war 1910 noch nicht auf der Welt.

Nun erscheinen mir die Vulkane wie zahlreiche miteinander verbundene Laboratorien, wie Eremiten-Grotten, deren Mutter-Grotte der Vesuv wäre, der Sitz des Abts. Und tatsächlich hat hier die *Abteilung Vulkanologie der geodätischen und geophysischen internationalen Vereinigung* ihren Sitz, an dem sie jedes Trimester ihr *Bulletin Vulcanologique* veröffentlicht. Ihr Generalsekretär ist natürlich, in der Person Malladras, der Direktor des vesuvianischen Observatoriums.

Mich ziehen gewisse vibrierende Pendel in Glasglocken an, die wie Mäuseschwänze aussehen.

In der Mitte des Saals ist so etwas wie das Maul eines Brun-

nens. Ich blicke hinunter. Ich sehe im unterirdischen Teil
Stahlfedern im Käfig mit Stahlkugeln am Fuß, Federn, als ver-
suchten die Arme eines Carnera sie zu öffnen, um wieder
Muskeln zu bekommen; ich sehe einen Faden, der hochsteigt,
und Gegengewichte und Antennen und Hebel; ich sehe
Nischen und darin, im Schatten, ein paar andere armselige
Gegenstände, ein paar weitere Heilige des menschlichen
Wissens.

Ich weiß von einem Pfeiler, der aus dem Herzen des
Fundaments aufragt und auf einem Marmortablett ein paar
weitere Waagen, ein paar weitere Fingerbeeren hochhält, um
den Puls der Erde zu fühlen.

Ich sehe mich weiter im Zimmer um. Zwei rußige Papier-
rollen drehen sich jeweils vor einer kleinen Schreibfeder, welche die Zuckungen und Wellen aufzeichnet, von denen die
Geräte unten Rechenschaft ablegen; ein vertikales oder hori-
zontales Nachziehen, schillernd auf dem Ruß, eine Weise, die
wie die Arbeit von Insekten erscheint, einer Biene oder
Ameise. Das Symbol der ungeheuerlichen Gewalt: ein kleiner
Kratzer auf dem Ruß.

Ich kehre wieder zu meinen Gedanken zurück: Hier oben
wirkt keine Pflanze zierlich, nicht einmal ein Grashalm. Eine
Naturkraft ist nicht zierlich. Wie zierlich aber sind die Dinge
von Menschenhand, und mögen sie auch aus Stahl, mögen sie
auch von unverhältnismäßigem Umfang sein. Das Werk des
menschlichen Geistes ist wahrhaftig – das sieht man hier gut
– ein Wunder. Aber wie gut sieht man hier auch, daß es aus
der Melancholie des Menschen geboren wurde, der sich als
schwach erkennt, und aus seinem Unwillen, eine melancholische Bedingtheit zu ertragen, die ihm gleichwohl immer von
der Substanz all seines Tuns selbst vorgehalten werden wird.

Ich schicke mich an hinauszugehen, den Kopf voll von der
Mystik so vieler Untersuchungen: über die Veränderung der
vulkanischen Tätigkeit infolge des Luftdrucks und der Nie-
derschlagsmengen, über den Erdmagnetismus, die relative
Schwerkraft, die Luftelektrizität, die Luftpolarisation im Verhältnis zur vulkanischen Rauchwolke, über Radioaktivität,
über den Luftstaub, den Temperaturgradienten, usw.

Wir sind in die Eingangshalle zurückgekehrt. Was uns bis jetzt
begleitet hat und uns noch bis ans Ende unseres Besuchs begleiten wird, ist nicht allein der Eindruck, daß hier alles in
eine Ordnung gebracht ist, deren Präzision einen verblüfft,
sondern darüber hinaus der Eindruck einer geradezu er-
schütternden Reinlichkeit. Nicht einmal unter dem Mikroskop würdest du ein Staubkörnchen finden. Ringsum herrscht
eine Reinlichkeit wie in einer chirurgischen Abteilung.

Als Malladra 1911 hier ans Observatorium kam, um Mercalli behilflich zu sein, waren die Dinge in einem ganz anderen Zustand. Nur einige wenige Instrumente – die wir heute
unter den Erinnerungsstücken gesehen haben –, und noch
dazu von der beißenden Luft zerfressen. Eingestürzte Gewölbe, bröckelnde Mauern, Moostapeten, großes Mäuse-
spektakel.

Nachdem er von Mercalli den Auftrag erhalten hatte, die
Villa zum Wohnen herzurichten und das Untergeschoß des
Gebäudes zur Erdbebenstation zu machen, hat Malladra in
fünfundzwanzig Jahren all das geleistet, was wir gesehen haben und noch sehen werden: Er hat das Observatorium vom
Aussehen her erneuert und mit seltener Vollkommenheit aus-
gestattet, wobei er einen Willen unter Beweis stellte, den die
enervierenden Kämpfe um den Erhalt der hierfür unentbehr-
lichen Gelder nicht nur nicht geschmälert, sondern sogar
noch gefestigt haben.

Ringsumher weitere Beschriftungen wie die über der Tür des
Erdbebensaals. Dies hier ist die Direktion: Aufschrift: KUR-
ZE BESUCHE UND KEINEN LÄRM MACHEN; Be-
schriftungen hier, Beschriftungen dort; Aufschrift: LABORA-
TORIUM; Aufschrift: GERÄTE FÜRS FELD; Aufschrift:
FUNKTELEPHONISCHE STATION; Aufschrift – glaube
ich, ich erinnere mich nicht so gut – : VESUVMATERIAL.
Hier treten wir ein.

In einer Vitrine sind die *geformten Lavabomben*, vom Vesuv
herausgeschleuderte Projektile, die vom Bildhauer modelliert
zu sein scheinen. Ich folge dem Finger und der Stimme Malladras: »GRILLHÄHNCHEN, PREUSSISCHER HELM,
BOOT, DROMEDAR, BLUMENKOHL«.

Die Heiterkeit der wahren Helden ist dergestalt, denke ich,
daß die gute Laune sie nie verläßt. Derjenige, der den Lava-

bomben diese Namen gegeben hat, ist jener Raffaello Matteucci, der, als er während des Ausbruchs von 1906 ihre Flugbahn beobachtete, von einer von ihnen, einer noch glühenden Masse, schwer am Knie getroffen wurde. Und um nichts weniger kühn auch seine Vorgänger und Nachfolger im Direktorium des Observatoriums. Wundern wir uns nicht darüber, sondern beherzigen wir ihre Maxime, daß nicht das eigene Leben zählt, sondern die eigene Aufgabe im Leben.

Nicht weniger kühn auch jener Luigi Palmieri, der während des Ausbruchs von 1872 im Observatorium blieb, von allen Seiten von der Lava bedroht und über vier lange Tage hinweg von jeder Kommunikation mit dem Rest der Welt abgeschnitten. Verloren geglaubt und unter den Ruinen begraben, machte sich Palmieri statt dessen – während die Temperatur 72 Grad Celsius erreichte – die für einen Geophysiker glückliche Gelegenheit zunutze und führte in den vier Tagen interessante Beobachtungen über die Elektrizität der Asche, die Kondensation des Wasserdampfs und die Elektrizität des vulkanischen Rauchs aus.

Und was wäre über Malladra zu sagen? Die Bergführer haben mir gesagt, mit welchen Skrupeln er jederzeit in irrespirablen Luftschichten gegenwärtig ist und der Natur neue Erklärungen zu entreißen sucht, und sie haben mir auch gesagt, wie er während des Ausbruchs, der sich im Juni 1929 auf Terzigno ergoß, an den bedrohlichsten Orten der Valle dell'Inferno, auf einem Gelände, das unter den Füßen wegbrach, stets bereit war, Daten zu sammeln, Messungen durchzuführen, Neuigkeiten zu notieren, Nachrichten augenblicklich weiterzuleiten, viele Leben zu retten.

In einer anderen Vitrine sehe ich Marmorstücke, die aus den Höhlen in der Tiefe herausgerissen sind: schneeweißer Marmor, roter Marmor; ich sehe Lapislazuli, die unendlichen Spielarten von Kristallbildungen und Felsgesteinen, die dieser wunderbare Brennofen hervorbringt; ich sehe den edlen Sarkolith in der Farbe der Morgenröte, den Majonith, genannt Hyazinth des Somma. In einer Ecke sehe ich einen Aluminiumblock, der von der Materie des Vesuvs nach oben befördert wurde.

Jahre wissenschaftlichen Eifers und wissenschaftlicher Strenge lassen sich in einer Litanei zusammenfassen. Erneut

spüre ich das Ironische an den menschlichen Ausdrucksmit-
teln; ihren nichtigen Aspekt und ihre mystische Macht:

»In diesem Observatorium vermeldete Palmieri als erster
im Jahre 1881 das Vorhandensein von Helium auf der Erde,
nachdem er dessen charakteristische spektrale Linie in einer
Sublimation des Vesuvs erblickt hatte.

In den Sublimationen des Vesuvs vermeldete er darüber
hinaus während seines Direktoriums als erster das Vorhandensein von Lithium, Thallium, Antimon, Borsäure, verschiedenen alkalischen Karbonaten sowie zwei neuen Mineralien, die er Mellonit und Scacchit nannte.

In den letzten Jahren wurden vermeldet: die Selensäure,
alkalisches Salenit, das Manganolangbeinit (schwefelsaures
Doppelsalz von Mangan und Pottasche), das Mitscherlichit
(Tetrachlorkupfer der hydrierten Pottasche), das Avogadrit
(Fluorborat der Pottasche), das Malladrit (Fluorsilikat von
hexagonalem Natrium), Mineralien, von denen einige völlig
neu für die allgemeine Mineralogie sind.«

Und da wir schon beim Thema Chemie gelandet sind, geht
Malladra dazu über, mit mir auch über das »gekochte Wasser«
zu reden: »Wenn durch die geringe Windenergie, die nicht
dazu in der Lage ist, die Säuremassen, während sie produziert
werden, kontinuierlich zu vertreiben, diese sich in erhebli-
chen Mengen in der Umgebung des Vulkans ansammeln und
es bei solchen Bedingungen zu Regen kommt, gehen die
Wasser mehr oder weniger ätzend auf die Pflanzen nieder und
verletzen sie schwer. Das ist leider ein *ab immemorabili* be-
kanntes Phänomen unter den Plagen des Vesuvs. Was man
weniger kennt, ist, wie dieses gekochte Wasser analysiert worden ist. Vom Schnee.«

»Vom Schnee?« Malladra antwortet: »Das Einfangen des
Gases und der in der Luft verteilten vulkanischen Sublimationen vollzieht sich auch mittels des Schnees. Am 6. Januar
1914 fielen ca. 80 cm Schnee auf den hochgelegenen Teil des
großen Kegels. Als ich ihn am darauffolgenden Tag untersucht hatte, sah ich, daß sich unter den weiß-kristallinen
Schneekörnchen rundliche weiß-opake befanden, die, wenn
man sie mit ein wenig Geduld separierte, dem Geschmack einen stark beißend-salzigen Eindruck vermittelten. An den Augen rief dieser nämliche Schnee Entzündung und ausgiebiges
Tränen hervor. Durch die Analyse dieser Schneekörnchen

zeigte es sich, daß der ätzende Regen aus stark säurehaltigem und mineralisiertem Wasser besteht«.

Aufschrift: CAMERA OBSCURA; Aufschrift: TREPPE.

Wir gehen zum zweiten Stockwerk hinauf. In dem großen Konferenzsaal die Bibliothek. Dreitausend Bände über Geophysik, alte und neue, sowie Drucke und Kuriositäten. Eine mit viel Geduld, viel Wissen und sehr viel gutem Geschmack zusammengetragene Sammlung. Sie ist für den Publikumsverkehr geöffnet. Ich sehe einen Karabiniere, der Formulare ausfüllt.

Wir gehen hinaus auf die Terrasse. An der Balustrade ist eine Kristallkugel. Zwischen dem Kern der Kugel und der Hülle ein kleines Schild. Ein Karabiniere wechselt es mit größter Genauigkeit. Auf dem Schildchen sehe ich eine Brandspur, einmal stark, einmal unbedeutend. Das Gerät, der Heliophotometer, ist eine Linse, die das Vorhandensein und den Stärkegrad der Sonneneinstrahlung vermerkt. Wenn man die Summe all dieser Schildchen zieht, weiß man am Jahresende, wie viele Kalorien die Sonne der sich hier drehenden Erde gegeben hat.

Und wie man sich auch dreht und wendet, zum Herzen der Erde oder zu den Sternenkonstellationen, der Mensch kann immer nur Symbole befragen, um zu wissen, wie das Wetter, wie die Zeit gewesen ist, wie sie ist, und, falls möglich, auch wie sie sein wird. Die Zeit. Und was ist ein Raum letztlich anderes, als das Bild vom Vergehen einer Zeit? Der menschliche Geist ist nichts als Zeit, und der Mensch wird nichts weiter zu tun vermögen, als in sich selbst, in seiner Seele und in seinem Körper, Ideen seiner Änderungen zu suchen, und noch das Vorankommen seines Wissens wird er nur auf das Sich-Ändern seiner selbst, der menschlichen Gesellschaften und des Universums gründen können, und auch sein großes Wissen selbst wird nicht vorankommen, sofern er nicht erst dessen kontinuierliche Veränderung eingestanden haben wird, und der Mensch wird sich immer nur zwischen dem Leben und dem Tod hin und her bewegen können, so wie hier, und immer wird das Leben aus dem Kampf Üppigkeit herausziehen, so wie hier.

DAS HOCHLAND DES
TAVOLIERE IM JULI

»Die Sonne will, man soll genau wissen, daß dieser Tag ganz und gar ihre Beute ist. Sie hat sich frühmorgens daran gemacht, ihm die letzten Gräser braun zu färben. Auf dem schwärenden Stein mit einem märchenhaften Glanz das alte Kreuz überziehend, wird sie niemals müde werden, ihm zwischen den beiden eisernen Armen Hammer und Lanze, Nägel und Zange leichter zu machen.

Und schon hat sie in einem Blitz die zweite Schwalbe getötet.

Doch vor sieben oder nachdem das Avemaria geläutet ist, schreitet sie unbemerkt voran. Es sind noch angenehme Stunden, sacht schmirgelt sie ihren Raum, und die Schatten, die sie dort einschließt, bleich jäh oder unversehens rot, sind die Gedanken eines jungen Menschen, der verliebt vorbeigeht.

Kurz nach sieben hat sie schon alles wütend gemacht, und alles begräbt sich in grenzenlosen Wüsten, alles mit Ausnahme des Röchelns eines herumirrenden Tieres, das, von Zeit zu Zeit, bei einem geringfügigen erwitterten Anzeichen von Dunst, die Schnauze ringsum in den Gestank taucht, weiterhin leichtgläubig, und überrascht, immer weniger verzweifelnd, kann Röcheln noch am Mittag sich bemerkbar machen, hineingetrieben in Felsigkeiten der Luft, die, vom eingeäscherten Himmel, wie es in den Träumen vorkommt, wenn man stürzt, herunterpurzeln, doch in der Schwebe bleibend, ohne Gewicht, immer an derselben Stelle.

Vierzehn Uhr.

Der Ort wandelt sich in Abgründe von Kalk, wo, mit heraushängender Zunge, das Tier läuft, sich vervielfachend, Herde vielleicht von Ziegen.

Dann, nachdem drei weitere Stunden vergangen, endlich von den Feldern sich unterscheidend, tappt die Sonne, düster, sich vorwagend mit den haarigen Beinen der Taranteln, umher, sich nicht mehr blind fühlend.«

SAGENHAFTES ITALIEN

Sipontum ist nur noch ein klangvoller Name. Ein lorbeer-
bekränzter Diomedes und der Wurfspieß, der die Luft hinter
der Flucht eines Wildschweins durchschneidet: im goldenen
Klang einer Münze die Feier des Gründers einer Stadt in
einer sumpfigen Küstenlandschaft.

Die ganze adriatische Küste entlang geht, so wie es am
Tyrrhenischen Meer Aeneas gebührt, die Kunde von diesem
Diomedes mit dem blütengeschmückten Bart, und selbst die
Bewohner von Comacchio sind im Zweifel, ob sie sich rüh-
men sollen, seine Nachkommen oder die von Noah zu sein.

Die Münze ist in den Museen zu sehen. Warum auch sollte
der Mythos, der die beiden Homerischen Rivalen auf italischem Boden gedeihen läßt, nicht rühren? Er ist wie eine
Gestalt jenes Mysteriums, das stets jeden epischen Traum
dazu führen wird, seine Zwistigkeiten unter unserem klaren
Himmel aufzulösen.

Ein Haufen Münzen in den Schaukästen: Diomedes und
das Mädchen mit dem Ährenkranz und der Mann, der einen
Löwen zu Boden wirft; und ein paar Amphoren: Reminiszenz
glänzender Arme, die, wenn sie sich erhoben, um in der Harmonie der Schritte eine Last zu halten, einen liebestrunken
machten.

Und nichts anderes bleibt von Sipontum?

Und nur die Schafe, die unter den Bogengängen eines
Gehöfts auf dem abgelegenen Land zusammengedrängt sind,
und weiter nichts, bewegen in der Nacht die Schatten?

Aus der Einsamkeit strahlt eine kleine Säule hervor, und
ihr folgen nach wenigen Schritten auf Löwen die Säulen, die
zwischen den finsteren Augenbrauen blinder Bogen in einer
öden Fassade ein reiches Portal tragen.

Es käme mir nicht abwegig vor, wenn dieses übriggebliebene massige Gebäude auf der weiten, weiten Wiese tatsächlich das erste Beispiel klösterlich-kriegerischen Bauens wäre,
in dem das Mittelalter so viele menschliche Sichtweisen zu
verschmelzen suchte, von den ungeduldigen Hoffnungen

nordischer Seefahrer bis zu denen, welche die Lehrmeinung des wollüstigen Persiens sich ausmalte.

Die Geburt einer Architektur bedeutet den Beginn einer geistigen Klarheit und eines siegreichen Willens.

Warum sollte im christlichen Zeitalter diese apulische Erde, diese Brücke der Kreuzfahrer nicht als erste im gemauerten und behauenen Stein eine feste Vorstellung von der Einheit von Abendland und Orient ausgebildet haben? Das sind die Dinge, die mich am meisten bewegen, wenn ich etwa sehe, wie nach dem Feldzug Alexanders der Kanon des Phidias in die 23 Jahrhunderte alte indische Bildhauerkunst eindringt.

Warum sollte diese steinige Region nicht eine Mutter der Architektur sein? Sie ist aus der Qual des Steins hervorgegangen: des Steins, Sieg der Form über ein unvordenkliches Chaos. Sie zeugt sich fort aus jeder Art von Stein: hart, mürbe, Erde des Durstes. Bedarf es vielleicht noch weiterer Anreize, eine Form zu erfinden?

In ihrem trostlosen Alter erteilt Santa Maria von Sipontum tatsächlich noch heute die modernste Lektion. Seht nur, wie aus der mühsamen Entfaltung zweier Quadrate ihr Grundriß es beim dritten erreicht, daß, wie im Flug sich übereinanderlegend, 4 Pfeiler und 4 Spitzbögen und 4 Mauern und 4 Säulen den mächtigen Aufstieg eines doppelten Raumes von Kuben für die Kuppel bilden. Einfachheit und Ordnung werden stets die Wege des Schönen öffnen.

Wenn einer ihrer Steine noch aufrecht steht, kann man Sipontum nicht allein nur einen klangvollen Namen, einen nichtigen Zielpunkt des Gedächtnisses nennen.

Doch die Hoffnung, immerwährend gegenwärtig, hat nicht sie Santa Maria aus ihrem Ort und ihrer Zeit herausgelöst? In welcher Beziehung stünde die Geschichte wohl zur Göttlichkeit? Könnte es überhaupt eine Geschichte geben, ohne daß unsere Leidenschaften sich dort oben entlangranken wie Efeu? Und dem Menschen sollte nach allem nur ein Bröckchen Asche bleiben … Geschichte?

Diese Madonna mit den großen Augen hat nichts als einen augenscheinlichen Unterschlupf zwischen den einzigen aufrechten Mauern einer verschwundenen Stadt. Meilenweit im Umkreis, vom Meer und vom Kranz der Berge her über Einsamkeiten hinwegschreitend, ruft ein ganzes Volk sie in seinen

Schmerzen an. Eine Kirche hat es nicht nötig, zusammengedrängte Wohnhäuser sichtbar zu beherrschen, um nicht der
übriggebliebene Traum eines Verfalls, sondern der lebendige
Kern von Menschlichkeit zu sein.

Auch als einfacher Stein ist Sipontum fortan so wenig, nun,
da die Zeit ihn der Natur so sehr gleichgemacht hat, da selbst
die Kunst ihn in nichts mehr von der Natur abheben kann. Er
ist eine Extravaganz des Erdbodens, dort, wo einst Sipontum
lag …

Und fast nicht einmal mehr eine Erinnerung ist auch das
kranke Wasser, das es umgab und das einen beherzten König
bewog, den Auszug sämtlicher Bewohner anzuordnen und
nur wenige Meilen weiter die Stadt zu gründen, der er seinen
Namen gab. Doch vielleicht war die Malaria nur ein Vorwand, leider, und statt dessen beriet die Notwendigkeit,
Arme für den Bau eines mächtigen Hafens zu haben, den
Krieger.

Entwässerungspumpen sind dabei, die Erinnerung an die
sipontinischen Sümpfe zu verscheuchen, und nur ein seltener
violetter Schimmer im Wind bleibt von ihnen, und in gerader
Linie vor dem einstigen Sipontum wölbt sich der Bogen von
Manfredonia genau an dem Punkt, wo der Golf wegen der
Überfülle an Tintenfischen dunkel geworden ist.

Türme nun, Türme, die zuweilen aus Meeresgründen
auftauchen und in dem fortwährenden Wechsel der Reflexe
Schönheit erlangen, Türme, die sich trotz ihrer Höhe aufrecht
halten, äußerst breit und so sinnlich und melancholisch unter
den Schlägen des Lichts, Türme, die zuweilen eine Kathedrale
in den vier Windrichtungen bewaffnen: Wo Wille und Gebet
verschmolzen und verbündet sind, heißt dies die Göttlichkeit
im Menschen feiern, die menschliche Seele also, in einem besonders intensiven Augenblick einer Geschichte aufgespürt in
jenem Licht, das uns niemals verläßt, das wir so gut sehen,
wenn wir vor Liebe und in unseren Momenten der Verzweiflung ganz klein werden.

Ein Italiener wird in seiner Kunst, auch wenn er vom Tod
spricht, stets das Leben feiern. Sofern es sich um Augen handelt, werden sie unsterblich, weil *lachend und flüchtig*, sein. Wir
haben niemals daran gedacht, die Zeit abzuschaffen, indem
wir uns, wie die Ägypter es taten, einen langen Schattenfinger
vorstellten, der ohne Ende ihr vergebliches Sich-Wiederholen

anzeigen würde. Das ist eine Vorstellung von Leuten, welche
die Wüste umgibt. Ich habe mich nie darüber gewundert, als
ich dort unten lebte, daß jene Alten dachten, die Zeit würde
von der Zeit selbst und somit, da die Zeit ein Maß ist, von
ihrem Maß besiegt. Riesige Sonnenuhren, Pyramiden, ein
Schattenpfeil, den die Jahrhunderte wohl nicht entstellen.
Und das Ewige? Tod! Mumien in den grauenvollen Gräbern
jener Pyramiden …

Für einen Italiener dagegen wird Dichtung wie in Sipontum, wie in der Stadt König Manfreds, auch wenn Vorstellungen von überall her als Bezugspunkte dienen, die Illusion
sein, den Augenblick, der uns das Herz erschüttert hat, fortdauern zu lassen: Auf ebendiesem Wege sucht sie Macht und
Mitgefühl und das Göttliche und findet die Farbe der Zeit, unsere Kunst …

ZU DIESEM BAND

Der vorliegende vierte Band der Werkausgabe enthält in deutscher Übersetzung die ersten sechs Teile und damit sämtliche Prosatexte von Ungarettis 1961 zum ersten Mal erschienenen Buch *Il deserto e dopo*. Nicht aufgenommen wurde der siebte Teil, »Páu Brasil, 1946«, da er aus Ungarettis italienischen Übersetzungen brasilianischer Gedichte besteht: Es handelt sich um Gedichte von Oswald de Andrade, José de Anchieta, Tomaz Antonio Gonzaga, Antonio Gonçalves Dias, Mario de Andrade, um indianische Ursprungsmythen und ein Volkslied. Dem Alberto Mondadori gewidmeten Band war die folgende Anmerkung Ungarettis vorangestellt:

»Die hier gesammelten Seiten reichen in den sechs ersten Teilen von 1931 bis 1934. Sie erschienen damals in der Turiner *Gazzetta del Popolo*. Das Datum am Kopf jedes Textes ist das der Veröffentlichung in der Zeitung; es handelt sich dabei jedoch um Seiten, die von unterwegs angefertigten Aufzeichnungen ausgearbeitet wurden, welche wiederum einen, manchmal auch zwei Monate zurücklagen. Einige davon waren Teil des Bändchens *Il povero nella città* (Milano: Edizioni della Meridiana, 1949). Das Gedicht *Lamento cairino* wurde auch in meinen Band *Traduzioni* (Roma: Novissima, 1936) aufgenommen. Die Hinweise auf arabische Dichter in der *Giornata di fantasmi* habe ich dem unvergleichlichen *Littérature et Orient* (Paris: Albert Messein, 1921) meines Jugendgefährten und noch heute lieben Freundes Henri Thuile zu verdanken.

Bei den Seiten des letzten Teils, *Páu Brasil*, handelt es sich um herausgerissene Blätter und Übersetzungen, die mir zu einem Buch über Brasilien dienen sollten. Die Tragödie des Kriegs, die mich 1942 zur Rückkehr in meine Heimat zwang, unterbrach die Vorbereitungen hierzu. *Páu Brasil* erschien vorher fast vollständig in H. 3–4 von *Poesia* (Milano: Mondadori, 1946).«

Alle 49 Erzählungen des *Deserto e dopo* basieren auf Zeitungsartikeln, die in der *Gazzetta del Popolo* abgedruckt worden waren. Der Text »Un popolo e una pietra preziosa« – ›Ein Volk und ein Edelstein‹, der sich mit der Rolle der jüdischen Immigranten in Amsterdam befaßt, hat einen weiteren ›Vorgänger‹ unter dem Titel »Come si lavorano e si vendono i diamanti« – ›Wie man Diamanten bearbeitet und verkauft‹ in der Zeitschrift *Sapere* (1, 3 [1935], S. 113–14). Da der Text eines der wenigen Dokumente darstellt, aus denen sich Ungarettis Verhältnis bzw. seine öffentliche Stellungnahme zu den Juden erschließen läßt, erschien es angebracht, die Änderungen dieser ›Zwischenstufe‹ hier ebenfalls wiederzugeben.

Der vorliegende Band enthält darüber hinaus zwei weitere Texte, die Ungaretti 1966 in nur 180 nicht für den Handel bestimmten Exemplaren unter dem Titel *Viaggetto in Etruria* (con un'acquaforte di Bruno Caruso, Roma: Istituto Grafico Tiberino) veröffentlicht hatte. Auch sie basieren auf Reiseberichten, die 1935 in der *Gazzetta del Popolo* erschienen waren, wurden aber nicht in den *Deserto e dopo* aufgenommen.

Die allgemeine Grundlage unserer Übersetzung bildet die Ausgabe letzter Hand von 1969; sofern die Texte sich von den entsprechenden Zeitungsartikeln bzw. vom *Sapere*-Text und/oder vom Wortlaut der Erstausgabe von 1961 unterscheiden, werden die differierenden Textstellen, soweit sie sich in der deutschen Übersetzung niederschlagen, in den jeweiligen Anmerkungen zu den einzelnen Reiseberichten vermerkt (da wir uns bei unseren Übersetzungen um große Genauigkeit bemüht haben, sind alle wesentlichen und selbst fast alle kleinsten Differenzen notiert). Änderungen bei der Interpunktion werden nur wiedergegeben, wenn sie mit semantischen Veränderungen einhergehen, das heißt, wenn es im Umfeld des betreffenden Satzzeichens auch Änderungen des Wortlauts gibt, oder wenn ein Aussagesatz etwa zum Fragesatz oder zum Ausrufesatz wird. Ebenso wird die Zusammenziehung mehrerer Sätze zu einem Satz bzw. die Unterteilung eines Satzes in mehrere angegeben, sofern die deutsche Übersetzung im Haupttext die syntaktische Gliederung der Vorlage von 1969 beibehält (was bei den relevanten, das heißt denjenigen Stellen, die Varianten aufweisen, bis auf zwei oder drei Ausnahmen der Fall ist). Systematische typographische Veränderungen – wie Kursivierung vs. Anführungszeichen, Großschreibung vs. Kursivierung etc. – bleiben unberücksichtigt, ebenso der Gebrauch numerischer gegenüber ausgeschriebenen Zahlen. (Doppelte Anführungszeichen werden in der Übersetzung generell mit » bzw. « wiedergegeben.) Titel unselbständiger Schriften (Einzelgedichte, Aufsätze etc.) sind in Anführungszeichen gesetzt; eine Ausnahme bilden die – kursiv gesetzten – Titel der den Erzählungen zugrundeliegenden Zeitungs- bzw. (im erwähnten einzigen Fall) Zeitschriftenartikel sowie die eingangs jeder Rubrik genannten italienischen Titel der Abteilungen und der einzelnen Erzählungen des *Deserto e dopo*. Aus Gründen der Übersichtlichkeit sind alle Lemmata – auch dann, wenn sie bereits im Haupttext kursiv gesetzt sind – durch Kursivierung als solche gekennzeichnet. Wenn die deutsche Übersetzung mutmaßliche Druckfehler korrigiert, wird dies vermerkt.

Wenn die Zitationen des Haupttextes mit einem Doppelpunkt enden, folgt eine Erläuterung der betreffenden Stelle; wird zunächst eine Textvariante wiedergegeben, ist die Erläuterung durch einen Geviertstrich abgesetzt. Die Kommentierung soll kein enzyklopädisches Wissen auflisten, sondern die Lektüre des Haupttextes bereichern, indem sie sich selbst vom Kontext der Bezugsstelle inspirieren läßt. Deshalb werden unter anderem auch – wo die Übersetzung zur einseitigen Festlegung genötigt ist – mehrfache Auslegungsmöglichkeiten des italienischen Textes wiedergegeben, die für den Gehalt desselben sinnstiftend wirken. An einigen exemplarischen Stellen habe ich poetologisch relevante Mehrdeutigkeiten des italienischen Originals bzw. der deutschen Übersetzung so präzise wie möglich zu erläutern versucht. Nichtsdestoweniger war es uns ein Anliegen, vor allem eher unbekannte, schwer aufzufindende Personennamen zu belegen.

Für den Anhang wurden zwei weitere Artikel der *Gazzetta del Popolo* übersetzt, die von Ungaretti weder in den *Deserto e dopo* noch in den 1949 erschienenen »Povero nella città« aufgenommen worden sind: »Gloria al marinaio d'Italia« – ›Ruhm dem Seemann Italiens‹ und »Egitto di sera« – ›Abendliches Ägypten‹ sowie »Viaggio in Egitto« – Reise nach Ägypten, eine frühere Version von »Egitto di sera«. Außerdem enthält der Anhang die Übersetzung zweier Erzählungen des *Povero nella città*: »Italia favolosa« – ›Sagenhaftes Italien‹: eine Textcollage aus Teilen der Artikel »Foggia. Fontane e chiese« – ›Foggia. Brunnen und Kirchen‹ und »Il Gargano favoloso ovvero la giovine maternità« – ›Der sagenhafte Gargano oder die junge Mutterschaft‹, sowie: »Il Tavoliere di luglio« – ›Das Hochland des Tavoliere im Juli‹, ein wahres Textchamäleon, das in wechselnder Gestalt und mit verschiedenen Titeln in Drucken von 1934 bis 1970 auftaucht.

Der Band *Il povero nella città* von 1949 enthielt die folgenden Texte: »Il povero nella città«, ein Aufsatz, der auf der Basis des gleichnamigen Zeitungsartikels zu einer Einführung in Giampiero Gianis italienische Luxusausgabe von Cervantes' *Don Quijote* erweitert worden war; »Seconda nota« – ›Zweite Anmerkung‹, der erste, überarbeitete Teil von »Il deserto« – ›Die Wüste‹; »Giornata di fantasmi« – ›Tag der Phantasmen‹, eine Version des gleichnamigen Artikels; »Lamento cairino« – ›Kairoer Wehklage‹, der (leicht abgeänderte, aus dem Arabischen übersetzte) Gesang der Frauen am Ende des Artikels »Pianto della notte« – ›Nächtliches Weinen‹; »Il demonio meridiano« – ›Der Mittagsdämon‹, veränderte Version von »La risata dello Dginn Rull« – ›Das Lachen des Dschinn Rull‹; »Elea o la primavera« – ›Elea oder der Frühling‹, leicht veränderter Text des fast gleichnamigen Artikels; »La pesca miracolosa« – ›Der wunderbare Fischzug‹, ebenfalls leicht veränderter Text des gleichnamigen Artikels; »La rosa di Pesto« – ›Die Rose von Paestum‹, Version des gleichnamigen Artikels; »Calitri« – ›Calitri‹, stark veränderter Abkömmling des Gedichtes »Acquaforte« – ›Radierung‹, mit dem der Artikel »Appunti per la poesia d'un viaggio da Foggia a Venosa« endet, der seinerseits die Grundlage der Erzählung »Alle fonti dell' acquedotto« – ›An den Quellen des Aquädukts‹ bildete; »Il Tavoliere di luglio« – ›Das Hochland des Tavoliere im Juli‹ und »Italia favolosa« – ›Sagenhaftes Italien‹.

Den genannten Texten ging die folgende »Nota« – ›Anmerkung‹ voraus:

»Es sind dies Seiten aus den Jahren 1931 und 1932, die damals in der Turiner *Gazzetta del Popolo* erschienen sind. Um eine Abhandlung über den Don Quijote daraus zu machen, habe ich in der Folge, 1946, allein

Il povero nella città überarbeitet. Das den Menschen auf der Straße abgelauschte Gedicht *Lamento cairino* war auch Bestandteil meines Bandes *Traduzioni*, der 1936 in Rom bei Novissima erschienen war. Die Hinweise auf arabische Dichter in der *Giornata di fantasmi* habe ich dem unvergleichlichen *Littérature et Orient* (Paris: Albert Messein, 1921) meines Jugendgefährten und noch heute lieben Freundes Henri Thuile zu verdanken.

Es sind Landschaften, Personen und Zeiträume, die im Licht der Phantasie gesehen und von daher vorsätzlich jeder präzisen, objektiven Information entzogen sind. Sie spiegeln allein meine Gemütszustände wider, flüchtige Augenblicke meines Gefühlslebens.

Ich widme dieses Buch Jean Paulhan und Emilio Cecchi, den Meistern der Prosa von heute.«

Als *Die Wüste und weiter* bereits in den Fahnen war, erschien im September 2000 in der Reihe *I Meridiani* ein dritter umfangreicher Band mit Texten Ungarettis: *Vita d'un uomo – Viaggi e lezioni*, a cura di Paola Montefoschi, Milano: Mondadori, 2000. Dieser Band macht den *Deserto e dopo* endlich wieder verfügbar, ergänzt um weitere Texte aus dem Kontext der Reiseprosa, und enthält darüber hinaus Ungarettis Literaturvorlesungen an der Universität von São Paolo und seine Vorlesungen über Leopardi. Sein Erscheinen hat es uns ermöglicht, zwei weitere Texte in den Anhang aufzunehmen: das frühe, nun erstmals edierte Typoskript »Roma africana« (1923) und den Text »Visita all'osservatorio vesuviano«, der 1935 in der Zeitschrift *Sapere* erschienen war und eine erhebliche Erweiterung des drei Jahre zuvor in der *Gazzetta del popolo* abgedruckten Reiseberichts »Vesuvio« darstellt. Anhand von Paola Montefoschis Kommentierungen konnten die Anmerkungen im vorliegenden Band noch an den angegebenen Stellen ergänzt und bereichert werden.

Die Durchsicht der arabischen Wörter haben freundlicherweise Raif Georges Khoury und Karl Neuwirth besorgt, Wolfgang Klug war bei der Übersetzung und Verifizierung lateinischer Verse behilflich. Carel ter Haar beriet bei der Übersetzung und Transkription der niederländischen Namen. Weitere Unterstützung erhielten wir von Matilde Bigiaretti, Evelyn Sigmund, Giselda Russo von den »Biblioteche Civiche e Raccolte storiche« in Turin, Michele Donegatti von der »Biblioteca Comunale di Comacchio« sowie von Paola Montefoschi. Ihnen allen sei herzlich gedankt. Michael von Killisch-Horn, meinem Mitherausgeber, danke ich für seine wertvolle Hilfe bei der erneuten Durchsicht und Ergänzung dieses Bandes.

Meinem Sohn Lukas, der im Sommer 1995 als wahrhaft freudiges Ereignis »dazwischenkam« und alle Pläne lebhaft durchkreuzte, sei dieser Band gewidmet.

Heidelberg, im Februar 2001

A. B.

ANMERKUNGEN

Die Reiseberichte des vorliegenden Bandes beruhen auf Artikeln, die Ungaretti für die Turiner Zeitung *Gazzetta del Popolo* zwischen 1931 und 1934 geschrieben hatte. Einige wenige davon wurden – in veränderter Form – 1949 zum ersten Mal zu einem Buch mit dem Titel *Il povero nella città* zusammengestellt. Fast dreißig Jahre nach Erscheinen der Artikel wurde der wesentlich umfangreichere Band *Il deserto e dopo* konzipiert, der 1961 zum ersten Mal beim Verlag Mondadori in Mailand veröffentlicht wurde; 1969 erschien die zweite Ausgabe letzter Hand (die ebenfalls seit Jahren vergriffen ist) mit verändertem – offensichtlich aus finanziellen Gründen um vieles schlechterem – Satzspiegel und Layout und kleinen Abweichungen, zumeist in Groß- und Kleinschreibung oder bei Zahlen- und Maßangaben. Die fortlaufende Übersetzung im Hauptteil beruht auf dieser Ausgabe; Änderungen sowie anderslautende Textstellen aus der Erstveröffentlichung in der *Gazzetta del Popolo* werden, soweit sie sich in der deutschen Übersetzung niederschlagen, in den jeweiligen Anmerkungen zu den einzelnen Reiseberichten vermerkt. Zu Beginn jeder Anmerkung wird der italienische Titel zitiert; ggf. werden hiervon abweichende Titel der GZP-Artikel bzw. PNC-Drucke im Anschluß genannt.

Ein Teil der Erzählungen wurde von Silvia Hildesheimer nach der Ausgabe von 1961 übersetzt: Giuseppe Ungaretti, *Reisebilder*, Deutsch von Silvia Hildesheimer, Frankfurt/M.: Suhrkamp, 1963. Angaben hierzu finden sich im ersten Abschnitt der betreffenden Anmerkungen; anderslautende deutsche Titel werden angegeben.

Siglen: DD 61 – Giuseppe Ungaretti, *Il deserto e dopo,* Milano: Mondadori, 1961. DD 69 – dto., Milano: Mondadori, 1969. GZP – *Gazzetta del Popolo,* Turin. PNC – Giuseppe Ungaretti, *Il povero nella città,* Milano: Mondadori, 1949. PNC 93 – dto., a cura e con un saggio di Carlo Ossola. Milano: SE, 1993. SP – *Sapere* (H. 1, 3 [1935]). UG – Angelika Baader, *»Unschuld« und »Gedächtnis«, Bewußtsein und Zeiterfahrung in Giuseppe Ungarettis Poetik und Lyrik,* Mit dokumentarischem Textanhang, München: P. Kirchheim, 1997. VL: Giuseppe Ungaretti, *Vita d'un uomo – Viaggi e lezioni,* a cura di Paola Montefoschi, Milano: Mondadori, 2000.

ÄGYPTISCHES NOTIZHEFT

Die unter dem Namen »Quaderno egiziano« zusammengefaßten Reiseberichte aus Ägypten sind erstmals in der GZP von Juli bis September 1931 erschienen. Jeder der 12 Artikel war in der GZP mit dem
Obertitel »Viaggio in Egitto« – ›Reise nach Ägypten‹ versehen. Die
Überschrift »Quaderno egiziano« trugen die Erzählungen schon bei ihrer Veröffentlichung in der Zeitschrift *Letteratura* ([1958] 36–36,
S. 6–55); zuvor waren fünf von ihnen passagenweise oder vollständig
bzw. erweitert in den Band *Il povero nella città*, Milano: Mondadori,
1949, eingegangen (s. u. die entsprechenden Angaben zu den einzelnen
Erzählungen). Ebenfalls fünf der Erzählungen wurden unter dem Namen »Ägyptische Aufzeichnungen« in Silvia Hildesheimers Auswahl-
band aufgenommen (a. a. O., S. 7–51). 1996 ist der »Quaderno egiziano« – unter neuem Obertitel – als separate Neuauflage erschienen:
Giuseppe Ungaretti, *Il deserto – Quaderno egiziano 1931*, Nota introduttiva di Maurizio Cucchi, Milano: Mondadori.

DURCHS INNERE MEER (S. 10–16)
Per mare interno; GZP vom 9. Juli 1931, S. 3; dort datiert: Alexandria,
Juli.
mit der inneren Unentschiedenheit von Orten und Personen ... GZP: mit der
  inneren Unentschiedenheit von Orten und Personen, die zum Spiel
  von Rauch herabgesetzt sind.
jâ efendi: arab. ›o Herr‹
Kurban Beiram: Fest, das in der ganzen islamischen Welt das Opferfest
  am Ende der Wallfahrt nach Mekka begleitet.
Mir wird klar: ihr GZP: Mir wird klar: Es ist ihr
Und schon platzt, GZP: Und schon ist sie geplatzt,
Auf ein Wort ... GZP: Es ist ein religiöses Wort aus dem Volk, in Wirklichkeit eher ein Wort von Starrsinnigen als von Schicksalsergebenen.
manifestiert sie sich dieses Mal GZP: manifestiert sie sich dieses Mal für
  mich
des »Inneren Meeres«: It. »Mare interno« ist die Übersetzung von »mare
  internum«, dem lateinischen Namen des Mittelmeers. – Das Meer hat
  bei Ungaretti poetologische Bedeutung; es steht als Gegenbild zur
  Wüste, für das »erfüllte Nichts«, das Leben vernichtet, in sich verbirgt
  und neu gebiert.
die Reisenden aller Klassen: Laut Karl Baedekers Ägypten-Reiseführer
  (*Ägypten und der Südân*, 8. Auflage, Leipzig 1928, S. 2) gab es auf der
  von der »Sitmar« (=»Società Italiana di Servizi Marittimi« mit Sitz in
  Rom) betriebenen »Esperia« drei Preiskategorien für Kabinenpassa-
  giere (1., 2. und Luxus-Klasse).
Coppedè: Im italienischen Text des DD 61/69: Coppedè, in der GZP:
  Koppedè. – Gino Coppedè (1866–1927), eklektizistischer Architekt
  und Erbauer eines nach ihm benannten Viertels in Rom (1915–21).
  »Parnassisch« steht hier wohl in Anlehnung an die elitäre Rückge-

wandtheit der um Coppedès Geburtsjahr wirkenden Dichter des
»Parnasse«. – Der gesamte Passus ab: Des „parnassischen» sage ich …
bis zum Ende des Abschnitts fehlt in der GZP.

ohne Gaudís Genialität: Antoni Gaudí i Cornet (1852–1926), eklektizistischer katalanischer Architekt mit bizarren Einfällen, ist vor allem
durch seine 1882 in Barcelona erbaute Kirche der Sagrada Familia,
der Heiligen Familie, bekannt geworden.

Borromini: Francesco Castelli, genannt Borromini (1599–1667), ba-
rocker Architekt etwa der Kirche San Carlo alle Quattro Fontane in
Rom, ist bekannt für seine phantasievollen, selbst für das Barock ge-
wagten Entwürfe.

die wie im Vorbeigehen überrascht wurden. Mich überrascht in der Ecke, … In
der GZP sind beide Sätze zusammengezogen: die wie im Vorbeigehen
überrascht wurden; an der Ecke die geballte Melancholie, die man angesichts der Gleichungen seiner Phantasie verspürt.

So schiffsähnlich, wie sie letztlich doch bleibt, läßt diese Architektur auch GZP:
Diese Architektur läßt auch

Venus Kallipygos: »Kallipygos« – ›mit schönem Hintern‹ war ein Beina-
me der Liebesgöttin auf Sizilien.

Für den Menschen ist sie … GZP: Für den Menschen ist sie nun bereits ein
Klümpchen.

wie ein weiteres Spielzeug drinnen gemacht ist, …: Das Satzende läßt sich
auch folgendermaßen lesen: wie ein weiteres Spielzeug drinnen gemacht, ein weiterer Zauber gebrochen ist.

Vor ein paar Tagen wollten das Oberhaupt der Aufständischen …: Ungaretti
bezieht sich hier auf die Ereignisse während der Wahlen im Mai/Juni
1931, bei denen die Regierungspartei des gemäßigten Ismail Sidky
Pascha über die nationalistische Partei Mustafa an-Nahhas Paschas
siegte.

Ein Oberspaßvogel: Ungaretti spielt hier mit den unterschiedlichen Bedeutungen, die das Wort »capo« – ›Haupt‹ in verschiedenen Zusam-
mensetzungen annimmt: »Capo dei rivoluzionari« – ›Führer der Aufständischen‹, »Capo del Governo« – ›Regierungschef‹ und »capo
ameno« – ›Spaßvogel‹.

Merlin Cocai: Pseudonym für Teofilo Folengo (1491-1544), verweltlich-
ter Benediktinermönch und Dichter der sogenannten »makkaroni-
schen Poesie«.

EIN GROSSES ABENTEUER (S. 17–23)

Una grande avventura; GZP vom 11. Juli 1931, S. 3; dort datiert: Alexandria, Juli. Übersetzt von S. Hildesheimer, a.a.O., S. 7–15.

Duft von Algen Fehlt in der GZP

sema: Bauwerk in der Königsstadt (Regia) des alten Alexandria, das die
Gräber von Alexander dem Großen und den Ptolemäern barg.

mit verschiedenen orientalischen Welten nimmt Gestalt an, GZP: mit verschiedenen orientalischen Welten erhält Gestalt,

Hauptsächlich deshalb, so scheint mir, … In der GZP lautet der Passus:
Hauptsächlich deshalb, so scheint mir, weil Alexandria der Hafen der

Welt geworden war; und weil es auf der Schwelle Ägyptens entstanden war. Alexandria gehörte in gewissem Sinne nicht zu Ägypten. Nicht nur eine fremde Stadt, sondern auch weit vom Nil entfernt.

Ptolemäus Soter, dem ersten der Lagiden: Ptolemäus I., Soter I., Sohn des Lagus, nimmt nach dem Tod Alexanders II. (311 v. Chr.) den Königstitel an und läßt sich als Nachkomme der Pharaonen verehren.

siedelt sich der griechische Geist ... GZP: ist der griechische Geist mit all seinen Waffen in Alexandria angesiedelt.

daß sich in Alexandria zum ersten Mal ... GZP: daß es das erste Mal in Alexandria ist, daß sich [...].

Hier wagt man es sogar, ... GZP: Hier wagt man es sogar, das religiöse Gefühl herauszufordern, und begründet die Anatomie und gar die Vivisektion, und die Wissenschaften und die Medizin finden zu ihrer ersten positiven Entwicklung.

den dorischen Hauch GZP: die dorische Luft

Euklid: Der »Vater der Geometrie« lebte um 300 v. Chr. in Alexandria am ptolemäischen Königshof.

Probleme und Spiele der Logik? GZP: Probleme und Spiele der Logik.

Doch bei den Etruskern ... GZP: Doch bei den Etruskern manifestiert sich das Gefühl des Todes unter Grauen, da ist ein Sinn für die Würmer, ein anderes Gefühl dagegen in der geschlossenen Faust, [...].

gewiß nichts anderes als den Tod, Schwelle des Ewigen, im Blick, wenn GZP: gewiß nichts anderes als den Tod im Blick, wenn

Demnach ist die Idee, jene Gebote des Gewissens ... GZP: Demnach ist die Idee des Gewissens auch eine ägyptische Idee.

Mit seinem furchtbaren Atem hat er ... GZP: Mit seinem verödeten Atem hat er alles von sich zerstört, einer Urschuld wegen, [...].

Die Sühne wird ... GZP: Die Sühne wird die lange Abwesenheit des Ewigen sein.

Und wenn sie dereinst gesühnt sein wird, wird das auserwählte Volk ... GZP: Und wenn es dereinst gesühnt haben wird, wird das auserwählte Volk [...].

Irdische Glückseligkeit ist ... GZP: Irdische Glückseligkeit ist das Begehren des Juden, der Ägypter begehrt die Ewigkeit des Grabes.

Für sie wurde von den Siebzig ... GZP: Für sie wurde die Bibel ins Griechische übersetzt, und es ist dies die sogenannte Übersetzung der Siebzig. – Gemeint ist die sogenannte *Septuaginta.*

Viele von ihnen waren Schriftgelehrte. Höchst ... In der GZP gehören beide Sätze zusammen: Viele von ihnen waren Schriftgelehrte, höchst feinsinnige Neuplatoniker und Neupythagoräer.

Zwischen den Geheimlehren am Nil ... In der GZP lautet der Passus bis zum ersten Satz des folgenden Abschnitts: Zwischen den Geheimlehren am Nil und dem rationalen griechischen Geist gruben sie den Verbindungskanal./Aus solchen Kontakten wahrscheinlich kam die jüdische Sekte der Essener auf, die der letzte Schritt hin zum Christentum ist. Die Idee des Osiris wurde aufgegriffen, der [...].

und durch das Erbarmen der mysteriösen Natur, der unzählbar ...: Der als letztes Glied angehängte Relativsatz ist, wie auch der nachfolgende Satz, doppeldeutig; der Passus kann auch wie folgt gelesen werden: und durch das Erbarmen der mysteriösen Natur, die unzählbar verschleierte Schwester und Gemahlin Isis wiederauferweckte. Aber er, König des Todes, des wahren Lebens, erweckte sie in Ewigkeit wieder zum Leben, die Ewige. – Nicht genug, kann das Subjekt der Auferstehung /Wiedererweckung im ersten Satz überdies auch das besagte »Werk eines Bruders« (auf welches sich dann auch die »Verschleierung« beziehen könnte) oder dieser selbst sein. In der GZP ist dagegen nur der zweite Satz mehrdeutig. Durch die demnach wohl bewußt gesetzte mehrfache Lesbarkeit in DD 61/69 wird die Vertauschbarkeit von Osiris und Isis und damit eine vorweggenommene (»präfigurierte«) heidnische Dreifaltigkeit suggeriert sowie die gleichzeitige Identität und Nicht-Identität von Natur und Gottheit behauptet.

Horus: In der ägyptischen Kosmogonie gebiert Isis, befruchtet von Osiris, nachdem dieser von seinem Bruder Seth getötet wurde, den Horus, der den Vater rächt. Mit Horus und/oder mit Seth identifizierten sich die gottgleichen Pharaonen.

DIE RÖMISCHE SÄULE (S. 24–30)

La colonna romana; GZP vom 16. Juli 1931, S. 3; dort datiert: Alexandria, Juli. Die Überschriften der einzelnen Abschnitte fehlen in der GZP.

Cäsar vermischt sich dort mit dem dramatischsten GZP: Cäsar ist vermischt mit dem dramatischsten

den von Necho ausgehobenen Kanal: König Necho (609–593 v. Chr.) unternahm den wohl ersten Versuch, eine Wasserstraße zwischen dem Roten Meer und dem Nil bzw. dem Mittelmeer herzustellen; der Bau des Kanals wurde durch einen abschlägigen Orakelspruch abgebrochen und erst rund 100 Jahre später von Darius I. vollendet.

Schlacht bei Actium: Actium (griech. Aktion) lag an der Westküste Griechenlands am Ionischen Meer; 31 v. Chr. besiegte dort Octavianus die Flotte von Antonius und Kleopatra und machte Ägypten zur römischen Provinz.

Wir sehen den römischen Senat als Schiedsrichter: Die folgenden Ereignisse geschahen zur Zeit der Ptolemäer-Könige, die Ägypten nach dem Tod Alexanders d. Gr. unter römischer Protektion bis zu Kleopatras Zeiten regierten.

Angesichts der Monumente … GZP: Neben den Monumenten der echten Pharaonen schreit sein melancholisches Machwerk zum Himmel.

in Abhebung zum Denken der Katecheten, gleichzeitig aber auch als dessen Nahrung GZP: in Abhebung und ebenso als Steigerung zum Denken der Katecheten

und als Düngemittel würde ich die Schriftrollen abtreten. GZP: und ich würde als Düngemittel die Gelehrten abtreten.

Reden wir also über diese Kopten. GZP: Reden wir über diese Kopten.

von Theodosius im Gedenken an den Sieg des Christentums: Unter Theodosius I. (379–395) wird das Christentum zur Staatsreligion. Theodosius verfolgt die Heiden, zerstört das Serapeum, Kultstätte des Gottes Serapis, und verbrennt dessen Statue.

WEINEN IN DER NACHT (S. 31–37)

Pianto nella notte, unter dem Titel *Pianto della notte* – ›Nächtliches Wei-
nen‹ in der GZP vom 21. Juli 1931, S. 3; dort datiert: Kairo, Juli. Der
letzte Teil des Textes, der Gesang der Frauen, wurde unter dem Titel
»Lamento cairino« – ›Kairoer Wehklage‹ (mit einigen Änderungen) in
PNC abgedruckt (ebd., S. 65–68/PNC 93, S. 53f. u. vgl. S. 88 zur
Textgeschichte), nachdem Ungaretti ihn schon 1936 gesondert in den
Band *Traduzioni* – ›Übersetzungen‹ aufgenommen hatte.

Das Taxi Diese Überschrift fehlt in der GZP.

Schâri' Sulimân: Die großen Straßen in Kairo heißen Schâri '.

Sein Rücken ist unbedeckt, und er hat … GZP: Sein Rücken ist unbedeckt,
und er hat oben Wunden, die von einem Ei aus runzliger, pulvriger
Haut eingekreist werden.

An der ausgestreckten rechten Hand … Dieser und der folgende Satz bis
zum Ende des Abschnitts fehlen in der GZP.

pochade: Französische Burleske.

Überzeugt davon, daß man ihn übers Ohr hauen wollte. GZP: Überzeugt davon, daß man ihn betrügen wollte.

Sie stehen den Italienern und den Franzosen, GZP u. DD61: Sie stehen den
italienischen und den französischen,

Lombroso In der GZP nennt Ungaretti Niceforo anstelle von Lombroso.
– Alfredo Niceforo, 1876-1960, war Statistiker, Kriminologe und
Soziologe lombrosianischer Prägung; Cesare Lombroso, 1835–1909,
Verfechter einer positivistischen Vererbungslehre, nach der kriminel-
le Verhaltensweisen im Erbgut verankert sein sollten.

Ein Maler wie Naghi: Der wie Ungaretti 1888 in Alexandria geborene
Diplomat und Maler Mohammed Naghi (gestorben 1956 in Kairo)
hatte in Frankreich (u. a. bei Monet) und Kairo Jura und Bildende
Kunst studiert und gilt als einer der berühmtesten zeitgenössischen
ägyptischen Künstler. In den 30er Jahren machte er sich vor allem
durch Wandgemälde in öffentlichen Gebäuden einen Namen.

tarbûsch: Kopfbedeckung (roter Fez mit blauer Seidenquaste)

Unreife Ballerinen In der GZP lautet die Überschrift: Varietévorstellung
mit fünfzehnjährigen Künstlerinnen

schêch: »Scheich« bedeutet im Arabischen ›Greis‹, ›Anführer‹ oder auch
›Grabmal‹.

Ob sie wohl die Tochter … GZP: Ist es wohl möglich, daß sie die Tochter
einer jener Frauen […].

die Ironie, die, so sehr ist das Mädchen … GZP: diese Ironie, die an die
Größe eines Sakrilegs rührt, so sehr ist sie in ihren Proportionen unreif geblieben; die Unschuld ihrer Obszönität verursacht mir Unbehagen.

Nänien: Totenklagelieder

auf einer Strohmatte GZP: auf der Strohmatte

Zuhälter! Zuhälter! GZP: O du Kuppler! O du Kuppler!

An jeder Biegung sehe ich einen Sudanesen: Eine weitere – von Ungaretti nie
veröffentlichte – Ausgestaltung dieser Stelle (der »Sudanese« als »Fakir«) ist abgedruckt in VL, S. 425.

Der Himmel ist lila-blau unterlaufen und, an der Spitze des Goldes, ... GZP:
Der Himmel ist lila-blau unterlaufen und, beim Garten, [Herv. v. mir;
A. B.] schwefelig und wie überpudert. − Möglicherweise handelt es
sich bei der zuletzt hervorgehobenen Stelle um einen Druckfehler, der
in den auf die GZP folgenden Texten abweichend von der früheren
Intention (falsch?) korrigiert worden ist: it. »orto« (›Garten‹, GZP)
wird zu »oro« (›Gold‹, DD) anstelle von semantisch naheliegendem
»orlo« (›Saum‹, ›Rand‹)?

in Geburtswehen. GZP: in den Schmerzen der Geburt.

versteinert, und sie antworten ihr: GZP: versteinert. Sie murmelten:

Sie seien dir bewahrt [V. 4]: Wie Carlo Ossola (vgl. PNC 93, S. 88) lese
ich »perseverate« (›insistiert‹, ›beharrt‹) aufgrund des Kontextes als
Druckfehler für »preservate« (›bewahrt‹, ›geschützt‹), das in allen DD
vorangehenden Textversionen an dieser Stelle steht und in Vers 9
auch dort wiederkehrt.

Das Haus, ach! erfreutest mit deiner Rückkehr; GZP: Das Haus, ach! erfreutest beim Eintreten,

Ach! wo bist du, wo, GZP: Ach! wo bist du, ach du!

Mein Auge, du schöner Bursche, o Auge mein. GZP: Auge mein, o du mein
schöner Bursche.

Und die schwarzen Augen und Wimpern, GZP: Die schwarzen Augen und
die Wimpern, − Im Anschluß an die Übersetzung waren in der GZP
die folgenden Zeilen abgedruckt: Anmerkung − Die Hilfe meines
Freundes, des bedeutenden ägyptischen Schriftstellers französischer
Sprache Elias J. Finbert, hat mir die Übersetzung des Gedichtes möglich gemacht.

RIVALITÄT DREIER MÄCHTE (S. 38–47)

Rivaltà di tre potenze; in der GZP vom 1. August 1931, S. 3, unter dem
Titel *Una dinastia moderna* – ›Eine moderne Dynastie‹. Sämtliche Ab-
schnittstitel fehlen in der GZP, statt dessen finden sich am Kopf des
Artikels, unter der Überschrift, die folgenden plakativen Zusammen-
fassungen nacheinander aufgelistet: Die Rivalität dreier Mächte –
Napoleons Traum – Ein analphabetischer, aber weiser Pascha – Das
Blutbad unter den Mameluken – Ein Geschenk Disraelis an die Königin Viktoria – Fünf Milliarden Lire von den Italienern investiert – Der
piemontesisch sprechende König.

was auch Holland befürchtete GZP: und auch Holland befürchtete dies

bei der militärischen Epopöe, die sie selbst wiederum auslöste GZP: bei der
militärischen Epopöe, die sie selbst wiederum reif werden ließ

Giacomo Leopardi: Ungaretti hat sich zeitlebens mit Dichtung und Denken Giacomo Leopardis (1798–1837) beschäftigt. Zu dessen Urteil
über die Schwächen der Französischen Revolution vgl. u. a. im *Zibal-
done di pensieri* 160f. u. 357f.

Bonapartes Ägypten-Expedition: Während Napoleons politische und militärische Absichten gescheitert waren (im Juli 1798 nahm er Alexandria
und Kairo ein, mußte jedoch ein Jahr später aus innenpolitischen
Gründen nach Frankreich zurückkehren und 1801 seine Truppen ganz

aus Ägypten abziehen), war die wissenschaftliche Erkundung sehr erfolgreich. Die Funde wurden 1809–1813 in den 26 Text- und 12 Illustrationsbänden der *Description de l'Égypte* veröffentlicht.

von einem Marsch eines französisch-österreichisch-russischen Heeres GZP: vom Marsch eines französisch-österreichisch-russischen Heeres

träumt Napoleon da nicht, GZP: träumt er da nicht,

Wie konnten sich die Engländer GZP: Wie konnten sich die Engländer nur

nach Süden und zum Roten Meer GZP: nach Suez und zum Roten Meer

daß er als alter Mann sagen konnte: GZP: daß es ihn als alten Mann sagen lassen konnte:

Er kam im Jahre 1800 als türkischer Befehlshaber nach Ägypten: Als Sohn albanischer Eltern, der sich schon früh kämpferisch hervorgetan hatte, wurde Mohammed Ali 1798 zum Kampf gegen die Franzosen nach Ägypten geschickt, wo ihm vom türkischen Statthalter bald das Kommando über ein albanisches Korps gegen die Mamelucken übertragen wurde.

Diwan: Bezeichnung für die türkische Regierung.

das Lächeln von einigen jener hinterhältigen und blutrünstigen Beis GZP: das Lächeln von einigen dieser hinterhältigen und blutrünstigen Beis – »Bei« (›Herr‹, ›Fürst‹) ist der Herrschertitel, den sich die Mameluckenersten der 24 ägyptischen Provinzen zugelegt hatten.

Mohammed Ali hatte sich sehr wohl gemerkt, … In der GZP schließt dieser Abschnitt direkt an den vorherigen Satz an.

die Heimtücke der Mamelucken GZP: die Abartigkeit der Mamelucken

rasch gezückte Krummsäbel GZP: die Krummsäbel

sollte eines Tages hierüber in Seelennot geraten: Mohammed Ali litt im Alter zunehmend an Geistesverwirrung, so daß er noch zu Lebzeiten (1848) von seinem (Adoptiv-)Sohn Ibrahim Pascha abgelöst werden mußte.

einem Datum, an dem das Land zum osmanischen paschâlik wird: 1517 erobert der osmanische Sultan Selim I. Ägypten und macht es zur türkischen Provinz.

zum Aufblühen zu bringen. GZP: erneut zum Aufblühen zu bringen.

wollte Mohammed Ali Syrien und Mesopotamien: Er wollte GZP: wollte Mohammed Ali Syrien und Mesopotamien, *er wollte*

Es war ein schöner diplomatischer Coup GZP: Es war ein formidabler diplomatischer Coup

hatt-i-scherif: Der Scherif ist ein Nachkomme des Propheten Mohammed.

zu dessen Einweihung Verdi die Aida komponierte: Die Uraufführung fand am 24. Dezember 1871 statt.

Und Ismail stand ihm hierin in nichts nach, …: Ismail (1830–1895) war der Sohn Ibrahim Paschas (s.o.) und wurde in Paris erzogen. Er regierte mit immer größeren Vollmachten seit 1863, modernisierte und erweiterte sein Land, vor allem aber seinen eigenen Besitz, bis er 1879 unter hohen Staatsschulden abtreten mußte. In seine Regierungszeit fällt die Einweihung des Suez-Kanals (1869), bei dessen Aushebung Ungarettis Vater gestorben war.

ein außergewöhnliches politisches Faktum GZP: ein bemerkenswertes politisches Faktum

Lord Derby zögert. Doch Disraeli ...: Edward Henry Smith Stanley, in jungen Jahren Lord Stanley, nach dem Tod des Vaters (1869) Graf Derby, wurde vom konservativen zum liberalen Politiker. Er gehörte seit 1874 im Kabinett Disraeli als Außenminister an, überwarf sich aber mit dem Premierminister und schied 1878 aus der Regierung aus. Benjamin Disraeli, Schriftsteller und Staatsmann, wechselte ins Oberhaus, nachdem ihn die Queen, im Gegenzug zum Titel der Kaiserin von Indien, zum Earl of Beaconsfield ernannt hatte. Wegen seiner Verdienste um Englands Kolonialpolitik erhielt er den Hosenbandorden und das Ehrenbürgerrecht von London.

die das Regelwerk der Kapitulationen ...: Kapitulationen sind Vereinbarungen, die von einer ausländischen Regierung mit einem fremden Land zum Schutz der dort lebenden eigenen Landsleute ausgehandelt werden.

Es handelt sich um leicht zu durchschauende Interessen. GZP: Es handelt sich um ungeheuer große Interessen.

ein Kapital von 5 Milliarden investiert, GZP: ein Kapital von über 5 Milliarden investiert;

Tatsächlich ist es noch heute, GZP: Stellt euch [wörtlich: dir; A. B.] vor, daß es noch heute,

und das Einwohnermeldeamt hat hier noch ein wenig von einem Mythos; GZP: und das Einwohnermeldeamt geht hier noch ein wenig mythologisch vor;

um diesem Land den Rechtsbegriff klarzumachen. GZP: um diesem Land den Rechtsgedanken [it.: »l'idea del diritto« vs. »la nozione del diritto«; A. B.] klarzumachen.

... der kluge Fuad I., Sohn von Ismail. Während ... In der GZP sind die beiden Sätze folgendermaßen aufgeteilt: [...] der kluge Fuad I. Als Sohn von Ismail während des neapolitanischen Exils seines Vaters in Italien herangewachsen, hat er [...]. − Zu Fuad s.u., S. 368.

und noch als Prinz hatte er sich 1908 GZP: und noch als Prinz hat er sich 1908

DIE ARBEIT DER ITALIENER (S. 48–53)

Il lavoro degl'italiani, GZP vom 5. (sic) August 1931, S. 1 (*Il lavoro degli italiani*); dort datiert: Kairo, August.

Er holte sich hier die Krankheit, ... Ungarettis Vater starb an einer »Form von Wassersucht«, die er sich bei Umgrabungsarbeiten beim Bau des Suezkanals zugezogen hatte (vgl. *Album Ungaretti,* cur. L. Piccioni/P. Montefoschi, Milano: Mondadori, 1989, S. 5).

zu der Sorte von Menschen gehört, die aktiver sind ... GZP: zu der Sorte von Menschen gehört, die aktiver ist als die anderen; aber ich glaube immerhin, daß der Italiener ein Arbeiter der erlesensten Art ist.

verleiht sie uns sogar fast eine Überlegenheit über die Franzosen, GZP: verleiht sie uns doch um nichts weniger eine Überlegenheit über alle anderen, und selbst noch über die Franzosen,

die Interessen Englands, Österreichs, Frankreichs, Preußens In der GZP steht ›Rußlands‹ (»Russia«) anstelle von ›Preußens‹ (»Prussia«).

über Rossetti. GZP: über De Rossetti:

nahm Rossetti aktiv GZP: nahm De Rossetti aktiv

Rosellini, was Intuition und Wissen betrifft, Champollion in nichts nachstand: Nachdem sich Jean-François Champollion (1790–1832) lange Zeit vergeblich bemüht hatte, die Hieroglyphen auf dem Stein von Rosette vollständig zu entziffern, suchte er sein Verständnis zunächst anhand der schon damals in Turin befindlichen Sammlung des – von Ungaretti oben genannten – Konsuls Drovetti zu vertiefen. 1828 begibt er sich zusammen mit seinem Freund und Schüler Ippolito Rossellini (1800–1843) und anderen französischen und toskanischen Gelehrten und Zeichnern auf eine 15-monatige Forschungsreise nach Ägypten zur Verifizierung seiner Deutungen. Aufgrund des vorzeitigen Todes von Champollion veröffentlichte der ebenfalls sprachenkundige Rossellini im Laufe von elf Jahren das umfangreiche Schrift- und Bildmaterial zu dieser Reise, das die Grundlage für die weiterführenden Forschungen der ersten Ägyptologen bildete, fast vollständig.

Angelo Sammarco GZP: Prof. Angelo Sammarco

gründete ein Italiener, Botti, GZP: gründete ein Italiener, Prof. Botti,

Auch der jetzige Konservator, Evaristo Breccia, ist ein Italiener, dessen umfassende Gelehrsamkeit GZP: Auch der jetzige Konservator, Prof. Evaristo Breccia, ist ein Italiener, dessen hoher Grad an Wissen [it.: »erudità« vs. »alta scienza«; A. B.]

Lumbroso: Giacomo Lumbroso (1844–1925), Hellenist und Papyrologe, Mitglied der Accademia dei Lincei.

Ein heute wenig bekannter Vorreiter ägyptologischer Studien …: Giovanni Battista Belzoni aus Padua (1778–1823) ist die vielleicht schillerndste Persönlichkeit unter den reisenden Abenteurern in Ägypten. U.a. birgt er im Auftrag des Generalkonsuls Henry Salt für die Engländer den riesigen Memnonkopf in Theben und legt den Tempel von Abu Simbel frei.

Sammarco GZP: Prof. Sammarco

Piaggia: Carlo Piaggia, 1827 in Badia di Cantignano (Lucca) geboren, 1882 im Sudan gestorben, machte sich 1852 auf den Weg nach Ägypten, um die damals noch unbekannten Gebiete Afrikas von dort aus zu erkunden.

Misericordia-Bruderschaften: Toskanische Hilfsorganisationen zur Abholung von Kranken und zur Bestattung der Toten.

il Catasto … GZP: Kleinschreibung von »Catasto« bis »Poste«

Poste Egiziane GZP: Poste egiziane

Wieviel verlorener Boden! In der GZP folgen zwei weitere Sätze: Unser Minister Cantalupo, so umtriebig, weise und resolut, weiß, wie viele Schritte er schon eingeleitet hat und wie viele er noch wird einleiten müssen, um bei der Literaturwissenschaftlichen Fakultät einen Lehrstuhl für Italienisch zu erhalten, wogegen man, ohne sich lange bitten zu lassen, Lehrstühle für Deutsch, Englisch und Französisch eingerichtet hat. Man muß allerdings zugeben, daß, Crispi ausgenommen, all unsere anderen Regierungen der Vergangenheit unserem Ansehen in diesem Land nicht den geringsten Wert beigemessen haben.

MONDSCHEIN (S. 54–60)

Chiaro di luna; GZP vom 14. August 1931, S. 3; dort datiert: Kairo, August. Übersetzt von S. Hildesheimer, a.a.O., S. 16–25.

kam eine Alte aus der Bucht von Kotor zu uns, …: Die Erinnerung an die dalmatinische Kinderfrau Dunja wird in den späten Gedichten der *Croazia segreta* in den *Nuove* geweckt; vgl. Bd. 3 dieser Ausgabe, S. 160ff.

Mohammed Ali: Vgl. oben die Anm. zu *Rivalität dreier Mächte,* S. 364.

von den maschrabijen aus: Die *maschrabija* ist ein kunstvoll geschnitztes Holzgitter in den oberen Etagen orientalischer Wohnhäuser, durch das der Wind zirkulieren kann – und ungestört Blicke schweifen können (vgl. *Der Arme in der Stadt,* S. 78f.). Im Innern der Häuser trennen diese Gitter die Gemächer des Harems von den umliegenden Räumen so ab, daß die Frauen, ohne selbst gesehen zu werden, passiv am Geschehen teilhaben können.

Sah dieser schwarze Samt großer Augen: Vgl. »L'impietrito e il velluto«, V. 17f. u. 24: »Der kroatische Samt/Von Dunjas Blick,« u. »Der Samt von Dunjas Blick,« in Bd. 3 dieser Ausgabe, S. 167.

der Machmudije: Von Mohammed Ali 1819 zur Bewässerung Alexandrias angelegter Kanal, der nach dem damaligen Sultan benannt ist.

mit gewissen Torquemada-Blicken: Thomas de Torquemada, im 15. Jahrhundert spanischer Großinquisitor von Sevilla, während dessen Amtszeit fast 9 000 Menschen bei lebendigem Leib verbrannt worden sein sollen.

der Garten Nr. 3: Der vizekönigliche Palast, arab. »Nimre Telâte«-›Nummer drei‹ genannt.

der große arabische Traum des immerwährenden Abends: Vgl. die Erzählung *Egitto di sera* – ›Abendliches Ägypten‹ im Anhang, S. 331ff.

Omajjaden oder Abassiden: Arabische Kalifendynastien, die bis auf den Urahnen bzw. den Oheim des Propheten Mohammed zurückgehen.

nachgerade der Herausragendste, der Eunuche schlechthin, GZP: nachgerade der Herausragendste der Eunuchen, der Aga Khan,

des Kheduven Abbas Hilmi: Abbas II. Hilmi kam als Nachfolger seines Vaters Taufik 1892 – als Ungaretti vier Jahre alt war – an die Macht.

am Strand von Ramle: Östlich von Alexandria gelegener Villen- und Badeort, im Unterschied zum westlich gelegenen El-Meks in der Nähe des Alten Hafens und des Schlachthauses von Alexandria.

sah ich in den weit geöffneten Torflügeln eine Kutsche auftauchen, gezogen von einem ungestümen Dreigespann. GZP: sah ich in den weit geöffneten Torflügeln einen Wagen auftauchen, gezogen von einem ungestümen Gespann.

vergoldet durch die Schatten der astrachanischen Fellmützen. GZP: vergoldet durch die astrachanischen Fellmützen.

Schauermärchen, die bis in uralte Zeiten zurückgingen. GZP: Schauermärchen, die bis aufs irdische Paradies zurückgingen.

tight: Festlicher Anzug mit gestreiften Hosen und Schoßrock; »tight« gehört zu den Mode-Wörtern, die von italienischen Modeschöpfern zu Beginn dieses Jahrhunderts aus dem Englischen übernommen (engl. »tight« – ›dicht‹, ›fest anliegend‹) und mit einer neuen Referenz versehen wurden (vgl. zur Wort- und Modegeschichte Paolo Zolli, *Le parole straniere*, Bologna ²1991, S. 85).

eine Sammlung von Elegien: Es handelt sich dabei größtenteils um Verse, die Henry Thuile anläßlich des Todes seiner jungen Frau geschrieben hat und die 1912 unter dem Titel *La Lampe de terre* erschienen; vgl. VL, S. 1176, Anm. 11.

die ich heute zu den schönsten der letzten vierzig Jahre zählen würde. GZP: die ich heute zu den zwölf schönsten der letzten vierzig Jahre zählen würde.

Jean ein gewissenhafter Landvermesser. GZP: Jean ein hartgesottener und scharfsinniger Landvermesser.

daß ich in diesem Haus zum ersten Mal vom Begrabenen Hafen ...: Zur Geschichte des »Porto sepolto«, des ›Begrabenen Hafens‹, der dem ersten Gedichtzyklus Ungarettis den Namen gegeben hat, vgl. Ungarettis Bemerkungen in der *Nota* zur *Allegria* in Bd. 1 dieser Ausgabe, S. 444f. (vgl. S. 447 u. 451). Zur Kindheit in Ägypten und zur Freundschaft mit den Brüdern Thuile vgl. Paola Montefoschi/Leone Piccioni, *Album Ungaretti*, a.a.O., S. 5–53, v. a. 38–45, u. François Livi, *Ungaretti, Pea e altri, Lettere agli amici »egiziani«, Carteggi inediti con Jean-Léon e Henri Thuile*, Roma/Napoli: Edizioni Scientifiche Italiane, 1988.

Ein Becken im Meer von Alexandria, ... GZP: Noch vor den Ptolemäern, zur Zeit der Pharaonen – wann? -, existierte demnach ein Becken im Meer von Alexandria, das einer ganzen Flotte Aufnahme gewähren konnte?

Die Anlage dieser Dämme, die Jondet zufolge ...: Ungaretti referiert hier und im folgenden aus Henri Thuiles *Littérature et Orient* (1921); vgl. François Livi, *Ungaretti, Pea e altri*, a.a.O., S. 34f.

durch die Senkung und das Abrutschen der Nilablagerungen GZP: durch die Senkung und das Abrutschen der Ablagerungen des Nils und des Gestades

König Fuad: Fuad I. (1868–1936) wurde 1922 König von Ägypten; vgl. »Rivalität dreier Mächte«, S. 46f.

und füllt die Augen wie mit Spinnweben. GZP: und dringt in die Augen ein wie Spinnweben.

Ein Zirpen von Grillen GZP: Ein Gegurgel von Grillen

Die dscherboa: Wüstenspringmaus

DIE WÜSTE (S. 61–67)

Il deserto; GZP vom 29. August 1931, S. 3; dort datiert: El-Meks, August. Der erste Teil des Artikels (bis einschließlich der Stelle, welche die Frage nach der Herkunft der Kamele verhandelt) wurde, mit Veränderungen, in PNC unter dem Titel »Seconda nota« – ›Zweite Anmerkung‹ veröffentlicht (ebd., S. 47–52/PNC 93, S. 41–44).

Inmitten jenes Knäuels von Völkern GZP: Inmitten jener Völkerdünen — In

der GZP reiht sich ohne eine Unterteilung in Abschnitte Satz an Satz
vom Anfang bis zum Beginn des neuen Abschnitts »Nicht weniger
fruchtbar als die ägyptische ist die mesopotamische Oase; [...].«
Es ist nichts als eine Oase. GZP: Und doch ist Ägypten im Spiel der Wüste eine Oase.
Eine Oase von großer Fruchtbarkeit, mit fünfzehn Millionen Seelen, GZP: Eine
Oase von großer Breite und Fruchtbarkeit, [...].
aber nicht breit: Auf einer Länge ... GZP: Breite ist so dahergesagt, und auf
einer Länge von mehr als tausend Kilometern hat das bewohnbare
und kultivierbare Territorium, zwei schmale Streifen und die fünf
libyschen Oasen, mehr oder weniger die Oberfläche von Belgien.
Kemi: Land des schwarzen Erdbodens, ... Dieser Abschnitt fehlt in der
GZP.
Es ist ein Geschenk des Nils: Bei demjenigen, ... In der GZP lautet der Satz
folgendermaßen: Für den Liebhaber der Stilisierung werde ich sagen,
daß der ägyptische Nil auf der platten Wüstenfläche, im fruchtbaren
Schatten seiner Lider den Eindruck erweckt – es ist die Erde der Magie – des Fußes einer Mohnblume, und er trägt tatsächlich das Delta,
das, wenn man auf der Evokation bestehen will, die spektrale Aderzeichnung eines Blütenkelches ist.
An keinem anderen Ort – ... Dieser und der folgende Abschnitt fehlen in
der GZP; dort schließt der nächste Abschnitt (»Einzigartiger Nil! ...«)
ohne Absatz direkt an »Aderzeichnung eines Blütenkelches ist.« (s. o.)
an.
hat er auf dem Wüstenfelsen Ägypten aufgehäuft: ... GZP: hat er auf dem
Wüstenfelsen Ägypten geschaffen: eine schwarze, zehn und zwölf und
an manchen Punkten des Deltas sogar fünfundzwanzig und dreißig
Meter hohe Erde.
nimmt er die Farbe des Blutes an GZP: nimmt er eine Farbe von Blut an
die klatschenden Regenfälle des Gebiets um den Victoria- und den Nyasa-See
zum Mittelmeer und die tropischen Fische – den Haifisch mit dem Schlamm –
GZP: die tropischen Regenfälle des Victoria Nyasa zum Mittelmeer
und die tropischen Fische, den Haifisch mit dem Schlamm,
Dank seiner könnte man, wenn der Mensch sie nur dulden würde, GZP: Und
wenn der Mensch es nur dulden würde, so könnte man dank seiner
und alles von sagenhafter Austrocknung zeugt GZP: und man nach geologischen Epochen vorgeht, wo alles Zeugnis sagenhafter Austrocknung ist
Tilho: Jean-Auguste-Marie Tilho (1875–1956) war ein französischer For-
schungsreisender und Angehöriger des Kolonialheeres.
Same, der sich auch dann weiter GZP: Same, und [sic] der sich dort unten
auch dann weiter
autorisierte der Nil den Menschen, die längste Abfolge staatlicher Organismen
durch die Jahrhunderte hindurch herzustellen, die man kennt. GZP: autori-
siert der Nil den Menschen, den reichsten und am besten verbun-
densten Dynastienkranz herzustellen.
Sie sollten in sich isoliert überdauern, ... Dieser Satz fehlt in der GZP.
Nicht weniger fruchtbar als die ägyptische ist die mesopotamische Oase; aber
Chaldäa ... In der GZP lautet dieser und der folgende Abschnitt: Nicht

weniger fruchtbar als die ägyptische ist die mesopotamische Oase;
aber von Chaldäa her brachen die Bewegungen aus, die es schafften,
dem Orient zweimal Einheit zu geben: und tatsächlich tauchte vom
Kaspischen Meer über den Hindus zum Mittelmeer der Perser auf vor
der westlichen Wüste und zeigte so Alexander den Weg; und vom selben Punkt emporschnellend, wußte sich später das Reich der Araber
einen noch weiteren Horizont zu eröffnen. Chaldäa kennt keine ge-
schichtliche Stabilität wie Ägypten, sondern, da es vom Nomaden beherrscht wird, ständigen Ortswechsel und Neuerung; und so wie das
ägyptische Land eine sehr lange Verwurzelung des Menschen widerspiegelt, trieb es Abenteuer voran: Die arabischen Volksstämme haben eine turbulente Geschichte; und ihre Unruhe ist noch nicht vorbei. Die Gründe für diese Verschiedenheit sind zahlreich, und einen
sieht man mit bloßem Auge.

Nun müßte man erklären, warum … Dieser Abschnitt fehlt in der GZP.

Würde ich, von diesem Punkt meines Alexandrias aus, GZP: Würde ich von
diesem Punkt aus – In der GZP schließen diese Worte direkt an »und
einen sieht man mit bloßem Auge.« an. (S. o.)

*fünfhundert Kilometer lang, zweihundertfünfzig Kilometer breit: Von diesem
Sandmeer im Hintergrund, …* GZP: über den Daumen gepeilt, fünf-
hundert Kilometer lang, zweihundertfünfzig Kilometer breit, ein
Sandmeer: Im Hintergrund, zwischen der Küste und der Oase von
Siwa, geht man in den Gharb hinaus: ins Abendland: die gähnende
Ödnis. – Gharb, arab. »gharbi« – ›Westen‹

des Orients: Wegen dieser seiner Lage hatten sie ihm heiligen Charakter …
GZP: des Orients, wegen dieser seiner Lage hatten sie ihm vielleicht
heiligen Charakter zugesprochen und kamen hierher, um die Heiligkeit der Macht zu empfangen.

als der Hafen seiner Stadt angelegt war GZP: als der Hafen von Alexandria
angelegt war

Tatsächlich war Siwa ein Einfallstor, eines … GZP: Siwa ist das Tor der Einfälle [lies: der Invasionen; A. B.].

*ein serir beweglicher Steine: die libysche Festung, welche die Natur zur Verteidi-
gung Siwas aufgestellt hat. Der erg, der Dünenkomplex,* In der GZP sind
beide Sätze durch Kürzung verbunden: ein *serir* beweglicher Steine;
dieser *Erg* oder Dünenkomplex,

Darfur: Landstrich im Sudan.

hat Ägypten demnach keinen Raum GZP: hat Ägypten keinen Raum – In
der GZP folgt als letzter Satz des Abschnitts: Seine Leute sind demnach naturgemäß dazu gehalten, Männer wie Frauen, den braunen
Rücken über die Erdscholle zu beugen.

*Charga und, auf dem Weg nach unten abbiegend, Audschila, Dschalo, El-Jagh-
bub, Siwa. Quer durch dieses Gebiet drang* GZP: Charga. Wenn man sich
auf dem Weg nach unten wendet, Audschila, Dschalo, El-Jaghbub,
Siwa, so drang durch diesen Korridor der Oasen

während des Krieges der senussitische Angriff gegen Ägypten: Der islamische
Orden der Senussi, der 1833 von dem Algerier Mohammed ibn Ali
es-Senussi (ca. 1790–1859) gegründet worden war, hatte sein Zentrum

zunächst in der Oase Dscharabub in Libyen; 1896 wurde der Orden nach Kufra verlegt. Im ersten Weltkrieg standen die nationalistisch gesinnten Senussi auf der Seite der Mittelmeermächte und griffen das von den Briten besetzte Ägypten an. 1923 wurden sie von den seit 1912 in Libyen herrschenden Italienern besiegt.

die Perser, als sie sich zu Herren Ägyptens machten, GZP: die Perser, Herren Ägyptens,

Auch aus einem anderen Grund sind es bedeutsame Oasen: ... Die ersten beiden Sätze des Abschnitts lauten in der GZP (in drei Sätze untergliedert): An diesen Oasen kann man die strategische Bedeutung sehen, welche die Römer dem Korridor der Oasen beimaßen. Sie haben dort den intensiven Ackerbau unter den Palmen eingeführt, und wenn der Einheimische hier die alten Brunnen zeigt, dann nennt er sie »römisch«, und der Archäologe gibt ihm Recht. Es handelt sich um Quellen, die sich den Infiltrationen von Regenwasser verdanken, die, an bestimmten Punkten einige Dutzende von Metern tief, unter der Erde eingeschlossen und in Maulwurfslabyrinthen kanalisiert sind.

Septimius Severus, der übrigens aus Leptis Magna war: Septimius Severus war von 193–211 römischer Kaiser; seine Geburtsstadt an der Syrte in Karthago wurde im 7. Jh. von Arabern verwüstet.

hier im libyschen Territorium Ägyptens GZP: hier im libyschen Korridor Ägyptens

vor Christi Geburt zurück: Tatsächlich sieht man auf den vorhergehenden ägyptischen Monumenten GZP: vor Christi Geburt zurück. Und tatsächlich sieht man auf den antiken Monumenten

Außerdem weiß man, daß für den Zusammenbruch ... GZP: Außerdem weiß man, daß für den Niedergang des byzantinischen Reichs von Nordafrika der Wettstreit der Kamele nicht unerheblich war.

in der groben Gesichtshaut, die man ... GZP: in der groben Gesichtshaut, die gegerbt ist wie eine Eidechse und die auch von Farben und Verdickungen her der Schale einer alten Nuß gleichen könnte, brennen zwei falsche Äuglein.

Mit der Einnahme von Kufra: Die Einnahme der Oase Kufra am 24. Januar 1931 beendete den italienischen Kolonialkrieg gegen die Senussi; die Italiener besetzten das gesamte libysche Territorium und vereinigten 1934 die Kyrenaika mit Tripolitanien und dem Fezzan zur Kolonie Libyen.

Ich gebe die Rede des Ägypters hier wieder, weil sie ... GZP: Ich gebe die Unterhaltung mit dem Ägypter wieder, weil sie ein paar von den Gedanken ergänzt, die bereits in diesem Artikel geäußert wurden.

im Sudan einen Mahdi: Nach schiitischer Überlieferung wird so der letzte Imam, das letzte geistliche Oberhaupt aus der Nachkommenschaft von Mohammeds Schwiegersohn Ali genannt, der angeblich niemals gestorben ist, sondern sich bis zum jüngsten Tag verborgen hält. 1883 wurde der erfolgreiche Aufstand nubischer Stämme gegen Ägypter und Engländer im Sudan von dem angeblichen Mahdi Mohammed Ahmad angeführt, dessen Mahdi-Staat erst 1898 von dem Briten Kitchener endgültig erobert wurde.

Für uns läßt sich die Vorstellung des Krieges nicht vollständig GZP: Für uns
läßt sich die Vorstellung des Krieges noch nicht vollständig
Der Fall des Kalifats der Osmanen: Der Fall der Dynastie der Osmanen
und die Auflösung des Osmanischen Reichs wurde durch die Unter-
zeichnung des Friedensvertrags von Sèvres durch die Regierung des
Sultans Mohammed VI. am 10.8.1920 besiegelt.
durch das Verdienst Kemal Paschas: Kemal Atatürk (1881–1938), bis 1934
Mustafa Kemal Pascha, gilt als Schöpfer der modernen Türkei. 1922
setzte die von ihm einberufene Große Nationalversammlung in An-
kara den Sultan ab. 1923 wurde Atatürk zum ersten Präsidenten der
neuen Republik gewählt; 1924 schaffte er auch das Kalifat ab.
Das sind die Probleme der Wüste, wenn man so will, praktische Probleme, aber
für den GZP: Das sind die Probleme der Wüste. Praktische Probleme,
wenn man so will, und für den

DAS LACHEN DES DSCHINN RULL (S. 68–72)
La risata dello Dginn Rull; GZP vom 12. September 1931, S. 3; dort da-
tiert: El-Meks, September. In PNC unter dem Titel »Il demonio me-
ridiano« – ›Der Mittagsdämon‹ (ebd., S. 69–77/PNC 93, S. 55–60).
Übersetzt von S. Hildesheimer, a.a.O., S. 26–31.
Er geht ins Blut wie die Erfahrung Dieser und der folgende Satz lauten in
der GZP: Er geht euch ins Blut wie die Erfahrung dieses absoluten
Lichts, das sich an der Trockenheit abwetzt, und vom Geheimnis der
Erde nehmt ihr wie ein Echo von soviel Leiden, wie ein erwürgtes
Zerbersten wahr.
Ihr könnt von allen Arten der Zugheuschrecke essen Im italienischen Wortlaut
der GZP wie auch in dem des DD 61 stand, dem biblischen Text entsprechend, »arbe« für ›Zugheuschrecke‹ (das gleiche gilt für die Texte in PNC und in *Letteratura*); in DD 69 steht statt dessen »erbe« –
›Gräser‹, ›Kräuter‹, was mir ein Druckfehler zu sein scheint. Das Versehen mag damit zusammenhängen, daß in den früheren Texten die
Heuschreckennamen nicht kursiviert waren, wogegen in DD 69 nur
die vermeintlichen »erbe« normal gesetzt sind. Vgl. Lev. 11,22.
zu jener Stunde wird er wie eine Egge des Mondes sein GZP: zu jener Stunde
werden sie wie ein Hauch des Mondes sein
und mit einer Verbeugung den Kopf des Mehari, der sich mumifiziert hat, zei-
gen; GZP: und mir zeigen, daß der Kopf mumifiziert ist; – »Mehari«
ist eine aus dem Arabischen übernommene Bezeichnung für das sogenannte Satteldromedar.
was euch bereits die vielen Maler gesagt haben GZP: was euch bereits die vielen Maler gesagt haben werden
Die Luftspiegelung … GZP: Ich habe euch die Luftspiegelung beschrieben.
und ihre Brechung weniger vollständig geschieht GZP: und ihre Brechung weniger ungleich geschieht
einen Schwarm von glühenden Mückenflügeln GZP: einen Schwarm wie von
glühenden Mückenflügeln
dann endlich werden mir die Personen – spektral – erscheinen. GZP: dann

werden die Personen mir endlich spektral erscheinen. – In der GZP
folgt nach diesem Satz eine Leerzeile.

chamsîn: Der *chamsîn* (arab. ›fünfzig‹) oder, eingedeutscht, Kamsin ist ein
heißer, trockener, mit feinen Staubpartikeln beladener SW-Wind, der
im Frühsommer die letzten fünfzig Tage vor der Sonnenwende weht.

und in die Poren der Haut GZP: und in die Haut

muß – wie es die alte Religion der Sahara will, GZP: muß; wie es, wie gesagt, die alte Religion der Sahara will,

diese bösen Seelen: damit ihnen nicht durch den Mund und durch die Nasenlöcher
GZP: diese bösen Seelen, damit ihnen nicht durch den Mund oder
durch die Nasenlöcher

*bis Venus kommen wird, um Täuschungen zu verwandeln und den Himmel wie-
der heiter zu machen* Dieser Satzteil fehlt in der GZP.

– wenn einer hinter dem Stern hergeht, GZP: und er geht dahin, allein auf
seinen Stern vertrauend;

In jenem Augenblick wird er die letzten Blendungen kennen. GZP: In jenem
Augenblick kennt er die letzten Blendungen.

werden wie ein Trommelwirbel sein. Rull?: Das letzte Wort ist eine Anspielung auf die italienischen Worte »rullo di tamburo« – ›Trommelwirbel‹. Der Dschinn Rull ist ein Wüstendämon von wechselnder Gestalt. Im Vergleich der Sandkörner mit einem Trommelwirbel und
über den Gleichlaut von »Rull« und »rullo« werden die Sandkörner
dämonisiert.

wie ein Wachstum der Seele sei, daß der Preis für die Seele GZP: wie ein
Wachstum der Seele sei und der Preis für die Seele

DER ARME IN DER STADT (S. 73–80)

Il povero nella città; GZP vom 24. September 1931, S. 3; dort datiert:
Kairo, September. Übersetzt von S. Hildesheimer, a.a.O., S. 32–42.
Der Artikel wurde 1946 zu einem Aufsatz über Cervantes *Don Quijote* erweitert als Einführung zu Giampiero Gianis italienischer Luxusausgabe des Buches mit Illustrationen von Carlo Carrà (Milano
1947/48); 1949 wurde er in dieser Gestalt in PNC, 1974 postum in *Saggi e interventi* wiederabgedruckt. Die Übersetzung dieses Aufsatzes
wird in Band 5 der deutschen Werkausgabe aufgenommen.

an Baumzweigen GZP: am Baumzweig

über den Flammen GZP: über der Flamme

Mein Fakir ist, wie das arabische Wort besagt GZP: Mein Fakir [it.: »fa-
chiro«; DD 61: »fachir«; DD 69 *»fachir«*; A. B.] ist, wie auf arabisch *fa-
hir* besagt

und sich mit Recht ebenfalls Fakir nennen lassen, … GZP: und sich mit
Recht ebenfalls Fakire [it.: »fachiri«; DD 61/69 s.o.; A. B.] nennen lassen, so ist doch der Sinn, den ich ihm heute beilegen möchte, der, der
von der Wüste herkommt und die Armut will, Ursprung des Lebens,
und in der Armut eine mystische, aber unfreiwillige Fähigkeit erkennt.

*Ich habe mich viel auf den Straßen meines Ägyptens herumgetrieben. Im Kopf des
Arabers entsprechen der Verrückte* GZP: Neulich habe ich euch in der Wü-

ste herumgeführt; im Kopf des Arabers entsprechen nun der Verrückte [it.: »pazzo«; DD 61/69: »matto«; A. B.]

von maßloser Schwäche und maßloser Kraft beherrscht wird; einem Menschen,
... GZP: von maßloser Schwäche und maßloser Kraft beherrscht wird: einem, der frei ist, einem Wesen, das wie jegliche Freiheit Angst macht [...].

Der Fakir ist auch der Mann,... Dieser Abschnitt wie auch die folgenden mit den Erzählungen des Alten Testaments (bis »sofern es die Armut – Heroismus, Wahnsinn – durch eigene freie Wahl besaß.«) fehlen in der GZP.

Es erzählt das Alte Testament: Vgl. Genesis 16 u. 21

Gleich im Anschluß unterbreitet mir die Genesis: Vgl. ebd., 25

Nedjd: Hochebene in Saudi-Arabien

Wenn es euch so wie mir widerfahren wäre, ... GZP: Wenn wir uns länger in der Wüste aufgehalten und beispielsweise dem *muled* des Marabut beigewohnt hätten, so hätten wir in einem bestimmten Augenblick zwischen den zum Fest herbeigeeilten Reitern, dem Volk und den Standarten [...]. – In der GZP schließt der Satz ohne Absatz direkt an »einem Wesen, das wie jegliche Freiheit Angst macht [...].« (s. o.) an.

muled des Marabut: Der Marabut ist ein in der Wüste lebender mohammedanischer Heiliger. »Muled« ist ein Dialektwort für das hocharabische »mawlid«: Geburtsfest, Gedenkfest eines Heiligen.

die ihm zur langen Schleppe wird GZP: die zu einem langen Schwanz für ihn wird

um die aufgelesenen Streichhölzer hineinzuwerfen – ... um die aufgelesenen Streichhölzer, eine ganze Schachtel, hineinzuwerfen, mit denen ich vergeblich versucht habe, bei diesem Wind, meine Zigarre anzuzünden: Ich sehe [...].

Er nähert sich den Zelten, und hier, ganz Herr, ... Dieser Satz und der Rest dieses Abschnitts lauten in der GZP folgendermaßen: Er nähert sich den Zelten, und hier, ganz Herr, taucht er unter Segenswünschen die Hand in den gekochten Reis und verschlingt ihn Bällchen für Bällchen, die er sich hochwirft wie ein Gaukler; dort nimmt er dem Gast den gepfefferten Tee aus der Hand und trinkt ihn, kochend heiß, in einem Zug; und immer hat er dabei ein Grinsen im Mundwinkel. Der Verstand ist ihm abgestorben: Er ist ein Heiliger!

Er war der König des Festes, ... Dieser Abschnitt lautet in der GZP: In einem religiösen Gefühl, das sich im Kameltreiber enthüllte, das in der Wüste wächst, bedeutet die Schicksalsergebenheit notwendigerweise Sieg der Natur über den Willen. Und der vom Schicksal Gezeichnete, lebendiges Zeugnis der göttlichen Macht, ist naturgemäß heilig.

Messing, Amber, Taubendreck, Moschus, Madapolam GZP: Messing, Madapolam

in Staub auflöst: Stein, Holz ... GZP: in Staub auflöst: von Stein, von Holz. – Am Ende des Abschnitts folgt eine Leerzeile in der GZP.

Nun läßt sich der ephemere Sinn, den der Araber den Dingen gibt, besser erklären: GZP: Nun durchdringen wir den ephemeren Sinn, den der Araber den Dingen gibt, besser:

642 von Amru gleich nach dem Einmarsch in Kairo gegründete Stadt: Amr Ibn El-As, Feldherr des Kalifen Omar, eroberte 640 n. Chr. die damals schon vorhandene, von den Griechen Babylon genannte Stadt und ließ, so die Überlieferung, an der Stelle seines Zeltes eine Moschee erbauen. Das Paradoxon einer Stadt, die »in Kairo« gegründet wurde, bevor dieses als solches existierte, sollte auch in der Übersetzung nicht durch eine Formulierung wie »auf Kairos Boden« o. ä. nivelliert werden.

und im Jahre 970 El-Kahira: Masr El-Kahira ist der heutige arabische Name Kairos, nach dem Planeten Mars (arab. »Kahir« – ›der Siegreiche‹).

der numerischen Symbole GZP: numerischer Symbole

ganz Sklavin der Ausnahmen von der Regel. GZP: ganz Sklavin der Ausnahmen von den Regeln. – In der GZP folgt auf diesen Abschnitt eine Leerzeile.

maschrabijen: Vgl. oben, S. 367.

sich an der Hand haltend GZP: sich die Hand haltend – Am Ende des Abschnitts folgt eine Leerzeile in der GZP.

Ich werde den Obolus entrichten, ich werde den Obolus entrichten GZP: Ich werde bezahlen, ich werde bezahlen

DIE BAUMWOLLE UND DIE KRISE (S. 81–86)

Il cotone e la crisi; GZP vom 24. November 1931, S. 1.

»Sie haben einmal über die französisch-englische Rivalität in diesem Land geschrieben. GZP: »Sie haben in einem ihrer Artikel die französisch-englische Rivalität in diesem Land aufgezeigt.

Mustafa Kamil: Kamil (1874–1908) war der Anführer der Nationalistischen Partei Ägyptens, unter seiner Leitung erstarkte die Autonomiebewegung.

Stirner: Max Stirner, Pseudonym von Kaspar Schmidt (1806–1856), linkshegelianischer deutscher Philosoph und Schriftsteller mit dem Hauptwerk *Der Einzige und sein Eigentum* sowie Übersetzer eines *Lehrbuch[s] der praktischen politischen Ökonomie*.

In jenen Jahren war Plate die Seele des Norddeutschen Lloyd: Der Bremer Zoologe Ludwig Plate (1862–1937) erforschte Mollusken und befaßte sich mit Problemen der Stammesgeschichte und der Vererbungslehre auf zahlreichen Forschungsreisen. Der Norddeutsche Lloyd wurde 1857 in Bremen gegründet; 1930 schloß die Schiffahrtsgesellschaft eine Interessengemeinschaft mit der HAPAG.

So wie Hamburg Ballin hatte: Albert B. Ballin war regierungsnahes Vorstandsmitglied und zuletzt Generaldirektor der Großreederei HAPAG und setzte sich dort tatkräftig gegen die englische Vorrangstellung im nordatlantischen Verkehr ein.

Cantaro: Der Cantaro war früher in Italien und den Mittelmeerländern ein übliches Handelsgewicht, das je nach Gegend differieren konnte.

Mit Ausnahme von Italien und Rußland GZP: Mit Ausnahme des faschistischen Italien und von Rußland

sondern der Hellseher. GZP: sondern der Hellseher und der Führer [it.: »duci«; A. B.].

Agiotage: »Kurstreiberei«; Börsenspekulation, bei der das »Agio«, die Kurssteigerung eines Wertpapiers, entscheidend ist.

Kommen wir zu einem anderen Punkt. Dieser Satz schließt in der GZP ohne Absatz an den vorausgehenden an; ein neuer Absatz beginnt dagegen mit dem übernächsten Satz (Vor dem Krieg, ...).

Quintale: Ein Quintal entspricht in etwa einem Zentner (100 kg).

TAG DER PHANTASMEN (S. 87–93)

Giornata di fantasmi; GZP vom 3. Dezember 1931, S. 3; dort datiert: Kairo, November. Übersetzt von S. Hildesheimer, a.a.O., S. 43–51. In der Zeitschrift *Parallelo* (1 [1943], S. 9f.) und in PNC (S. 53–63/PNC 93, S. 45–51) erschienen weitere Versionen dieses Artikels.

Und ich fand mich in einer Sackgasse wieder. GZP: Ich fand mich in einer Sackgasse. – In der aktuellen Formulierung Anspielung auf den Beginn von Dantes *Divina Commedia*, wo der Protagonist sich im »dunklen Wald« der Unterwelt wiederfindet und der »direkte Weg verstellt« ist; vgl. *Inf.* I, 2f. (›Sackgasse‹ wörtlich: »vicolo cieco« – ›blinde Gasse‹).

Angelehnt an einstürzende Mauern, Schattenanschwellungen... Ab hier lauten dieser und der folgende Abschnitt in der GZP (in einem Abschnitt): Angelehnt an einstürzende Mauern, saß auf der Erde eine Reihe von schwarzen Fagotten. Beelzebub (Baal s'bub), der – wer wüßte dies nicht? – der Gott der Fliegen ist, hatte seine grausamsten Spione dort unten hingeschickt; es waren viele, und sie waren so winzig; wie ein Rauch. Es erschienen Hände. Rhizom, das sehr langsam in sandenen Schachbrettern scharrte; oder es waren rheumatisierte Klauen, die Muscheln hielten und litten; oder Radiographien von Phalangen, die bebend ein Kraut wählten, es dem Auge näherten, wie gekocht, und das aus einer adhäsiven und albinotischen Haut wie jener, sehr welk jedoch, die den Hühnern als Lid dient, hervorsprang, um zu sehen.

Ich war dem düsteren Ort kaum entkommen und irrte – ... In der GZP lautet der ganze Abschnitt: Denkwürdiger Tag! Ich war dem unheilvollen Ort kaum entkommen und irrte auf einem kleinen Platz umher, voll von grünen oder roten Fähnchen an den Fenstern und an den Geschäften, auf den Wagen und den Marsen, als ich einen alten Maler sah, der die Menge aufnahm, und zack, über den Rücken der Hand hinweg, die zeichnete, die kleine Hand eines Kadavers herunterfiel. Am Finger ein Messingringlein; Kleinmädchenhand. Wir hoben die Augen. Geier stiegen in großen Kreisen auf.

Ein Fest für die Raubvögel. Dieser und der nächste Satz des Abschnitts fehlt in der GZP.

Im Gehör setzte sich... In der GZP statt dessen Beginn des Dialogs: Und was für ein Fest ist heute?

Die Stadt ist flaggengeschmückt, weil heute der Erste des... GZP: Der Erste des Monats Moharram, der Erste des Jahres.

an einem anderen zehnten Tag des Moharram verließ Noah... GZP: Noah verließ die Arche; die Mütter jeder Klasse gehen mit dem Söhnchen [...].

zur Moschee des Märtyrers Husain hin: Husain, Sohn des Kalifen Ali und

Fatimas, der Tochter Mohammeds, hielt den Herrschaftsanspruch, auf den sein älterer Bruder verzichtet hatte, aufrecht. Er fiel am 10.10.680 bei Kerbelâ als Märtyrer, im Stich gelassen von der Partei seines ermordeten Vaters, im Kampf gegen seinen Rivalen Yazid I. Sein Todestag wird in schiitischen Gegenden als religiöser Gedenktag begangen.

die sich mit dem Säbel große Hiebe ... GZP: die sich mit den Säbeln ins Antlitz schlagen, wieder ein Kind auf dem weißen Pferd sehen, das vorbeizieht, die weiße Tunika blutgetränkt.

... nicht einmal mehr Geschichte im Zustand der Selbstvergessenheit sind: Gewohnheiten, deren Geist ... In der GZP lautet der Passus : ... nicht einmal mehr Geschichte im Zustand der Selbstvergessenheit sind. Gewohnheiten, deren Geist nun nur noch ein Phantasma, Aberglaube und Märchen ist. Traum, der seine Geschichte nun abgenutzt und aufgezehrt hat und frei von seinem Fleisch überlebt, [...].

Leben, das mit den arabisierten Berbern ... GZP: Leben, das vom Westen her mit den arabisierten Berbern der Fatimiden-Dynastie hier angelangt ist und das zweihundert Jahre lang gedauert hat, von 969 bis 1171, das aber seither womöglich noch viel ausgezehrter ist als um einiges weiter zurückliegende Leben.

Ein Phantasma, das ... GZP: Es ist ein erregendes Phantasma für diesen fremdländischen Dichter. Eroberung der Erde seitens der Urahnen, und nach der Sintflut, nach der zweiten großen Bestrafung, die Rückeroberung. Dem Menschen zum Zeichen göttlicher Gnade anvertraute Eroberungsmission. Versprechen der Tapferkeit (nicht einmal den Verlust des Lebens fürchte man), abgelegt von den aufs zärtlichste erprobten Generationen. Mütterlicherseits ist es die Darbietung der Söhne ans Volk; das Volk antwortet, daß die Verteidigung der Kindheit Pflicht der Gemeinschaft ist. — An die Stelle der obigen Zeilen ab »Eroberung der Erde« sind in DD 61/69 fünf eigenständige Abschnitte getreten (von »Die Fabel von den Ursprüngen« bis »So war ein abstinentes Volk zu Ruhm gekommen.«).

– und die Gedanken, überlege ich, passen sich der Heftigkeit eines Lichtes an, ...: Im italienischen Text steht für ›überlege ich‹ »rifletto« – wörtlich: ›reflektiere ich‹, um die metaphorische Entsprechung von Licht und Gedanken vorzuführen. Die Mehrdeutigkeit des Einschubs tut ein übriges, um das Wechselspiel von Reflexion und Interpretation hervorzukehren.

Sich genügsam von gegrilltem ... Anstelle dieses Satzes steht in der GZP: Ich trete hinaus in andere Träume.

Ein Traum dauert nicht, und schon erhebt sich die Zitadelle ... Der ganze Abschnitt von hier bis »[...] wenn man umzieht.« lautet in der GZP: Die Zitadelle Saladins erhebt sich mit den Bollwerken und den Wehrtürmen, mit dem Schatten, der die Ecken sucht und sich dort hinaufwindet wie ein Wurm. Auf der grimmigen Festung hat Mohammed Ali die Luft einiger Kuppeln in die Schwebe gebracht. Es ist sein Grab. Von hier, bis zum hinteren Teil der Stadt ganz dort unten, bis zur anderen Zitadelle, wo die römische Legion stand, gibt es eine

große Umarmung von Gräbern. Ein Geflecht von Straßen, die alle in
die arabische Wüste hinauslaufen. Fürstliche Gräbertrupps, die unsichtbaren Spielern von Schachpartien zu dienen scheinen. Bescheidene Gräber, mit verfallenen Häusern vermengt. In den Häusern hält
man sich an bestimmten Tagen auf, den eigenen Toten nahe. Es ist
auch passiert, daß man hier *haschisch*-Rauchwinkel entdeckte; und
Paare, die sich den Eltern zum Trotz lieben, finden oft keinen freundlicheren Ausweg, als sich hier zu verstecken. Manchmal sind es in einem Hof zusammengekauerte Gräber, wie die Habseligkeiten auf
dem Lastwagen, wenn man umzieht. — Mohammed Alis Grab ist Teil
der sogenannten Alabaster-Moschee, die 1857 von seinem Sohn und
späteren Nachfolger Said vollendet wurde. Zur Person Mohammed
Alis vgl. den Text *Rivalität dreier Mächte,* S. 38ff.

Ich habe gehört, daß eine Welle … GZP. Ich habe gehört, daß eine Welle
von ihnen ausgeht, die auf süße Weise mit den Toten leben läßt. Eine
tiefe und ruhige Welle. Das Phantasma der Wege des Herzens.

kommt der Mokattam auf mich zu, GZP: erhebt sich der Mokattam. — Der
Rest des Abschnitts lautet in der GZP wie folgt: Er ist ein Stück jener
Myriaden und Myriaden winziger Muscheln, die vom Nordwesten
Afrikas her quer durch Ägypten bis nach Indien und nach China eine
Unermeßlichkeit an Gestein gebildet haben. Er ist ein Grab der Vor-
geschichte. Ich steige also hinauf unter einem Wind von Nummuli-
tenphantasmen. Auf dem Gipfel des Berges ist eine Moschee, und von
unten war sie wie eine Krippe aus Asche. Noch ein Grabmal. Das hat-
te sich 1085 der Wesir Bakr el-Gamali in dem Wunsch erbauen lassen, seine Schönen könnten zu jeder Stunde von jedem beliebigen
Punkt der Stadt aus »die Wärme« – so sagt die Inschrift – »eines
Blicks« dem zuwenden, der sie einst liebte. Auch das Phantasma der
Muse Erato. — Erato ist die zitherspielende Muse der erotischen Poesie. — Der Mokattam gehört zu einem sedimentären Gebirgszug des
Tertiärs aus biogenem Nummolitenkalkstein. Die Nummoliten sind
einzellige Wurzelfüßer, sogenannte Foraminiferen. Die Vorstellung
von der Umwandlung des einst Lebendigen in fossile Überreste, des
flutenden Meeres in trockene Gesteinsschichten gewinnt bei Ungaretti
poetologische Bedeutung. — Die ›Inschrift‹ (»scritta«) entwickelte sich
über das ›Epigraph‹ (»epigrafe«) im *Parallelo*-Text zum ›Epitaph‹
(»epitaffio«) in DD 61/69.

Ich schlage nun einen Weg ein, der … GZP: Wenn man den Weg nimmt,
der sich in einem Aufruhr von Felsblöcken dahinschlängelt, begegnet
man den Gruben, die ausgehoben wurden, um die Pyramiden zu errichten – Gräber auch die Pyramiden, und von hier sehen sie aus wie
drei Wolken; unbewegliche allerdings.

Ich biege nach rechts ab, und … Dieser und der folgende Abschnitt fehlen
in der GZP.

Die letzte Höhle gewährt Omar Ibn Al-Farid … GZP: In einer Höhle ist das
Grab von Omar Ibn Al-Farid, dem Kairoer Dichter des 12. Jahrhunderts, und er sang: — In DD 61/69 wird als Jahreszahl 1110 angegeben, in der GZP dagegen »del 1100«. Da Omar Ibn Al-Farid, der

Dichter von *Das arabische Hohe Lied der Liebe* (vor 1200), nicht vor 1181 geboren wurde (gest. 1235) und mir die konkrete Jahreszahl im Kontext unerklärlich scheint, werte ich 1110 als einen Druckfehler, der auch bei der zweiten Auflage des DD übersehen wurde. Vgl. auch im Anhang, S. 324f.

Die Haarpracht teilend der Nacht / ... GZP: Verloren über den Haaren der Nacht/Sehe ich wieder die Morgenröte deiner Stirn,/kehren die Schritte zurück, dem Führer zu folgen./Wenn die Liebe verschwände,/nähme die Zeit kein Ende, nie.

unter dem Sultanat von Murad I.das Korps der Janitscharen: Murad I. war der dritte Herrscher des Osmanischen Reichs; er besiegte 1389 die Serben in der Schlacht auf dem Amselfeld. Das Fußvolk der Janitscharen wurde 1328 vom Sultan Urchan, dem Vater von Murad I., in Ermangelung türkischer Söldner aus christlichen Kindern rekrutiert.

Halb zur Küste hinabgestiegen, öffnet ... GZP: Auf halbem Weg zur Küste finde ich einen Platz mit Pflanzen und Blüten. Sie wirken befremdlich in dieser Dürre. Sie sehen aus, als seien sie verblichene Blüten und Blätter aus Blech. − In der GZP schließt sich der nachfolgende Text ohne Absatz an.

Die Ebene erstreckt sich ... Dieser Satz fehlt in der GZP.

Ich gehe hinein. GZP: Ich gehe hinein. Es ist eine sehr breite Höhle.

Bektaschi-Mönche: Mönche des von Hadschi Bektasch im 14. Jahrhundert gegründeten Bettelordens mit politischem Einfluß.

aber sie drehen sich nicht GZP: aber diese [hier] drehen sich nicht

Möge ein anderer die Gewalt, die er sich vorstellt GZP: Möge ein anderer die Gewalt, die sie sich vorstellen

Seine hagere, geduldige Hand, ... GZP: Dieser Satz fehlt in der GZP.

vielleicht, weil er im Dunkeln lebt. GZP: vielleicht, weil er in diesem Dunkel lebt.

kollern riesige Sandgäule: Wortspiel mit der Mehrfachbedeutung von »cavallone« − ›großes Pferd‹/›Sturzwelle‹

Reiterphantasmen mit einem »Willen, ... GZP: Sie verbergen Reiterphantasmen mit einem »Willen, hart wie die Schneide ihrer Krummsäbel«.

Versunken nehme ich meinen Spaziergang ... GZP: Weit weg, dort unten, liegt ein Berg von Abfall.

Andere Geier waren dort oben, still und ... GZP: Andere Geier waren dort oben, still, und es schien, als ruderten sie mit den Flügeln.

dem Gewicht nach zu urteilen, ... GZP: dem Gewicht nach zu urteilen, schienen sie Stücke aus Gußeisen

daß sie selbst bei einer Berührung ... GZP: daß sie dir diesen Eindruck selbst bei einer Berührung machen würden − schienen aus Bimsstein.

Eine Staubwolke verbarg alles. GZP: Eine Staubwolke verbarg sie.

dann, als alles dazu überging, ... GZP: dann, während der Himmel in safranfarbenes Glas überging, erschienen wie Punkte von Brillanten.

Horus, Licht und Nächte verschlingender Pfeil, ... In der GZP lautet der letzte Abschnitt folgendermaßen: Horus, o Todesesser, du kennst den Weg zum/durch den [it.: »per«; A. B.] Tod und zum/durch das/das Licht. Du allein vielleicht unter den vielen Phantasmen dieses Tages und jenes phönizische Übel/jener üble Phönizier, das/der die Täuschungen anbot in der schwarzen summenden Gasse, ihr allein seid vielleicht mehr als Phantasmen, hier, anderswo und für immer. − Zu Horus s. o., S. 361.

BERGE, KÜSTEN UND LEUTE KORSIKAS

Monti, marine e gente di Corsica. Diese Abteilung basiert auf fünf Artikeln, die von Januar bis März 1932 in der GZP veröffentlicht wurden.

DIE KUH FÄHRT ÜBERS MEER (S. 96–101)

La mucca va per mare; unter dem Titel *Il lamento del castagno* – ›Die Klage der Kastanie‹ in der GZP vom 16. Januar 1932, dort datiert: Bastia, Januar.

Da steht bereits eine GZP: Dort unten steht eine
Der neue Hafen von Bastia GZP/DD 61: Der Neue Hafen von Bastia
Bartolinis Napoleon als römischer Kaiser: Lorenzo Bartolini (bei Prato 1777 –Florenz 1850), neoklassizistischer Bildhauer, schuf die gewaltige Statue und weitere Marmorskulpturen im Auftrag Napoleons.
aus dem weiten Kreisen von den Erhebungen des Alten Hafens GZP: aus dem weiten Kreisen der Erhebungen des Alten Hafens
Die Klage der Kastanie Diese Überschrift fehlt in der GZP.
Bruyèreholz: Wurzelholz der Baumheide des Mittelmeers
Ein Dichter aus dem Volk, Paolo di Taglio: Pseudonym für Antoine Baptiste Paoli (Tagliu Isolacciu, 1858–1931), Kaufmann und Dichter. Paoli war u. a. Mitarbeiter der korsischen Zeitschrift *A Muvra*, in der er die Gedichtsammlung *Risa e Pianti* veröffentlichte, aus der sein berühmtestes Gedicht »U Lamentu di u Castangnu« stammt. P. Montefoschi zufolge zitiert Ungaretti die Strophen 7–20 (in anderer Aufteilung?); vgl. VL, S. 1210, Anm. 3.

PASQUALE PAOLI (S. 102–108)

Pasquale Paoli; unter dem Titel *Ritratto di un uomo di cuore* – ›Porträt eines Mannes mit Herz‹ (Obertitel: »Pasquale Paoli, eroe corso« – ›Pasquale Paoli, korsischer Held‹) in der GZP vom 28. Januar 1932, S. 3. Dort datiert: Corte, Januar.
Eine Bimmelbahn Diese Überschrift fehlt in der GZP.
Brüder der Ziegen, die einen dorthin zu führen wissen, wo … GZP: Brüder der Ziegen, die einen dorthin zu führen wissen, wo der Blick vom Schutz einer Katanie ausgehend vollkommene Ruhe und Phantasiegebilde weckt.
»Es kam Giotto …«: Ungaretti paraphrasiert hier eine Textpassage einer im *Codex Atlanticus* enthaltenen Schrift Leonardo da Vincis; vgl. ders., *Sämtliche Gemälde und die Schriften zur Malerei*, hg. v. A. Chastel, übertragen v. M. Schneider, München 1990, S. 213f. Mit Giotto di Bondone (1266–1337) begann eine neue Epoche in der Malerei.
Tommaso der Florentiner, genannt Masaccio: Meisterwerke des Tommaso di

Ser Giovanni Guidi, genannt Masaccio (1401–1428), sind die Fresken in der Brancacci-Kapelle der Chiesa del Carmine und die *Trinità* in S. Maria Novella in Florenz.

wie berechtigt die Ansicht sei, daß die Welt heute aus den Fugen ist GZP: wie berechtigt die Ansicht der Italiener von heute sei, daß die Welt aus den Fugen ist

und ihm wird zugerufen, GZP: und man ruft ihm von Italien aus zu,

Bevölkert allein von Würmern, dazu verdammt, GZP: Bevölkert allein von Würmern; und diese vom Höchsten Ironiker dazu verdammt,

Legenden In der GZP lautet die Überschrift: Legendenreiches Land

wie eine Ameise mit dem Ungleichgewicht ihrer Vorräte auf dem Rücken, GZP: wie eine Ameise mit dem Ungleichgewicht ihrer Vorräte,

im Haus von Soffici?: Die Freundschaft mit dem futuristischen Künstler Ardengo Soffici (1879–1964) gehört zu den ersten, die Ungaretti nach seiner Ankunft in Europa schloß.

das Volk die Legenden, die Dichtung. GZP: das Volk die Legenden, und die Dichtung.

über den Golo, der Ponte nuovo. GZP: über den Golo der Ponte Nuovo. – In DD 61 u. 69 steht »Golfo« statt »Golo«; da sich der bezeichnete Ort im Landesinnern nicht an einem Golf befinden kann und statt dessen am Golo liegt, werte ich »Golfo« als Druckfehler.

Dio ti salvi, Regina, GZP: *Dio vi salvi, Regina,* – ›Gott schütze Euch, Königin,‹

e madre universale, GZP/DD 61: *e Madre universale*

sagt Boswell: James Boswell (1740–1795), schottischer Schriftsteller, der durch seine Freundschaft mit Samuel Johnson und dessen Lebensbeschreibung Bekanntheit erlangte, verfaßte 1768 seine Erinnerungen an eine Reise nach Korsika und an den von ihm verehrten Pasquale Paoli: *Account of Corsica*, Glasgow 1768, wurde bald nach seinem Erscheinen in mehrere Sprachen übersetzt.

Pasquale Paoli: Paoli (1726–1807), korsischer Nationalheld, kämpfte zunächst siegreich gegen die Genuesen und dann gegen die Franzosen, von denen er bei Ponte Nuovo geschlagen wurde. Nach seiner Rückkehr aus dem Exil ernannte ihn Ludwig XVI. zum Generalleutnant, bis er mit Hilfe der Engländer die Franzosen von Korsika vertrieb und die Insel an den König von Großbritannien überging.

erzählt Valéry: A.-C. P. Valérys *Voyages en Corse, à l'le d'Elbe et en Sardaigne*, Paris: Bourgeois-Maze, 1837/38, ist Ungarettis zweite wichtige Quelle für seine Korsikaberichte; vgl. VL, S. 1212, Anm. 6 u. S. 1213.

Tu invan col brando, ...: Der freiheitlich gesinnte Aristokrat Vittorio Alfieri (1749–1803), Dramatiker, Autobiograph und Traktatschreiber, hatte sich in seinem *Timoleone* den Tyrannenmord zum Thema genommen.

Corte In der GZP lautet die Überschrift: Um das erwünschte Ziel zu erreichen

die öffentliche und private Ruhe unseres Vaterlandes beeinträchtigt haben GZP: die öffentliche und private Ruhe unseres Vaterlandes zerstückelt haben

von Fels zu Fels GZP: von Festung zu Festung [dort vermutlich ein Druckfehler: it. »rocca« – ›Festung‹ oder auch ›Spinnrocken‹, *vs.* »roccia« – ›Fels‹ in DD 61/69]

ES SCHNEIT (S. 109–113)

Nevica; unter dem Titel *Una giornata di neve* – ›Ein verschneiter Tag‹ in der GZP vom 11. Februar 1932, S. 3; dort datiert: Bocognano, Februar.

Das Naturell der Korsen Diese Überschrift fehlt in der GZP.

wie eine Bühne für Personen auf der Suche nach einem Autor: Anspielung auf Luigi Pirandellos 1921 uraufgeführtes Theaterstück *Sei personaggi in cerca d'autore* – ›Sechs Personen suchen einen Autor‹.

der ein Rebhuhn baumeln läßt, GZP: der ein Rebhuhn schaukelt,

sagt Colonna de Cesari Rocca: Dieses Zitat fand Ungaretti in Wirklichkeit bei Boswell, *Relazione della Corsica*, (*Account of Corsica*, s.o. S. 381), S. XCIX; vgl. VL, S. 1214, Anm. 1.

Gute oder schlechte Romane? GZP/DD61: Gute und schlechte Romane?

die Folge ist, daß die Bevölkerung der Insel GZP: und als Folge hiervon die Tatsache, daß die Bevölkerung auf der Insel

daß es in einem verlassenen Land GZP: daß es in einem verlassenen Dorf [»paese« vs. »Paese« in DD 61/69; A. B.]

Sulìa, umbria Diese Überschrift und die Leerzeile nach dem letzten Absatz fehlen in der GZP.

daß der Schnee auch ein Gefühl von Rauch in den Augen verursachen kann. GZP: daß der Schnee den Augen auch ein Gefühl von Rauch verursachen kann und, in den Augen, das Gefühl eines langsamen Zerreißens von Spinnweben.

der Fahrer wiederholt immer wieder: »*Sulìa,* GZP: der Fahrer wiederholt mir immer wieder: »sulìa, – Vgl. den Text des »Monologhetto« – ›Kleiner Monolog‹ in *Un grido e paesaggi* – ›Ein Schrei und Landschaften‹, Bd. 3 dieser Ausgabe, S. 42f.

wir fahren, fast schon im Leeren, auf einer Straße, die beinahe weniger breit ist als das Auto, oberhalb einer Schlucht ... GZP: wir fahren in der Luft, auf einer Straße, breit wie eine Handfläche ...

Wenn es dem Weiß in einem Bild oder in einem Gedicht gelingt, den tiefen Sinn der Worte zu klären, dann hat man, Dichter oder Maler, GZP: Gelänge es dem Weiß in einem Bild oder in einem Gedicht, den tiefen Sinn der Worte zu klären, so hätte ich, ob Dichter oder Maler, – Das »Weiß« »in einem Gedicht« ist die optische Entsprechung der sinnstiftenden Pausen im Versinnern und v. a. am Versende; vgl. zu deren Rolle UG, 18–24.

Marinetti Hilfe, kr ...: Hilferuf an den Chefideologen des italienischen Futurismus, Filippo Tommaso Marinetti (1876-1944), als Apologeten der »macchina«, des Autos und der Maschine, und der »velocità«, der Geschwindigkeit.

NICHT VERGESSEN! (S. 114–118)

Non dimenticare!, GZP vom 26. Februar 1932, S. 3; dort datiert: Ajaccio, Februar.

Langnase Diese Überschrift fehlt in der GZP.

durch die Vergangenheit, in Beredtheit versteinert: Hier verkörpern auch die Steine Gespenster, nähren Legenden. GZP: durch die Vergangenheit und in Beredtheit versteinert: Hier verkörpern auch die Steine die Gespenster und sind legendär.

vortreffliche Fischer GZP: große Fischer

Als ich noch in Bastia war, ... Dieser Satz schließt in der GZP ohne Absatz direkt an den vorangehenden Satz an.

Punta de la Parata Diese Überschrift und die Leerzeile zwischen dem vorangehenden und dem folgenden Abschnitt fehlen in der GZP.

an die Erniedrigung der feindlichen Familie GZP: an die neue Erniedrigung der feindlichen Familie

Buonaparte und Pozzo di Borgo Diese Überschrift und die Leerzeile zwischen dem vorangehenden und dem folgenden Abschnitt fehlen in der GZP.

Korps wie dem der Zuaven oder der Bersaglieri: Zuaven wurden ursprünglich die Bewohner eines Distrikts in Algerien genannt. Da sie zunächst einen Großteil der dort von den Franzosen gebildeten Söldnertruppen stellten, wurde der Name auf diese übertragen. Die Bersaglieri sind Infanteriesoldaten, die durch ihr zielstrebiges Auftreten und ihre auffällige Kopfbedeckung (Helm mit Hahnenfedernbusch) großes Ansehen bei ihren Mitbürgern genossen.

der sein Land Choiseul GZP: der sein italienisches Land Choiseul

un pistolet braqué au cœur de l'Italie: ›eine auf das Herz Italiens gerichtete Pistole‹ – Die Anklagerede Napoleons wird von Valéry (vgl. *s. v.* »erzählt Valéry«, S. 385) erwähnt und in Gregorovius *Corsica*, Roma: Enrico Voghera, 1912, vollständig wiedergegeben; vgl. VL, S. 1216, Anm. 3. Zur Geschichte der Feindschaft mit Matteo Pozzo di Borgo vgl. ebd., S. 1216f., Anm.4.

sagt er nach Waterloo zu Talleyrand: In der von den Briten nach einem Dorf in der Nähe von Brüssel so benannten Schlacht von Waterloo erlitt Napoleon 1815 gegen Wellington und Blücher als Vertreter der Briten und Preußen die entscheidende Niederlage. Charles Maurice Talleyrand-Périgord (1754–1838), glänzender und ränkeschmiedender Diplomat, Fürst von Benevent und Großkämmerer Frankreichs von Napoleons Gnaden, hatte sich bereits Jahre vor der Schlacht mit dem kriegslüsternen Machthaber überworfen.

Rousseau: Der naive französische Maler Henri(-Julien-Félix) Rousseau (1844–1910) wurde »der Zöllner« genannt, weil er Beamter beim Pariser Stadtzoll war.

AUF WACHE MIT TORQUATO TASSO (S. 119–125)

A veglia con Torquato Tasso, GZP vom 11. März 1932, S. 3; dort datiert: Vivario, März.

Sie sagen fole und nimo wie Pea Diese Überschrift fehlt in der GZP. — Enrico Pea (1881–1958), Freund Ungarettis aus der Zeit in Ägypten und von ihm ermutigter und geförderter autodidaktischer Schriftsteller, kam aus Versilia, wo beide sich nach Ungarettis Ankunft in Europa wiedertrafen. Zu Pea und seiner anarchistischen »Barracca rossa« vgl. Bd. 1 dieser Ausgabe, S. 402; »fole« und »nimo« sind Dialektwörter für ›Märchen‹ und ›kein‹.

nicht auf den chaotischen und auf den sagenhaften Stein zu stoßen, doch auf meiner GZP: nicht auf den Stein zu stoßen, auf den chaotischen und auf den sagenhaften Stein. Doch auf meiner

È morto il conte GZP: È morto il Conte – Der Graf wurde vom Conte Forte de Cinarca wegen Gebietsstreitigkeiten ermordet. Eine Schilderung der Ereignisse mit einem ähnlichen Ausruf findet sich bei Valéry (vgl. *s. v.* »erzählt Valéry«, S. 381); vgl. VL, S. 1218, Anm. 3.

und da seine Kinder nach seinem Tod … GZP: und wie seine Kinder nach seinem Tod in dem kleinen See ertränkt wurden, der seit jenem Tag *See der sieben Hühner* heißt; man sieht es zu Füßen einer zusammengebrochenen Brücke auf dem Grund einer Schlucht, wo der Alte herumpolterte.

korsische Mütter, Schwestern, Ehefrauen und Töchter, GZP: Mütter, Schwestern, Ehefrauen, Töchter und Korsinnen,

vom Schlage jener Mutter, die…: Diese Episode findet sich ebenfalls in Valérys *Voyages*; vgl. VL, S. 1218, Anm. 4.

Gastfreundschaft Diese Überschrift fehlt in der GZP.

sie haben sich endlich ganz aus der Qual des Chaos befreit, sie … GZP: sie sind endlich vollständig aus der Qual des Chaos herausgekommen und in den wohltuenden Frieden der Hände eines Umherstreifenden eingetreten.

eine Art Frischkäse, nach dem sie verrückt sind. GZP: eine Art Frischkäse, nach dem sie überaus begierig sind –.

Der Älteste, Ors'Antone, …: Vgl. den *Monologhetto* in Bd. 3 dieser Ausgabe, S. 40ff.

Mentre son questi a le bell'opre intenti …: Vgl. Torquato Tasso, *Gerusalemme liberata*, IV, 1, 1.

Perchè debbiano tosto: So der Wortlaut in der GZP und in DD 61; in DD 69 kam es zu einem Druckfehler: »Perchè debbiamo tosto«. Vgl. a.a.O, IV, 1, 2.

Ein Sonett von Giubega Diese Überschrift fehlt in der GZP.

Giubega aus Calvi: Pascasio Vincenzo Giubega (1761–1800) war Jurist und Dichter, Übersetzer von Ovid und Catull.

MEZZOGIORNO

Die Reiseberichte, die unter dem Namen »Mezzogiorno« (›Mittag‹, ›Süden‹, ›Süditalien‹) zusammengestellt wurden, sind zuerst in der GZP von April bis Juli 1932 erschienen. Sechs von ihnen fanden passagenweise oder vollständig (überarbeitet) Eingang in PNC (s.u. die entsprechenden Angaben zu den einzelnen Erzählungen). 1995 ist eine separate Neuauflage dieser Abteilung des *Deserto e dopo* erschienen: Giuseppe Ungaretti, *Viaggio nel Mezzogiorno,* A cura di Francesco Napoli, Napoli: Alfredo Guida, 1995. Unter dem Obertitel ›Der Süden – 1932‹ wurden vier der Reiseberichte von Silvia Hildesheimer übersetzt (a.a.O., S. 53–81).

ELEA UND DER FRÜHLING (S. 128–132)

Elea e la primavera; GZP vom 12. April 1932, S. 3; dort datiert: Salerno, April. Mit Veränderungen unter dem Titel »Elea o la primavera« – ›Elea oder der Frühling‹ eingegangen in PNC (ebd., S. 79–87/PNC 93, S. 61–66). Übersetzt von S. Hildesheimer, a.a.O., S. 55–68.

aber leider fehlt mir hierfür die Kunst des Apologeten Raimondo Sabondo. Mich überkommt … GZP: aber überlassen wir diese Untersuchungen einem Romanschriftsteller; mich überkommt das Schaudern, das Viecher wie Mäuse, diese Büffel hier, Nilpferde und Schweine, aufdringlich in Farbe und Habitus, bei Barilli und mir immer erzeugen werden. – Raimund von Sabunde, in Toulouse lebender katalanischer Verfasser einer *Natürlichen Theologie* (1487), war Ungaretti vermutlich aus Montaignes »Apologie de Raimond Sebond« im 2. Buch der *Essais* bzw. aus dessen französischer Übersetzung der *Theologia* bekannt. Zu Montaigne vgl. *s. v.* »Als Montaigne…«, S. 399.

Barilli: Bruno Barilli (1880–1952), Mitbegründer der Literaturzeitschrift *La Ronda*, lebte in Rom als Schriftsteller, Musiker und Kritiker und war mit Ungaretti befreundet.

wie von der Unterhaut einer Tätowierung zu einer emaillierten Abschürfung? GZP: wie von der Unterhaut einer Tätowierung zum glänzenden Aufbauschen eines Emails?

und wie ein Känguruh trägt sie … GZP: und auf ihrem Bauch trägt sie ihre Stadt und verbirgt sie so vor dem Meer: eine von den Häusern eingeengte Straße; unvermittelt wird sie fast senkrecht und bietet uns den Anblick von Leuten, die hier und da in Bewegung sind (einige der Frauen sind rot gekleidet).

dessen Umrisse sich im Himmel verlieren. GZP: dessen Umrisse sich im Himmel verlieren; und eher scheint es eine von einem Zeichner stammende Illusion auf einem weißen Blatt als die dreidimensionale Realität zu sein.

Burnus: Kapuzenmantel der Beduinen

auf unseren Meeren GZP: auf den Meeren

Sie ist ganz Frühlingssonne, die Erde, süßes GZP: Sie ist ganz allein, die Erde, süßes

Dann weichen die Berge zurück; … GZP: Dann weichen die Berge zurück; die Olivenbäume (sie sind von dunklem Blatt, das, wenn es an der Luft erzittert, ein Silber zeigt, voll von Schatten), die Olivenbäume vereinigen sich, die Bergkämme steigen an bis zum Monte Stella, das Meer kehrt zurück; und es hat sich ausgedehnt, unendliches Grau, auf der letzten Stufe dieses Forums; es hebt sich der Vorhang, […].

Velia: Römischer Name für Elea, von ionischen Phokäern nach ihrer Vertreibung aus Korsika gegründete Stadt südöstlich von Paestum, von ca. 540–460 v. Chr. Sitz der eleatischen Schule unter den Philosophen Xenophanes, Parmenides und Zenon.

Elea, das ist Elea, Stadt der ... GZP: Stadt der Flüchtlinge, doch nicht der Resignierten; Ort abwesender Visionen, wo schließlich auch die Welt zur Abwesenheit geworden war; oh, abwesende Stadt!

und so glaubtest du, wie es noch jetzt ... GZP: und so glaubtest du, wie es noch jetzt die große Weisheit der Unbedarften sieht, daß der wahre Gedanke das Bewußtsein einer Kugel sei, die die ganze unkorrumpierbare Materie enthielte, die einzig existierende der Welt; du glaubtest, dein Körper sei – in dem, was nicht Illusion war: Zeit, Bewegung und Raum – Teil des ewigen Fleisches dieses deines gerade zur Welt kommenden Gottes, unveränderliches und totales Wesen, feste Substanz.

Es kann keinen Raum, das heißt keine Leere, geben, GZP: Es kann keinen Raum, Leere, geben,

und einen neuen Beweis ... GZP: und einen neuen Beweis dafür haben, daß das Unendliche Illusion ist.

Und wenn es keinen Raum geben kann, wenn es also keine Leere geben kann, wenn GZP: Und wenn es keinen Raum, keine Leere geben kann, wenn

o Eleaten, ist nichts GZP: o Eleaten, ist vielleicht nichts

das, was in euch unsterbliche Materie ... GZP: das, was in euch unsterbliche Materie war, ist selbst in diesem meinem hinfälligen Körper.

Und wie dir als Dichter ... GZP: Doch wie dir als Dichter, o Parmenides, ist auch mir der »Irrtum der Sterblichen« lieb, demzufolge die Natur und ihr Licht und ihre Schatten, ihr Rasen, ihre Melancholie und ihr wüster Winter die Erde mit einer mysteriösen und mutigen Schlacht bevölkern. Ihr ward Kampfgenossen, ihr Eleaten. [Ende des Absatzes] – Das ›Zitat‹ ist wohl eine Paraphrase aus dem Fragment des Parmenides *Über die Natur*, vgl. VL, S. 1223, Anm. 9.

und sehr, sehr große in die Höhe gestreckte Arme. GZP: und Zweige wie sehr, sehr große in die Höhe gestreckte Arme.

Konnten sie fehlen, ... GZP: Konnten sie fehlen, zwischen Ruinen?

aber sehr festlich. GZP: aber sehr festlich, zwischen all dem Grün, das, aus einer Unendlichkeit von Feldern, augenblicklich auftauchen wird.

DER WUNDERBARE FISCHFANG (S. 133–138)

La pesca miracolosa; GZP vom 5. Mai 1932, S. 3; dort datiert: Salerno, Mai. Mit Veränderungen eingegangen in PNC (ebd., S. 89–97/PNC 93, 67–72). Übersetzt von S. Hildesheimer unter dem Titel ›Der wunderbare Fischzug‹, a.a.O., S. 61–68.

Pananti, der sich ausmalte, ... GZP: Pananti, der Seeräubern in die Hände gefallen war und seinem nicht alltäglichen Abenteuer nicht viel abzugewinnen wußte, [...]. – Ungaretti spielt hier auf Filippo Panantis (1766–1837) *Avventure e osservazioni sulle coste di Barberia* an, in denen der liberale Schriftsteller seine Gefangenschaft in Algerien schildert.

Man sagt Vergil eine vorbildliche Feinheit ... GZP: Man führt Vergils Feinheit des Gehörs als Beispiel an, und ich werde dies [ebenfalls] getan und damit gemeint haben, daß keiner [...].

Wenn mir also dieses Mal ein guter Blick ... GZP: Wenn mir also im Laufe dieser meiner neuen Reihe von Aufzeichnungen ein guter Blick Beistand leisten wird, […]. – Buch V der *Aeneis* erzählt von Palinurus, dem treuen Steuermann des Aeneas, der, vom Schlaf übermannt, ins Wasser fiel und ertrank; im berühmten sechsten Buch begegnet Aeneas Palinurus in der Unterwelt.

daß das silbrige Blau der Enziane GZP: daß das silbrige Blau der Enziane auch das der Dunstwolken von Palinuro und das der Zweige des äußersten Alento war.

Sie fischen den Kopf des Apollon heraus Diese Überschrift fehlt in der GZP.

in denselben Häfen an, welche ... GZP: in den Häfen für Segelschiffe an, die den ersten Bilderzerstörer aufnahmen, jenen Rhapsoden Xenophanes ... – In DD 61/69 ist vom alten Wortlaut noch ein falscher – in der Übersetzung korrigierter – Kasus stehengeblieben: »quel rapsodo Senofane« statt »di quel rapsodo Senofane« – ›jenen Rhapsoden Xenophanes‹ statt ›jenes Rhapsoden Xenophanes‹. – »Bilderzerstörer« wird Xenophanes hier wohl genannt, weil er in seinen Schriften die »anthropomorphe Vorstellung von den Göttern demontierte« (P. Montefoschi; vgl. VL, S. 1223, Anm. 7).

Eine vergleichbare Gewaltsamkeit habe ich ... GZP: Eine vergleichbare Gewaltsamkeit habe ich (zur Geburtszeit des Barock, als Michelangelo nicht allzu weit entfernt war) sonst nur in Rom gesehen, auf zwei Bildern von Caravaggio: […].

dem Hl. Petrus und dem Hl. Paulus: Die beiden Seitenbilder der Kirche Santa Maria del Popolo in Rom: die Kreuzigung Petri und die Bekehrung Pauli.

ein Bröckchen schwerer Asche GZP: ein Bröckchen schmutziger Asche

So entfloh der Schlafgott, ... GZP: So entfloh der Schlafgott, der herabgekommen war, um Palinurus zu verraten und ihn mit seinem in Stücke gehauenen Steuer ins Meer zu stürzen.

die ich entdecke, als ich mich dem Hafen nähere. GZP: die ich entdecke, als wir uns dem Hafen nähern.

Mit submarinem Auge sehen wir dann ... GZP: Und dann sehen wir mitten im Wasser einen versteinerten Delphin: Es ist ein glitschiger Fels, aber es ist beeindruckend, daß in diesem […].

Auf dem Teller einer runzligen Hand sodann ... Dieser Satz fehlt in der GZP.

praxitelisch: Von Praxiteles, dem griechischen Bildhauer aus dem 4. Jahrhundert v. Chr.

doch dieses Antlitz, das mehr... GZP: doch dieses Antlitz, welches das Meer mehr als zweitausend Jahre auf seinem Grund bearbeitet hat, hat in seiner Patina all die Farben, die wir heute gesehen haben: Es hat in seinem milden, bebenden Lächeln […].

in ihren Häusern verbarrikadiert, und ... GZP: in ihren Häusern verbarrikadiert, und da ist nicht ein Licht auf der Erde.

Dreifache, stille Dunkelheit! ... [Wörtlich: ›Drei Dunkelheiten, und still(e)‹ (»Tre oscurità, e silenziose!«); A. B.] GZP: Allein diese dreifache Dunkelheit, dreifach still! [wörtlich: ›Allein, diese drei Dunkelheiten, still‹ (»Solo, queste tre oscurità, silenziose!«); A. B.]

DIE ROSE VON PAESTUM (S. 139–143)
La rosa di Pesto, GZP vom 14. Mai 1932, S. 3; dort datiert: Salerno, Mai.
Mit Veränderungen (v. a. im letzten Teil) eingegangen in PNC (ebd.,
S. 99–107/PNC 93, S. 73–78). Übersetzt von S. Hildesheimer, a. a. O.,
S. 69–74.

in den beiden vorangegangenen Kapiteln GZP: in den beiden vorangegangenen Artikeln

Hier sind keine Tümpel mehr; aber ... Der ganze Satz lautet in der GZP:
Hier sind keine Tümpel mehr; aber die altersschwache Hexenhaut
entschließt sich, wenngleich sie auch weiterhin aus Rissen und
Krümmungen die Frische eines neuen jungen Mädchens zeigt, sobald
wir weit eingedrungen sind in die Ebene, immer weniger, die keuchende Materie nicht mehr zu ersticken.

*vor den Darburen und vor den Berbern flohen und den breiten Streifen am Meer
der Macchia und dem Gestank überließen*: Im 9. Jahrhundert flohen die Einwohner vor den Sarazenen und gründeten Capaccio Vecchio; schon
im Altertum war Paestum wegen seiner schlechten Luft verrufen.

daß ein Schwarm Krähen vom Poseidontempel her in eine Fuge ausbricht; Im
italienischen Text:»si mette in fuga«, wobei »fuga« zweierlei, nämlich
›Flucht‹ und, von den Folgesätzen nahegelegt, auch den Wechselgesang der musikalischen ›Fuge‹ bedeuten kann; die zweite Bedeutung
klingt an. Mit der Freisetzung des ihm innewohnenden Lebendigen,
Beseelten wird der ›steinerne Tempel der Kunst‹ zu neuem Leben erweckt. So ist das Bild des aus dem Tempel aufsteigenden Vogelchors
Ungarettis profanisierte Variante der Sage von den singenden Säulen
des Memnon. Sie spielt in Valérys *Eupalinos* eine Rolle, von dem Ungarettis Aufsatz »Introduzione a ›Eupalino‹« handelt, der ein paar Monate nach dem vorliegenden Reisebericht veröffentlicht wurde. Vgl.
hierzu S. 97f. im Abschnitt »Musikalische Interferenzen poetischer
Sprache« in UG.

stößt die erste Krähe ihr Krächzen hervor; die anderen ... GZP: stößt die erste Krähe ihr Krächzen hervor und die anderen antworten, indem sie
diesen Laut mehrmals wiederholen. Von neuem zerreißt der Chorführer die Luft, und dieses Mal sind es zwei Krächzer, allerdings von
schärferem Tonfall; und der Chor wiederholt die Gesänge und beschleunigt den Rhythmus; am Ende verschwinden sie in kreischendem Durcheinander ...

die ihn mit ihrem rechten Maß zerschmettert. GZP: die ihn mit ihrem immensen Maß zerschmettert.

*um die menschlichen Dinge weniger hinfällig, um sie über das individuelle Los
erhaben werden zu lassen.* GZP: um die menschlichen Dinge weniger
hinfällig und höher als ein individuelles Los werden zu lassen.

Marzullo und Jannelli GZP: Prof. Marzullo und der Abgeordnete Jannelli

In der Tat erzählt man sich, daß bei den Pythagoräern ... GZP: Tatsächlich
hatte bei den Pythagoräern der Furor der Existenz dieses wohlschmeckende Gemüse zum Symbol; und, vor allem in Zeiten der Dekadenz, als diese Überzeugungen so sein mußten wie der Buddhismus
für Frau Besant, lachte die Antike darüber und [...].

Dieses antike Wegstück ... GZP: Dieses antike Stück Straße, zwecklos geworden in der Wüste, macht [...].

Diese Ebene wird schon bald ... GZP: Diese Ebene wird schon bald ihre vielgepriesenen Rosen wiederkehren sehen, die Vergil hätte besingen wollen; im Augenblick [...].

Mirabar celerem ... Die zitierten Verse fehlen in der GZP. – Es handelt sich um die Verse 35 u. 36 von Ausonius' Gedicht *De rosis nascentibus*, carm. 361 (für diesen Hinweis und die Übersetzung der Verse danke ich Wolfgang Klug, Heidelberg). Vgl. jedoch Paolo Mastandrea und Luigi Tessarolo, *Poesis: CD-Rom dei testi della poesia latina*, Bologna 1995, *s. v.* »rosas«, wo dieses Gedicht Vergil zugeschrieben wird, wie dies auch bei Ungaretti der Fall zu sein scheint.

Oh, die verführerischen Dinge vergehen, ... GZP: Oh, die Dinge Gottes vergehen; und seine Grausamkeit, die sie flüchtig haben will, läßt einen in jenem Tempel erstarren! – Der Text der GZP endet hier.

DER PAPYRUS DER RUHE (S. 144–149)

Il papiro della calma; GZP vom 26. Mai 1932, S. 3; dort datiert: Herculaneum, Mai.

Resina: Auf alten und neueren Lavaströmen über dem verschütteten Herculaneum erbaute kleine Stadt, Ausgangsort der Ausgrabungen.

Castelli Romani: So werden die (Wein-)Orte südöstlich von Rom genannt, zu denen Frascati, Albano, Marino und Castel Gandolfo gehören. Ungaretti lebte selbst für einige Zeit in Marino auf den Colli Albani (nach Giuliano Manacorda vom Sommer 1927 bis Ende 1929; vgl. ders., *Le case romane di Ungaretti*, in: *Studi Romani* 1–2 [1990], 108ff.).

ungefähr 20 Meter tief GZP/DD61: ungefähr 27 Meter tief

Prinz Emanuel Elbœuf von Lothringen: Emanuel Moritz von Lothringen, Prinz d'Elbœuf, Kavallerieoberst des Vizekönigs von Neapel, initiierte die Suche nach Herculaneum und gelangte 1719 durch einen Schacht ins Innere eines unter den Schlammassen begrabenen Theaters, wo er die ersten antiken Statuen entdeckte. Karl III., König beider Sizilien, nahm 1737 die Grabungen wieder auf; der Zugang, den Ungaretti 1932 benutzt, ist wohl ein 1750 angelegter Gang, der 21 m in die Tiefe führt.

– das Turminnere, in dem ... GZP: – das Innere des Turms, das vor mir liegt –, [...].

Galanti in seiner Guida: Giuseppe M. Galanti, *Nuova Guida per Napoli e suoi contorni*, Napoli 1845, eine Schrift, auf die sich Ungaretti in der Folge noch öfters bezieht.

einen Augenblick später GZP: einige Zeit später [= »qualche tempo« *vs.* »un istante«; A. B.]

Via Margutta: Künstlerstraße im Zentrum von Rom

von Paolina Borghese bis zu Mme. de Récamier: Pauline Borghese, Schwester Napoleons, heiratete 1803 Camillo Filippo Ludovico Borghese aus der berühmten sienesischen Papstfamilie, deren Sommersitz die gleichnamige Villa in Rom mit einer berühmten Sammlung antiker Kunstwerke war. Jeanne Françoise Julie Adélaïde Récamier (1777–

1849), gebildete und begehrte Gesellschaftsdame mit antinapoleonischer Gesinnung, war bekannt durch ihren politisch-literarischen Salon zunächst in Paris, dann in Abbaye aux Bois.

Winckelmann: Johann Joachim Winckelmann (1717–1768), Begründer der klassischen Archäologie, machte in seinen *Sendschreiben* auf die – schlecht organisierten und alles andere als schonend ausgeführten – Ausgrabungen von Pompeji und Herculaneum aufmerksam.

von Foscolo bis zu Canova: Ugo Foscolo (1778–1827), Dichter, Dramatiker und Autor des Briefromans *Ultime lettere dell'Jacopo Ortis,* des ›italienischen Werther‹, wurde zu seinem berühmten Gedichtfragment »Le Grazie« – ›Die Grazien‹ durch Antonio Canovas (1757–1822) Arbeit an einer gleichnamigen Marmorskulptur angeregt. Canova schuf auch eine Statue der Pauline Borghese (s. o.).

Parini: Giuseppe Parini (1729–1799), aufklärerischer und sozialkritischer Oden-Dichter, Autor des Poems *Il Giorno.*

anläßlich einer ziemlich lächerlichen Polemik um das Denken Leopardis: Nach P. Montefoschi spielt Ungaretti hier auf die Auseinandersetzungen an, die Ricardo Dusi 1931 mit seinem Essay *L'amore leopardiano* hervorgerufen hatte, in dem er angeblich einen »strengen, harten […] epikureischen« Leopardi präsentiert hatte; vgl. VL, S. 1234, Anm. 6. Zwischen 1933 und 1934 hielt Ungaretti dann selbst im In- und Ausland Vorträge über das »Denken Leopardis«.

das Fragment einer Schrift von Epikur: Es handelt sich um Fragmente einer Schrift über die Natur. Epikur (342 – ca. 270 v. Chr.) war Begründer einer Philosophenschule in Athen. Auf den in Herculaneum ausgegrabenen Silber- und Bronzegeräten finden sich satirische Darstellungen epikureisch-lustvoller Lebensart.

ein Teil des bedeutenden Werkes seines Anhängers Philodemos: Gemeint ist der letzte Teil von dessen Schrift *Über die Musik.*

zwischen den Dingen, GZP: zwischen Dingen,

VESUV (S. 150–155)
Vesuvio, GZP vom 2. Juni 1932, S. 3. Die Datierung fehlt in der GZP.
mit ihnen zusammen herumzuspringen. GZP: mit ihnen zusammen zu tanzen.

indischen Schleier gleichen.: Oder: indianischen Schleier gleichen. Zu der auf Mehrdeutigkeit beruhenden Poetik der Ver- und Entschleierung vgl. UG, S. 61–63.

die im frischen Gras endlos lachende Ebene: Oder: die im frischen Gras lachende endlose Ebene – Der italienische Text ermöglicht auch hier zwei Lesarten.

Tramontana: Kalter, trockener Nordwind
Lapilli: Kleine, scharfkantige, rutschige Lavastücke
Fumarole: Vulkanische Gasaushauchung
Die Umgebung ist … GZP: Der Ort ist kürbisfarben, die Materie wie die eines gerösteten Krebses; und die Furcht verläßt euch nicht, sie könnte, krach! in Stücke brechen und man selbst verschlungen werden; […].

Der dicke Mann würde nicht durchpassen. GZP: Der dicke Mann würde nicht hineingehen.

die Feuerpinien von Plinius dem Älteren: In seinem berühmten Brief an Tacitus schildert Plinius der Jüngere den Tod seines Onkels, der 79 beim Ausbruch des Vesuvs ums Leben gekommen war (vgl. zur lateinischen Textstelle VL, S. 1236, Anm. 1).

zur Zeit der Krinolinen: Um die Mitte des 19. Jahrhunderts, als die Frauen ausladende Reifröcke als Unterkleid trugen.

Lacrimae Christi: In Italien »lacrima christi« genannt: Der schwere Weiß-, Rot- oder Roséwein, der an den Hängen des Vesuv wächst.

Bodoni: Giambattista Bodoni (1740–1813), Buchdrucker und Typograph, entwickelte zahlreiche vom Zug der Handschrift stark abstrahierende, sachlich-elegant wirkende Schrifttypen, die zu Beginn dieses Jahrhunderts von Giovanni Mardersteig wiederentdeckt und -angewendet wurden. Ungaretti kannte sie wohl von der seit 1927 erscheinenden Nationalausgabe der Werke D'Annunzios.

Stunden des Paroxysmus: Zeit der heftigsten Aktivität eines Vulkans.

Somma: Der Monte Somma ist der im NO des Kraters gelegene Teil des Vesuvs.

IM TRAUM UND NACH DER WIRKLICHKEIT (S. 156–160)

In sogno e dal vero; unter dem Titel *Mistero di Pompei* – ›Pompejis Mysterium‹ in der GZP vom 17. Juni 1932, S. 3; dort datiert: Pompeji, Juni. Von S. Hildesheimer übersetzt unter dem Titel ›In Traum und Wirklichkeit‹, a. a. O., S. 75–81.

die sie wie eine alte Kommode dem Licht geöffnet haben GZP: die sie wie eine alte Kommode erneut dem Licht geöffnet haben

verschmolzen die leere Stadt … GZP: wurde dasselbe Durcheinander erreicht von der leeren Stadt und den abwesenden Einwohnern, die alles in ihr heraufbeschwört, indem sie sagt: […].

Niemand ist jemals GZP: Und niemand ist jemals

venezianische Laterne: Lampion aus buntem Papier

… wollten diese Bett-Särge mit ihrem engen, lastenden Frieden Anspielung sein auf das Grab?: »Cubiculum« wurde sowohl das Schlafgemach im römischen Haus als auch die Grabkammer in den Katakomben genannt.

»nur das Vergnügen zählt«. GZP: »nur das Vergnügen zählt!«.

Und ist dies nicht die Stadt, wo sich die Amoretten … GZP: Und ist dies nicht die Stadt, wo sich die Amoretten an einem Herkules wie an einem Gebirge emporhangelten und sich ihm rittlings in den Nacken […]. – Herakles, Sohn von Zeus und Alkmene, ließ sich, einem Orakelspruch der Pythia gehorchend, an die lydische Königin Omphale verkaufen und diente ihr drei Jahre lang.

neben dem des Vergil, des Pindar und des Homer GZP: neben denen von Vergil, Pindar und Homer

des ziselierten Silbergeräts: In der Casa del Menandro wurde ein für damalige Verhältnisse überaus gut bestücktes und wertvolles Silbergeschirr gefunden.

Villa dei Misteri: Die sogenannte Mysterienvilla hat ihren Namen von einem großen Fries, der in einem verborgenen Teil des Hauses lag und dessen Deutung umstritten ist. Im Mittelpunkt des Freskos steht die Darstellung des Dionysos.

Maiuri täuscht sich nicht: Gemeint ist wohl der Archäologe Amedeo Maiuri, der in Pompeji als erster auch die tieferliegenden Erdschichten erkunden ließ.

In diesem Fresko übertrifft die Natürlichkeit ...: Dieser Satz gehört zu den von Ungaretti mit Vorliebe gebrauchten Satzarrangements mit (versteckten) doppelten Bezugsmöglichkeiten von Nominativ und Akkusativ. »Je nach Lust und Laune« wird das erste Substantiv vom Leser als Subjekt, das zweite als Objekt oder – weniger naheliegend – umgekehrt das erste als Objekt, das zweite als Subjekt gewertet; »übertrifft« die Natürlichkeit das Wissen oder aber das Wissen die Natürlichkeit. Je nach Lust und Laune (bzw. je nach Geschmack) läßt sich aber auch das italienische Wort »gusto« (DD: »per gusto«, GZP: »di gusto«) wörtlich als »Geschmack« deuten, zumal »sapere« – ›Wissen‹ etymologisch mit »schmecken«, »Geschmack haben« zusammenhängt, so daß die »natürliche« Referenz dieses Wortes vor die lexikalisch-gewußte tritt – was wiederum nur durch das Wissen der mehrfachen Bedeutungen von »gusto« möglich wird. Vgl. Nachwort, S. 451.

das Metrum des Mysteriums: Zum Verhältnis von Dichtung, Maß und Mysterium vgl. UG, S. 12f. u. Ungarettis Aufsatz »Grundzüge einer Dichtung« in Bd. 1 dieser Ausgabe, S. 9–11.

ALTES NEAPEL (S. 161–165)

Vecchia Napoli; in der GZP vom 3. Juli 1932, S. 3, ohne Datierung als Teil I des gleichnamigen zweiteiligen Artikels abgedruckt, dessen zweiter Teil die nachfolgende Erzählung (»Vasàmolo int' a l'uocchie«) bildete (s. u.).

die das Meer wie ein zum Zerbersten... Der Relativsatz kann auch folgendermaßen gelesen werden: die das Meer wie einen ruhelosen kleinen Kopf/einen ruhelosen Leichtsinnsvogel, den es zu zerschmettern gilt, umklammern.

addimandata: neapolitanisch für it. »chiamata« – ›genannt‹, ›gerufen‹.

Gibus: Klappzylinder, genannt nach seinem Erfinder

ein Zeitgenosse von Maldacea: Der Neapolitaner Nicola Maldacea (1870–1945) war ein bekannter Varieté-Künstler und Schlagersänger; vgl. VL, 1239, Anm. 2.

Masaniello: Fischer Tommaso Aniello führte am 7. Juli 1647 den Aufstand gegen die spanischen Vizekönige an, wobei Castel del Carmine vom Volk besetzt wurde; er wurde nach wenigen Tagen ermordet.

bis zu jenen Träumern, die ... GZP: bis zu jenen Träumern, die im ausgehenden 18. Jahrhundert als erste ein vereintes Italien schauten, zu einem Volk von »politisch Engagierten und von Kriegern« geworden, hier [...].

guappo: Neapolitanisches Wort für einen Angehörigen der Camorra oder, allgemeiner, für einen arroganten, korrupten Menschen; als Adjektiv heißt es ›tüchtig‹, ›hervorragend‹.

Molo: Damm um den Militär- und den Handelshafen

patuti: Pl. von neapolitanisch »patuto« – ›Leidender‹, ›von Leidenschaft Ergriffener‹ für it. »tifoso«, das wiederum von »tifo« – ›Typhus‹, ›Nervenfieber‹ kommt und den erhitzten Anhänger einer Bewegung, Sache etc. bezeichnet, insbesondere den Fußballfan.

sich für die Tapferkeit eines Paladins … GZP: sich für die Tapferkeit eines Paladins die Kehle durchschneiden zu lassen und *llà pe’ llà* […].

Gano ’e Maganza: Gano di Maganza, Held der höfischen Epik, bei Ariost Gegenspieler Orlandos und, in seinem Haß auf diesen, literarisches Urbild des Verräters.

Malavita: Organisiertes Verbrechen, Mafia (Sizilien), Camorra (Neapel), ’ndrangheta (Kalabrien).

a zumpata: Wohl von neapolitanisch »zumpà« – ›(an)springen‹, ›tanzen‹, ›herausziehen‹

Der Kampanile, den Fra Nuvolo …: Der Kirchturm von S. Maria del Carmine, den der im 16. und 17. Jahrhundert in Neapel arbeitende domenikanische Architekt erbaut hatte.

mit jenem borrominischen Gleichgewicht: vgl. Anm. S. 363

Während ein Meßdiener eifrig … GZP: Während ein Meßdiener eifrig die dünne Kordel des neben der Kirchentür in Manneshöhe angebrachten Glöckchens schwingt […].

Jeder ein frischgebackener Perseus, heben sie …: Perseus überbrachte Athene das Haupt der Medusa. Ungaretti evoziert hier ein Bild, das an die berühmte Perseus-Statue des Benvenuto Cellini in der Loggia della Signoria von Florenz erinnert.

addimandiamola Juno: ›nennen wir sie Juno‹; s. o. unter: »addimandata« *»cozziche«*: Pfahlmuscheln (Miesmuschelart)

eines »Still«-Lebens …: Im italienischen Text: »di natura ›morta‹«, wörtlich »einer ›toten‹ Natur«.

von einem Etwas, das umherschlurft in den vom Grafen Almaviva … GZP: von einem Etwas, das umherschlurft in des Grafen Almaviva ausgemusterten Lumpen […]. – Vertreter der Aristokratie des Ancien Régime in Beaumarchais’ (von Mozart und Rossini vertonten) »Figaro«-Dramen.

kleine[s] Umhängebombardon: It. »bombardino« – ›kleine Baßtrompete‹ *’O pazzariello*: Neapolitanisch für it. »il pazzarello« – ›der Verrückte‹, ›der Spaßmacher‹; eine Art moderner Herold in Neapel, der in der Stadt umherzieht und Reklame macht für neueröffnete Geschäfte.

nu burriello ’e muzzarella: Neapolitanisch wörtlich: ›der Butterkäse der Mozzarella‹, gemeint ist wohl der »butterweichste« Teil des Mozzarella.

VASÀMOLO INT’ A L’UOCCHIE (S. 166–171)

Vasàmolo int’ a l’uocchie – ›Küssen wir’s in die Augen‹; in der GZP vom 19. Juli 1932, S. 3, ohne Datierung als Teil II des zweiteiligen Artikels *Vecchia Napoli* (s. o.) abgedruckt und erst in DD 61 neu betitelt.

ein jeder Liebesakt bringt es den Dingen näher … GZP: ein jeder Liebesakt bringt es den Dingen näher und erschafft sie erneut.

Dichtung heißt, das Gedächtnis in Träume überführen ...: Für ›überführen‹ steht im italienischen Text »convertire«, das sowohl als *terminus technicus* (im maschinellen und elektronischen Bereich wie auch im Geldverkehr) als auch mit der religiösen Konnotation des »Bekehrens« verwendet wird.

in Richtung Posillipo: Der Monte Posillipo oder Posilipo ist ein mit Villen bedeckter Bergrücken im Westen Neapels; er ist nach der Villa eines berüchtigten Schlemmers im Altertum: »Pausilypon« – ›Sorgenfrei‹, benannt, welche später im Besitz des Augustus war.

daß der Vergil-Gedanke hier ...: Vergil, der schon von Augustinus zum christlichen Vorboten erhoben worden war, wurde im Mittelalter mit verschiedenen Sagen und wundersamen Begebenheiten verknüpft und schließlich zum Zauberei gemacht. Eine der Sagen erzählt, er habe das (tatsächlich von Wilhelm I. begonnene und durch Friedrich II. vollendete) Castello dell'Ovo auf einem im Meer liegenden Ei befestigt.

Um zu den Meeressymbolen zurückzukehren, ... GZP: Um zu den Meeressymbolen zurückzukehren, all die borrominischen konischen Säulen, die auf vielen Plätzen in Neapel als Sockel für Statuen herhalten, erinnern sie, so biegsam, frei in der Luft baumelnd und elegant wie sie sind, nicht [...]. – Zum »Borrominischen« der Säulen vgl. die Anmerkung S. 359.

Und wird die Stille, die jene Bewegungen ... GZP: Und ist nicht die Stille der Bewegungen im Wasser erreicht, die Zenon auf seinen Sophismus gebracht haben müssen? – Gemeint sind die Bewegungsparadoxien des eleatischen Philosophen (s. o. *s. v.* »Velia«, S. 385f.), nach denen der Gedanke physischer Bewegung haltlos ist.

Vann' Antò: Giovanni Antonio Di Giacomo (1891–1960), sizilianischer Dialektdichter und Hochschullehrer

In gewissen feuchten Flecken schienen Lungen zu erglühen, denen sich GZP: Gewisse feuchte Flecken schienen Lungen, die erglühten und denen sich

Pfefferstein: Graues, gesprenkeltes Tuffgestein aus Süditalien

Hogarth: William Hogarth (1697–1764), in London geborener satirischer Zeichner, Maler und Kupferstecher, der durch seine karikierenden Sittengemälde bekannt wurde.

an Bruegel den Älteren denken: Zu Bruegel und zu Ungarettis Kunstrezeption in der neapolitanischen Pinakothek s. »Bruegel der Ältere« und »Rom in Flandern«, S. 210–220.

Galanti: S. o. unter »Galanti in seiner *Guida*«, S. 389.

Spacca Napoli: Wörtl.: ›Spalte(t) Neapel‹; ein Straßenzug, der Neapel in zwei gleiche Teile zu zerschneiden scheint.

Santa Chiara: Von Robert dem Weisen im 14. Jahrhundert erbaute Grabeskirche, die im 18. Jahrhundert prunkvoll erneuert wurde; das Kloster der Klarissinnen wurde im 13. Jahrhundert gegründet.

Der beichtende Herr kommt GZP: Der Herr, der gebeichtet hatte, kommt *'o pazzariello* GZP u. DD61 nicht kursiv gesetzt. – Zur Worterklärung vgl. *s. v.*, S. 393.

DAS LAND DES WASSERS

Il paese dell'acqua. Die Reiseerzählungen dieser Abteilung basieren auf
vier Artikeln, die von Dezember 1932 bis Januar 1933 in der GZP veröffentlicht wurden. Die ersten beiden trugen dort den Obertitel »Viaggio nel paese dell'acqua« – ›Reise ins Land des Wassers‹. Sie wurden
von Silvia Hildesheimer übersetzt (a. a. O., S. 83–115).

POLESINE (S. 174–178)
Polesine, unter dem Titel *Il Polesine di Ferrara* – ›Der Polesine von Ferrara‹ in der GZP vom 3. Dezember 1932, S. 3 (Obertitel s. o.); dort datiert: Ferrara, Dezember. Übersetzt von S. Hildesheimer, a. a. O.,
S. 85–91.
Reflexe Die Überschrift fehlt an dieser Stelle in der GZP und steht statt
dessen über dem nächsten Abschnitt.
... in diesem Dreieck voll von Wassern: Der Polesine gehört zu Venetien und
entspricht in etwa der Provinz um Rovigo. Im allgemeinen Sinne bezeichnet das Wort ein flaches Schwemmland zwischen zwei Flußar-
men oder Flüssen, in diesem Fall Po und Adige (Etsch).
immer wieder reizen werden; ihr solltet sehen, wie sich hier die Pappeln, ...
GZP: immer wieder reizen werden, und würdet ihr nur die Pappeln,
den Schopf fast verflüchtigt von den Helmbüschen der Feuchtigkeit,
beim geringsten Schaukeln sich mit einem Zittern von Schuppen bedecken sehen!
– die Horden der Gletscher GZP: – die Horden von Gletschern
nach dem umsichtigen und großartigen Wirken der Este: Grafengeschlecht der
gleichnamigen Burg, das im Mittelalter seine Residenz nach Ferrara
verlegte und seit dem 15. Jahrhundert dort als Fürsten bzw. Herzöge
herrschte. Unter Alfonso II. (1559–97) wurden die Sumpfgebiete
durch ein Kanalnetz entwässert, das unter Papst Clemens VIII. versandete.
die Stimme Ariosts: Ludovico Ariosto (1474–1533), Dichter des *Orlando
furioso,* war unter Alfonso I. Hofdichter der Este.
Hätte er sich keinen Rheumatismus zugezogen, wäre dies ... In der GZP steht
der ganze Satz im Imperfekt und ist daher mißverständlich: Ohne
Rheumatismus war dies die Gelegenheit, bei der er in den Himmel
zurückkehrte./Ohne Rheumatismus wäre es die Gelegenheit gewesen,
in den Himmel zurückzukehren.
als sei auch ich in den Abgrund GZP: als sei ich in den Abgrund
*ein weiteres wunderbares Zeugnis für den schicksalhaften sehnlichen Wunsch des
Menschen ist, die Natur zu humanisieren:* Der Kontext dieser Aussage
stellt selbst den Versuch einer sprachlichen Realisierung dieses Wun-
sches dar. Wörter wie »Schlachtfeld«, »Adern«, »sterben« und »Gelächter« sollen die Natur humanisieren.

SEID FRUCHTBAR UND MEHRET EUCH (S. 179–183)
Crescete e moltiplicate; GZP vom 20. Dezember 1932, S. 3 (Obertitel s.o.);
dort datiert: Comacchio, Dezember. Übersetzt von S. Hildesheimer,
a.a.O., S. 92–98.

Ganz plötzlich ist es mir so vorgekommen,...: Im Unterschied zum Wortlaut
in der GZP kann der Satz in DD 61/69 noch folgende Bedeutungs-
nuance haben: Ganz plötzlich ist es mir so vorgekommen, als fahre
das Auto, nachdem wir endlich wieder emporgetaucht sind, [...].

jener berühmte Regen kam, den Paolo Diacono erinnert: Der Benediktinermönch Paolo Diacono (Synonym für Paul Warnefried, Cividale 720 –
Montecassino 799) berichtet in seiner Historia Langobardorum III, 23
von einer Sintflut, »wie man ›seit der Zeit Noahs‹ keine vergleichbare gesehen hatte, die auf einige Regionen Italiens im 6 Jahrhundert
n Chr. zur Zeit des Kampfes zwischen Langobarden und Franken nie-
derging« (VL, S. 1245, Anm. 2).

crescite et multiplicamini et replete terram: Vgl. Genesis 9, 1: ›Seid fruchtbar und mehret euch und erfüllet die Erde‹.

der Doktor Gio. Francesco Ferro: Giovanni Francesco Ferro (1627–1706)
war ein gelehrter Schriftsteller aus Comacchio, dessen vierbändige
Istoria dell'antica città di Comacchio 1701 in Ferrara erschienen ist und
die Ungaretti in diesem und im folgenden Text als Quelle benutzt (zu
den jeweiligen Belegstellen vgl. VL, S. 1245–1247).

jener Alessandro Zappata, der, zusammen mit Pascoli, ...: Alessandro Zappata (Comacchio 1860 – Ancona 1929) war Lateinlehrer und mehr-
facher Gewinner des Wettbewerbs für lateinische Dichtung in Amsterdam; seine *Poemetti latini* (Fabriano: Tipografia Gentile) waren
1930 von der Accademia marchigiana veröffentlicht worden. – Giovanni Pascoli (1855-1912), humanistisch erzogener Dichter und
Lehrer lateinischer und griechischer Literatur, gewann 1892 Gold-
medaillen für lateinische Dichtung.

dem Doktor der Medizin Sancassani DD 69: dem Dr. der Medizin Sancassani – Dionigi Andrea Sancassani (1659–1738) war Arzt und Ehren-
bürger von Comacchio, wo er immer wieder praktizierte und seinen
Wohnsitz hatte. Einer seiner lateinischen Briefe ist einem Exemplar
von Ferros *Istoria* von 1701 beigebunden. Nach P. Montefoschi
stammt der zitierte Vers aus einem Gratulationssonett, das Ungaretti
auf den ersten Seiten von Ferros *Istoria* fand; vgl. VL, S. 1246, Anm.
5, wo der vollständige Text wiedergegeben ist.

Don Gaetano Felletti GZP/DD61: D. Gaetano Felletti – Die zitierten Verse stammen aus einem weiteren Gratulationssonett der *Istoria* (es handelt sich um die Schlußverse des zweiten Quartetts; vgl. VL, S. 1246,
Anm. 6). Felletti veröffentlichte 1730 eine *Zuccheide* genannte Sammlung von Sonetten.

Pier Francesco Boccaccini: Dieser ebenfalls in Comacchio geborene Dichter (1670–1732) ist der Autor eines dritten Gratulationssonetts (s.o. u.
vgl. ebd., Anm. 7).

Und so brachte das Barock, jede Form, die ihm unterkam, zerschlagend ...: Zur
zerstörerischen und neuschaffenden Gewalt von Barock und Sommer

vgl. Ungarettis Kommentar zum *Sentimento del Tempo* in Bd. 2 dieser Ausgabe, S. 281f. Zu Borromini vgl. die Anm. S. 359.

Nimrod: Alttestamentarischer Herrscher und Jagdexperte; vgl. Genesis 10, 8–12.

die »Valli«, die salzigen Lagunen: Die »Valli di Comacchio«, die Lagunen von Comacchio, sind bekannt für ihren Fischreichtum, vor allem für ihre Aale.

Erinnert ihr euch an Resina?: Von Resina erzählt Ungaretti in der Abteilung »Mezzogiorno«, allerdings ereignet sich die Begebenheit, auf die er anspielt, in Pugliano; vgl. die Erzählung *Vesuv*, S. 150.

gozzanohaft: Im Stil des Turineser Dichters Guido Gozzano (1883–1916), womöglich im Hinblick auf dessen melancholisch-ironische Beschreibung der »Vill'Amarena« in *La Signorina Felicita ovvero la Felicità* – ›Das Fräulein Felicitas oder die Glückseligkeit‹.

sich gierig das Gesicht beschmiert In DD 69 Druckfehler: »s'impastriccia«, anstelle von »s'impiastriccia« – ›er beschmiert sich‹ in DD 61 u. GZP.

Hatten die Italiener Noah nicht...: Wohl auf Annio da Viterbo zurückgehenden italienischen Ursprungsmythen zufolge brachte Noah/Janus/Vertumnio oder einer seiner Söhne die Weinrebe nach Italien.

und ich weiß nicht, was für ein verzweifelter Schrei sich ihrem verschlossenen Gesicht entringt. GZP: ich weiß nicht, was an Verzweifeltem in ihrem verschlossenen Gesicht ist.

... der Mutter des Cromazio? An diesen Abschnitt schließt sich in der GZP ein weiterer an: Man spürt hier einen solchen Lebensdrang, daß man im Herzen jedwede Hoffnung wiederaufkeimen fühlt.

DER AALFANG (S. 184–189)

La pesca delle anguille, GZP vom 29. Dezember 1932, S. 3; dort datiert: Comacchio, Dezember. Übersetzt von S. Hildesheimer, a.a.O., S. 99–107.

und obwohl ich mich im Innern eines Hauses vorwärtsbewege GZP: und obwohl man sich im Innern eines Hauses vorwärtsbewegt

Der Eingang wiederholt sich – er wirkt wie ein Projektionsschirm – ... GZP: Der Eingang wiederholt sich längs des Korridors und verkleinert sich durch die Wirkung der Entfernung, fünf, sechs, ich weiß nicht wie viele Male, wie ein Projektionsschirm.

fast ein sandalino: Ein »sandalino« oder, gebräuchlicher, »sandolino« ist ein flaches, leichtes Paddelboot für ein oder zwei Personen.

den alten Text: Der alte Text, den Ungaretti hier zitiert, ist wie bereits in »Seid fruchtbar und mehret euch« Ferros *Istoria dell'antica città di Comacchio* von 1701; s.o., S. 396.

Borromini: Vgl. die Anm. S. 359.

Come il pesce colà dove impaluda ...: Vgl. *Gerusalemme liberata*, VII, 46, 1–8. (V. 5 lautet in allen mir bekannten Ausgaben: »E vien che da se stesso *ei* si rinchiuda« [Herv. v. mir; A. B.]).

Sempre all' entrare GZP: Sempre all' entrar

einen Nachkommen dieser Familie habe ich in Comacchio wiedergetroffen: GZP: einen Nachkommen dieser Familie habe ich mit jener Freude, die nur die Kriegskameraden kennen, in Comacchio wiedergetroffen;

die achtzig Exemplare meines Porto Sepolto: Zur – von Ungaretti stilisierten – Geschichte des *Porto Sepolto* vgl. Bd. 1 dieser Ausgabe, S. 444ff.

bugatta GZP: *vugatta*

Pasiphaë: Die Gemahlin von König Minos, Lichtgöttin und Tochter des Helios und der Perseis, verliebte sich in den Stier, den Poseidon im kretischen Meer hatte aufsteigen lassen, ließ sich in einer von Dädalus gezimmerten Kuh von ihm schwängern und gebar von ihm den stierköpfigen Minotauros.

Sie öffnen einen, GZP: Sie öffnen eine,

acquadelle: Pl. von »acquadella« (auch: »acquatella«), regional gebräuchlicher Name für den Ährenfisch.

wie sie begonnen haben, sich auch GZP: wie es begonnen hat, sich auch

Es scheint, als sei das Weltall stehengeblieben. In der GZP schließt der darauffolgende Satz direkt an; danach folgt ein Absatz.

VON POMPOSA NACH FERRARA (S. 190–195)

Da Pomposa a Ferrara; GZP vom 29. Januar 1933, S. 3; dort datiert: Ferrara, Januar. Übersetzt von S. Hildesheimer, a.a.O., S. 108–115.

Via Romea: Die Via Romea – zur Metonymie für die Pilgerstraße schlechthin geworden – ist eine alte Pilgerstraße von Venedig nach Ravenna, an der die Abtei von Pomposa liegt (s.u.).

Quaestio de aqua et terra In DD 69 Druckfehler: it. »acqua« anstelle von lt. »aqua«. – Die lateinische Abhandlung befaßt sich mit der Frage nach der Lage von Erde und Wasser (die Erde erhebt sich *über* dem Wasser) und hat daher Bezug zur ersten polesinischen Erzählung Ungarettis. Die Autorschaft Dantes ist wahrscheinlich, aber umstritten (zum Für und Wider vgl. Dominik Perler in: Dante Alighieri, *Abhandlung über das Wasser und die Erde*, lt.-dt., Hamburg 1994, S. VII-LXXIV).

Abtei von Pomposa: Im 9. Jahrhundert gegründete Benediktinerabtei östlich von Codigoro, mit Mosaikfußboden und Fresken aus dem 14. Jahrhundert.

… der von Guido Monaco in einer Zelle ebendieses Klosters Regel und Gesetz gegeben worden war: Der Mönch Guido d'Arezzo soll in Pomposa die Notenschrift erfunden haben.

das Motiv des Fußbodens GZP: ein Motiv des Fußbodens

vom Land überklettert? Und tragen nicht Nutz- und Ziergärten …. GZP: vom Land überklettert, und tragen nicht Nutz- und Ziergärten direkt ins Herz des Stadtkerns seine Daseinsberechtigung?

Seitdem Ercole 1492: Ercole I. aus dem Hause Este, Sohn des ersten Renaissancefürsten Nicolò III. und Schwiegervater der Lucrezia Borgia, herrschte von 1471–1505, zur Blütezeit Ferraras.

Von hier stammt ein Savonarola: Unter dem Eindruck der Bußpredigten Girolamo Savonarolas, der 1452 in Ferrara geboren und 1498 als Ketzer verbrannt wurde, erhob sich das Volk in Florenz gegen die Herrschaft der Medici.

Ariost: S. o., S. 395.

Tasso: Torquato Tasso (1544–95), Dichter der *Gerusalemme liberata,* war auf Veranlassung seines Schutzherrn, des Herzogs Alfonso II., von 1579–86 in einer Zelle des Hospitals St. Anna eingesperrt. Zu Tassos *Gerusalemme* vgl., S. 123f.

Byron: Der in London geborene Dichter Lord George Noel Gordon Byron (1788–1824) lebte nach der skandalumwitterten Trennung von seiner Frau in Venedig, Ravenna, Pisa und Genua. In Venedig schrieb er *The lament of Tasso.*

Als Montaigne …: Michel Eyquem Seigneur de Montaigne (1533–1592), skeptizistischer Philosoph und begnadeter Essayist, besuchte Ferrara im November 1580, wo er vom Herzog empfangen wurde. In seinem *Journal de Voyage en Italie* erwähnt er – aus Rücksichtnahme gegenüber Alfonso II.? – seinen Besuch bei Tasso nicht, wohl aber in den 1582 nach seiner Rückkehr erschienenen *Essais.* Er beschreibt ihn dort als einen großen Geist, der an sich selbst zugrundegeht.

FLANDERN UND HOLLAND

Fiandre e Olanda. Die unter diesem Titel gesammelten Reiseerzählungen basieren auf Artikeln, die von April bis Oktober 1933 in der GZP veröffentlicht wurden. Auf einen dieser Artikel (›Das gezähmte Meer‹) beziehen sich die »Svaghi« in *Un Grido e Paesaggi* mit den »Amsterdam, Marzo 1933« datierten Gedichten »Volarono« und »È Dietro« (vgl. Bd. 3 dieser Ausgabe, S. 57f.) Sieben der zwölf Texte wurden von S. Hildesheimer übersetzt (a. a. O., S. 117–169).

ANTWERPEN VON EINEM WOLKENKRATZER AUS
GESEHEN (S. 198–203)

Anversa vista da un grattacielo; GZP vom 25. April 1933, S. 3; dort datiert: Antwerpen, April.

… *Guizzante e Bruggia,* …: Vgl. Dantes *Divina Commedia,* Inf. 15, 4–6 (V.4 lautet vollständig: »Quale i Fiamminghi tra Guizzante e Bruggia,« – ›So wie die Flamen zwischen Wissant und Brügge,‹).

tight: Vgl. S. 368.

Puppentheateraufführung GZP: Puppentheaterkompagnie

dieses Tal sich von einer alten GZP: jenes Tal sich von einer alten

die unter Karl V. die Prächtige unter den christlichen Städten gewesen war, verfiel …: Unter Karl V. hatte Antwerpen ca. 125 000 Einwohner und war als bedeutende Handelsstadt berühmter als Venedig. Im westfälischen Frieden (1648) wurde der Fluß für die Schiffahrt gesperrt, nachdem allerdings schon die Spanier im 16. Jahrhundert die Stadt verwüstet hatten und der Zoll der Scheldeschiffahrt in holländische Hände gefallen war.

einen der ersten Tage des Oktobers 1914: So lautet der Text in der GZP; in DD 61/69 dagegen ist »des Oktobers« (it. »dell'ottobre«) – wie uns scheint, versehentlich – weggefallen; vgl. auch VL, S. 1251, Anm. 2.

Tatsächlich korrespondiert das Oktober-Datum auch mit den ge-
schichtlichen Fakten.

Anhänger von Dempsey: Der Amerikaner William Harrison »Jack«
Dempsey (1895–1983) war zwischen 1914 und 1940 ein berühmter
und gefeierter Boxchampion.

*diese ganze Mischung scheint mir dem Auge keinen glücklichen Anblick zu bie-
ten.* GZP: all dies würde einen Trödler glücklich machen.

erheben sie sich grobschlächtig GZP: erheben sie sich nichtsdestoweniger
grobschlächtig

der herzzerreißende Schrei GZP: das herzzerreißende Pfeifen

DIE SCHIFFE IM SERAIL (S. 204–209)

Le navi nel serraglio; in der GZP vom 7. Mai 1933, S. 3 (Obertitel:»Visita al porto di Anversa« ›Besuch des Hafens von Antwerpen‹); dort
datiert: Antwerpen, Mai. Übersetzt von S. Hildesheimer, a.a.O.,
S. 119–126.

Wille Diese Überschrift fehlt in der GZP; statt dessen steht sie vor dem
nächsten großen Abschnitt:»Schwere Lastwagen mögen ...«.

Königreich des Volapük: Volapük ist eine sogenannte Welthilfssprache, die
J. M. Schleyer erfunden und mit der er 1880 an die Öffentlichkeit gegangen ist; der Name leitet sich von »world speech« ab.

die hat er anlegen lassen, und er hat ... GZP: die hat er anlegen lassen, und
zwar für kriegerische Zwecke, und derselben Zwecke wegen hat er
[...].

Freund Monelli: Vermutlich der drei Jahre jüngere Paolo Monelli, Journalist und Schriftsteller, der u. a. auch für die GZP arbeitete.

*Und als der Glaube und die Leidenschaften und die Träume eine blindere Ge-
walt gegen sich hatten, wurde ...* GZP: Und als der Glaube und die Leidenschaften und die Träume in einem anderen Land, das jünger war,
stärker waren, wurde [...].

*und zu allen Jahreszeiten haben sie ein Licht und eine reiche Betriebsamkeit des
Wassers.* Der Satzteil läßt sich auch folgendermaßen lesen: und zu al-
len Jahreszeiten haben sie ein Licht und eine Weite, unaufhörliche
Arbeit des Wassers.

ins Leere ragende Kreuzungspunkte von Trostlosigkeit heraufbeschwören. GZP:
ein Durcheinander von Kreuzen heraufbeschwören.

Arme, Arme, ... Dieser Satz fehlt in der GZP.

BRUEGEL DER ÄLTERE (S. 210–214)

Breughel il vecchio; GZP vom 30. Mai 1933, S. 3 (Obertitel:»Arte fiam-
minga« – ›Flämische Kunst‹); dort datiert: Antwerpen, Mai. Unter
dem Titel *Breughel der Ältere* übersetzt von S. Hildesheimer, a.a.O.,
S. 127–133.

Tanchelm: Tanchelm oder Tanchelinus, flämisch Tanchelijn, war ein ket-
zerischer Wanderprediger in Antwerpen und Umgebung; er verwarf
die Sakramente und bezeichnete die Kirche als Bordell. Er gewann
eine große Anhängerschaft, bis er 1115 ermordet wurde; vgl. BBKL
Vol. 11 (1996), Sp. 487f.

Ein Orcagna arbeitete es mit einer ganz anderen Kunst auf GZP: Ein Orcagna arbeitet es mit einer ganz anderen Kunst auf — Andrea di Cione
genannt Orcagna (ca. 1308 – ca. 1368) war Maler, Bildhauer und Architekt der Florentiner Schule, zu seinen berühmtesten Werken
gehört die Altarbemalung der Strozzi-Kapelle in Santa Maria Novella in Florenz, wo eine Kehrtwendung von Giottos erdnahen Figuren
hin zu einer byzantinisch geprägten Kunst zu erkennen ist, deren Gestalten durch strahlende Farben vor goldbemalten Flächen überhöht
wirken. Zu Bosch s. u., S. 402.

*ich denke vielmehr an die Natur, die sie entscheidend prägte, an ihr Blut, das
doch* GZP: ich denke vielmehr an die Natur, an die Rasse, wenn ihr so
wollt, die doch

und van Eyck ist Brügge: Die Brüder van Eyck stammen aus der Gegend
von Maastricht; der bekanntere, jüngere Jan van Eyck brachte die
letzten Lebensjahre in Brügge zu und starb dort 1440.

die Madonna des Kanonikus van der Paele GZP: die *Madonna des Kanonikus
Georg Van der Paele* — Bei den Figuren handelt es sich um Maria und
Kind, den hl. Donatian, den hl. Georg und den Kanonikus van der
Paele (Georg de Pala).

Wenn Piero della Francesca…: Der uns heute vor allem durch seine neu
restaurierten Fresken bekannte Piero della Francesca aus Borgo San
Sepolcro (1415/20–1492) schuf lichtvolle, plastisch wirkende Gestalten, schrieb einen Traktat über Fragen der Raumaufteilung und erfand
eine neue Maltechnik.

auf den Adern der Schläfen GZP: auf den Adern der Stirn

Er gefiel auch den Spaniern sehr, mit denen dieses Volk GZP: Er gefiel auch
sehr in Spanien, mit dem dieses Volk

– hier sind sie Mystiker GZP: – sie sind Mystiker

die burgundische Bildhauerschule, deren Wurzeln in der flämischen Kunst liegen
– GZP: die burgundische Bildhauerschule, die, wie man weiß, ganz
eins ist mit der flämischen –

Tizians Papst Paul III. mit Enkeln: Das Bild, das den Papst zusammen mit
Kardinal Alessandro und Ottavio Farnese zeigt, wurde 1545 vollendet.

Ein Alessandro Farnese hat hier Spanien …: Alessandro Farnese, Herzog
von Parma (1578–1596), hatte die Niederlande 1555 von Karl V. übernommen. Nach dem Aufstand gegen Herzog Alba und die vom König ins Land gebrachten spanischen Truppen spaltete sich das Land
in den nördlichen (Niederlande) und in den südlichen Teil (Belgien),
der sich vergeblich gegen die Spanier erhob.

wie manche Kritiker hinsichtlich dieser Kunst GZP: wie manche Kritiker
über diese Kunst

dem in den folgenden Aufzeichnungen nachzugehen. GZP: dem im folgenden
Artikel nachzugehen.

ROM IN FLANDERN (S. 215–220)
Roma nelle Fiandre; GZP vom 4. Juni 1933, S. 3; dort datiert: Antwerpen, Juni. Übersetzt von S. Hildesheimer, a. a. O., S. 134–142.

Als der zweiundzwanzigjährige Cadamosto 1444 …: Hier ist Ungaretti ein Irrtum unterlaufen. In Wirklichkeit landete der venezianische Seefahrer Alvis Ca' da Mosto (1432?–1488) nicht 1444, sondern vermutlich 1454 am Kap São Vicente an der portugiesischen Küste, wo er den Infanten Enrico (1394–1460, genannt Heinrich der Seefahrer) kennenlernte, in dessen Auftrag er 1455 aufbrach, um die Westküste Afrikas – wahrscheinlich bis zu den Kapverdischen Inseln, als deren Entdecker er gilt – zu erforschen.

und von dem Genie reden höre, das König Leopold in geschäftlichen Dingen gewesen ist: Leopold II. von Belgien (1835–1909) schickte 1879 eine Expedition zum Kongobecken, deren Unterhändler Hunderte von Stammeshäuptlingen mitsamt ihrem Land und ihren Untertanen vertraglich in Leopolds Hand brachten. Die neuen Herren behandelten Land und Leute derartig grausam und ausbeuterisch, daß Leopold II. – der sich stets als Abschaffer der Sklaverei und Menschenfreund dargestellt hatte – die Verwaltung des Kongo 1908 an den belgischen Staat abtreten mußte. Zum Zeitpunkt der Reise Ungarettis (und noch lange danach) wurde die belgische Kolonialgeschichte weiterhin verherrlicht.

und gerade bei Bosch erhebt sie sich aus den Schrecknissen GZP: und gerade bei Bosch geht sie aus den Schrecknissen hervor – Hieronymus Bosch (eigentlich Jerome van Aeken, um 1450–1516) stellt in seinen Bildern phantastische, erstaunliche und erschreckende Welten in vielfältigen Details dar.

… und bei Memling: Hans Memling (um 1433–1494) tat sich vor allem als Porträtist und als Altarmaler hervor.

den Vorzug vor Reichtum GZP: den Vorzug vor Reichtümern

die Dynastie der Plantin-Moretus: Christoph Plantin gründete um 1550 eine Buchdruckerei in Antwerpen und verlegte sie 1576 in besagtes Wohnhaus. Nach seinem Tod 1589 wurde sein Schwiegersohn Johannes Moretus (Jan Moerentorf) sein Nachfolger.

Inmitten der Sammlungen kostbarer Kodizes und Inkunabeln …: Peter Paul Rubens (1577–1640) war bereits zu Lebzeiten berühmt und angesehen und, ganz im Gegensatz zu Rembrandt, auch sehr reich. Die Erzherzogin Isabella schickte ihn zu Friedensverhandlungen nach Madrid und nach London; in Spanien wurde er Sekretär des Geheimen Rats, in England schlug man ihn zum Ritter.

Jordaens scheint mir ein größerer Maler …: Jacob Jordaens (1593–1678), Genre- und Historienmaler, galt nach Rubens als der bedeutendste Maler Antwerpens.

Caravaggio: Zum Meister des »chiaroscuro«, der Wirkungsmacht des Kontrasts von Licht und Dunkelheit, vgl. auch »Der wunderbare Fischfang«, S. 135 u. 487.

Pieter Coecke, Bruegels erster Lehrer: Pieter Coecke van Aelst (1502–1550) war Maler und Baumeister in Brüssel und vermutlich der erste Lehrmeister des um 1525 geborenen Bruegel.

knirscht er wie – erinnert ihr euch? – das Männlein auf dem Wolkenkratzer: Vgl. die Erzählung *Antwerpen von einem Wolkenkratzer aus gesehen*, S. 199.

die Rubens mehr als alle anderen sich anzueignen bestrebt war GZP: zu der
   Rubens mehr als alle anderen strebte

BESUCH BEI JAMES ENSOR (S. 221–225)

Visita a James Ensor, unter dem Titel *Visita a un grande pittore* – ›Besuch
   bei einem großen Maler‹ in der GZP vom 24. Juni 1933, S. 3; dort datiert: Ostende, Juni.
Ich sehe mich 1925 an derselben Stelle. Auf diesen Satz folgen in der GZP
   weitere 6 Absätze: Und was wird wohl aus van Severen geworden
   sein?/Es ist das dritte Mal, daß ich Franz Hellens dies frage. Und nun,
   da mich die flüchtige Landschaft nicht mehr ablenkt, das erste Mal,
   daß ich seine Antwort erhalte./Van Severen ist kein Anhänger der
   Einheitsfront und kein Abgeordneter mehr, er ist noch immer sehr
   jung sowohl vom Wesen als auch vom Alter her, er hat sein Vermögen im politischen Kampf aufgebraucht, doch er hat nicht den Mut
   verloren, und nun hebt er unter den Bauern seines Landes faschisti-
   sche Zenturien aus./Dies ist sein Land, dieses Flandern. Und wie hätte ich bei meiner Wiederkehr nicht an ihn denken sollen, der es mich
   als erster und mit großem Gewinn besichtigen hieß?/Ich sehe ihn vor
   mir, mit der Last seiner eigensinnigen Stirn, mit jenen hellen Augen,
   die er zusammenkniff beim Sammeln der Gedanken, die er dann in
   langsamen Sätzen in harter Argumentation zum Ausdruck brachte. Er
   hatte mir die Zeitschrift gezeigt, die er leitete. Sie war flämisch geschrieben, und ich verstand gar nichts. Doch selbst seine Gegner hatten sie vor mir gelobt und zugegeben, daß keine andere in Belgien mit
   ebensoviel Leidenschaftlichkeit und wissenschaftlicher Solidität den
   sozialen und religiösen Problemen des Augenblicks Genüge zu tun
   wußte./Weshalb hatte er mich dazu gebracht, auch Ensor kennenzu-
   lernen? – Der Belgier James Ensor (1860–1949) war symbolistischer
   Maler, Zeichner und Radierer gesellschaftskritischer Bilder. In der
   von Ungaretti nachfolgend erwähnten »zweiten Orientierungsphase«
   wurde sein Werk mehr und mehr von Masken, Dämonen und Darstellungen des Todes dominiert. – P. Montefoschi weist darauf hin,
   daß die Reise, auf die Ungaretti hier anspielt, in Wirklichkeit im Februar 1926 stattfand.
Seit wie vielen Jahrhunderten ist dort kein Gegenstand fortgenommen worden?
   GZP: Seit wie vielen Jahrhunderten ist dort kein Gegenstand mehr
   fortgenommen worden?
*daß für die Augen des Malers die Gegenstände nur durch das Licht existieren,
   das sie enthüllt*: Das italienische Wort »rivela«, das zu Ungarettis poetologischem Vokabular gehört, läßt sich in zwei konträre Richtungen
   auslegen: Einmal nach der gewöhnlichen lexikalischen Bedeutung,
   nämlich er/sie/es »enthüllt«, »offenbart«, und einmal ganz buchstäblich gelesen, als Kombination der Vorsilbe »ri-« – wieder und des
   Verbs »velare« – »verhüllen«, »verschleiern«, also: er/sie/es »verhüllt/
   verschleiert erneut«. Das Licht läßt für uns die Gegenstände wahr-
   nehmbar werden und hüllt sie zugleich – je nach Blickwinkel und Art
   der Beleuchtung – in einen Schleier. Es offenbart uns demnach Ver-

änderliches und verbirgt das Wesen der Gegenstände. Zur Paradoxie der verbergenden Offenbarung des »rivelare« vgl. UG, S. 61–63.

Das Licht eines Rembrandt GZP/DD 61: das Licht bei Rembrandt
die zum Beispiel Tizian schon kannte, und ohne GZP: die schon Tizian kannte; und auch andere, und zwar ohne
das Licht als eigenes Mittel GZP: das Licht als ein eigenes Mittel
die Mutter Flämin GZP: die Mutter flämisch
die ihn zum größten noch lebenden Maler des 19. Jahrhunderts machen. In der GZP folgt hierauf ein weiterer Abschnitt: Jetzt weiß ich, warum van Severen wollte, daß ich dieses Werk kennenlerne: Er hat dort die Gesellschaft des 19. Jahrhunderts, die er haßt, abgestempelt gesehen, er hat das Ungestüm seines Volkes darin erblickt, er hat die Tradition der alten Malerei seines Landes darin wiederauferstehen sehen.

EINST WAREN ES STÄDTE (S. 226–230)

Furono città; GZP vom 27. Juli 1933, S. 3 (dort gehören noch drei Pünktchen zum Titel: *Furono città* ...); dort datiert: Brügge, Juli.
Ostende Diese Überschrift und alle weiteren Überschriften über einzelnen Abschnitten fehlen in der GZP.
angesichts derer die vier Bauernhäuser, die sie umgeben, ... GZP: zwischen winzigen Steinen, welche die vier Bauernhäuser sind, die ihnen ringsum geblieben sind.
Ostende zerstört alles mit seinem plötzlichen Auftauchen. GZP: Aber sobald es angelangt ist, zerstört Ostende alles.
die längs der ockergelben Segel vom Salz sich entkrusten, mit den Fangkörben, die entlang den gebogenen Segelmasten ... GZP: die sich längs der ockergelben Segel im Salz zusammenziehen, mit den Fangkörben entlang den gebogenen Segelmasten.
Morgens hat es den Lärm GZP: Morgens hat es die Aufregung
Seine Häuser und seine Kirchen GZP: Seine Häuser und seine Kirche
Neugotik GZP: Gotik
den authentischen Stil GZP: den Stil
Jugendstil-Kursaal GZP: Kursaal
gommeuse: Sängerin in einem Tanzcafé oder Kabarett
Silhouetten ... In der GZP wird das Wort hier und im folgenden durch Kursivierung hervorgehoben.
es läßt mich wie ein van Eyck den Schädel unter der Haut spüren: Einer der für Ungaretti typischen schillernden Sätze, dessen Mehrdeutigkeiten das Gesagte illustrieren. Die zweite Übersetzungsmöglichkeit lautet: ›es läßt mich wie einen van Eyck den Schädel unter der Haut spüren.‹ Aufgrund seiner vielfachen Interpretationsmöglichkeiten: Die Stadt läßt mich den Schädel unter der Haut spüren, so wie dies auch van Eyck tut./Die Stadt läßt mich den Schädel unter der Haut spüren, so wie dies ein Gemälde von van Eyck tut./Die Stadt läßt mich den Schädel unter der Haut spüren, so wie ihn van Eyck spürt. ..., läßt dieser Satz unter der Hülle wechselnder, hinfälliger Bedeutungen das ›Gerippe‹ der Satzkonstruktion ›heraus*hören*‹ (im italienischen Text: »sentire« – ›hören‹, ›fühlen‹, ›spüren‹).

die schroffe Rückseite der Dünen GZP: die schroff gewordene Rückseite der Dünen

ein Zebramuster GZP: ein leichtes Zebramuster

und dort hinten zeigt… GZP: und der Horizont kreist sacht von grünlichem Schwarz zum kurzen seidenumwobenen Gold zum dahinschwindenden Azur und vom Azur zur Seide hin zum Schwarz.

die nicht einmal von ferne Gnade walten lassen: Eine von zwei möglichen Lesarten dieses Satzteils; die zweite lautet: »die nicht einmal von ferne etwas Anmutiges haben«.

ein Kornspeicher aus Eichenholz GZP: ein phantastischer Kornspeicher aus Eichenholz

in jenem Zyklopenbauch GZP: in jenem Zyklopennest

Und die Priester lenken immer noch auf martialische Weise GZP: Und die Priester lenken immer noch mit militärischem Kalkül

sogar die strenge Askese GZP: sogar die rigoroseste Askese

tollkühne und hartnäckige Arbeit, wer konnte all dies… GZP: kühne, hartnäckige und fruchtbare Arbeit, wer konnte all dies beginnen, wenn nicht Pioniere, Söhne einer römischen Idee?

Da ist Damme. Dieser Abschnitt folgt in der GZP ohne Leerzeile und Überschrift auf den vorhergehenden.

Auf eine Diagonale begrenzt GZP/DD 61: Durch eine Diagonale begrenzt

Sackgassen (Wörtlich: ›blinde Gassen‹, it. »vicoli ciechi«) GZP: blinde Hohlräume, it. »vuoti ciechi«.

der von Lissewege: dicht gedrängt neben einer geschwenkten Fackel. GZP: der von Lissewege, neben einer geschwenkten Fackel.

hinauf bis nach Sluis, ein blühender Hafen GZP: ganz hinauf bis nach Sluis, auch es ein blühender Hafen

Ein paar Kilometer weiter… GZP: Ein paar Kilometer weiter wendet sich der Zwin selbst, der einst ein großer Fluß voller Mastwerk und Segel war, zum Meer hin, ganz, ganz allein und ganz, ganz dünn, ohne auch nur ein Schiffchen.

und jene gespenstische Kathedrale GZP: und jenes Gespenst von Kathedrale

MENSCHEN UND STEINE VON GENT (S. 231–235)

Uomini e pietre di Gand; GZP vom 10. August 1933, S. 3; dort datiert: Gent, August. Übersetzt von S. Hildesheimer, a.a.O., S. 150–155.

Ich war von der Schelde angezogen GZP: Mich zieht die Schelde an

zwischen dem Turm der Sint-Baafskathedraal und dem Turm des Belfried: Die Kathedrale von St. Bavo stammt in den – unterirdischen – ältesten Teilen aus dem 10. Jahrhundert; der Belfried beherbergte vor der Einnahme der Stadt durch Karl V. den sogenannten Roland, eine große, berühmte Glocke.

was sie an Lebensgier und Lebensklugheit GZP: was sie an Lebensklugheit und Lebensgier

Betrachtet die Niklaaskerk: Die St. Nikolaikirche ist die älteste der über 50 Kirchen Gents; wie die St. Michaeliskirche ist sie im gotischen Stil erbaut.

Kommt an einem Freitag her: Freitag ist Markttag, und am sogenannten

Freitagsmarkt liegt die »Dulle Griete«, eine fast sechs Meter lange Kanone aus dem 15. Jahrhundert.

Lieven Bauwers: Der Belgier Lieven Bauwers (1769–1822), Industrieller und früher Industriespion, schmuggelte Spinn- und Webmaschinen aus England nach Frankreich und Belgien und eröffnete die ersten Maschinenspinnereien auf dem europäischen Festland (1798 bei Paris, 1799 in Gent).

DAS GEZÄHMTE MEER (S. 236–241)

Il mare addomesticato; unter dem Titel *Dove le bestie i fiumi e il mare sono addomesticati dall'uomo* – ›Wo das Vieh die Flüsse und das Meer vom Menschen gezähmt sind‹ in der GZP vom 15. August 1933, S. 3 (Obertitel: »Olanda metodica e formalista« – ›Methodisches und formalistisches Holland‹); dort datiert: Amsterdam, August. Übersetzt von S. Hildesheimer, a. a. O., S. 156–163.

Eine rationale Landschaft Diese Überschrift fehlt in der GZP (s. u.).

und du siehst die dünne Ader GZP: Und ihr seht die dünne Ader

Eine Herde gescheckter Kühe ... In der GZP steht über diesem Abschnitt die Überschrift: »Eine rationalistische Landschaft« (s. o.).

in dem sogar die Kühe GZP: in dem sogar das Vieh

wie lange ein chinesischer Pinsel beim Zeichnen GZP: wie lange ein chinesischer Pinsel bei der Wiedergabe

Ja, aber wieso habe ich nicht ... Der ganze Abschnitt lautet in der GZP: Ja, aber wieso habe ich nicht sofort daran gedacht, daß dies die Metropole eines Imperiums ist? Daß sie mit dem Fernen Osten seit Jahrhunderten als Bezwinger in Verbindung stehen. Wenn hier überall eine exotische Luft weht, so ist es eine Luft der Stärke und hat deshalb alles so tiefgreifend durchdrungen.

in der Schiffahrtsabteilung des Amsterdamer Museums: Gemeint ist die Marinesammlung des Rijksmuseums.

und der Phantasie des chinesischen Kunsthandwerks GZP: und der Phantasie des chinesischen Künstlers

EIN VOLK UND EIN EDELSTEIN (S. 242–248)

Un popolo e una pietra preziosa; in der GZP vom 3. September 1933, S. 3 unter dem Titel: *Povera gente venditrice di diamanti* – ›Arme Leute, die Diamanten verkaufen‹ (Obertitel: »Un popolo e una pietra preziosa« – s. o.); dort datiert: Amsterdam, September; unter dem Titel *Come si lavorano e si vendono i diamanti* – ›Wie man Diamanten bearbeitet und verkauft‹ auch in *Sapere* 1, 3 (1935), S. 113–14.

Kleiner Handel Diese Überschrift steht in der GZP weiter unten, anstelle des ersten Asterisks; in SP fehlt sie ganz.

und die Geschäfte unten, GZP: und die Geschäfte, unten, SP: und die Geschäfte,

Auch diesmal war die Unordnung da, und ... Das Ende dieses Abschnitts lautet in SP: Auch diesmal war die Unordnung da. Es war eine befremdliche Unordnung, und ich fragte mich, ob mich nicht eine Halluzination mit einem Schlag nach Warschau oder Saloniki versetzt hatte.

die nicht lärmten, sondern ... GZP: die nicht lärmten, sondern – bereits in diesem Alter – die Verantwortung – was für ein Druck lastet auf ihrem Kopf? – eines traurigen Schicksals zu tragen schienen. SP: die nicht lärmten und bereits in diesem Alter gedankenschwer zu sein schienen.

und sah hinter dem marmornen Ladentisch einen, der in einem verschossenen tight und mit ... SP: und sah hinter einem marmornen Ladentisch, in einem verschossenen *tight* und mit staubiger Melone, einen knochigen Mann, der vor sich hinsann und mit einem Fleischermesser gehacktes Fleisch liebkoste. – Vgl. zu *tight* die Anm. S. 368.

wo, hinter der Milchglasscheibe, ein Karpfen ... GZP: wo, hinter der vor Schmutz milchig gewordenen Scheibe, ein Karpfen im schmutzigen Wasser eines Glasbassins [...]. SP: wo hinter der schmutzigen Scheibe ein Karpfen und irgendein Flußbarsch einander in einem kleinen Bassin verfolgten.

Sie schienen vor Hunger ... Dieser Satz ist in SP in drei Sätze unterteilt: Sie schienen vor Hunger [...] auf der Suche nach Sauerstoff. Sie atmeten keuchend, [...] daß es nicht mit anzusehen war. Das Wasser [...].

Weiter waren Krüge SP: Es waren auch Krüge

die ein Jude beruhigt würde essen können SP: die ein Jude ohne Skrupel kaufen konnte

Ist dies wirklich nicht mehr Antwerpen? SP: Dies ist tatsächlich nicht mehr Antwerpen.

An den Tischchen ... Dieser und der folgende Satz sind in SP zusammengenommen: An den Tischchen saßen Leute, die genauso aussahen wie der Fleischer und die dazu bestimmt schienen, ihr Leben hier drinnen zu verbringen.

Einige spielten Tricktrack. GZP: Einige spielen Tricktrack.

Die meisten den Kopf ... Dieser Satz fehlt in SP.

Ab und zu, selten, steht einer auf ... SP: Ab und zu stand einer auf und kam aus der Küche mit einem Glas Wasser zurück.

Sie sind arm. ... Dieser und der folgende Abschnitt fehlen in SP.

Es gibt keine Kraft – und an Geduld ... GZP: Es gibt keine Kraft, die sie ergreifen – und es fehlt ihnen weder an Geduld noch an Eroberungskünsten –, die sie nicht – sei sie gesellschaftlich, wissenschaftlich, wirtschaftlich oder künstlerisch – zu einem derartigen Grad an subversiver Raserei, Anonymität und Bedenklichkeit bringen, daß sie jeden ihren Todesgehalt gewahr werden und sie selbst auf ein System gründen läßt, das diese Kraft leugnet.

der Juden zur Erneuerung. GZP: der Juden, schöpferisch zu sein.

von Namen wie Marx, GZP/DD 61: von den Namen Marx,

Einstein. Durch das Drama, das sie in den Völkern auslösen, bringen sie seit so vielen ... GZP: Einstein. Sie spielen mit dem Leben wie eine Katze mit der Maus. Durch das Drama, das sie so in den Völkern auslösen, sind es jetzt 2000 Jahre – man muß es anerkennen –, daß sie, um den Preis von Verfolgungen, Zustände der Erneuerung hervorbringen.

Warum haben diese Leute sich da drinnen versammelt? GZP: Warum haben diese Unglückseligen sich da drinnen versammelt? SP: Warum waren diese Unglückseligen aufgestanden? [Dieser Satz bildet einen eigenen Abschnitt in SP.]

klemmt sich eine Linse ins Auge, stöbert SP: hat sich eine Linse ins Auge geklemmt und stöbert

stöbert erneut, und so fort. SP: stöbert erneut.

Der andere schließt die Tütchen wieder, packt SP: Endlich schließt der andere die Tütchen wieder und packt

und wer sich daran beteiligen will, »wird ... GZP: und wer dabei einsteigen will, »wird [...]. – In SP fehlt der ganze Satzteil.

Mutiges Leben Diese Überschrift fehlt in SP; der folgende Abschnitt schließt ohne Leerzeile an den vorhergehenden an.

Die Haarlöckchen fallen ihm GZP: Die Haare kringeln sich ihm SP: Die zusammengerollten Haare fallen ihm

und sein abgezehrtes Gesicht zieren kummerliche rote Haare GZP/SP: und sein kadavergleiches Gesicht [it. »faccia cadaverica«; A. B.] zieren kümmerliche rote Haare

der sich in einem Höllenkreis vor immer neuen Gräben ... SP: der in einem Höllenkreis für immer einen Graben nach dem anderen überspringen muß.

Ihm folgt, im Laufschritt wie eine junge Gans, ... Dieser und der nächste Abschnitt lauten in GZP und SP – jeweils in einem einzigen Abschnitt – folgendermaßen: GZP: Ihm folgt, im Laufschritt wie eine junge Gans, eine Frau mit einem dreieckigen Gesicht und einem Mund wie eine junge Wölfin von einer unglaublichen Breite – weit aufgerissen zu einem dümmlichen und schmerzlichen Lächeln. Sie hält [...]. SP: Ihm folgt, im Laufschritt wie eine junge Gans, eine Frau mit einem dreieckigen Gesicht und einem Mund wie eine junge Wölfin von einer unglaublichen Breite, der zu einem schmerzlichen Lächeln geöffnet ist. Sie hält einen acht- oder neunjährigen Jungen an der Hand, und dieser wiederum hält einen kleineren Bruder an der Hand, und dieser ein Schwesterchen, und indem sie sich so einer nach dem anderen hinterherschleifen, bildet die Geschwisterschaft eine Kette von vier oder fünf Metern. Sie sind kürzlich aus einem ungarischen Ghetto hierher gekommen.

ein Sechstel Antwerpens. GZP: ein Sechstel Antwerpens. Und so kinderreich wie sie sind, wie viele werden sie in 20 Jahren sein?

Nie gehört? GZP: Ach, nie gehört? In SP fehlt dieser Satz.

die den Diamanten spalten. GZP: die den Diamanten zerhauen, oder besser gesagt, zersetzen.

Man versucht, eine Fläche zu finden, die für das Spalten günstig ist, dann setzt man ... GZP: Indem man versucht, eine Fläche zu finden, die für das Zersetzen günstig ist, setzt man eine Klinge an und tack, tack, tack, der Diamant teilt sich in zwei Kristallgruppen.

ihn zu spalten, immer mehr ... Von hier bis zum Ende des Abschnitts lautet der Text in der GZP folgendermaßen: ihn zu zerhauen, immer mehr zum Schneiden die Säge benutzt. Zersägt, wird der Diamant erst richtig zum Leben erweckt. Tatsächlich ermißt sich der Wert eines Diamanten nach seinem Leben. Von einem schlechten Diamanten sa-

gen wir: »Er ist nichts wert: er hat nur ein spärliches inneres Leben«.
»Ihr seid Dichter. Nun gut. Aber das ... In der GZP lautet dieser Abschnitt
– weiter unterteilt – folgendermaßen: – Ihr seid Dichter./– Also: Ihn
spalten [it. »*clivare*«; A. B.], das ist, als teilte man eine Orange in Stücke
auf, während ihn *zersägen* sozusagen bedeuten würde, sie in runde
Scheibchen zu schneiden./– Nun gut. Aber das [...] keine Arbeit für
Sie gibt? In SP fehlt der Abschnitt und ebenso die folgenden vier Absätze von DD 61/69.

beim dritten wissen wir noch nicht.« In der GZP folgt hierauf ein eigen-
ständiger Absatz: Ich überlegte, und übertrieb dabei gewiß, machte einen Roman daraus: Einer in der Werbung: er wird alle Zeitungen in
Händen halten; der andere, Arzt: er wird Professor sein, die medizi-
nische Fakultät wird von ihm abhängen; der dritte, Anwalt: er wird
Bürgermeister, Minister sein. Und bei dem Kastengeist, der sie her-
aushebt, wird es außer für die Juden keinen Platz mehr geben. Ich
übertrieb; aber in dieser Rasse gibt es, über den Geist der Verzweiflung hinaus, von dem anfänglich die Rede war, und ich würde sogar
sagen, als Nahrung dieses Gemütszustandes, auch ein emsiges Bestreben zu hamstern. Ich sage das nicht aus einem Antisemitismus heraus.
Aber kann dieses Juden-Problem auf der Welt niemals gelöst werden?
Und ich frage mich erneut: »Gibt es in der Bestimmung dieses Volkes
wirklich etwas, das die menschlichen Vorhaben übertrifft?«

Der Stein der Versöhnung Diese Überschrift und die vorangehende Leerzeile fehlen in SP.

5 000 Franken jährlich GZP: 5 000 Franken im Jahr

an der Börse werden die mittleren Geschäfte gemacht: ... GZP: an der Börse
die mittleren: 2 500 Franken im Jahr; um in der Diamant kierig zugelassen zu sein, genügen 1000 Franken im Jahr.

Wir sind wegen der Diamanten hergekommen. SP: Wir sind durch den Ruf
der Diamanten hergekommen.

1925 warfen sie noch genug ab zum Leben.« GZP: 1925 konnte man noch
sehr gut davon leben.

»So viele Diamanten für die Juweliere?« SP: – Diamanten für Juweliere?

»Ach was, Juweliere. Dieser Satz fehlt in SP.

daß sie ganz allgemein als Barometer des Welthandels betrachtet werden kann.«
SP: daß sie als Barometer des Handels betrachtet werden kann.

diese Börse hier GZP: diese Börse in Antwerpen

der in Europa Diamanten facettierte, ... SP: der Diamanten in Europa
facettierte, sei im 17. Jahrhundert ein gewisser Perretti gewesen, ein
Venezianer, und zwar hier in Antwerpen.

daß im Mittelalter dem Stein SP: daß dem Diamanten im Mittelalter

»Wird hier das Hauptgeschäft GZP: – Wird das Hauptgeschäft in Antwerpen

das eigentliche Zentrum ist Amsterdam. GZP: das große Zentrum ist Amsterdam. SP: das eigentliche Zentrum ist in Amsterdam.

Das Monopol darauf hat ein Syndakat in London, GZP: Es ist von dem
»Syndakat von London« monopolisiert,

Ein Umschlag voll Licht Diese Überschrift fehlt in SP.

ringsum an den Tischchen unter den Fenstern, alles voll von Leuten. Sie schie-
nen nichts zu tun zu haben. Als sie GZP: ringsum an den Tischchen unter den Fenstern, alles voll von Personen, die nichts zu tun hatten./Als
sie SP: um Tischchen unter den Fenstern, saßen viele Personen. Als
sie

öffneten eilig SP: öffneten rasch

daß es zwanzig bis dreißig Diamantfarben gibt: da GZP: daß es 20 bis 30
Diamantfarben gibt. Da SP/DD 61: daß es 20 bis 30 Diamantfarben
gibt: da

grüne, schwarze und zitronengelbe; GZP: grüne, zitronengelbe;
mit hellblauen Reflexen. GZP: mit bläulichen Reflexen; usw.

Während er ganz winzige funkelnde berührte, Dieser Satzteil fehlt in der
GZP/in SP (das in der Übersetzung hier angehängte:»sagte Herr S.
zu mir«, ist im Italienischen In allen drei Texten Einschub zwischen
»Sehen Sie« und »das sind Brillanten«).

Sie wiegen nicht mehr als ... GZP: Sehen Sie, von den 15 Diamanten pro
Carat macht man immer den Brillantschliff. [In der GZP endet der
Abschnitt hier.]

der Steine, die weniger als ein Fünfzehntel Carat wiegen und GZP: der Steine
bis zu 15 pro Carat, und die

Sehen Sie: Um die Facetten erkennen zu können, ... GZP: Sehen Sie: hier –
ein Gramm Steine: es sind 2 500. Sehen Sie: Um die Facetten erkennen zu können, [...].

wie Kandiszuckerstückchen. GZP: Sie waren wie Stückchen von erdigem
Kandiszucker.

»Wir sind alle Juden in dieser Industrie und im Diamanthandel«, fuhr er fort.
GZP: – Diese Industrie und dieser Diamanthandel – fuhr S. fort – ist
ganz in jüdischer Hand.

»Als wir im 17. Jahrhundert auf der Flucht vor der Inquisition GZP: Als wir
im 17. Jahrhundert aus Portugal und aus Spanien flüchtend

dieses Berufs. Heute GZP: dieses Berufs, verbot uns jedoch, uns in Kör-
perschaften zu organisieren und hinderte uns so daran, uns am öffentlichen Leben der Stadt zu beteiligen./Das war eine menschliche
Art – dachte ich – euch den Lebensunterhalt zu gewähren in der Erwartung, daß eine tiefgreifende Anpassung euch in die Lage versetzt,
euch in ihre Angelegenheiten einzumischen, ohne allzu viele Schere-
reien zu machen. Im übrigen brauchen sich die Holländer nicht über
ihre Juden zu beklagen./– Heute

1925 war das einträglichste Jahr, sie haben GZP: 1925 – im einträglichsten
Jahr – haben sie

Besuch in einer Werkstätte Diese Überschrift und die vorangehende Leerzeile fehlen in SP.

»Sehen Sie: Unsere Haut kann.... GZP: Sieh mal, sieh mal, unsere Haut
kann unverwundbar werden wie die des Salamanders. – In SP fehlt
dieser Abschnitt. DD 61: Sieh mal: Unsere Haut kann [...].

Dann, um mir eine Freude SP: Um mir eine Freude

*»Ha! Um drei Millimeter zu sägen, braucht man vierundzwanzig Stunden. Der
Diamant ist hart.«* Dieser Abschnitt lautet in SP: – Der Diamant ist

hart: man braucht 24 Stunden, um drei Millimeter zu sägen. – Die folgenden drei Absätze fehlen in SP.

»Ja, Sie, man weiß nie, ... GZP: – Ja, Sie, es könnte ein Umsturz passieren, man weiß nie, und die Diamanten können in einem Fläschchen bleiben und würden auf der Flucht nicht hinderlich sein./Ich habe ihn angesehen:/– Aber ich bin Italiener./S. merkte, daß er arglos seine atavistische Besorgnis bloßgelegt hatte.

REMBRANDTS LICHT (S. 249–253)

Luce di Rembrandt, unter dem Titel *La pietra filosofale di Rembrandt* – ›Rembrandts Stein der Weisen‹ in der GZP vom 23. September 1933, S. 3; dort datiert: Amsterdam, September. Übersetzt von S. Hildesheimer, a. a. O., S. 164–169.

Heerengracht GZP: Hurengracht

eine phantastische Austernschale GZP: eine phantastische Schale von Meeresfrüchten

all diese in Reih und Glied aufgestellten düsteren und leichten Häuser GZP: all diese düsteren und leichten Häuser

Es sind miteinander solidarische Häuser GZP: Es sind sehr miteinander solidarische Häuser

Häuser also von Kaufleuten, von Eroberern und GZP: Häuser also von Kaufleuten, von Seeleuten, von Eroberern und

und daß sogar ihre Inneneinrichtung mit Kupfergerät und Ledergarnitur der Öffentlichkeit GZP: und daß auch ihre Inneneinrichtung der Öffentlichkeit

galt es, in derselben materiellen Isolation des Heims, ... GZP: galt es, in derselben absoluten materiellen Isolation des Heims, als ausgemacht, daß, da das ewige Glück oder Unglück einer Seele Geheimnis und Gnade Gottes ist, ein jeder, wenn er es nur in Schamhaftigkeit tut, das Recht hat, die eigenen Verhältnisse auf seine Weise zu regeln.

Calvinisten, und dort, ... Dieser Satz fehlt in der GZP.

die von den vorangegangenen sich überschlagenden historischen Ereignissen GZP: die von den vorangegangenen sich überschlagenden historischen Ereignissen des Landes

Achten wir also noch einmal auf die Farben, hier, ... Dieser Abschnitt lautet in der GZP: Wenden wir uns also noch einmal jenen Farben zu, zu einer Fläche hin, auf welche die Scheiben der großen Fenster für den Vorübergehenden das Leben der Häuser reduzieren; wenden wir uns den Fassaden zu, die nicht mit dem Raum spielen und die nur durch Farbe leben, wenden wir uns dem Wasser zu, in dem sowohl Interieurs durch die Scheiben hindurch als auch die parallelen Töne der Fassaden weit in den äußersten Vorstellungsbereich rücken.

die einzige Unterbrechung der Ebene hier und da. GZP: die einzige Unterbrechung dieser Ebene.

Stadt Rembrandts: Rembrandt van Rijn, Maler, Zeichner und Radierer, wurde 1606 als Müllerssohn in Leiden geboren und zog zu Beginn der 30er Jahre endgültig nach Amsterdam, wo er 1939 das Haus in der Sint-Anthonisbreestraat (später Jodenbreestraat genannt) bezog, für das er sich bis zum Bankrott verschuldete, und wo er in der Rozengracht 1669 völlig verarmt starb.

indem er die Realität der Welt als reine Erscheinung und reine Phantasie betrachtete, ... GZP: indem er die Realität der Welt als reine Vorstellung betrachtete. − Der ausführlichere Satz in DD 61/69 zeigt mit seinen vielfachen Bezugsmöglichkeiten an sich selbst, inwieweit »die Realität der Welt« Ansichtssache ist.

Und heute scheint Amsterdam in seiner alten Schale GZP: Und heute scheint es in dieser seiner alten Schale

jeden Begriff von gesellschaftlichem Rang GZP: jeden Begriff von Kategorie

eine ähnliche Ankündigung vom Licht Rembrandts: Vgl. »Besuch bei James Ensor«, S. 223.

Hier jedoch ist es echter, hier ist es GZP: hier jedoch ist sie echter, hier ist sie [− die Ankündigung, A. B.]

ein Stadtmensch GZP: ein Bürger

von einem gewissen Helvetius: Es handelt sich um den Alchimisten Helvetius alias Johann Friedrich Schweizer (1625−1709), der 1697 ein Werk namens *Vitulus aureus, quem mundus adorat et orat, in quo tractatur de rarissimo naturae miraculo transmutandi metalla* veröffentlichte.

der von Rembrandt dem feurigen Auflodern übergeben wurde. GZP: der von Rembrandt entdeckt wurde.

REMBRANDTS SCHMERZ (S. 254–261)

Dolore di Rembrandt; unter dem Titel *Autodafé e aringhe* – ›Autodafé und Heringe‹ in der GZP vom 26. Oktober 1933, S. 3 (Obertitel: »Storia d'un secolo« – ›Geschichte eines Jahrhunderts‹); dort datiert: Amsterdam, Oktober.

Franz Hellens: Eigentlich Frédéric van Ermenghem (1881–1972), Erzähler, Dichter und Essayist, u. a. Autor eines Essays über James Ensor (1921).

Einer war eine Elfenbeinarbeit, die ein Ungeheuer darstellte, das mit einem Skelett kämpfte, und ... GZP: Einer war eine Elfenbeinarbeit, die ein Ungeheuer darstellte, das mit einem Skelett kämpfte.

den Verstand verliert vor Begierde, seinen Hunger zu stillen. GZP: den Verstand verlieren muß, um seinen Hunger zu stillen.

einer außerordentlich geschickten chinesischen Hand GZP: einer außerordentlich geschickten japanischen Hand

die die Liebe, der Tod und der Hunger GZP: die die Vereinigung der Liebe und des Todes und der Hunger

und mir fiel vor allem auf, daß der Künstler, ganz spontan übrigens, GZP: aber vor allem fiel mir auf, daß der Künstler, mit großer Natürlichkeit übrigens, − Zwischen dem Ende dieses Abschnitts und dem Beginn des nächsten steht in der GZP die Überschrift »Das 17. Jahrhundert«.

von seinem Vater, dem berühmten Bakteriologen van Ermenghem, geerbt hatte. GZP: von seinem Vater, einem berühmten Bakteriologen, geerbt hatte.

ein sehr bewegtes Jahrhundert war, das von kaum zu überbietenden Werken nur so überquillt. Und da ich ... GZP: ein Jahrhundert von höchster Be-

wegtheit und von kaum zu überbietenden Werken war – denn, da ich
mir meine Aufzeichnungen über Holland wieder vornehmen muß,
kann ich nicht vergessen, daß es eine der charakteristischen Schöpfungen jenes Jahrhunderts war.
Ich würde die Behauptung wagen, daß ... GZP: Man könnte auch sagen,
daß es wie England eine Schöpfung von Christoph Columbus war.
läßt junge Völker bekanntlich spüren, daß sie ... GZP: läßt junge Völker
tatsächlich spüren, daß sie das gleiche Recht auf Beute haben wie die
anderen Nationen, die auf dem Ozean aufgetaucht waren, ja ein
größeres sogar, da es recht ist, daß der Appetit der Jungen größer ist.
Dazu kommt die Arbeitslosigkeit, was zu ... GZP: Dazu kommt die Arbeitslosigkeit.
Wie hätte es in einem Augenblick so tiefgreifenden ... GZP: Wie hätte es sie
in einem Zeitabschnitt so tiefgreifender sozialer Umwandlung nicht
geben sollen?
Aufstand in den Niederlanden: Nachdem Karl V. die Niederlande 1555
seinem Sohn Philipp II. vermacht hatte, gehörten diese zu Spanien.
Aufgrund der grausamen Unterdrückung der Bewohner durch Herzog Alba kam es 1568 zum Aufstand der vereinigten Niederlande, als
dessen Folge Belgien bei Spanien blieb und das heutige Königreich
der Niederlande unabhängig wurde.
eines solchen wirtschaftlichen Ereignisses GZP: dieses wirtschaftlichen Ereignisses
Und die Folge jener Folge? In der GZP statt dessen: Die Arbeitslosigkeit
ist in jener Epoche eine phantastische Sache. Hier ist nicht der Zeitpunkt, mehr darüber zu sagen.
Hätte es jene englischen Piraten GZP: Aber hätte es jene englischen Piraten
des berüchtigten Drake GZP: des überaus kühnen Drake
Glaubt man wirklich, daß der Aufstand GZP: Und glaubt ihr wirklich, daß
die Revolution
Glaubt man wirklich GZP: Glaubt ihr wirklich
Autodafé: Portugiesisches Ketzergericht
die den Aufständischen in die Hände fielen, mit gleicher Münze ... GZP: die in
ihre Hände fielen, mit gleicher Münze heimgezahlt wurde, mit einer
geradezu chinesischen Raffinesse: zwischen die Nägel und das Fleisch
der Finger gebohrte Nadeln, das Zerschmettern der Füße, das Ausreißen der einzelnen Muskeln und Knochen mit glühenden Zangen –
daß all dies kaltblütig nur für die Religionsfreiheit ausgeführt wurde?
Glaubt man wirklich GZP: Glaubt ihr wirklich
Wilhelm von Nassau: Wilhelm I. (1533–1584), Graf von Nassau, Prinz
von Oranien und Begründer der Linie Nassau-Oranien, gilt als Begründer der Unabhängigkeit der Niederlande. Zunächst von Karl V.
protegiert und zum Statthalter der Provinzen Utrecht, Holland und
Zeeland ernannt, überwarf er sich mit dessen Nachfolger Philipp II.,
bekannte sich öffentlich zum protestantischen Glauben und kämpfte
gegen das spanische Heer. 1583 erhielt er den Titel eines Grafen von
Holland, ein Jahr später wurde er von einem Katholiken ermordet.
in denen er es gewohnt war zu verblüffen, indem er jedem die gehörige Antwort

in seiner Sprache gab GZP: an denen er teilzunehmen liebte, wobei er aufs Brillanteste mehrere Sprachen gebrauchte

Oder ist das alles geschehen, weil die große Elisabeth GZP: Oder vielleicht weil die große Elisabeth — Gemeint ist die Königin von England, die gemeinsam mit Holland Philipp II., »den Unerschütterlichen des Escorial«, zum Gegner hatte.

Jedes Motiv hatte sein Gewicht; das gewichtigste aber war, … GZP: All dies; jedoch weil der Raum sich immens auch vor Holland mit seinen Luftspiegelungen geöffnet hatte und weil dieses Volk den heldenhaften Augenblick seiner Jugend erreicht hatte. — In der GZP folgen zwei weitere Sätze: Sicher hat man in der Geschichte immer einen gebraucht, der die Energien aller bündelt und den Aufschwüngen Ordnung gibt: der Schweiger war eben der würdige Gegenspieler Elisabeths. Und Drakes Arbeitslose sollten ihm ebenso gelegen kommen wie Elisabeth die calvinistischen Weber.

Das entstehende Holland, Zufluchtsort … Der ganze Abschnitt lautet in der GZP: Auf der anderen Seite war Philipp II. seiner Widersacher würdig. Und er allein repräsentierte jene universale Idee Roms, die den Werken Rechtseinheit gibt. Das entstehende Holland war dagegen der Zufluchtsort aller Häresien: Von den Jansenisten über die Hugenotten und Kartesianer zu den Spinozisten braucht es hundert Jahre, um sich auf einem Zerbröckeln des religiösen Gedankens von Freiheit und von Verantwortung zu errichten. Wenn die holländische genau wie die englische Kultur trotz der Erweiterung ihres Hoheitsgebietes keine dauerhafte seelische Erneuerung in die Welt gebracht hat, dann gerade deshalb, weil sie, wenn sie der Verschärfung der Meinungsunterschiede begegnen wollte, gezwungen war, im Materialismus der Interessen und im Puritanismus der Etikette einen geistigen Kitt zu finden. Dies war für Holland die Folge des Wissens: Unter dem äußeren Glanz sollten die gesellschaftliche Beziehung und die Beziehung zwischen dem Göttlichen und dem Menschlichen für es primitiv, leer und im Wesentlichen desorientiert und gleichsam durch die Linse des Bakteriologen beurteilt bleiben.

Obwohl Philipp II. seiner Gegner nicht unwürdig war, … GZP: Aber die Idee Philipps II., die große Idee der Jahrhunderte, schien gleichsam über ihm, außerhalb seiner zu schweben, schien es gleichsam müde geworden zu sein, sich in einem Menschen zu verkörpern.

Soledades: Die beiden ›Einsamkeits‹-Poeme (*Soledad Primera* und *Soledad Segunda*) gehören zum Alterswerk des spanischen Dichters Luis de Góngora (1561–1627); zur Armada s. u. S. 415. Ungaretti hatte 1932 einige Sonett-Übersetzungen in der Zeitschrift *Italiano* veröffentlicht, und im gleichen Jahr wie sein Artikel, 1933, erschien in der GZP auch eine Teil-Übersetzung von Góngoras *Fábula de Polifemo y Galatea*.

Als Karl V., der im Kloster … GZP: Erinnert ihr euch, als Karl V., der im Kloster den Proben zu seiner eigenen Beerdigung beiwohnt, die überbrachte Nachricht vom Sieg König Philipps über die Franzosen erreicht? Gewiß ist der Ex-Kaiser zufrieden, aber: Warum war der Sohn nicht mitten unter den Kämpfenden?

Philipp ist nicht zaghaft, nein; ... Anstelle dieses Satzes und der folgenden
beiden Sätze steht in der GZP: Kann es wahre Stärke ohne Großzügigkeit und Herzlichkeit geben?

*Es war ein ausgedehntes Reich, das ausgedehnteste, das zu besitzen sich ein Herr-
scher jemals erträumt hat* GZP: Das Königreich der Scheiterhaufen: das
ausgedehnteste Reich, das ein Herrscher sich jemals erträumen
konnte

den ganzen Reichtum. GZP: den ganzen Reichtum – dieses Königreich ist
unter dem Zeichen der Begräbnisse zur Welt gekommen.

*in seinem gichtkranken Körper, auf den kraftlosen Mückenbeinen zitterte seine
Seele ...* GZP: in seinem gichtkranken Körper und in seiner Klausur
im Escorial wie in einem Grab zitterte seine Seele.

kam es vor, daß er sich dabei ertappte, wie er vor sich hinsang: GZP: brach er
aus in seinen Gesang:

Wo nur verbirgst du dich, Glück?: Die Verse, die Ungaretti vermutlich
selbst ins Italienische übersetzt hat, beenden die zweite und bilden die
dritte und vierte Strophe eines Gedichts aus acht Fünfzeilern, das Philipp II. zugeschrieben wird. Zur Fundstelle und zum spanischen
Wortlaut vgl. VL, S. 1280, Anm. 5.

Gefunden bei seinem Petrarca, ...: Es handelt sich um den Eingangsvers
von Sonett 136 in Petrarcas *Canzoniere.* Góngora zitiert in *De la Armada que fue a Inglaterra* (1588) wortgetreu:»Fiamma dal ciel« – ›Flamme
vom Himmel‹, Ungaretti – versehentlich? – »Fiamma del ciel« –
Flamme des Himmels‹. Der Hinweis auf Petrarca fehlt in der GZP: Es
ist der gegen Elisabeth [...].

*Diese oder ähnliche Gedanken gingen mir an jenem Morgen durch den Kopf,
während ich mit Hellens chinesischen Figürchen spielte. Und ich erinnerte mich,
...* GZP: Diese oder ähnliche Gedanken gehen naturgemäß dem
durch den Kopf, der sich in Amsterdam befindet und vor dem Haus
Rembrandts in der Absicht stehenbleibt, einen genialen Künstler zu
begreifen, der ein so gründlicher Interpret seines Jahrhunderts war.

Es war sein Haus in den Jahren GZP: Es ist sein Haus aus den Jahren

im Abenddunst schwimmend GZP: im Abenddunst

schneller, als sich sagen läßt, war er fertig GZP: schneller, als sich sagen läßt,
war der Kannibale fertig

deren Geruch haften bleibt. GZP: deren Geruch bei euch haften bleibt.

Wie sollte man sich dort nicht an Philipp II. erinnern? GZP: Was kann man
tun, um sich hier nicht an Philipp II. zu erinnern?

Ich verspürte vor der Nr. 4 ... In der GZP lautet der Text bis zum Ende
des Abschnitts: Jetzt spüre ich hier, vor der Nr. 4 der Jodenbreestraat,
auf der Schwelle von Rembrandts Haus, deutlich so etwas wie eine
unbestimmte Erinnerung an Verwesungsgeruch. Wißt ihr, was dieser
Verwesungsgeruch war? Jene Krypta, die sich Philipp II. sehr genau
vorstellte, in der das Skelett bis zum endgültigen Begräbnis darauf
wartete, daß die Zeit ihm den Leichnam zu Staub zerfallen ließe. – Zu
Rembrandt und zum Rembrandthaus s. o., S. 416.

Rembrandts Haus haben seine Konservatoren ... In der GZP lautet der Text
bis zum Ende des Abschnitts: Geht hinein in das Haus. Es ist so ein-

gerichtet, daß ihr euch eine Vorstellung von der Entwicklung der Genialität eines großen Malers machen könnt. Man sieht sehr gut, daß es in einem Land zur Welt kam, in dem Renaissance und Reformation gemeinsam ausbrachen. Das Wissen? Habt ihr im Rijksmuseum die *Anatomievorlesung des Dr. Jan Deyman* gesehen?/Hat der Humanismus ihm beigebracht, daß jeder Mensch die vollständige Gestalt der *conditio humana* in sich trägt? Ist es vielleicht jenes finstere Loch der Bauchhöhle? Oder die toten Füße, die das ganze Bild belagern und ihren Abdruck in das Gesicht des Unglückseligen, der zum Betrachten stehengeblieben ist, zu schlagen scheinen? Oder das Kadavergesicht des Operierten, dem die Schädeldecke entfernt wurde, um ein erstarrtes Gehirn zur Schau zu stellen?

Suche nach der Wahrheit Diese Überschrift steht in der GZP erst einen Abschnitt weiter.

Sollten jene Mantegnas und jene Michelangelos, die er, … Dieser Abschnitt folgt in der GZP ohne Überschrift und Leerzeile direkt auf den vorhergehenden; er lautet dort folgendermaßen: Nicht dies hätten ihn Mantegna und Michelangelo, die er in seinen Sammlungen hat, gelehrt. Sondern in der Qual der Werke sowohl die Hoffnung als auch die Gewißheit zu finden. − Nach diesem Abschnitt folgt die Überschrift (s. o.).

Er hatte in seinem Haus alle Arten von … GZP: Der Humanismus hat ihn gelehrt, daß an der Materie das am lebendigsten ist, was der Geist erschafft. Er hat in seinem Haus alle Arten von materiellen Dingen gesammelt: Muscheln, Edelsteine, seltsame Bücher, Stoffe und Waffen aus den fernen Ländern, die seine Mitbürger kolonisieren; er hat Rüstungen um sich, Kisten mit geräucherten Heringen, welche mit ihren Schuppen das mannigfaltigste Rissigwerden von Sonnengold, Federn, Samtstoffen, Seiden, seltenen Hölzern erzeugen.

Und wenn er malte, wenn er in der ihm eigenen Weise GZP: Und wenn er malt, wenn er in der ihm eigenen konkaven Weise

abstufte − konsultierte er den Trödel und die Schätze, … GZP: abstuft, dann will er die Wahrheit entdecken, indem er aus dem Trödel und den Schätzen, die er angehäuft hat, eine Synthese herausholt.

Auch als sie ihm durch die Versteigerung … Dieser Satz fehlt in der GZP.

Gewiß zieht eine große Zärtlichkeit durch dieses ungestüme Bild. GZP: Gewiß liegt eine große Zärtlichkeit in diesem ungestümen Bild.

Booz springt aus den Goldtönen GZP: Booz schnellt aus den Goldtönen empor

märchenhafter Juwelen. GZP: der märchenhaften Juwele.

mit einer gewissen Bangigkeit, und scheint eine Weissagung zu skandieren: »Ich habe«, … GZP: mit einer gewissen Bangigkeit und von oben herab mit dieser bitteren Weissagung: »Ich habe«, sagt Rembrandt, »die Welt schaffen wollen, wie ich sie in mir gesehen habe.

wie ich mit so viel Mühe gelernt habe GZP: wie ich auf eigene Rechnung gelernt habe

Er wußte es gründlich, wenn auch … Dieser und der folgende Satz fehlen in der GZP.

Angeblich hat er auch einen Giorgione besessen. GZP: Man sagt, er habe auch einen Giorgione besessen.

Er wußte, er wußte, daß die Wahrheit der Formen ... GZP: Aber warum wollte er nicht begreifen, daß die Wahrheit der Formen nicht in ihrem Verfall, sondern in ihrer fortwährenden Erneuerung liegt?

So war er. Vom ersten Augenblick an. GZP: So ist er vom ersten Augenblick an.

könntet ihr euch in der Tat davon überzeugen, indem ihr eines seiner ersten Gemälde betrachtet. GZP: könntet ihr in der Tat eines seiner ersten Gemälde sehen.

Es ist die Susanna aus dem Jahre 1637: Es handelt sich um das Bild »Susanna im Begriff ins Bad zu steigen und durch das Nahen der beiden Alten erschreckt« in der Gemäldegalerie des Mauritshuis.

Die Farbe der Haut ist Flamme, liebevoll ... GZP: Die Farbe der Haut ist eine Flamme, furchtsam/furchterregend zurückgeworfen von einem Wasserschleier/von einer Takelage von Wassern, die für immer nichts anderes zu sein weiß als Feuer und Hölle des Gedächtnisses. – Der Artikel in der GZP endet hier.

VORBOTEN VON OSTERN (S. 262–266)

Annunziatori di Pasqua; GZP vom 16. April [sic] 1933, S. 3; undatiert (der Artikel erschien als erster der Berichte über Flandern und Holland, die Datierung in DD 61/69 gibt womöglich Ort und Zeitpunkt der Überarbeitung wieder?).

von der ich euch, liebe Leser, berichtet habe, GZP: von der ich euch, liebe Leser, berichten will,

jener Gelehrte des 16. Jahrhunderts: Gemeint ist Michel de Montaigne; sein Ausruf angesichts der Ruinen Roms findet sich in den *Essais* III, 9; vgl. VL, S. 1289, Anm. 2.

und von Heldentaten und Martyrien zu sprechen... In der GZP folgt hierauf ein weiterer Satz: Und was haben wir zu verlieren, sagte ich mir, wenn die älteste Stimme, die einen Sinn für die Stadt und für das Recht hat, die sie zur Würde von Völkern emporgehoben hat, die ihnen das Universum und Gott offenbart hat, die vereinigte – wenn diese Stimme eine römische ist?

neue Mittel für seine geheimnisvolle Bestimmung schmiedet? In der GZP folgt hierauf ein weiterer Abschnitt: Notgedrungen wiederhole ich Gedanken, die mich seit 1915 umtreiben, als treuer Anhänger eines Mannes, der von Italien aus seit diesen entscheidenden Zeiten der Welt hellsichtig den Weg weist.

Ich erklärte es mir so, daß in diesen Staaten die Schranken GZP: Ich erklärte es mir so, daß in diesen Staaten, Erben eines Reiches, das in langen Jahrhunderten zu einem Modell der wirtschaftlichen Einheit geworden war, die Schranken

... sind mir nicht die napoleonischen Kriege in den Sinn gekommen: In Leoben schlossen Österreich und Frankreich 1797 den nach diesem Ort benannten »Vorfrieden«.

in allen Grünschattierungen des Tannenwalds GZP: in allen Schattierungen

des Tannenwalds
sagt einer boshaft zu mir GZP: sagt dann einer boshaft zu mir
»Dann sind also die Friedensverträge schuld an der Krise?« Hierauf folgen in
der GZP weitere Zeilen: Der Unterzeichner hat nicht bis heute gewartet, um sehr schlecht von diesen zu denken. Seit 1918 und 1919 hat
er, dem Glauben gehorchend, in dem die Italiener in den Krieg
eingetreten waren, und dem sicheren Führer [it. »la Guida«; A. B.]
weiter folgend, hat er sie im *Popolo d'Italia* skrupulös einen nach dem
anderen untersucht und dabei einige jener traurigen Folgen vorher-
gesehen, die auch eingetroffen sind. — Ungaretti arbeitete nach dem
Ende des 1. Weltkriegs von Paris aus als Berichterstatter der Friedensverhandlungen für Mussolinis Zeitung *Il Popolo d'Italia.*
… anstatt sie zu eliminieren. In der GZP folgen die Sätze: Heute, da der
Stern des italophoben Berthelot untergegangen ist, geben die Franzosen selbst zu, daß er die Welt an den Rand der Katastrophe gebracht
hatte. Gut für uns – und auch für sie!, – daß der Hellsichtige [it. »il
Veggente«; A. B.] in Italien sah und daß er nicht schwieg und nicht
untätig blieb.
erkennen, wie sehr GZP: merken, wie sehr
Von Tulpen und Hyanzinthen GZP: von Tulpen und von Hyanzinthen
die Tempel zu sein scheinen GZP: die Tempel zu sein schienen
*Der Krieg und die Folgen des Krieges haben den Menschen Mittel und Appara-
turen* GZP: Der Krieg und die Folge des Krieges haben den Menschen
Mittel zur Ausrüstung
große Möwenschwärme. GZP: zu dieser Jahreszeit große Möwenschwärme.
Einer wirft ihnen das Futter GZP: Einer wirft ihnen Futter
Wir sind ihnen gefolgt, liebe Leser, auf ihrer Reise, … GZP: Wir werden ihnen folgen, liebe Leser, auf ihrer Reise.
Mögen sie auf ihrem Flug – … GZP: Aber wenn sie davonfliegen – und
das wollte ich sagen – mögen sie der Welt wirklich Vorboten des Frühlings, von Ostern, von Frieden für die Menschen guten Willens sein.
— In der GZP folgt der Satz: Dies ist die Hoffnung, die in den Italienern auflodert.

APULIEN

Le Puglie. Die Reiseberichte aus Apulien basieren auf sieben Artikeln,
die zwischen Februar und September 1934 in der GZP veröffentlicht
wurden. Teile der ersten beiden Artikel wurden in PNC als eigenstän-
diger Text veröffentlicht (s. u.). Drei der Erzählungen wurden von S.
Hildesheimer übersetzt (a. a. O., S. 171–197).

DAS HOCHLAND DES TAVOLIERE (S. 268–273)
Il Tavoliere (dt. eigtl. ›Das Schachbrett‹); unter dem Titel *Foggia. Fontane
e chiese* – ›Foggia. Brunnen und Kirchen‹ in der GZP vom 20. Februar
1934, S. 3. Die Datierung fehlt in der GZP. Ein Teil dieses Artikels

wurde zusammen mit zwei Passagen des folgenden zu dem Text »Italia favolosa« – ›Sagenhaftes Italien‹ bearbeitet, der 1949 in PNC erschienen ist (ebd., S. 117–123/PNC 93, S. 83–86; vgl. die Übersetzung des Textes im Anhang, S. 349ff.). In PNC findet sich darüber hinaus ein anderer Text ähnlichen Namens: »Il Tavoliere di luglio« – ›Das Hochland des Tavoliere im Juli‹ (ebd., S. 113–116/PNC 93, S. 81f.); die Übersetzung dieses Textes wurde ebenfalls in den Anhang aufgenommen (vgl. S. 348 des vorliegenden Bandes), nachdem sie bereits in Bd. 1 dieser Ausgabe abgedruckt worden war (vgl. zur Textgeschichte u. zu weiteren Textversionen ebd., S. 522–526). Übersetzt von S. Hildesheimer unter dem Titel ›Die Ebene des Tavolierie [sic]‹, a. a. O., S. 173–180.

Brunnen Diese Überschrift fehlt in der GZP.

Den Aquädukt gab es nicht. Schließlich aber GZP: Gewiß, es gab den Aquädukt. Schließlich [»aber« ist eine Hinzufügung in der deutschen Übersetzung; A. B.]

und endlich hatten sie ihren Aquädukt; doch über all den Streitigkeiten ging er zum Teufel. GZP: den Aquädukt gab es; doch ging er über all den Streitigkeiten zum Teufel.

Nun sind sie aber doch in die Ortschaften gelangt, das Wasser und GZP: Doch mit dem Faschismus ist das Wasser in die Ortschaften gelangt, das Wasser und

als wären sie eben erst gegründet worden. In der GZP schließt sich hier folgender Wortlaut an: Und so wirken die Italiener, wohin man auch gehen mag in diesem Vaterland, und zwar nicht nur nach Littoria, aus diesem oder jenem Grund, als hätten sie nicht nur ein jugendlichgutherziges Gemüt, sondern seien wahrlich Pioniere in der Auseinandersetzung mit einer neuen Welt.

Sie, die Sonne, bedeckt GZP: Sie bedeckt

kommt mir ihr anderes Symbol entgegen: der Glanz GZP: kommt mir ihr anderes Symbol entgegen. Ich sehe sie als den Glanz

Schöpferin von Einsamkeit; und in ihr macht das Blöken, das in diesen Monaten umherschweift, das GZP: Schöpferin von Einsamkeit. Und das Blöken, das in diesen Monaten in ihr umherschweift, macht das

Santa Maria Maggiore von Sipontum Diese Überschrift fehlt in der GZP. – Unweit der nach dem Sohn Friedrichs II. benannten Kleinstadt Manfredonia liegt die im 12. Jahrhundert erbaute, einst zu Sipontum gehörige Kathedrale mit wundertätigem Madonnenbild.

jene feierliche Kunst GZP: jene romanische Kunst

das kostbare Relief GZP: das Relief

die Erfahrungen beim Verfolgen seiner Weltsicht GZP: sein Jagen der Visionen der Welt

Kanon des Phidias: Der 500 v. Chr. in Athen geborene Phidias gilt als größter Bildhauer des antiken Griechenlands. Zu seinen – zerstörten oder verschollenen – Werken gehörten die Pallas Athene im Parthenon und der zu den Weltwundern zählende Zeus von Olympia.

an den Buschmann, der als Augen dem Götzen GZP: daß der Buschmann als Augen dem Götzen – Wie ähnliche Textstellen nahelegen, steht das

hier von Ungaretti gebrauchte, im Italienischen lexikalisch nicht be-
legte Wort »Scima« für einen Künstler afrikanischer Herkunft. Statt
»Scima« findet sich in ähnlichem Kontext etwa »Negro«, (SI, 130/
134) oder »Bantû« (126). Wir nahmen dieses Wort daher als Kürzel für
»bo*scima*no« und übersetzten es dementsprechend mit »Buschmann«.

und das Drama ermattet und geht unter GZP: und das Drama ermattet, löst
  sich auf und geht unter
und ein Name in jeder Hand oder jedem Fuß. GZP: und ein Name in jeder
  Hand oder Fuß.
Und wenn ich seinen Schritt nicht höre Italienischer Text in GZP u. DD 61:
  »E se non ne sentirò«; in DD 69 Druckfehler: »[...] non se sentirò«.
Jetzt sieht man besser GZP: Und jetzt sieht man besser
Leonardo Sinisgalli: Sinisgalli (1908–1981), zunächst Ingenieur und Fir-
  menangestellter, später Schriftsteller und Herausgeber der Zeitschrift
  Civiltà delle Macchine, wurde in den 30er Jahren von Ungaretti ermu-
  tigt, Gedichte zu schreiben und zu veröffentlichen.
la mano superba e la noia del giorno/... un calore carnale GZP: *la mano superba,/e la noia del giorno,/[...] un calore carnale* − Die Worte gehören
  zum Gedicht 12 der »18 Poesie« aus *Verdesca* (1931–1937); in dem Gedichtband *Vidi le Muse,* der 1943 von Mondadori (Ungarettis Verleger)
  veröffentlicht wurde, lauten die Verse (1–3) folgendermaßen: »Il sole
  ti apre la mano superba/E la noia del giorno/Prende un calore carnale.« − ›Die Sonne öffnet dir die stolze Hand/Und der Überdruß des
  Tages/Nimmt eine fleischliche Wärme an.‹ Die Aufteilung entspricht
  also der in der GZP. Ungaretti interpretiert die Verse 1–2 nach der
  Lesart, die sie vor dem Einsatz des 3. Verses haben: ›die stolze Hand‹
  und ›den Überdruß des Tages‹ als vom Öffnen der Sonne abhängige
  Akkusativobjekte; von daher womöglich das Zusammenziehen beider
  Verse in DD 61/69.
und er kann, besiegt, GZP: besiegt kann sie [die Hand]/er [der Überdruß]

DIE JUNGE MUTTERSCHAFT (S. 274–280)

La giovine maternità; unter dem Titel *Il Gargano favoloso ovvero la giovine
  maternità* − ›Der sagenhafte Gargano oder die junge Mutterschaft‹ in
  der GZP vom 6. März 1934, S. 3; dort datiert: Manfredonia, März.
  Teile dieses Artikels wurden von Ungaretti zusammen mit einer Pas-
  sage aus dem vorhergehenden Artikel zu dem Text *Italia favolosa* −
  ›Sagenhaftes Italien‹ zusammengestellt und überarbeitet (s.u., S. 437 u.
  Anhang). Übersetzt von S. Hildesheimer, a.a.O., S. 181–190.
Dort war einst Sipontum Die Überschrift fehlt an dieser Stelle in der GZP,
  sie steht anstelle des Asterisk vor: »Da wäre auch die Kathedrale ...«.
Ein lorbeerbekränzter Diomedes ...: Angeblich wurde Sipontum von Dio-
  medes gegründet, dem Sohn des Tydeus, Held vor Troja (vgl. den 5.
  Gesang von Homers *Ilias*).
und selbst die Bewohner von Comacchio ...: Zum Gründungsmythos von
  Comacchio vgl. »Seid fruchtbar und mehret euch«, S. 179ff.
Mauern einer Metropole, die stehengeblieben sind. GZP: Mauern einer Kathedrale, die befestigt geblieben sind.

zerrütteter Stein, der es ist. GZP: zerrüttet, wie es ist.

Erdboden, Extravaganz des Erdbodens. GZP: Erdboden, eine seiner Extravaganzen.

der er den Namen gab. GZP: der er seinen Namen gab. – König Manfred, Sohn von Friedrich II., gründete 1256 einige Kilometer von Sipontum entfernt Manfredonia.

wegen der Überfülle an Tintenfischen: Sipontum, früher Sipus genannt, hieß bei den Griechen Sepios wegen seines Reichtums an Tintenfischen.

ahuan: Nach P. Montefoschi Ungarettis Umwandlung von arab. »ichwah« – ›Ordensbruder‹; vgl. VL, S. 1299, Anm. 9.

sein leises Gelächter GZP: sein leises, armseliges Gelächter

Ein weiteres Wunder. Dieser Satz schließt in der GZP direkt an den vorhergehenden an, gefolgt von zwei weiteren Sätzen: Es sind die gesegneten Farben des Aquädukt. Es ist dies ein weiteres Wunder des Faschismus. – Zur Geschichte der apulischen Bewässerungsanlagen vgl. Toni Kiehnlechner, »Apulien. Roman des Wassers«, in: Dies., *12mal Italien,* München: Piper, 1986, S. 206-233.

In den Generalplan von 1902 für die Verteilung des Wassers waren GZP: In den Generalplan von 1902 waren

dort oben auf den Gipfel gelangen können? GZP: dort oben auf dem Gipfel sprudeln können?

1925 wird angeordnet, GZP: 1925 ordnet der Duce an,

1928 werden weitere Pläne zur Durchführung … GZP: 1928 greift der Duce erneut direkt und noch vor den endgültigen Gesetzesmaßnahmen ein, bis die Pläne zur Durchführung ausgearbeitet sind und die Arbeiten ohne weiteres rasch ausgeführt werden.

eine Menschenhand genügt. GZP: eine schwache Menschenhand genügt.

Der Gargano ist der abwechslungsreichste Berg, GZP: Der Gargano ist die abwechslungsreichste Welt,

Erde, Erde. GZP: Erde, Erde, Erde.

indem sie einen Millimeter nach dem anderen GZP: indem sie ihn einen Millimeter nach dem anderen

Capitanata: Provinz von Foggia

was bedeutet: Diese Zeile fehlt in der GZP. Statt dessen steht die Übersetzung, abgesetzt von der Inschrift, aber eingebettet in den nachfolgenden Text, in Klammern.

Und Grab sei es GZP: Es ist [ein] Grab

in die Tiefe eines Grabes hinabgestiegen zu sein GZP: in die Tiefe eines Grabes hinabgestiegen zu sein beim Eintreten

umringt von Höllenvisionen, wie jenem mächtigen Wirrwar, das den gemarterten Geiz darstellt: Anspielung auf das Gedränge von Geizigen und Verschwendern in Dantes *Divina Commedia,* Inf. 7.

wird dieses Grab wohl auch GZP: war dieses Grab

Und es scheint, als könne man … GZP: Und es scheint, daß man jetzt all die lastenden Gesetze, die unsere Schritte unten festgehalten sein lassen, herausfordern kann.

An diesem Punkt des kreisenden Aufstiegs zählt unser Gewicht nicht mehr: Wie in der ganzen Textpassage mit der Überschrift »Triumphierendes Leben«, die einen Aufstieg von der Tiefe des Grabes zum Elysium beschreibt, findet sich hier ebenfalls eine Allusion auf Dantes *Commedia* und seinen Aufstieg zum Paradies. Aber wo behauptet wird, daß »das Gewicht nicht mehr *zählt*« und statt dessen die »*rhythmische* Glückseligkeit«, wird auch die Unumgänglichkeit des Maßes, der Zahl, des Abwägens des menschlichen Denkens und Er-Zählens mitgesagt: Ein Paradoxon, um das auch das – auf 1934 datierte – Gedicht »Senza più peso« – ›Kein Gewicht mehr‹ des *Sentimento del Tempo* kreist (vgl. Bd. 2 dieser Ausgabe, S. 174f.).

es zählt die Gnade It. »grazia« könnte auch mit ›Anmut‹, ›Grazie‹ übersetzt werden.

OSTERN (S. 281–286)

Pasqua; unter dem Titel *Pasqua in Capitanata. L'angelo nella caverna* – ›Ostern in der Capitanata. Der Engel in der Höhle‹ in der GZP vom 1. April 1934, S. 3.

Der Engel in der Höhle Die Abschnittsüberschrift fehlt in der GZP.

Aus der Höhe hatte ich das junge Korn … Der ganze Passus bis »Doch da verbirgt ihn uns […].« lautet in der GZP: Heute möchte ich das Heranwachsen des Korns besingen. Ich hatte es niemals aus der Höhe flüchten und lachend so bis zum fernsten Horizont gehen sehen. Es ist noch ein Hauch. Doch so ungeheuer ist es wahrhaftig die wiedergeborene Erde. Es ist wahrhaft Ostern. Es ist das Licht der Erde. Definiert es als Licht nicht seine Ungewißheit selbst? Jene Farbe eines Schleiers auf der Scholle, die es immer noch gerade ist und die es in seiner gräsernen Zartheit die letzten Schatten einer geheimen Gewalt verströmen läßt./Von den Bergen herabsteigend, ins Unendliche getragen auf flacher Hand, ist der Tavoliere heute morgen von einer Frische und einer Glückseligkeit und einem Beben …/Da verbirgt ihn uns eine *Kehrtwendung* [wie im DD-Text it. »rivolta«; A. B.] der Straße./Wir werden ein anderes Mal vom Korn reden.

Wir sind im Lande GZP: Ich bin/sie sind im Lande

Eines Tages flog eine Idee … GZP: Eines Tages flog eine Idee und eine Form – und sie enthielt so viele andere Ideen und so viele andere Formen in sich verschmolzen – in jenen Zeiten naturgemäß von Byzanz aus auf und ging, sich San Michele Arcangelo nennend, auf diesem Berg nieder. In DD 61: von einem byzantinischen Gestade auf (statt DD 69: von einem byzantinischen Wort auf). – Nach einer Legende erschien der Erzengel Michael 493 dem Hl. Laurentius, Erzbischof von Sipontum, an der Stelle des Wallfahrtsortes San Michele. In Byzanz soll es schon unter Kaiser Konstantin die ersten Michaels-Erscheinungen gegeben haben.

von 20 000 Christen bewohnt emporranken, dicht überragt von sehr, sehr langen Schornsteinen, die GZP: voll von 20 000 Christen und von sehr, sehr langen Schornsteinen emporranken und die

Ihr ist jener Glockenturm im Stil der Anjou gefolgt: Der dreistöckige Glockenturm wurde im 13. Jahrhundert im Auftrag von Karl I. von Anjou erbaut.

von einem Eisengitter umschlossen, GZP: in einem Eisengitter,

den kraftvollen und anmutigen Aufschwung GZP: die kraftvolle und elegante suebische Bewegung

Er hat sogar ein Portal GZP: Wie Castel del Monte hat auch er ein Portal

würde der Besserwisser sagen: culonne sagen besser als alle anderen die Leute von hier, GZP: würde der Besserwisser sagen; *culonne* sagt besser als alle anderen das Volk,

die Statuen herzustellen GZP: diese Statuen herzustellen

Am Anfang erschien der Engel dem Menschen, ... In der GZP lautet dieser und der folgende Abschnitt: Die Engel erschienen am Anfang Leuten, die in der Wüste umherirrten, und Astronomen: Tatsächlich haben die Chaldäer sie erfunden. Jene Engel waren zugleich reine Naturen, absolute Maße, zuverlässige Zeichen, Arbeiter betraut mit der ewigen Erschaffung der Welt, Bienen vermittelnd zwischen der göttlichen Macht und dem menschlichen Scheitern, Licht, Farbe, Duft und Süße, Anmut aufblitzend aus einem Zustand verlorener, herbeigesehnter, verheißener Glückseligkeit./All dies ist gewiß schön, es ist arabisch; um unseren Augen zu erscheinen, mußte es jedoch ein wenig konkreter werden: Merkur sollte dem Seelenführer die Flügel abgeben; Herkules den Drachen und die Stärke; Apollo die Vollkommenheit eines Körpers, der die Nacht zerreißt.

den Drachen zertreten zu haben, der ... GZP: den Drachen einer jeglichen vorangegangenen Glaubensrichtung zertreten zu haben: Sie hatten ihm all ihre Spekulationen und all ihre Verlockungen abtreten müssen.

Die Erscheinung vom Gargano GZP: Jene Erscheinung des Erzengels vom Gargano

Und warum folglich erstaunt sein, daß ab ... GZP: Warum darüber erstaunt sein, daß sie sich ab dem siebten Jahrhundert, um sie für ihre Frömmigkeit zu entschädigen, auch in einem Druidenheiligtum ihres Vaterlandes niederließ? Warum darüber erstaunt sein, daß das mystische Band zwischen diesem San Michele von Apulien und dem *Saint-Michel-au-Péril-de-la-Mer* auf dem Mont Tombe in Neustrien zu einem so schicksalsträchtigen kriegerischen Pakt werden sollte? – Nachdem im 6. Jahrhundert der Erzengel Michael in Irland erschienen war, weihten zu Beginn des 8. Jahrhunderts irische Benediktinermönche ihm ein Heiligtum auf einer Felseninsel an der Küste der Normandie, im Golf von St. Malo, dessen Krypta der des garganischen San Michele nachgebildet war. Dort auf dem Mont-Saint-Michel, an der Stelle des alten Druidenheiligtums Tumba, erhielten normannische Ritter angeblich Kunde vom San Michele des Gargano und gelangten so nach Apulien.

In einer Ecke der culonne ... In der GZP befindet sich dieser ganze Abschnitt zwischen dem mit »[...] Johannisbrot, Krokant, Käsekringel ...« endenden und dem »Die Engel erschienen am Anfang Leuten, [...]« beginnenden Abschnitt (s. o.).

Melus von Bari: Der mit dem Fürsten von Salerno verbündete Melus von Bari bat, so die Überlieferung, bei seiner Begegnung mit normanni-

schen Rittern im Gargano-Gebirge diese um Hilfe gegen die Fremd-
herrschaft der Byzantiner. Hierauf gründet die spätere Herrschaft der
Normannen und ihrer Nachfolger, der Staufer, über das Königreich
beider Sizilien.

wo eine Fee mit einer Nadel gespielt haben muß, GZP: bei dem eine Nadel
gespielt haben muß,

Im Dunkeln erraten wir GZP: Im Dunkeln sehen wir

die erste wird durch vier Paare ... GZP: die erste besteht aus vier Paaren
großer tiefdunkler Schnurrbärte.

Wir haben es bereits gesagt: GZP: Wir haben es in den vorliegenden Aufzeichnungen bereits gesagt:

zur Zeit des Zwangsweidens: Nach der Rückkehr der Bourbonen (1815)
waren die Bauern verpflichtet, 80% des Bodens als Weide- und nicht
als Ackerland zu nutzen, vgl. zum Wechsel von Schafzucht und
Ackerbau auf dem Tavoliere und zur Namensgebung Toni Kienlech-
ner, a. a. O., S. 211ff.

*Altäre, Gräber ... Endlich haben wir das Ende der Treppe erreicht. Da ist eine
Türe, wir* GZP: Altäre, Gräber; endlich haben wir das Ende der Treppe erreicht, da ist eine Türe, wir

ausgeführt »von griechischer Hand durch Pantaleone Amalfitano« ... GZP: aus-
geführt im Auftrag eines Pantaleone Amalfitano in der »Königsstadt
Konstantinopel«, 1076, von griechischer Hand. – Von dem (aus
Amalfi stammenden) Pantaleone Amalfitano wurden u. a. auch die
Bronzetüren von Monte Cassino und San Paolo fuori le mura in Rom
gestiftet.

erscheinen längliche Figuren, GZP: sieht man längliche Figuren,

Wir durchqueren ein gotisches Kirchenschiff. GZP: Hier befindet sich ein gotisches Kirchenschiff.

Dann finden wir uns in die Höhle ... Anstelle dieses und des folgenden
Satzes steht in der GZP: Wir sind in der Höhle. Der Ort ist feucht und
die Dunkelheit ist tief. Drinnen steht, inmitten von Kerzenflimmern,
eine goldgepanzerte Statue.

Sie knien mit GZP: Sie knien dort mit

ein prophetisches Phantasma GZP: ein Phantasma

Vielleicht ist ein gut zugebrachtes menschliches Leben ... GZP: Vielleicht ist
ein menschliches Leben nichts anderes als ein derartiges Bild.

sich in einer solchen Weise auszudrücken, GZP: sich in einer Weise auszudrücken,

für die anderen, die nur Menschen GZP: für andere, die nur Menschen

aber in dem, der es ausübt, steckt eine Standhaftigkeit ... GZP: aber in ihm
steckt eine Standhaftigkeit und eine Kühnheit, ich weiß nicht was für
ein großes moralisches Fundament; es ist ein Schimmer in der Nacht
im eigenen Brennen, fast ist die ursprüngliche menschliche Tugend
zurückgewonnen.

Passa la nave mia colma d'oblio ...: Vgl. Petrarcas *Canzoniere,* Sonett 189,
V. 1.

E m'è rimasa nel pensier la luce ...: Von Ungaretti immer wieder zitierter
Leitvers aus dem Sonett »Quand'io son tutto volto in quella parte« –

›Wenn ich ganz hingewendet bin zu jener Seite‹ (*Canzoniere* 18, V. 3).
– Das Ende dieser Erzählung – »petrarkischen Tons« – findet sich
wörtlich in Ungarettis Petrarca-Aufsatz von 1943 »Il poeta dell'oblio«
– ›Der Dichter des Vergessens‹ wieder; vgl. Bd. 5 dieser Ausgabe.

LUCERA, STADT DER HEILIGEN MARIA (S. 287–292)

Lucera, città di Santa Maria; GZP vom 15. Mai 1934, S. 3 (Obertitel:
»Dove ancora vive il rimpianto di Dante« – ›Wo Dantes Trauer noch
lebendig ist‹); dort datiert: Lucera, Mai.

Gregorovius schrieb, …: Ferdinand Gregorovius (1821–1891), Geschichts-
schreiber und Italienkenner aus Ostpreußen, veröffentlichte 1877 seine *Apulischen Landschaften*, deren Beschreibungen dann in sein fünf-
bändiges Werk *Wanderjahre in Italien* aufgenommen wurden; die
paraphrasierte Stelle findet sich in »Lucera, die Sarazenenkolonie der
Hohenstaufen in Apulien«, ebd., München: Beck, 1968, S. 611.

Stadt der Heiligen Maria GZP/DD 61: Stadt der Hl. Maria – Zur Namensgebung s. u., *s. v.* Giovanni Pipino.

er gedenkt der Entfesselung einer Raserei: Die Kirche wurde im 14. Jahrhundert nach der gewaltsamen Bekehrung der sarazenischen Einwohner im gotischen Stil neu erbaut.

Salandra: Antonio Salandra (1853-1931), Politiker und Jurist aus Foggia,
nationalistischer Innenminister und Ministerpräsident bis zum 1.
Weltkrieg und als solcher (mit-)verantwortlich für Italiens Kriegsein-
tritt, sympathisierte mit den Faschisten und wurde 1928 Senator.

Gifuni: Wohl ein Angehöriger einer einflußreichen Luceraner Familie
dieses Namens von Rechtsgelehrten und Schriftstellern.

eleganter Bau mit einem Nichts an Kalligraphie, GZP: eleganter Bau, ein
kalligraphisches Nichts,

Egidi: Pietro Egidi (1872–?) aus Viterbo, Geschichtsprofessor in Messina und Turin, schrieb u. a. über *La colonia saracena di Lucera e la sua
distruzione* – ›Die sarazenische Kolonie von Lucera und ihre Zerstörung‹.

Giovanni Pipino: Friedrich II. hatte 20000 Sarazenen von Sizilien nach
Lucera übersiedeln lassen und ihnen Religionsfreiheit gewährt. 1269
wurden diese von Karl I. von Anjou unterworfen und nach einem
Aufstand von Karl II. durch Giovanni Pipino umgebracht oder
zwangschristianisiert. Lucera wurde in Santa Maria umgetauft; dieser
Name konnte sich gegenüber dem antiken römischen jedoch nicht
durchsetzen.

mit den verschlafenen Augen, GZP: mit den schlafverquollenen Augen, –
Zu den Beinamen vgl. *Div. Com.* Purg. 7, 124 u. Par. 19, 127 (vgl. VL,
S. 1310f., Anm. 8).

das anmutige Oval am zarten Kinn schließt, GZP/DD 61: das anmutige
Oval am zarten Kinn verlangt,

Riccardo Bacchelli: Der mit Ungaretti fast gleichaltrige Bacchelli (1891–
1985), Sohn deutsch-italienischer Eltern, war sehr aktiver Mitarbeiter
der zwischen den Weltkriegen tonangebenden Zeitschriften und Mitglied diverser Akademien. Sein bekanntestes Werk ist der historische

Roman *Il mulino del Po* – ›Die Mühle am Po‹.

Pier delle Vigne: Pietro delle Vigne, Dichter der Sizilianischen Schule, war Kanzler und Unterhändler Friedrich II., bis er 1249 plötzlich in Cremona verhaftet und in San Miniato geblendet wurde. Die näheren Umstände des Prozesses und seines Todes sind unbekannt.

der Samson des Reiches: Der biblische Heros Samson, hebr. Simson, bekämpfte mit übermenschlichen Kräften die Philister, die Herren der Israeliten, bis er selbst verraten wurde; vgl. Richter 13ff.

Cassiota aus Traù GZP: Cassiota von Traù

Es gibt ein weiteres Andenken an Friedrich, … Die beiden letzten Abschnitte fehlen in der GZP.

DAS LUCERA DER SARAZENEN (S. 293–297)

Lucera dei Saraceni, G7P vom 5. Juni 1031, S. 3; dort datiert: Lucera, Juni. Übersetzt von S. Hildesheimer, a. a. O., S. 191–197.

(›der letzte‹ Cäsar, wird Dante sagen) GZP: (›der letzte‹ Cäsar, wird Dante, ein wenig übertreibend, sagen) – Vgl. Dantes Worte in *Conv.*, IV, 3, 6, wo er seine Aussage allerdings zeitlich relativiert; und VL, S. 1316, Anm. 4.

auf ihn und seinen wohlerzogenen Sohn GZP: auf mich und meinen wohlerzogenen Sohn

in möglichst weiter Ferne GZP: von mehreren Orten aus

jene Straße an, die wie ein Pfeil geschleudert ist: GZP: jene Straße an, die wie ein Pfeil von ihr geschleudert ist:

der Hauptwachturm von Foggia, wie der Besitz des ganzen Tavoliere sein konnte … GZP: der Hauptwachturm von Foggia sein konnte … Foggia, Lucera: der Besitz des ganzen Tavoliere …

»das Kind aus Apulien«: Der letzte Stauferkaiser Friedrich II. wurde 1194 als einziger Sohn Heinrich VI. und seiner Frau Konstanze von Sizilien in den Marken geboren. Er wuchs zuerst bei Assisi auf, kam nach dem Tod seines Vaters nach Sizilien zur Mutter und wurde nach deren Tod unter die Vormundschaft des Papstes gestellt. Von seinen Zeitgenossen wurde der römische Kaiser deutscher Nation »stupor mundi« – ›Staunen der Welt‹ oder eben »Kind aus Apulien« genannt.

Von Friedrich II. ist nichts als eine riesige Aufwerfung von Steinen geblieben: Castel Fiorentino, 14 km von Lucera entfernt.

Ulema: Islamische Rechts- und Religionsgelehrte

wenn nicht als Zeichen der Wiedergutmachung? In der GZP folgen hierauf die beiden letzten Abschnitte aus *Lucera, Stadt der heiligen Maria*: „Es gibt ein weiteres Andenken an Friedrich, […].“ (s. o.). Der letzte Satz hat dort zu der im Hauptteil übersetzten Bedeutung eine weitere Bezugsmöglichkeit: Im Sich-Zurückziehen ihres Blutes und ihres Goldes, die zwischen dem Löwen und der Löwin verdüstern, eine seltsame Reinheit annehmen werden: […].

VON FOGGIA NACH VENOSA (S. 298–302)

Da Foggia a Venosa; unter dem Titel *Appunti per la poesia d'un viaggio da Foggia a Venosa* – ›Notizen für die Poesie einer Reise von Foggia nach

Venosa‹ in der GZP vom 22. August 1934, S. 3. Die Datierung fehlt
in der GZP. Der letzte Teil dieses Artikels wurde zur Grundlage der
folgenden Erzählung *Alle fonti dell'acquedotto* – ›An den Quellen des
Aquädukts‹ (s. u.).

die Höhle des Ali Baba. GZP: die Höhlen des Ali Babà.

das Grab von Boemund: Boemund, Sohn von Robert Guiscard, gründete, nachdem er vergeblich gegen seinen Stiefbruder um die Herrschaft
über Apulien gekämpft hatte, auf einem Kreuzzug Antiochien. Seine
Mutter ließ ihn nach seinem Tod im Jahre 1111 in Canosa bestatten.

*das die gleichen Fähigkeiten hat wie eines jener von Hannibal und just in die-
ser Gegend ins Werk gesetzten Täuschungsmanöver*, GZP: das die Fähigkeit
hat, auch eines jener von Hannibal und just in dieser Gegend ins Werk
gesetzten Täuschungsmanöver zu bedeuten, – In der Schlacht bei
Cannae fiel Hannibals Heer, das nur etwa halb so groß wie das der
Römer war, den römischen Fußsoldaten in den Rücken; angeblich
war der Verlust der Römer zehnmal so hoch wie der auf seiten der
Karthager.

auf welche die Völker GZP: auf welche die Rassen

wo von Cannae bis Benevento GZP: wo von Benevento bis Cannae bis Benevento – Bei Cannae erlagen 216 v. Cr. die Römer den Karthagern
unter Hannibal (s. o.). 1019 kämpften dort Apulier und Normannen
gegen die Byzantiner.

den letzten Cäsar. s. o., S. 426

drei oder vier andere GZP: drei, vier andere

von einem Punkt der Erde zum anderen GZP: von einem oder vom anderen Punkt der Erde

botas de fota GZP: *bottas de futa*

der feinsinnige Oberaufseher Aru GZP: der feinsinnige Oberaufseher der
Schönen Künste Aru

zwanzig Schritte: Trommel, drei Schläge und einer; zwanzig Schritte, Trommel
… GZP: sich auf den Weg machend, Trommel: drei Schläge und einer, zwanzig Schritte, Trommel: …

Horaz. Quintus Horatius Flaccus, von Maecenas geförderter Dichter,
wurde 65 v. Chr. in Venusia, so der lateinische Name von Venosa, geboren und erzogen, bis er nach Rom kam.

Ich sehe antike hebräische Inschriften: Nördlich von Venosa fand man jüdische Katakomben mit hebräischen, lateinischen und griechischen Inschriften.

wird an Boemund erinnert GZP: erinnern sie an Boemund – In Venosa
sind Boemunds Eltern, Robert Guiscard und seine erste Frau Albera-
da, beigesetzt.

AN DEN QUELLEN DES AQUÄDUKTS (S. 303–304)

Alle fonti dell'Acquedotto. Der Wortlaut dieses Textes ist dem Artikel *Appunti per la poesia d'un viaggio da Foggia a Venosa* (s. o.) in der GZP vom
22. August 1934, S. 3, entnommen. Er entspricht dem letzten Teil, der
»Alle fonti dell'Acquedotto Pugliese« – ›An den Quellen des Apulischen Aquädukts‹ überschrieben ist und mit dem Gedicht »Acqua-

forte« – ›Radierung‹ endet.

Der Durst. Eine Zeile darüber in der GZP die Überschrift: An den Quellen des Apulischen Aquädukts.

Wenn die Este ihre Nostalgie lebendig unterwegs sehen wollten und Ferrara nach Tivoli brachten …: Die Villa d'Este in Tivoli unweit von Rom wurde von Kardinal Ippolito, Sohn der Lucrezia Borgia, und von Alfonso I., Herzog von Ferrrara, in Auftrag gegeben. Der in Terrassen angelegte Garten inszeniert verschwenderische Wasserspiele in Form von Fontänen, Wasserfällen, -treppen, -schleiern, -klängen.

Acquaforte: Zu diesem Gedicht und den gleichnamigen Prosa- und Gedichttextteilen in der *Fiera letteraria* vom Mai 1946 vgl. Bd. 1 dieser Ausgabe, S. 523f. Unter dem Titel »Calitri« (Name einer Ortschaft in der Provinz von Avellino) war eine dritte Textversion der »Acqueforti« in PNC abgedruckt worden; vgl. PNC, S. 109ff./PNC 93, S. 79 (u. 89) sowie Bd. 1, S. 525f.

DER AQUÄDUKT (S. 305–310)

L'Acquedotto; unter dem Titel *Alle sorgenti dell'Acquedotto Pugliese* – ›An den Quellen des Apulischen Aquädukts‹ in der GZP vom 9. September 1934, S. 3. Die Datierung fehlt in der GZP.

… und ein altes römisches Bauwerk zu betrachten. In der GZP folgt hier der Satz: Wir wissen, daß uns jegliche Unterweisung immer von Rom zukommen wird, und jedes Mal, wenn wir auf einen seiner alten Steine stoßen, fühlen wir uns verpflichtet, ihn zu befragen.

die der großen öffentlichen Werke. GZP: die großen öffentlichen Werke.

Und schon fließt da das Wasser, GZP: Und unten fließt das Wasser,

52 Kilometer im Kanal. – In der GZP sind dieser und der folgende Satz zusammengezogen: […] im Kanal – ein klares Wasser, […].

dem Gefühl eines Tabernakels, nachdem GZP: dem Gefühl eines Altars, dem Gefühl eines Tabernakels, nachdem

Jetzt hat der apulische Aquädukt das Trinkwasser GZP: Jetzt hat der Apulische Aquädukt, wie wir in unserem anderen Artikel gesehen haben, mit der Faschistischen Revolution das Trinkwasser

daß die Versorgung der Gemeinden niemals GZP: daß die Versorgung der Gemeinden hierdurch niemals

hierfür gibt es eine Eisentür. GZP: hierfür gibt es rechts eine Eisentür.

auf den Vulture: Der Monte Vulture ist ein 1330 m hoher vulkanischer Gebirgszug, der Lukanien und Apulien trennt.

man öffnet uns eine weitere Eisentür: GZP: man öffnet uns die andere Eisentür:

an der dritten Station; es ist eine fast 40 Meter hohe GZP: an der dritten Station: Es ist eine fast vierzig Meter hohe

Tal des San Fele, GZP: Tal von San Fele,

Monte Pernazzo, GZP: Monte Pennazzo,

in Gestalt einer Bodenluke. GZP: in der Art einer Bodenluke.

zwei große Kanonenmündungen GZP: zwei Kanonenmündungen

in Caposele angekommen! GZP: in Caposele angekommen.

hier beginnt der Aquädukt: GZP: hier ist der Beginn des Aquädukts:

Laudato si mi Signore per sora acqua …: Ungaretti zitiert hier Vers 15 und
den Beginn von Vers 16 des im 13. Jahrhundert in Umbrien entstan-
denen »Cantico di frate Sole«, den ›Sonnengesang‹ des Francesco
d'Assisi.

REISE NACH ETRURIEN

1935 erschienen zwei weitere Reiseberichte Ungarettis in der *Gazzetta
del Popolo*: »Sfinge etrusca« (4. August 1935) und »L'inno al ponte etrusca« (5. September 1935). Als Ungaretti 1961 seine Reiseberichte für die
Gazzetta del Popolo in dem Band *Il Deserto e dopo* zusammenfaßte, nahm
er diese beiden Texte nicht mit auf; sie erschienen erst 1966 als eigenständige Veröffentlichung: Giuseppe Ungaretti, *Viaggetto in Etruria*, con
un'acquaforte di Bruno Caruso, Roma: Istituto Grafico Tiberino (180
numerierte nicht für den Verkauf bestimmte Exemplare). Sie sind jetzt
in dem Band *Viaggi e lezioni*, S. 411–421, wiederveröffentlicht worden;
die Übersetzung folgt diesem Abdruck.

SPHINX (S. 312–316)
Sfinge, unter dem Titel *Sfinge etrusca* – ›Etruskische Sphinx‹ in der GZP
vom 4. August 1935; dort ohne Datierung.
inmitten einer in Wut geratenen Erde GZP: inmitten der in Wut geratenen
Erde
die unberührte Erde, tiefdunkel, vermischt mit dem durchwühlten Abraum
GZP: die unberührte Erde vermischt, tiefdunkel, mit dem durchwühlten Abraum.
Und da fliegt doch eine lebende Seele! GZP: Und da fliegt doch die lebende Seele!
*außer, um uns zu bestätigen, daß die Anmut nicht diejenige des Raumes war,
und vielleicht auch, um uns zu sagen, daß ein Schrei …* GZP: außer, um uns
zu bestätigen, daß sie nicht diejenige des Raums ist, daß ein Schrei
[…].
*dem Fiora Schatten, der, zwischen Felsen eingezwängt, auf dem Bett eines Ab-
grunds dahinfließt, der durch die Höhe der mächtigen Wände eng wirkt. Er
fließt zwischen Eichen …* GZP: dem Fiora Schatten, der, zwischen Felsen eingezwängt, unten auf dem Bett eines Abgrunds, der durch die
Höhe der mächtigen Wände eng wirkt, zwischen Eichen fließt […].
Vulci: 8 km vom Meer entfernt gelegene etruskische Stadt westlich der
Armenta (heute Fiora), die 280 v. Chr. von den Römern eingenommen wurde. Heute sind nur noch die Gräber erhalten, die seit
1827/28 geplündert worden waren.
Ich sage Steilwände GZP: Ich sage Steilwand
Ich sage »balza«, Steilwand, wegen …: Das zu »balza« gehörende Verb
»balzare« bezeichnet das Hochhüpfen eines elastischen Gegenstandes
nach dem Aufprall. Die Behauptung der sprachschöpferischen Fähigkeit der Schriftsteller ist bezeichnend für Ungarettis eigenes Schreiben.

Er verweist damit jedoch nicht nur darauf, daß »das Wörterbuch« sich aus literarischen Belegstellen spéist, sondern auch auf ein Stück (Sprach-)Geschichte: »balza« kommt von lat. »balteum« – ›Mauergürtel‹ (im Amphitheater) und ist angeblich etruskischen Ursprungs.

sich in der Ebene GZP: sich im Piano di Voce

für alle Museen und Sammlungen der Welt GZP: für alle Museen und Sammler der Welt.

Gut für uns, daß er ihre seltene Schönheit nicht erkannt hat, der Räuber, der den Sarkophag GZP: Gut für uns, daß ihre seltene Schönheit nicht erkannt hat, wer bei der vorhergehenden Grabung den Sarkophag

Cuccumella GZP: Coccumella

Tuffstein: it. »nenfro«; »neufro« in der GZP werte ich als Druckfehler.

HYMNE AUF DIE BRÜCKE (S. 317–320)

Inno al ponte, unter dem Titel *L'inno al ponte etrusco* – ›Die Hymne auf die etruskische Brücke‹ in der GZP vom 5. September 1935; dort ohne Datierung. In überarbeiteter Form wurde dieser Text 1946 erneut in *Alfabeto* II, 7–8 (15.–30. April 1946) veröffentlicht und mit wenigen kleinen Abweichungen 1966 als Teil des *Viaggetto in Etruria* abgedruckt. Teilweise wurde dieser Text in den Essay »Interpretazione di Roma« (1954/1965) eingearbeitet (siehe Band 6 der vorliegenden Werkausgabe).

ein menschlicher Schrei, der auf einen anderen aus der Ferne trifft und die Einsamkeit begrenzt, ein Fluß, der sich ... GZP: der Schrei eines Menschen, der aus der Ferne auf einen anderen trifft und die Einsamkeit begrenzt, ein Fluß, der sich im Unterschlupf eines Buschwalds verbirgt, in einem hohen felsigen Schraubstock eine Stadt packend, die nur dem Namen nach geblieben ist, ein Falke, der sich im Flug auf seine Flügel gelegt hat [...].

Es ist jener Ponte dell'Abbadia, der sich vom Bogen erhebt GZP: Es ist jener Ponte dell'Abbadia, der in der Wölbung hochschnellt und sich erhebt,

Gegenstände ist: er ist eine etruskische Brücke und eine römische. GZP: Gegenstände ist, da er eine etruskische Brücke ist und eine römische.

Eine Brücke, ein Wasser. GZP: Eine Brücke und ein Wasser.

und Dinge des Ungestüms GZP: und Dinge militärischen Ungestüms

Diese Brücke ist ein Augenblick, der nicht zu Staub zerfallen, nicht vom Wind verstreut worden ist, sie ist GZP: Diese Brücke ist eine Zeit, die nicht stehengeblieben ist, die nicht zu Staub zerfallen ist, die der Wind nicht verstreut hat: Sie ist ein Prinzip der Stärke und des Rechts, behauptet im dauerhaften Stein, um einen Marsch fortzusetzen.

Zwischen Tiber und Arno ... GZP: Zwischen Tiber und dem Arno [...].

daß die Etrusker nichts als zwölf dunkle Wörter sind: Ungaretti bezieht sich hier wohl auf den etruskischen Zwölfstädtebund.

Lucomonen GZP: Locomonen. – Der Name leitet sich ab von der lateinischen Bezeichnung »Lucumo« (vom etrusk. »Lauchme«) für die etruskischen Magnaten und Priester, aus denen die Vorsitzenden der Staatenbünde gewählt wurden.

das in sieben oder fünfzehn Jahrhunderten GZP: das in sieben oder in fünf-

zehn Jahrhunderten
Diese Brücke ... In der GZP beginnt hier ein neuer Absatz.

die äußerste etruskische Skulptur GZP: die letzte etruskische Skulptur

Das, was Michelet, Vicos romantischer Schüler, über die Etrusker sagt: GZP:
Das, was Michelet über die Etrusker sagt. – Der französische Historiker und Philosoph Jules Michelet (1798–1874), der unter anderem Vicos *Scienza nuova* übersetzt hat, beschreibt die Etrusker in seiner *Histoire romaine* (1831), II, Kap. 1; vgl. VL, S. 1364, Anm. 1.

*über ihre Auffassung einer Zivilisation als vorübergehend wie ein menschliches
Leben, als Vorbereitung auf ...* GZP: über ihre Auffassung einer Zivilisation als vorübergehend wie ein menschliches Leben, über ihre Auffassung einer Zivilisation als Vorbereitung auf [...].

allein der äußersten estruskischen Kunst eigen ist GZP: der letzten etruskischen Kunst eigen ist

*und er sollte tatsächlich schon bald die ersten Schritte des größten Unternehmens
geistiger Einheit erleichtern, das die Welt kennt.* GZP: und er sollte tatsächlich das größte Unternehmen geistiger Einheit erleichtern, das die
Welt je gekannt hat.

den Schwung, des es beseelt, und die Leidenschaften, die es entfacht hat. GZP:
den Schwung, der die Seele und die Leidenschaften entfacht hat.

Wenn er eingezwängt wie in einer Scheide GZP: Wenn er, eingezwängt wie
in einem Kanal,

*wie sich, von den Bögen tropfend, eine dicke Decke von Stalaktiten hinabstürzt
wie eine versteinerte und in Blättern und Blütentrauben übermäßig üppige
Glycinie. Sie wurde vom Wasser formuliert* GZP: wie sich eine dicke Decke
von Stalaktiten hinabstürzt und von den Bögen tropft wie eine versteinerte, in Blättern und Blütentrauben übermäßig und üppige Glycinie, gebildet vom Wasser

ein blindes Leid GZP: wer weiß was für ein blindes Leid

wie in manchen idyllischen Szenen, die Salvator Rosas oder Tassos Vorstellungskraft so lieb sind. GZP: wie in den idyllischen Szenen, die der Vorstellungskraft des 17. Jahrhunderts so lieb sind. – Zu den Bildern des
Schriftstellers, Landschafts- und Mythenmalers Salvatore Rosa (1615–
1673) gehört auch »Il ponte rotto« – ›Die zerbrochene Brücke‹ (Palazzo Pitti). Zu Tasso vgl. S. 399.

Der Fußgänger ist jetzt allein mit sich: In einer anderen »Hymne« jener
Zeit, »La pietà« – ›Die Barmherzigkeit‹ aus dem *Sentimento del tempo,*
setzt Ungaretti bezeichnenderweise die gleiche paradoxe Doppelung
des »Menschen, der allein ist mit sich«; vgl. Bd. 2 der vorliegenden
Ausgabe, S. 127.

Warum hat man ihn wohl verstümmelt errichtet? GZP: Warum nur fehlt ihm
dieses Stück?

ein Falke hinweg, der, bevor er auf sie hinabstürzte, ... GZP: ein Falke, der
auf sie hinabstürzend den Verrückten gespielt und tausend Purzelbäume geschlagen hatte und den mehr als die Lust zu fressen die Lust
zu spielen zu treiben schien.

Da denkt der Fußgänger an das, was Herodot über die Etrusker erzählt: Herodot berichtet in seinem Geschichtswerk (I, 94, 1–6), daß die Etrusker wegen einer Hungersnot unter ihrem Führer Tyrsenos (daher ihr Name Tyrsener, Tyrrhener) aus Lydien in das Gebiet der Umbrer einwanderten. Die Forschung neigt heute dazu, die Entstehung des »Etruskertums« in Italien durch eine allmähliche Entwicklung aus dem italischen Substrat anzunehmen, wobei fremde Enflüsse eine befruchtende Wirkung gehabt haben können; durch sie würden sich vor allem die nach dem Orient weisenden Züge erklären lassen.

die Astragali: eigentlich Sprungbeine, Fersenknöchelchen von Tieren, die in der Antike als eine Art Würfel dienten (von griech. »astragalos« – ›Knöchel‹).

Sie kamen aus den Gegenden, vielleicht, wo heute Smyrna liegt, herunter, rüsteten die Schiffe aus, GZP: Sie stiegen nach Smyrna hinunter, richteten die Schiffe her,

daß sie aus dem Flug der Falken GZP: daß sie aus dem Flug dieser Falken

Hunger und Spiel ... GZP: Hunger und Spiel stehen am Beginn jeder Geschichte.

Diese Brücke, diese vernünftige Kraft ... GZP: Diese Brücke, diese Kraft, die nicht stirbt.

ANHANG

AFRIKANISCHES ROM (S. 322–326)

Roma africana; postum abgedruckt in VL, S. 7–12. Der undatierte Text war 1923 für den *Corriere italiano* bestimmt, wurde dort aber aus nur zu vermutenden Gründen nicht veröffentlicht; vgl. zur Textgeschichte VL, S. 1133f. Das Typoskript bildet die Grundlage für die im folgenden übersetzten Texte »Viaggio in Egitto« – ›Reise nach Ägypten‹ (datiert: Oktober 1923) und »Egitto di sera« – ›Abendliches Ägypten‹ (1934 in der GZP veröffentlicht; s. u.). »Roma africana« enthält in weiten Teilen fast wörtliche Zitate aus dem Buch *Littérature e Orient*, das Henri Thuile, Ungarettis Freund aus Meks, zwei Jahre zuvor veröffentlicht hatte (Paris: Albert Messein, 1921; zu den Brüdern Thuile s. o., S. 368, zu den zitierten Stellen vgl. VL, S. 1135–1141).

Die Wüste ist keine liebgewordene Landschaft, ... Hier beginnen die direkten und indirekten Zitationen aus Henri Thuiles Buch (s. o.).

Asrafil, du schwarzer Engel: Todes- und Auferstehungsengel, der nach islamischer Vorstellung beim Jüngsten Gericht in die Posaune bläst.

Halil Mansûr war das Muster eines ghafîr: »Mansûr« bedeutet im Arabischen ›der Siegreiche‹, »ghafîr« bedeutet ›Wächter‹.

den nabut unter dem Arm: Arab. »nabut« bedeutet ›Knüppel‹.

uhaed: In Ungarettis stilisierten Kindheitserinnerungen im Anhang zu seinen Gedichten in der Lautfolge »uahed« Bild der unendlichen Wiederkehr; vgl. Bd. 1 dieser Ausgabe, S. 395. Nach Paola Montefoschi ist dies eine Analogbildung zu arab. »wahid« – ›eins‹, dagegen spricht allerdings Ungarettis Annotation »Bindewort« (vgl. VL, S. 1136, Anm. 13), die möglicherweise auf einer Verwechslung mit »wa« – ›und‹ beruht.

Ta 'ali li, ja batta: Refrain eines arabischen Volkslieds mit der Bedeutung: »Komm zu mir, o Ente«; vgl. Ungarettis Gedicht »Il paesaggio d'Alessandria d'Egitto« – ›Die Landschaft von Alexandria in Ägypten‹, in dem auch der folgende »gewöhnliche Kehrreim« vorkommt (vgl. Bd. 1 dieser Ausgabe, S. 288f. u. vgl. ebd., S. 515 zu Entdeckung und Wiedergabe des Volkslieds durch Ariodante Marianni).

mit dem gewöhnlichen Kehrreim: »Wa-ana na li, he«: ›Und, was soll's?‹, ›Ich pfeif drauf‹; s. o.

SO SPRACH SANCHO: Auch die folgenden Zitate aus Cervantes' *Don Quijote de la Mancha* sind – mit einer Ausnahme: »Verkehre nur wenig mit dem König, [...]« – Übersetzungen aus Thuiles *Littérature e Orient*, vgl. VL, S. 1138f.

Hört Omar Ibn al-Farid: Vgl. S. 91

Imrulkais: Imrulkais oder Imra al-Kais, arabischer Dichter des 6. Jahrhunderts, gab der arabischen Versdichtung als erster feste Regeln und Reime; vgl. VL, S. 1139, Anm. 28.

'Abd ar-Rahman Djami: Als Heiliger verehrter persischer Dichter (1414 –1492).

das Mimen des Wortes muii: Ungaretti überträgt hier den französischen Wortlaut fast buchstäblich ins Italienische (»mim [sic] della parola muii« von »mim du mot moui«; vgl. VL, S. 1140.

Abu Tammam: Berühmter syrischer, zeitweise in Ägypten lebender Dichter (ca. 805 – ca. 845), der die *Hamasa*, eine klassische Sammlung älterer Gedichte, zusammenstellte.

Bukhari: Im italienischen Text »Boccari«. Nach Paola Montefoschi Bokhari di Djohore, von Thuile bewunderter und zitierter Dichter; vgl. VL, S. 1140f., Anm. 31.

Mas'udi: Montefoschi zufolge zwangsweise aus Bagdad emigrierter Autor (?–121) arabischer und persischer Gedichte; vgl. ebd., S. 1141, Anm. 32. (Bekannt ist ein in Bagdad gebürtiger Historiker und Philosoph des 10. Jahrhunderts.)

dschahim: Arab. Wort für »Hölle« (im italienischen Text »dgeena«).

Abu Nuwas: Dichter arabisch-persischer Herkunft (ca. 750 – ca. 810), der durch seine Lobgesänge auf den Wein und die ›Knabenliebe‹ berühmt wurde.

Und mein Gefährte Anruk el-Tauil kommentiert: Scherzhafte Translitteration von »Henri Thuile« (im italienischen Text: »Anruc el Tauil«) und versteckter Hinweis auf Ungarettis Quelle, der bei der »Reise nach Ägypten« durch eine Anmerkung ersetzt wurde, in der Thuiles Gedichtübersetzungen explizit erwähnt werden. In »Abendliches Ägypten« dagegen fehlt jegliche Erwähnung Thuiles. – Zu den Bektaschi-Mönchen u. zum Mokattam vgl. o. S. 378f.

REISE NACH ÄGYPTEN (S. 326–331)

Viaggio in Egitto, *Primo Tempo* 9–10 (1923), S. 259–263. Dem Text war die folgende »Anmerkung« Ungarettis nachgestellt: »Beim Lesen einiger arabischer Gedichte, die mein Freund Henri Thuile übersetzt hat, bekam ich Lust, zuerst einige von Voltaires Fabeln und dann auch einige von Baudelaires Gesängen wiederzulesen, und auf diese Weise wurden die persönlichen Erinnerungen in mir geweckt, aus denen die *frottola* [Lügengeschichte; A. B.] hervorging, die Sie gerade gelesen haben.« *Viaggio in Egitto* wurde wiederabgedruckt in (und übersetzt nach) PNC 93, S. 111–116 (neuerdings auch in VL, S. 13–17). – Vgl. zu diesem Text die Anmerkungen zu »Afrikanisches Rom«.

aus den Einsamkeiten eines Piranesi: Giovanni Battista Piranesi (1720–1778), in Venedig und in Rom lebender Kupferstecher und Architekt, wurde vor allem durch seine neuklassizistischen »Römischen Ansichten« und seine Stiche der »Römischen Altertümer« berühmt.

die Cosmaten: Sammelname für einige zwischen der zweiten Hälfte des 12. und dem Beginn des 14. Jahrhunderts in Rom und Latium bis nach Umbrien tätige Künstler- bzw. Steinmetzfamilien, die sich auf die Ausstattung und Ausschmückung kirchlicher Gebäude spezialisiert hatten.

Abdul Rahman ar-Rahim: Nach Paola Montefoschi Phantasiegestalt Ungarettis; vgl. VL, S. 1143, Anm. 9.

ABENDLICHES ÄGYPTEN (S. 331–334)

Egitto di sera; GZP vom 24. Oktober 1934, S. 3; mit geringfügigen Änderungen nochmals in *Beltempo* 1 (1940), S. 266f. veröffentlicht (wiederabgedruckt in UG, S. 270–273 u. VL, S. 18–21). Dem Text ist die folgende »Anmerkung« Ungarettis nachgestellt: »– Ich verdanke die *frottola* [Lügengeschichte; A. B.], die Sie gerade gelesen haben und die im Oktober '23 entstand, dem erneuten Lesen einiger alter arabischer Gedichte. Zu jener Zeit gab es auf der Piazza Santa Croce das Denkmal und die Pflanzen noch nicht, so daß sie im Sommer einen Ort von tragischer Größe darstellte. Und ich war in jener Gegend zu Hause. Und ich glaube tatsächlich, daß mich das afrikanische Schauspiel, welches der Platz mir in jedem Augenblick suggerierte, dazu brachte, die arabischen Gedichte hervorzukramen und über meine Kindheit in Ägypten nachzudenken.« – Vgl. zu diesem Text die Anmerkungen zu »Afrikanisches Rom« und »Reise nach Ägypten«.

Halil Monganga: Laut Paola Montefoschi handelt es sich – analog zur andersnamigen Figur in »Reise nach Ägypten« – um eine Phantasiegestalt; vgl. VL, S. 1144.

RUHM DEM SEEMANN ITALIENS (S. 334–339)

Gloria al marinaio d'Italia; GZP vom 29. Oktober 1933, S. 3. Der Text ist neuerdings wiederabgedruckt in VL, S. 435–439.

Valori plastici: 1918 von Mario Broglio gegründete (und 1923 eingestellte) Zeitschrift und Künstlergruppe, der Maler und Bildhauer wie Carrà, Morandi, De Chirico, Soffici und Melli angehörten. Die von ihr propagierte sogenannte »pittura metafisica« – ›metaphysische Malerei‹ suchte in ihrer Abkehr von den vitalistischen Tendenzen des Futurismus nach zugleich zeitgemäßen und an die Tradition angelehnten Darstellungsmöglichkeiten, die über den Schein des Realen hinausführen sollten.

sagt Bartoli zu mir: Der mit Ungaretti befreundete Maler Amerigo Bartoli-Nantiguerra (1890–1971) hatte zusammen mit dem Architekten Luigi Brunati den Wettbewerb um die Gestaltung des Monuments in Brindisi gewonnen. Von Bartoli war am 11. Oktober in der GZP eine satirische Zeichnung veröffentlicht worden, die Ungaretti und Vergil darstellt. Darunter war zu lesen: »In Brindisi. Vergil: – Sie sind auch hier? – «; vgl. VL, S. 1371, Anm. 2.

Timone: ›Steuerruder‹; durch die Großschreibung und die Verwendung als Name auch eine womöglich beabsichtigte Anspielung auf Timon, Menschenfeind und Zeitgenosse des Sokrates, der den Sittenverfall in seiner Heimatstadt Athen anprangerte.

BESICHTIGUNG IM OBSERVATORIUM DES VESUVS
(S. 339–347)

Visita all'osservatorio vesuviano; in: *Sapere* vom 15. Juli 1935 (vermutl. H. 1,11, die Zeitschrift erschien vierzehntägig); neuerdings wiederabgedruckt in VL, S. 426–434. Dieser Text ist wahrscheinlich nicht wie angegeben die Frucht einer zweiten Reise Ungarettis zum Observatorium, sondern wurde allein durch einige zusätzliche technische Informationen ermöglicht, die er – dem populärwissenschaftlichen Charakter der Zeitschrift Rechnung tragend – in einen Teil des ersten, bereits 1932 in der GZP veröffentlichten »Vesuv«-Textes eingearbeitet hat. Dem Text ging die folgende redaktionelle Notiz voraus: »Nachdem er das Observatorium am Vesuv und den Vesuv, der sich in diesen Tagen in einer Phase beachtlicher Aktivität befindet, besucht hat, gibt Giuseppe Ungaretti – und keiner könnte es besser als er – für unsere Leser in dem folgenden Artikel und in einem demnächst erscheinenden die Eindrücke wieder, die er aus diesen für einen Dichter so außergewöhnlichen Wanderungen gewonnen hat. Aber die Dichtung ist eine Schwester der Wissenschaft, nicht weniger als der Natur; und diese aristokratische Verwandtschaft ist beste italienische Tradition.« Der angekündigte zweite Artikel ist wohl nie erschienen. – Vgl. auch die Anmerkungen zu »Vesuv«, o. S. 394f.

Beebe taucht tausend Meter: Der Amerikaner William Beebe (1877–1962) war 1934 bis zu einer Tiefe von 923 m unter die Wasseroberfläche getaucht und hatte dabei Unterwasseraufnahmen gemacht.

Psychrometer: Gerät zur Messung der relativen Luftfeuchtigkeit.

Orlando: *Orlando furioso*, Werk des Ariost, mit dessen Phantasie Ungaretti zufolge der Garten ausgeschmückt ist; zu Ariost vgl. o., S. 395.

Kilauea: Aktiver hawaianischer Vulkankegel mit Lavasee.

die Arme eines Carnera: Primo Carnera (1906–1967) hatte 1933 die Weltmeisterschaft im Schwergewichtsboxen gewonnen; »carnera« bedeutet mittlerweile in der Umgangssprache ›Muskelprotz‹, ›starker Kerl‹.

Sublimation: Übergang eines festen Stoffes in den gasförmigen Zustand.

um zu wissen, wie das Wetter, wie die Zeit …: It. »tempo« kann an dieser Stelle sowohl mit »Wetter« als auch mit »Zeit« übersetzt werden.

DAS HOCHLAND DES TAVOLIERE IM JULI (S. 348)

Il Tavoliere di luglio; in: PNC, S. 113–116; wiederabgedruckt in PNC 93, S. 81f. u. in VL, S. 440. Ein ähnlicher Text war bereits 1934 unter dem Titel »Luglio pugliese« – ›Apulischer Juli‹ in der Zeitschrift *Circoli* (H. 4, 1934) erschienen, und zwar fast zeitgleich mit einem Apulien-Artikel in der GZP vom 22. August 1934 (»Appunti per la poesia d'un viaggio da Foggia a Venosa« – ›Notizen für die Poesie einer Reise von Foggia nach Venosa‹, s. o.); zwölf Jahre später wurde als erster zweier »Acqueforti« – ›Radierungen‹ ein wiederum gewandelter Text in der *Fiera letteraria* abgedruckt (am 2.5.1946; während die zweite ›Radierung‹, ein Gedicht, den oben erwähnten GZP-Artikel beschließt, in gewandelter Textgestalt, wie sich versteht); eine weitere, dem frühen Text »Luglio pugliese« nähere Version wurde unter dem Namen »Proda sua« in Ungarettis »Altre poesie ritrovate« der Ausgabe letzter Hand aufgenommen; vgl. Bd. 1 dieser Ausgabe, S. 352–355. Zur Textgeschichte sowie zu den Originaltexten und ihren Übersetzungen vgl. ebd., S. 522–526, zu den existierenden Autographen vgl. VL, 1372f.

SAGENHAFTES ITALIEN (S. 349–352)

Italia favolosa; in: PNC, S. 117–123; wiederabgedruckt in: PNC 93, S. 83–86 (dort fehlt allerdings fälschlicherweise der Satzteil: »da die Zeit ihn der Natur so sehr gleichgemacht hat,«). Dieser Text vereinigt – in überarbeiteter Form – Teile zweier Apulien-Texte aus der GZP vom 20 Februar 1934 bzw. 6. März 1934: »Foggia. Fontane e chiese« – ›Foggia. Brunnen und Kirchen‹ und »Il Gargano favoloso ovvero la giovine maternità« – ›Der sagenhafte Gargano oder die junge Mutterschaft‹. Dabei entpricht der Anfang des Textes dem Anfang des zuletztgenannten GZP-Artikels (bzw. des DD-Textes ›Die junge Mutterschaft‹, vgl. S. 274 in diesem Band); der folgende Abschnitt von »Und nur die Schafe« bis »werden stets die Wege des Schönen öffnen.« nimmt den zentralen Teil des erstgenannten GZP-Artikels »Foggia. Fontane e chiese« (später zum DD-Text ›Das Hochland des Tavoliere‹ geworden, vgl. ebd., S. 269f.) auf; wogegen der letzte Teil des Textes dann den an den »Gargano«-Artikel angelehnten Wortlaut an der Stelle fortsetzt, an dem er ihn verlassen hatte: »Da wäre auch die Kathedrale«, und bis »unsere Kunst.« führt (vgl. ebd., S.274–276). – Vgl. zu diesem Text die Anmerkungen zu den beiden DD-Texten, o. S. 418ff.

auf italischem Boden gedeihen läßt: Im italienischen Text »o prosperare sulla terra italica« statt »a prosperare […]«.

CHRONOLOGISCHE BIBLIOGRAPHIE

der in diesem Band enthaltenen Reisetexte Ungarettis
(Zeitungen, Zeitschriften, Ausgaben)

Primo Tempo 9–10 (Torino, 1923): »Viaggio in Egitto«
Gazzetta del Popolo (Torino, 9.7.1931): »Per mare interno«
　(*Quaderno egiziano* 1)
Gazzetta del Popolo (Torino, 11.7.1931): »Una grande aventura«
　(*Quaderno egiziano* 2)
Gazzetta del Popolo (Torino, 16.7.1931): »La colonna romana«
　(*Quaderno egiziano* 3)
Gazzetta del Popolo (Torino, 21.7.1931): »Pianto della notte«
　(≙ »Pianto nella notte«; *Quaderno egiziano* 4)
Gazzetta del Popolo (Torino, 1.8.1931): »Una dinastia moderna«
　(»Rivalità di tre potenze«; *Quaderno egiziano* 5)
Gazzetta del Popolo (Torino, 5.8.1931): »Il lavoro degli italiani«
　(≙ »Il lavoro degl'italiani«; *Quaderno egiziano* 6)
Gazzetta del Popolo (Torino, 14.8.1931): »Chiaro di luna«
　(*Quaderno egiziano* 7)
Gazzetta del Popolo (Torino, 29.8.1931): »Il deserto« (*Quaderno egiziano* 8)
Gazzetta del Popolo (Torino, 12.9.1931): »La risata dello Dginn Rull«
　(*Quaderno egiziano* 9)
Gazzetta del Popolo (Torino, 24.12.1931): »Il povero nella città«
　(*Quaderno egiziano* 10)
Gazzetta del Popolo (Torino, 24.11.1931): »Il cotone e la crisi«
　(*Quaderno egiziano* 11)
Gazzetta del Popolo (Torino, 3.12.1931): »Giornata di fantasmi«
　(*Quaderno egiziano* 12)
Gazzetta del Popolo (Torino, 16.1.1932): »Il lamento del castagno«
　(≙ »La mucca va per mare«; *Monti, marine e gente di Corsica* 1)
Gazzetta del Popolo (Torino, 28.1.1932): »Ritratto di un uomo di cuore«
　(≙ »Pasquale Paoli«; *Monti, marine e gente di Corsica* 2)
Gazzetta del Popolo (Torino, 11.2.1932) »Una giornata di neve«
　(≙ »Nevica«; *Monti, marine e gente di Corsica* 3)
Gazzetta del Popolo (Torino, 26.2.1932): »Non dimenticare!«
　(*Monti, marine e gente di Corsica* 4)
Gazzetta del Popolo (Torino, 11.3.1932): »A veglia con Torquato Tasso«
　(*Monti, marine e gente di Corsica* 5)
Gazzetta del Popolo (Torino, 12.4.1932): »Elea e la primavera«
　(*Mezzogiorno* 1)
Gazzetta del Popolo (Torino, 5.5.1932): »La pesca miracolosa«
　(*Mezzogiorno* 2)
Gazzetta del Popolo (Torino, 14.5.1932): »La rosa di Pesto« (*Mezzogiorno* 3)

Gazzetta del Popolo (Torino, 26.5.1932):»Il papiro della calma«
(*Mezzogiorno* 4)

Gazzetta del Popolo (Torino, 2.6.1932):»Vesuvio« (*Mezzogiorno* 5)

Gazzetta del Popolo (Torino, 17.6.1932): »Mistero di Pompei«
(≙ »In sogno e dal vero«; *Mezzogiorno* 6)

Gazzetta del Popolo (Torino, 3.7.1932): »Vecchia Napoli I«
(≙ »Vecchia Napoli«; *Mezzogiorno* 7)

Gazzetta del Popolo (Torino, 19.7.1932): »Vecchia Napoli II«
(≙ »Vasàmolo int'a l'uocchie«; *Mezzogiorno* 8)

Gazzetta del Popolo (Torino, 3.12.1932): »Il Polesine di Ferrara«
(≙ »Polesine«; *Il paese dell'acqua* 1)

Gazzetta del Popolo (Torino, 20.12.1932): »Crescete e moltiplicate«
(*Il paese dell'acqua* 2)

Gazzetta del Popolo (Torino, 29.12.1932): »La pesca delle anguille«
(*Il paese dell'acqua* 3)

Gazzetta del Popolo (Torino, 29.1.1933): »Da Pomposa a Ferrara«
(*Il paese dell'acqua* 4)

Gazzetta del Popolo (Torino, 16.4.1933): »Annunziatori di Pasqua«
(*Fiandre e Olanda* 12)

Gazzetta del Popolo (Torino, 25.4.1933): »Anversa vista da un
grattacielo« (*Fiandre e Olanda* 1)

Gazzetta del Popolo (Torino, 7.5.1933): »Le navi nel serraglio«
(*Fiandre e Olanda* 2)

Gazzetta del Popolo (Torino, 30.5.1933): »Breughel il vecchio«
(*Fiandre e Olanda* 3)

Gazzetta del Popolo (Torino, 4.6.1933): »Roma nelle Fiandre«
(*Fiandre e Olanda* 4)

Gazzetta del Popolo (Torino, 24.6.1933): »Visita a un grande pittore«
(≙ »Visita a James Ensor«; *Fiandre e Olanda* 5)

Gazzetta del Popolo (Torino, 27.7.1933): »Furono città …«
(≙ »Furono città«; *Fiandre e Olanda* 6)

Gazzetta del Popolo (Torino, 10.8.1933): »Uomini e pietre di Gand«
(*Fiandre e Olanda* 7)

Gazzetta del Popolo (Torino, 15.8.1933): »Dove le bestie i fiumi e il
mare sono addomesticati dall'uomo« (≙ »Il mare addomesticato«;
Fiandre e Olanda 8)

Gazzetta del Popolo (Torino, 3.9.1933): »Povera gente venditrice di
diamanti« (≙ »Un popolo e una pietra preziosa«; *Fiandre e Olanda* 9)

Gazzetta del Popolo (Torino, 23.9.1933): »La pietra filosofale di
Rembrandt« (≙ »Luce di Rembrandt«; *Fiandre e Olanda* 10)

Gazzetta del Popolo (Torino, 26.10.1933): »Autodafé e aringhe«
(≙ »Dolore di Rembrandt«; *Fiandre e Olanda* 11)

Gazzetta del Popolo (Torino, 29.10.1933): »Gloria al marinaio d'Italia«

Gazzetta del Popolo (Torino, 20.2.1934): »Foggia. Fontane e chiese«
(≙ »Il Tavoliere«; *Le Puglie* 1)

Il Gazzettino (Foggia, 24.2.1934): »Foggia. Fontane e chiese«

Gazzetta del Popolo (Torino, 6.3.1934): »Il Gargano favoloso ovvero la
giovine maternità« (≙ »La giovine maternità«;*Le Puglie* 2)

Gazzetta del Popolo (Torino, 1.4.1934): »Pasqua in Capitanata. L'angelo nella caverna« (≙ »Pasqua«; *Le Puglie* 3)

Gazzetta del Popolo (Torino, 15.5.1934): »Lucera, città di Santa Maria« (*Le Puglie* 4)

Gazzetta del Popolo (Torino, 5.6.1934): »Lucera dei Saraceni« (*Le Puglie* 5)

Circoli 4 (Roma, Juli/August 1934): »Luglio pugliese« (≙ »Il Tavoliere di luglio«)

Gazzetta del Popolo (Torino, 22.8.1934): »Appunti per la poesia d'un viaggio da Foggia a Venosa« (≙ »Da Foggia a Venosa«; »Alle fonti dell'Acquedotto«; *Le Puglie* 6; 7)

Gazzetta del Popolo (Torino, 9.9.1934): »Alle sorgenti dell'Acquedotto Pugliese« (≙ »L'Acquedotto«; *Le Puglie* 8)

Gazzetta del Popolo (Torino, 24.10.1934): »Egitto di sera«

Sapere (Milano, 15.2.1935): »Come si lavorano e si vendono i diamanti« (≙ »Un popolo e una pietra preziosa«)

Sapere (Milano, 15.7.1935): »Visita all'osservatorio vesuviano«

Gazzetta del Popolo (Torino, 4.8.1935): »Sfinge etrusco« (≙ »Sfinge«)

Gazzetta del Popolo (Torino, 5.9.1935): »L'inno al ponte etrusco« (≙ »Inno al ponte«)

Giuseppe Ungaretti, *Traduzioni (da Saint-John Perse, William Blake, Góngora, Essenin, Jean Paulhan)*, Roma: Novissima, 1936: »Lamento cairino«

Parallelo (Roma, Frühjahr 1943): »Giornata di fantasmi«

Alfabeto II, 7–8 (Roma, 15.–30.4.1946): »Inno al ponte etrusco« (≙ »Inno al ponte«)

La Fiera letteraria (2.5.1946): »Acqueforti« (»Acquaforte« [das Gedicht, das den Text »Alle fonti dell' Acquedotto« abschließt]; »Luglio pugliese«)

La Rassegna d'Italia (Milano, Juli/August 1949): »Il Faquir Don Chisciotte« (erweiterter Teil von »Il povero nella città«)

Giuseppe Ungaretti, *Il povero nella città*, Milano: Edizioni della Meridiani, 1949: »Il povero nella città«; »Seconda nota« (≙ »Il deserto«); »Giornata di fantasmi«; »Lamento cairino«; »Il demonio meridiano« (≙ »La risata dello Dginn Rull«); »Elea o la primavera« (≙ »Elea e la primavera«); »La pesca miracolosa«; »La rosa di Pesto«; »Calitri« (≙ »Acquaforte«); »Il Tavoliere di luglio«; »Italia favolosa« (≙ »Il Tavoliere«; »La giovine maternità«)

Il Popolo (Roma, 8.10.1950): »Città di Santa Maria« (≙ »Lucera, città di Santa Maria«)

Il Popolo (Roma, 14.10.1950): »La città senza croci« (≙ »Lucera dei Saraceni«)

Il Foglietto (Foggia, 23.11.1950): »Lucera dei Saraceni« (≙ »Lucera, città di Santa Maria«; »Lucera dei Saraceni«)

Giuseppe Ungaretti, »Vecchi fogli«, *L'Approdo* II, 1 (Roma, Januar–März 1953), S.38–46: Ausschnitte aus folgenden Texten, die 1933 in der *Gazzetta del Popolo* erschienen: »Furono città«; »L'Olanda sino a Groninga e alla Frisia« (≙ »Il mare addomesticato«); »Luce di Rembrandt«; »Amore, morte, fame sapere« (≙ »Dolore di Rembrandt«)

Giuseppe Ungaretti, »Quaderno egiziano 1931«, *Letteratura* V, (September–Dezember 1958), S. 5–36: die 12 Texte, die von Juli bis Dezember 1931 in der *Gazzetta del Popolo* erschienen sind

Giuseppe Ungaretti, *Vita d'un uomo* II. *Prose di viaggi e saggi* I. *Il deserto e dopo, 1931–1946*, Milano: Mondadori, 1961 (*I poeti dello Specchio*): enthält die Reisetexte, die 1931 bis 1934 in der *Gazzetta del Popolo* erschienen sind, mit Ausnahme der Texte »Gloria al marinaio d'Italia« (29.10.1933) und »Egitto di sera« (24.10.1934); außerdem einen siebten Teil, der unter dem Titel »Pau Brasil, 1946« Ungarettis Übersetzungen brasilianischer Gedichte enthält

Giuseppe Ungaretti, *Viaggetto in Etruria*, con un'acquaforte di Bruno Caruso, Roma: Istituto Grafico Tiberino, 1966:»Sfinge«; »Inno al ponte«

Giuseppe Ungaretti, *Vita d'un uomo* II. *Prose di viaggi e saggi* I. *Il deserto e dopo, 1931–1946*, Milano: Mondadori, 1969 (*I poeti dello Specchio*)

Giuseppe Ungaretti, *Il povero nella città*, a cura e con un saggio di Carlo Ossola, Milano: SE, 1993: enthält zusätzlich zur Ausgabe von 1949 im Anhang den Text »Viaggio in Egitto«

Giuseppe Ungaretti, *Viaggio nel Mezzogiorno*, a cura di Francesco Napoli, Napoli: Alfredo Guida, 1995

Giuseppe Ungaretti, *Il deserto – Quaderno egiziano 1931*, nota introduttiva di Maurizio Cucchi, Milano: Monadadori, 1996

Giuseppe Ungaretti, *Vita d'un uomo – Viaggi e lezioni*, a cura di Paola Montefoschi, Milano: Mondadori, 2000 (*I Meridiano*): Enthält unter dem Titel »Tre memorie egiziane« die Texte: »Roma africana« (Erstveröffentlichung), »Viaggio in egitto« und »Egitto di sera« (S. 5–21); *Il deserto e dopo* (S. 23–409); *Viaggetto in Etruria* (S. 411–421); und unter dem Titel »Appendice alle prose di viaggio« die Texte: »Visita all'osservatorio vesuviano«, »Gloria al marinaio d'Italia«, »Il Tavoliere di luglio«, »Italia favolosa« (S. 426–444)

NACHWORT

REFLEXE UND VERDUNKELUNGEN –
POETISCHES UND POLITISCHES IN
UNGARETTIS REISEBERICHTEN

Ungaretti, der erst 1942, im Alter von 54 Jahren, durch die Berufung an die römische Universität La Sapienza von seinen Geldnöten befreit wurde, arbeitete in den 30er Jahren unter anderem als Berichterstatter für die Turiner Zeitung *Gazzetta del Popolo.* Die journalistische Tätigkeit verknüpfte er mit Lesungen und Vortragsreisen, bis er 1936 einen Lehrstuhl für italienische Literatur an der Universität von São Paulo annahm. Eingeleitet wird die Zusammenarbeit mit dieser Zeitung durch vier Beiträge vom 31. Dezember 1930 sowie vom 30. Januar, 28. Februar und 22. März 1931: »La critica alla sbarra«, »Borghesia«, »Cause della crisi moderna« und »Lo scrittore italiano«. Danach erscheinen ab der zweiten Juliwoche in rascher Abfolge, unterbrochen von Ungarettis Antwort auf eine weltweite Umfrage zur Dichtung am 21. Oktober 1931, die zwölf Artikel des späteren »Quaderno egiziano«. Für Ungaretti bedeutete die »Reise nach Ägypten« – so der Obertitel in der *Gazzetta* – im Mai/Juni des Jahres die erste Rückkehr in seine Geburtsstadt Alexandria, seitdem er sich 1912 dort eingeschifft hatte, um – über Brindisi, Rom, Florenz, Mailand – zum Studium nach Paris zu gelangen. (Ebenfalls nach Ägypten zurückgekehrt war ein Jahr zuvor der wie Ungaretti in Alexandria geborene ›Chefideologe‹ der Futuristen, Filippo Tommaso Marinetti. Seine Texte waren in der GZP von Mai bis Juni 1930 veröffentlicht worden; nach Ungarettis letztem Ägyptenbeitrag erschien noch einmal ein Text Marinettis am 13. Dezember 1931.) Nach einem kurzen Kommentar zur »Fracchia«-Preisverleihung an Aldo Capasso vom 13. Januar 1932 veröffentlicht die Zeitung in kurzen Abständen die fünf Korsika- und acht Mezzogiornoartikel. Es folgen, nach knapp viermonatiger Pause, zum Jahresende bzw. -wechsel die »Reisen ins Land des Wassers« (wobei nur die ersten beiden Veröffentlichungen diesen Obertitel tragen). Nach einer Pause von gut zwei Monaten beginnt Mitte April 1933 mit »Annunziatori di Pasqua« die Serie der zwölf Reiseberichte aus Flandern und Holland. Drei Tage nach dem Abdruck des letzten dieser Texte erscheint am 29. Oktober die (mit gutem Grund) nicht in den *Deserto e dopo* aufgenommene Eloge auf ein faschistisches Denkmal in Bari, »Gloria al marinaio d'Italia«[1]. Nach einer erneuten Pause von vier Monaten eröffnet »Foggia, Fontane e chiese« im

---

1 Vgl. die Übersetzung dieses und des im folgenden genannten Artikels, »Egitto di sera«, im Anhang, S. 331ff.

Februar des folgenden Jahres die Reiseberichte aus Apulien. Mit dem
Erscheinen des letzten von ihnen, »Alle sorgenti dell'acquedotto pugliese«, am 9. September 1934 ist der *Deserto e dopo* gewissermaßen vor-
gezeichnet, die Reihe der Veröffentlichungen Ungarettis in dieser Zeitung jedoch noch nicht beendet. Am 24. Oktober schließt sich zunächst
mit der Erzählung »Egitto di sera« der Bogen einer literarischen Reise,
die in Ägypten ihren Ausgang nahm und dort zu ihrem Ende findet.
Erst im August und September des folgenden Jahres erscheinen noch
einmal – nach den Aufsätzen »Dostoievschi [sic] e la precisione«, »Rif-
lessioni sulla letteratura«, »Caratteri dell'Arte moderna« – zwei weitere
Reiseberichte, »Sfinge etrusca« und »L'inno al ponte etrusco«[2]. Alles in
allem demnach – die Gedichtabdrucke des im Wachsen begriffenen
Sentimento del Tempo nicht mitgerechnet – über 60 Beiträge.

Im Unterschied zu den bis 1942 in Brasilien verbrachten Jahren
gehören diejenigen der Mitarbeit an der *Gazzetta del Popolo* zu den
fruchtbarsten und folgenreichsten für Ungarettis dichterisches Schaffen.
Die Artikel entstanden in einer Zeit, in der auch der *Sentimento del Tempo* heranreifte, der Zyklus, der sich als Schlüssel zum Eingang in das
ganze poetische Werk Ungarettis bezeichnen läßt – um eine abgegrif-
fene, in diesem Fall jedoch treffende Metapher zu gebrauchen. Die Erstausgabe des *Sentimento* fällt in das Jahr 1933, eine um sieben Gedichte
erweiterte Neuausgabe in das Jahr 1936. Davor und dazwischen liegen
die ersten Übersetzungen von Blake, Góngora, Saint-John Perse, Paulhan, Jessenin; Texte, die 1936 im Band *Traduzioni* (Roma: Novissima)
erstmals gesammelt erscheinen. Die (fast) endgültige Überarbeitung für
den *Deserto e dopo* – die Änderungen der Ausgabe von 1969 sind ge-
ringfügig, mit wenigen Ausnahmen formal im äußeren Sinne – läuft
parallel zur erneuten Durchsicht jener Gedichte für die Neuauflage von
Tutte le poesie von 1969 und zur Ausarbeitung des *Taccuino del Vecchio.*

Poetik und Poesie fanden »naturgemäß« auch in die Erzählungen des
Deserto e dopo Eingang, die demzufolge weniger prosaisch und harmlos
sind, als ihre äußere Erscheinung vermuten läßt. Und genau dies macht
die Schwierigkeit bei ihrer Übersetzung aus: Selbst den mehrfach über-
arbeiteten Erzählungen merkt man an einigen Stellen die zweckgebun-
dene Herkunft aus einer vielgelesenen Gazette noch an, und dennoch
werden darin, offen oder versteckt, poetische Belange angesprochen.
Daß sich gehobene, lyrische Sprache mit Umgangssprache vermischt, ist
ein generelles Erkennungszeichen von Ungarettis meist vielfach ver-
markteten Prosatexten. Doch gestaltet sich eine poetologisch adäquate
Übersetzung bei den Reiseerzählungen oft schwieriger als bei Texten
wie dem »Canzone«-Kommentar und den »Ragioni d'una poesia«, deren Wortlaut an vielen Stellen dunkel erscheint und denen man aufgrund der Gattungszugehörigkeit ein Mehr an Befremdlichem zugesteht.

2 Dieser Artikel diente Ungaretti später als Rohmaterial für seine ausführlichere »Interpretazione di Roma«; vgl. Bd. 6 der vorliegenden
   Werkausgabe (im folgenden abgekürzt: UWA).

Der poetische Bedeutungsüberschuß, der zum Gehalt des Ganzen
beiträgt, deutet sich schon im äußeren Aufbau des Buches an. Zunächst
ist zu konstatieren, daß *der* Prosaband des Dichters Ungaretti im Origi-
nal mit den Gedichtübersetzungen »Páu Brasil« einen meist wenig be-
achteten lyrischen Schlußteil enthält. Die Engführung von Dichtung
und Prosa geschieht bewußt, da Poesie und Prosa, Phantasie und Kalkül für Ungaretti zwei Seiten derselben Medaille darstellen: Dies wird
durch den von Jean Lescure übersetzten, 1954 in Frankreich erschienenen Gedichtband *Les cinq livres* bezeugt und ein paar Jahre nach der
Erstausgabe des *Deserto e dopo* mit der Ausgabe letzter Hand des lyrischen Werks, *Tutte le poesie* (1969), bekräftigt. Beide Bücher enthalten
einen Einleitungsessay, in welchem Ungaretti die Ausbildung und Weiterentwicklung seiner Poetik der eigenen poetischen Praxis reflek-
tierend gegenüberstellt. Im italienischen Titel des Aufsatzes »Ragioni
d'una poesia« wird die Antinomie – die wenigstens momenthaft zu
überwinden Aufgabe der Dichtung ist – von Verstand und Dichtung,
vom Denk-, Sag- und Kalkulierbaren und vom Unwägbar-Mysteriösen
dann formuliert.

Sieht man sich die Aufteilung des *Deserto e dopo* genauer an, so wird
die strukturierende Funktion der Zahl Sieben augenfällig. Die zwei
Blöcke der Prosa und der Dichtung umfassen zusammengenommen sieben Abteilungen. Der erste besteht aus insgesamt 49, also sieben mal
sieben Reiseerzählungen, der zweite, und damit die siebte und letzte
Abteilung der Übersetzungen aus dem Brasilianischen, ist seinerseits
wiederum in sieben Teile untergliedert. In ihnen wird die numerische
Anspielung auf die biblischen Schöpfungstage und auf die Analogie von
menschlich-fleischlicher und geistig-künstlerischer Kreatur, von göttlichem und dichterischem Schöpfungsakt thematisch: Das Abendland
(der äußerste Westen) beschließt den vom ägyptischen Morgenland
eröffneten Band und knüpft mit seinen »Favole indie della Genesi« und
mit der »Canzone dell'esilio« wieder an den Morgen der Menschheit
und die Anfänge der Menschheitsgeschichte an.

Die hier erstmals vollständig ins Deutsche übersetzten Reiseberichte
des *Deserto e dopo* sind poetische Landkarte und poetisches Bilder-Buch
zugleich. Vom römischen Nabel der Welt aus gesehen sind, mit jeweils
zwölf Erzählungen, der Nordwesten (Flandern und Holland) und der
Südosten (Ägypten) in etwa gleichgewichtig. Ägypten, Korsika, kam-
panischer Süden (»Mezzogiorno«), Polesine (»Land des Wassers«),
»Holland und Flandern« sowie Apulien sind die Stationen einer Reise,
die von der Küste des nördlichen Mittelmeers ausgehend zu den
»Quellen« (des Sele und damit nach Kampanien) zurückführt und beim
apulischen »Aquädukt« endet. Während die erste Hälfte der Reiseerzählungen von glühenden Naturgewalten, von Wüste und kargem
Erdboden dominiert wird, spricht die zweite von Wasserreichtum und
fruchtbarem Land und zuletzt von der Anstrengung des menschlichen
Willens, die Elemente in Einklang zu bringen, ein Zuviel an Sonne
durch die Zuleitung von Wasser auszugleichen. »Wüste« und »Wasser«

sind für Ungaretti die Antipoden seiner poetologischen Bilderwelt, denen auf der zeitlichen Ebene die Extreme von Mittagsstunde und (Mit-
ter-)Nacht entsprechen.[3] Im »Mezzogiorno«, der zusammen mit dem
kontrastierenden »Paese dell'acqua« das Zentrum der Reiseerzählungen
bildet, kommen beide Ebenen überein: Als »ora meridiana«, als Stunde des Mittagsdämons, ist er Symbol des poetischen Augenblicks, als
geographischer Begriff zugleich auch Ort des Eintritts ins »Verheißene
Land« einer zeitenübergreifenden Begegnung von Leser und Autor.

In jenem Teil der Anmerkungen zu seinen Gedichten, der auf der
Ausarbeitung von Rundfunkinterviews mit Jean Amrouche beruht,[4] hat
Ungaretti die Orte und Begebenheiten seiner Kindheit und Jugend sti-
lisiert. Die Geburtsstadt Alexandria – die eine *fremde* Stadt ist – gehört
nicht mehr zu der »vom Nil gebildeten Oase«. Alexandria ist eine Wü-
stenstadt, »in der das Leben vielleicht schon seit den Zeiten seiner
Gründung äußerst intensiv ist, wo aber das Leben keinerlei Zeichen der
Permanenz in der Zeit hinterläßt.« Noch vor allem anderen – ihrer Eleganz als Kaiserstadt, der Berühmtheit ihrer Bibliothek – handelt es sich
um eine Stadt, »in der das Gefühl der Zeit, der Zeit als Zerstörerin« im
permanenten »Vernichtungswerk« der Elemente präsent ist.[5] In Alexandria fand Ungaretti sich »rings umgeben von einer vernichtenden
Landschaft«, in der »alles zerbröckelt, alles«, und »alles« »nur eine mi-
nimale Dauer« hat, »prekär« ist. Eine (Anti-)Landschaft, die – ganz im
Gegensatz zum Felsmassiv des italienischen Mittelgebirges – eine »beständige Heraufbeschwörung des Todes« darstellt.[6]

Jenseits des vom Menschen urbar gemachten Landes liegt in der Wüste, wo die Vernichtung allgegenwärtig ist, in der größten Gottferne eine
Erfahrung begründet, welche die Grundzüge der menschlichen Existenz überschreitet: Im Übermaß der Wüstensonne, in deren Strahlen
alles Lebendige zugrundegeht, liegt der von Ungaretti (ebensosehr wie
von Bergson, dessen Schüler er war) gesuchte Übergang in eine Di-

---

3 Für eine ausführliche Darstellung der metapoetischen Bildlichkeit vgl.
   Verf., *»Unschuld«* und *»Gedächtnis«*. Bewußtsein und Zeiterfahrung in
   Giuseppe Ungarettis Poetik und Lyrik. Mit einem Anhang von Texten
   des Autors, München: P. Kirchheim, 1997, S. 135–174.
4 Giuseppe Ungaretti/Jean Amrouche, *Propos improvisés*, Texte mis au
   point par Philippe Jaccottet, Paris: Gallimard, 1972.
5 Vgl. UWA 1, S. 395.
6 Ebd., S. 396. Zur Bedeutung des Gebirges vgl. ebd., S. 403: »Als ich zum
   ersten Mal nach Italien kam, war die überraschendste, bewegendste Entdeckung die der Gebirge. [...] Die prekäre Landschaft der Wüste, die mir
   vertraut war, und dann das Meer, das Meer, das ich als Junge wie einen
   Abkömmling der Wüste entdeckte, jenes Meer, das die Einsamkeit und
   das Nichts war wie die Wüste, jene instabile Landschaft, von Augenblick
   zu Augenblick verwandlungsfähig: verschwunden, und, an ihrer Stelle,
   das Gebirge; das Gebirge, das der Zeit fest widersteht, das sich der Zeit
   widersetzt, das die Zeit herausfordert. Es war dies eine sehr, sehr starke
   Verwunderung, vielleicht die stärkste, an die ich mich erinnere.«

mension der Wahrnehmung, welche nicht von Rationalität gekennzeichnet und entstellt ist. Die Wüste ist wie ihr Gegenbild, das offene Meer, Ort der Luftspiegelung, des »miraggio«, und damit der illusionären Aufhebung jeder Zeit- und Raumbegrenzung.

Ägypten ist demnach ein Land an der Schwelle der Wüste, ein der Wüste, dem Nichts, das alles Geschaffene bedroht, abgerungenes und urbar gemachtes Land. Ein Land, an dessen Grenzen der Tod lauert. Es ist exemplarisch für die Verwobenheit von realer Lebensexistenz und Symbol, die Ungaretti in seiner Dichtung darzustellen sucht: individuelle Erfahrung des Sohns italienischer Auswanderer, Fremde, die trennt von Muttersprache und Vaterland, und biblisches Land des Exils *par excellence.* So steht – gestützt durch die jüdisch-christliche Überlieferung und durch die eigene Erfahrung genährt – Ägypten bei Ungaretti für das Getrenntsein des Menschen vom eigenen Ursprung und damit für die Welt und die *conditio humana* schlechthin. Wobei das Symbolische für Ungaretti nichts ist, was Land und Landschaft vom Menschen äußerlich zugesprochen würde: Da sich die Geistigkeit des Menschen in der Natur, im Physischen, manifestiert und sich in dem von ihm Hervorgebrachten widerspiegelt und der Mensch selbst Natur ist, sind Geistiges und Naturgegebenes – obschon kategorial getrennt – wesentlich verflochten.

Reflexe einer metapoetischen Bilderwelt finden sich über das ganze Buch verstreut. Im Delirium der Wüste wie auch in der Mittagsstunde des italienischen Südens verschmelzen Zeit, Wetter und menschliche Befindlichkeit. Selbst »eine freundlich gewordene Sonne« ruft in »Das Hochland des Tavoliere« die Assoziation eines Skeletts hervor, weil »die echte Sonne« für Ungaretti »die raubtierhafe Sonne« ist.[7] Und noch ein Künstler des Nordens wie Rembrandt kennt das dialektische Umschlagen blendender Helle ins nächtliche Dunkel: »Es gibt, er wußte es, die Dämmerung der Morgenröte und die Dämmerung des Sonnenuntergangs, und die mittägliche Raserei, Nacht des Lichts. Rembrandt war ein wahrhaft Mächtiger, ein Weiser«, heißt es in »Rembrandts Schmerz«. (Vgl. S. 260) Wenn Ungaretti in der Erzählung »Das Lachen des Dschinn Rull« Atmosphäre und Szenario des Wüstendeliriums wiedergibt, dann beschreibt er darin indirekt ebenso das, was im Ursprungsakt des Dichtens selbst geschieht. Wenn er in »Der Arme in der Stadt« ein Bild vom »verrückten« Fakir, dem Armen im Geiste, entwirft, steht ihm das mit pragmatisch-logischen Gesichtspunkten nicht zu erklärende Wirken des Dichters vor Augen.

Der Titel der ersten Erzählung, »Per mare interno« – ›Durchs innere Meer‹, greift die alte lateinische Bezeichnung für das Mittelmeer auf,

7 Vgl. S. 269: »Was für ein Verdienst sollte sonst darin liegen, sie zu zähmen? Vielleicht, weil ich halber Afrikaner bin und weil die Bilder, die sich in der Kindheit eingeprägt haben, stets die lebendigsten sind, kann ich sie mir nur in rasender Wut und über etwas Vernichtetes triumphierend vorstellen.«

deren räumliche Bedeutung durch die Übertragung ins Italienische metaphorisiert wird. Mit diesem Kunstgriff stellt Ungaretti einen Bezug her zur traditionellen Gleichsetzung der Wortfelder von »memoria« und »acqua« – die sich im Deutschen in Metaphern wie »Bewußtseinsstrom« oder »Meer des Bewußtseins« ausdrückt – und damit zur Dynamik von Erinnerung und Vergessen, Verdrängung und Wiederauftauchen. In den ersten Abschnitten der Erzählung wird das Spiel der Gleichsetzung von äußerer Realität und innerer Erfahrung weitergetrieben: »Stürmische Nacht« und »Unwetter« werden zu charakteristischen Lebensumständen, das gelebte Leben gestaltet sich dank der Verschleierungsaktion des Gedächtnisses im Laufe der Zeit zum »schillernden Wölkchen«, zur imaginären »Seifenblase«, mit deren nichtiger Existenz – durch den Anklang von »bollo« – ›Stempel‹ an »bolla« – ›Seifenblase‹ – auch das vom Menschen Geschaffene verglichen wird.[8]

Wenn die Wüste in Ungarettis poetologischem Universum den Nullpunkt jeder Orts- und Zeitkoordinate darstellt, wenn sie als Un-Ort der menschlichen Naturgestaltung wie auch als Urpunkt der chronometrischen Zeitbestimmung gesehen wird, so wirft dies ein Licht auf den Titel des ganzen Buchs, *Il deserto e dopo*. Jenseits der Wüste beginnt die Zeit der Menschheitsgeschichte, diesseits von ihr das Verheißene Land des Ewigen Lebens, des perpetuierten Augenblicks – oder umgekehrt, je nach Blickwinkel. »Nach« und »hinter« der Wüste, in »Ägypten«, in der unwiderruflichen Verbannung, im Exil, differenzieren sich Zeit und Raum. Zwischen dem Ursprung und dem, was »danach« kommt, klafft der Abgrund, eine behelfsmäßig überbrückbare, nicht aber abzuschaffende Lücke: »Der Mensch kann eine Brücke bauen, er kann die Kommunikationsmittel vereinfachen, nicht aber die Distanzen abschaffen; um wieviel weniger eine dem Menschen unbegreifliche Distanz wie die zwischen dem Ephemeren und dem Ewigen«, heißt es in den »Ragioni«.[9] Und dennoch, die Alliteration verweist darauf, ist die Wurzel die eine gemeinsame, hat alles »Weitere« sich aus der »Wüste« entwickelt – in irgendeiner Form, »in qualche modo« wie Ungaretti sagen würde, muß der Ursprung noch im Wandelbaren enthalten und wiederaufzufinden sein.

Wo linearer Zeitverlauf und lineares Denken ein Sich-Fortbewegen vom Ursprung bedeuten, bleibt als Rettung die in sich geschlossene Kreisform, die den Weggang am Ende zum Rückgang macht. Für Ungaretti gibt es keine unmittelbare Rückkehr zum paradiesischen Urzustand. Zum Kreis als geometrischer Figur gehört als Denkfigur das Paradoxon und als kreatürlich-sprachlicher Reflex hiervon die Häufung

---

8 »Noch so ein Ding« (S. 10) ist ein übersetzerischer Behelf: Er soll den Bezug zwischen »Seifenblase« und »Stempel« ermöglichen, der in der lexikalisch korrekten Übersetzung: »Noch so ein Stempel«, unterginge. Die im Italienischen beiherspielende Doppelbedeutung von »tempo« als »Zeit« und »Wetter« muß dagegen im Deutschen verlorengehen.

9 Vgl. UWA 1, S. 11.

von Wörtern mit der Vorsilbe »ri-« – ›wieder‹, ›erneut‹, wie auch die Anlage widersprüchlicher Bedeutungen (einzelner Wörter, Satzteile oder Sätze), die erst zusammengenommen Sinn erzeugen. Unser Denken, unser Wissen, unsere Geschichte sind Hindernisse, die sich zwischen uns und den Ursprung schieben: »[...] Mauern, ewig der Minuten Erben«, »Mauern, die uns eine nach der anderen die Minuten als Erbe hinterlassen – untastbare Mauern«, die den Menschen »vom ersten Bild trennen«.[10] Hoffnung bringt allein die Aussicht, durch eine Steigerung des Denkens und des Wissens zu einer Zuspitzung zu gelangen, die das dialektische Umschlagen in einen quasi-natürlichen Zustand der Unschuld bewirkt, in dessen Folge wiederum eine traumhafte Wirklichkeit, »una realtà di secondo grado« aufsteigt. Diese Erfahrung, in der die Kontrollmechanismen des Bewußtseins außer Kraft gesetzt zu sein scheinen, ist ihrer Flüchtigkeit wegen Illusion, vielleicht aber auch momenthaftes Vordringen zu einer »reinen Wahrnehmung«: Augenblicke, in denen »in Blitzen« das von uns allen so sehnsuchtsvoll gesuchte »erste Bild« »das Eis bricht«.[11]

Damit das Eis des erstarrten Textgerüsts gebrochen oder zum Schmelzen gebracht wird und der Leser zu einer lebendigen Erfahrung gelangen kann, muß er in das Textgeschehen involviert und in seinem Vorwissen verunsichert werden. In den Gedichten werden daher die Deutungsmöglichkeiten einzelner Wörter und die Bezugsmöglichkeiten von Satz- und Versteilen mit jedem neuen Zyklus nach der *Allegria* mehr und mehr vervielfältigt, bis der Leser sich am Ende einzugestehen hat, daß er nichts weiß, weil er bereits zuviel verstanden hat.[12] Die Verwirrung legt sich erst dann, wenn sich die Widersprüche in einer sinnerzeugenden Ordnung vereinigt haben. In den Prosatexten ist die Synthese differierender Bedeutungen meist da vorgesehen, wo das Mysterium von Leben und Geist sowie die Rolle von Kunst und Dichtung thematisch sind. Eine für Ungarettis Schreibstil charakteristische Passage findet sich in »Die junge Mutterschaft« in den apulischen Reiseerzählungen. Sie handelt von den unterschiedlichen Zeitauffassungen der Ägypter und der – im Italiener personifizierten – Mitteleuropäer. Zunächst wird in einem Satz, der beider Vorstellung vollständig voneinander abzuheben scheint, indirekt daran erinnert, daß auch »wir« in der Gestalt des kreisenden Uhrzeigers eine Manifestation der »ewigen Wiederkehr« haben; gleichwohl haben wir »niemals daran gedacht, den Lauf der Zeit zunichte zu machen, indem wir uns, wie die Ägypter« den

10 Vgl. V. 18 im Gedicht »Canzone« der *Terra Promessa* und den zugehörigen Kommentar, in: UWA 3, S. 9 u. 195.

11 Vgl. ebd., 195.

12 Vgl. »Grundzüge einer Dichtung« (»Ragioni d'una poesia«) in UWA 1, S. 8. – Auf die Spitze getrieben sind die Deutungsmöglichkeiten in einem Gedicht wie »Memoria d'Ofelia d'Alba«, das schon im Titel eine verwirrende Auslegungsvielfalt einbegreift; vgl. meine Interpretation des Gedichts in *»Unschuld« und »Gedächtnis«*, a.a.O. (Anm. 3), S. 213–224.

endlos rotierenden Zeiger »vorstellen«.[13] Bei den Ägyptern manifestiert
sich diese archaische Vorstellung in der Sonnenuhr und den genau be-
rechneten Pyramiden. Ihr Symbol ist die Schlange, die sich in den
Schwanz beißt. Der Ägypter glaubt an den Sieg der Zeit über die Zeit
und, »da die Zeit ein Maß ist«, des Maßes über das Maß.[14] Mit der Ver-
festigung des Materiellen in den Steinblöcken der Pyramiden, der Mu-
mifizierung der Toten, dem Einmeißeln der Schriftzeichen, meint er der
Hinfälligkeit alles Lebendigen zu entgehen. Sein Augenmerk ist ausschließlich auf das Über*dauern* der kurzen Lebensspanne gerichtet. Der
Tod ist die Fortsetzung des Lebens in der Ewigkeit. Anders der Italiener: Obgleich auch ihm die an den Naturelementen ausgebildete Vorstellung der ewigen Wiederkehr nicht fremd ist und er nicht weniger für
die Dauerhaftigkeit der eigenen Werke zu sorgen hat, ist sein Ziel die
»Perpetuierung«, die Wieder Holung des lebendigen Augenblicks.

Der Satz, in dem der ganze Passus kulminiert, hat mehrere Sinnfa-
cetten. Läßt man die Einschränkung beiseite, die auf den Uhrzeiger und
auf die Sorge um das Überdauern der Werke zielt, kann der erste Teil
wie folgt gelesen werden: »Für einen Italiener wird Dichtung dagegen
die Illusion sein, den Augenblick, *der* uns das Herz geraubt hat, das Leben eines unserer Augenblicke fortdauern zu lassen«, bzw.: »[…] den
Augenblick, *den* uns das Herz geraubt hat, das Leben eines unserer Augenblicke fortdauern zu lassen«. Der anschließende Fortgang nach
dem Doppelpunkt eröffnet dem Verb durch die – im Italienischen nicht
ungewöhnliche – Nachstellung des Subjekts, das auf den zweiten Blick
ebensogut auch Akkusativobjekt sein kann, eine Fülle von Bezugsmöglichkeiten: Ebendort sucht sie Mitgefühl und Kraft und das Göttliche,
unsere Kunst / Ebendort sucht er [der Italiener] Mitgefühl und Kraft
und das Göttliche, [und somit] unsere Kunst, lauten die nächstliegen-
den Lesarten, die alle mit den beiden oben genannten zu kombinieren
sind. Entlegenere Deutungsmöglichkeiten ergeben sich, wenn man
weitere potentielle Subjekte einsetzt: Ebendort sucht die Dichtung / der
Augenblick / das Leben eines unserer Augenblicke / die Illusion Mitgefühl und Kraft und das Göttliche, [und somit] unsere Kunst.[15] Auf
solch fesselnde Weise sucht Ungarettis Sprach-Kunst die Verlängerung
des Leseaugenblicks zu erreichen; das Verweilen des Lesers beim ge-

13 Vgl. S. 276: »Wir haben niemals daran gedacht, den Lauf der Zeit zu-
　nichte zu machen, indem wir uns, wie die Ägypter, einen Zeiger vor-
　stellen, der ohne Ende ihr vergebliches Sich-Wiederholen anzeigen wür-
　de.« Bei genauerem Hinsehen negiert der Satz nur den Gedanken, »den
　Lauf der Zeit zunichte zu machen«, nicht aber die Vorstellung des Zei-
　gers, wie es zunächst der Fall zu sein scheint.
14 Vgl. ebd.
15 Unterschwellig klingt noch eine weitere Gruppe vermischter Lesarten
　an, zu der es korrekterweise aber im italienischen Text eines Kommas
　nach »pietà« bedurfte: Ebendort sucht er [der Italiener / der Augenblick]
　/ sie [die Dichtung / die Illusion] / es [das Leben eines unserer Augen-
　blicke] Mitgefühl, und Kraft und das Göttliche [sucht] unsere Kunst, usf.

rade Gelesenen, das Aussetzen unseres biologischen Zeitmessers, des
Pulsschlags: die Entrückung des Herzens in eine geistige Sphäre. Der
Wunsch des Dichters ist es, einen für ihn wesentlichen Augenblick nicht
mit planen Worten zu beschreiben, sondern ihn schriftlich so zu kon-
servieren, daß er unzählige Male aufs neue *erlebt* werden kann, um damit »durch die Wirkung der Dichtung« auch die eigene Gegenwart vom
physischen Leben und von Zeit und Ort »losgelöst« (vgl. S. 286) erfahr-
bar werden zu lassen.

Ein weiteres Beispiel für sinnstiftende Mehrdeutigkeiten ist der bereits in den Anmerkungen kommentierte Satz der Erzählung »Im
Traum und nach der Wirklichkeit«: »In diesem Fresko übertrifft die
Natürlichkeit das Wissen aus Lust und Laune.« (Vgl. S. 160) Was in der
Realität unmöglich scheint, daß nämlich von ein und demselben
Standpunkt aus ein und dasselbe (»die Natürlichkeit« bzw. »das Wissen«) Subjekt und Objekt zugleich ist, wird in der Dichtung Wirklichkeit. Darüber hinaus kann das italienische Wort »gusto« bei Belieben,
statt mit »Lust und Laune« übersetzt, wörtlich als »Geschmack« gedeutet werden, so daß »Natürlichkeit« und »Wissen« einander nun wech-
selseitig »an Geschmack« überträfen.

Die Vertauschbarkeit beider Syntagmen wird von etymologischen
Querverbindungen gestützt: Das italienische Wort für Wissen, »sapere«,
ist mit »sapore« verwandt und hat damit engen Bezug zu den beiden
weiteren Substantiven des Satzes, »gusto« – ›Geschmack‹ und »naturalezza« – ›Natürlichkeit‹. Wenn »etwas zu wissen« bedeutet, »Geschmack
von etwas zu haben«, dann sind Erkenntnis und Sinnesorgane, Wissen
und Natürlichkeit entgegen allen dualistischen Vorstellungen der Moderne schon immer verbunden. In einem gelungenen Kunstwerk wie
dem in der »Mysterienvilla«, das vom Mysterium des menschlichen Da-
seins »weiß«, verbinden sich beide Pole daher notwendigerweise so, daß
keiner von beiden höherwertig ist als sein Pendant. Gleichwohl liegt
durch die Anordnung der Satzteile der Akzent auf der Natürlichkeit und
treibt so die wörtliche Bedeutung von »gusto« hervor: Für die Feste feiernden Kampanier vermittelt sich das Wissen von Tod und Leben durch
die Sinnenfreude, durch den Genuß in bacchantischen Gelagen, die sie
in ihren Malereien in den Mittelpunkt der Darstellung rücken. Die at-
testierte »naturalezza« jedoch ist eine Wortschöpfung des 17. Jahrhunderts und damit eine Antwort auf die »Künstlichkeit« der Darstellung
und unterstreicht, daß das Natür*liche* hier Gegenstand und Ausdrucks-
mittel von *Kunst* ist. Wie sein früher Übersetzer Paul Celan unterschei-
det Ungaretti zwischen Kunst als dem vom Menschen Intendierten,
Gemachten, und Dichtung, die Geschenk ist, »dono«. Sofern die Kunst
die eigene Künstlichkeit nicht zu verschleiern sucht, sondern im Gegenteil zur Schau stellt, kann möglicherweise etwas in ihr zum Ausdruck
kommen, das über die kategoriale Trennung von Natur und Kunst hin-
ausgeht.

Ungaretti ist sich sehr wohl bewußt, daß seine Landschaftsbeschrei-
bungen geistiger Natur, daß sie vor allem anderen *Sprach*landschaften

sind. In ihren glücklichsten Momenten ist die Sprache selbstbezüglich, um wie bei den obigen Beispielen das Ausgesprochene am Text selbst zu veranschaulichen. Daß es nicht erst bei der Beschreibung des Gesehenen an Unmittelbarkeit fehlt, sondern sich der Intellekt bereits beim Wahrnehmungsakt zwischen Wahrnehmenden und Wahrzunehmendes schiebt, ist schmerzlich, läßt aber Wahrnehmung und künstlerischen Ausdruck weniger inkompatibel erscheinen. Letztlich verbleiben wir im Bereich des Geistigen, bespiegeln wir uns selbst im Wahrgenommenen.

Die Metaphorisierung ist ein weiteres Darstellungsmittel, um die Synthese des Getrennten zu erreichen. Wenn etwa in »Polesine«, der ersten Erzählung im »Land des Wassers«, von einem »Zeugnis für das verhängnisvolle Bestreben des Menschen«, »die Natur zu humanisieren« die Rede ist, so zeugen Wendungen wie »Schlachtfeld der Flüsse und des Meeres«, »Netz aus tausend Adern«, »Sterben« und »Gelächter« des Wassers im Umfeld der Aussage von dem Versuch, das Streben zu realisieren. Im Schlußpassus treibt der Wortlaut hierüber hinausgehend auch noch die Sehnsucht nach einer Belebung der Dingwelt und einer Personifizierung des Abstrakten zum Vorschein: in den »Schnecken der Abwasserkanäle«, den »Saugröhren« wie »Halsschlagadern«, »die zum Po hin vorrücken«; in einem »Willen«, der »zum Stillstand« »käme«. Wo die Überlagerung des Wahrgenommenen mit dem geistigen Horizont des Wahrnehmenden schließlich auf die Spitze getrieben wird, ist, wie in »Antwerpen von einem Wolkenkratzer aus gesehen«, die Realität mythisch geworden. Noch im Mechanischsten, im »Schrei« der Schiffssirene, ist ein Echo der Verführungskraft homerischer Sirenen zu hören: »der herzzerreißende Schrei der Sirene [ist] einer der Schreie, die am längsten widerhallen in den menschlichen Echos. / Was mag sie wohl anderes sagen, als daß die Zivilisation niemals genug hat von Verzauberungen und Enttäuschungen?«. (S. 203)

Der Vergleich zwischen den Texten des *Deserto e dopo* und den Artikeln der *Gazzetta del Popolo* zeigt, daß es in letzteren nicht nur die aufgezeigten (und weitere) Reflexe von Ungarettis Poetik, sondern auch einen Widerhall seiner apologetischen Haltung gegenüber Mussolinis Politik gibt. Während Ungarettis Gedichte sich vollständig dem Ringen nach Erkenntnis verdanken und durch die Universalität ihrer Problemstellung die Frage nach der politischen Auffassung ihres Autors für die Deutung irrelevant werden lassen, dringt in den frühen Prosatexten einiges von Ungarettis Sympathie für den Faschismus und vor allem für Mussolini an die Oberfläche. Im apulischen »Foggia. Brunnen und Kirchen« (1934), Textgrundlage von »Das Hochland des Tavoliere«, »wirken die Italiener, wohin man auch gehen mag in diesem Vaterland, und zwar nicht nur nach Littoria«, wie »Pioniere in der Auseinandersetzung mit einer neuen Welt«.[16] Der darauffolgende Reisebericht »Der sagenhafte Gargano oder die junge Mutterschaft« preist den apulischen Aquädukt nicht wie später lediglich als »ein weiteres Wunder«, sondern darüber hinaus als »ein weiteres Wunder des Faschismus«.[17] Im 1933 veröffentlichten Artikel »Bruegel der Ältere« »denkt« Ungaretti nicht wie 1961 an »Natur« und »Blut«, sondern an »Natur« und »Rasse«.[18] Ein im *Deserto e dopo* weggefallener Abschnitt des ebenfalls 1933 abgedruckten Artikels »Vorboten von Ostern« huldigt ohne direkte Nennung, aber dennoch unverhohlen Mussolini, der an anderer Stelle als »Veggente«, »Hellsichtiger« bezeichnet wird: »Notgedrungen wiederhole ich Gedanken, die mich seit 1915 umtreiben, als treuer Anhänger eines Mannes, der von Italien aus seit diesen entscheidenden Zeiten der Welt hellsichtig den Weg weist.« (S. 417)

Ganz entfallen ist, wie oben bereits erwähnt, der wenig rühmliche Artikel »Ruhm dem Seemann Italiens«, in dem ein faschistisches Bauwerk in Bari in den höchsten Tönen gepriesen wird. Im Nachhinein abgemilderte und beschönigte Textstellen finden sich dagegen in »Ein Volk und ein Edelstein«. Dort ist auch eine Passage wiederaufgenommen worden, die Ungaretti 1935 für den Abdruck in der Zeitschrift *Sapere* aus dem früheren *Gazzetta*-Artikel gestrichen hatte. Von der »Fähigkeit der Juden zur Erneuerung« ist – im Zusammenhang mit den Namen Marx, Freud und Einstein – die Rede; vom Mut, immer wieder erniedrigt zu werden und dennoch nicht aufzugeben. Beim Vergleich der drei Textversionen gewinnt man ein eher diffuses Bild von Ungarettis Haltung: Zwischen dem Wunsch, Eigenart und Schicksal der Juden zu verstehen, und der Tendenz, den Ressentiments des Zeitgeistes zu erliegen, scheint der Mensch und Schriftsteller Ungaretti zu schwanken.

Angelika Baader

16 Vgl. S. 419. Littoria – heute unverfänglicher Latina genannt – wurde in den berühmten Pontinischen Sümpfen erbaut, die von den Faschisten »bonifiziert«, wie die Italiener sagen, d. h. trockengelegt worden waren.

17 Vgl. 421

18 Vgl. S. 401: »alla natura, alla razza«. Dankenswerterweise ist »razza« immerhin, obgleich das Wort in Italien nicht als Unwort gilt, aus dem Text genommen worden; in der neuen Formulierung geblieben ist der biologische Determinismus.

INHALT

DIE WÜSTE UND WEITER